SAGESSE

Michel Onfray

SAGESSE

Savoir vivre au pied d'un volcan

Albin Michel / Flammarion

Au premier volume de cette *Brève encyclopédie du monde*, j'avais annoncé une trilogie : une *philosophie de la nature* avec *Cosmos*, une *philosophie de l'histoire* avec *Décadence*, une *philosophie pratique* avec *Sagesse*.

Cette trilogie réalisée, je me vois dans l'obligation d'ajouter à cette brièveté ironique par prétérition une brièveté plus longue sans pour autant m'avancer sur le nombre de volumes définitifs...

Pour l'heure, elle s'augmente de trois nouveaux opus : une *philosophie de la nature humaine* avec *Anima*, une *philosophie de l'art* avec *Esthétique* et une *philosophie du posthumain* avec *Nihilisme*.

Pour Augustin Cibois

Il vaut mieux être à la périphérie de ce qui s'élève
qu'au centre de ce qui s'effondre.

Nietzsche.

Préface

Devenir le dieu de Pline l'Ancien

Qu'est-ce que vivre au pied d'un volcan ?

À l'ombre du Vésuve, en cette fin d'année 79 de l'ère commune, les paysans romains cultivent leurs champs avec des bêtes indolentes, ils vendangent le raisin pour produire un vin qui a le goût de la pierre de lave, on les entend rire et parler dans l'air parfumé de l'automne, ils avancent au rythme du cosmos, ils sont virgiliens sans jamais avoir lu Virgile.

Dans les petites maisons, tout autant que dans les villas luxueuses qui donnent sur la mer, on mange un pain cuit au four alimenté avec les sarments, on déguste les sardines pêchées dans la Méditerranée, on les arrose d'une huile venue des oliviers que l'on connaît.

Non loin de là, dans la villa de Pison, le beau-père de Jules César, au siècle précédent, on parlait philosophie, on lisait *La Naissance des choses*[1] de Lucrèce, on commentait la pensée atomiste de Démocrite, on cheminait seul ou en devisant dans des allées flanquées de bustes de philosophes et de grands hommes, de dieux grecs et de faunes, de poètes et de danseurs, de satyres ivres et d'un dieu Pan qui copule avec une chèvre.

---

1. Je choisis de citer le poème de Lucrèce *(De rerum natura)* avec le titre et dans la traduction proposés par mon ami Bernard Combeaud, *La Naissance des choses*, Bordeaux, Mollat, 2015.

11

Dans Pompéi, on rencontre des prêtres parfumés à l'encens et des prostituées traînant derrière elles des senteurs de jacinthe, des patriciens habillés de lin et des plébéiens aux muscles de bronze, des comédiens qui ignorent la différence entre la scène et la rue, et des esclaves qui lisent de grands auteurs à leurs riches propriétaires, des commerçants madrés et des matrones mitonnant mentalement leurs plats sur le trajet de leurs courses, des gladiateurs aux muscles huilés et des peintres figurant des scènes champêtres dans les intérieurs de leurs commanditaires, des enfants qui jouent sur le forum et des étrangers précédés par leurs parfums orientaux, des maîtres d'école appliqués et leurs élèves étourdis, ou l'inverse, des amants qui s'aiment vraiment et des mâles en rut qui paient des femmes vénales ; il y a des chiens en laisse qui tournent sans fin autour de leur niche et des boulangers qui embaument le quartier avec l'odeur de leurs pains, des maçons qui montent les murs des maisons toujours plus nombreuses dans la cité et des tisserands qui font macérer la pourpre pour obtenir la teinture précieuse, des sculpteurs qui immortalisent les figures des importants du moment dans le marbre et des croque-morts qui préparent au grand voyage aussi bien des consuls que des marchands de lampes à huile enfin à égalité, des poissonniers qui font pourrir les entrailles salées des poissons au soleil afin d'en faire le garum qui est la sauce la plus commune et des fileuses de laine songeuses dans le bruit de leurs fuseaux, des tailleurs de pierre qui réparent l'amphithéâtre et des fabricants d'amphores aux formes oblongues, des artisans qui travaillent la terre pour en faire des tuiles ou des briques et des armateurs qui songent à leurs bénéfices, des banquiers qui prêtent à ceux qui ont déjà et des forgerons qui conduisent le feu là où ils veulent, des chirurgiens qui ouvrent des yeux pour opérer la cataracte et des architectes qui dessinent les temples des dieux, des bijoutiers qui filent l'or comme s'il s'agissait de soie et des colporteurs de céramiques multicolores, des médecins qui goûtent les urines de leurs patients et des marchands de sandales de cuir à l'odeur forte, des foulons qui piétinent des tissus rouges et jaunes, bleus et verts dans une urine chauffée par le soleil qui tape, des muletiers qui sentent l'ânesse et des portefaix taillés comme Hercule, des éleveurs de coqs de combat avides au gain et des taverniers serveurs de vin, des agents immobiliers faisant des affaires dans les bains chauds des thermes et des joueurs de tibia, un hautbois double.

Et puis il y a aussi le zig-zig des papillons insouciants et la basse continue des abeilles vrombissantes, les oiseaux qui piaillent dans les arbustes et les paons qui déploient doucement leurs ocelles à la lumière campanienne, le bruit de l'eau tombant dans les fontaines, le frôlement des poils du pinceau du peintre qui déplie une guirlande de fleurs et le parfum du sable dans la palestre. Les bruits, les sons, les parfums, les couleurs, les vibrations de la vie.

Depuis les Osques, les Grecs, les Étrusques et les Samnites, autrement dit depuis mille ans, les hommes vivent ainsi au pied du volcan dont ils savent pourtant qu'il peut les entraîner dans la mort selon son caprice. Le feu ne dort jamais vraiment.

Dans ses *Questions naturelles*, Sénèque raconte en effet qu'un tremblement de terre a causé de gros dégâts dix-sept ans plus tôt, le 5 février 62 : « Une partie de la ville d'Herculanum s'est écroulée et ce qui a été épargné inspire des craintes. » Puis : « Des villas se sont effondrées ; d'autres, un peu partout, ont senti la secousse sans en souffrir. À ces dommages s'ajoutent d'autres effets : un troupeau de six cents moutons a péri ; des statues se sont partagées par le milieu ; des gens ont eu l'esprit dérangé et ont erré comme des fous » (VI). Strabon, Vitruve, Diodore de Sicile l'ont écrit : dans cet endroit, les hommes vivent dans le péril d'un feu qui peut tout détruire d'un seul coup. Ils y vivent toutefois.

Suétone rapporte dans sa *Vie des douze Césars* qu'il y eut également un tremblement de terre dans la région de Naples en 64. Le théâtre dans lequel Néron faisait l'acteur fut grandement secoué par le sinistre ; placide, l'empereur qui se croyait artiste n'a manifesté aucune émotion et a continué de chanter comme si de rien n'était (*Vie de Néron*, XX.3). Tacite donne plus de détails dans ses *Annales* : en fait, Néron en avait assez de se produire dans des salles privées et trop petites ; pour éviter de chanter à Rome et de s'y faire huer, «il choisit Naples parce que c'était une ville grecque» (XV.XXXIII.2) donc plus amène en matière culturelle. Le théâtre est plein. Néron s'y donne. La terre tremble. Il n'en veut rien savoir. Il continue. Le récital va jusqu'à sa fin. Le public sort. Et là: le théâtre s'effondre tout entier... Mégalomane, Néron y vit un bon présage. Pour remercier les dieux, il composa de nouveaux chants!

Nous connaissons bien le détail de la fameuse éruption grâce aux deux lettres que Pline le Jeune écrit à Tacite sur la mort de son oncle et père adoptif, Pline l'Ancien. Quelques jours avant l'éruption de 79 qui devait engloutir Pompéi, Herculanum, Oplontis et Stabies, et faire au moins vingt mille morts, les fontaines ont cessé de couler et les puits se sont asséchés. De légers tremblements de terre ont secoué la région autour du Vésuve; puis ils sont devenus plus importants. Les habitants sont alors en train de fêter le dieu romain du feu, Vulcain, dans des Vulcanalia pendant lesquelles le vin coule à flots durant une semaine...

Pline l'Ancien est un homme complet qui sait aussi bien manier l'épée sur un champ de bataille qu'écrire un traité sur le lancer de javelot à cheval, qui est capable de rédiger la monumentale encyclopédie de son *Histoire naturelle* et de conduire la guerre en Germanie, en Arménie, en Judée, puis de faire œuvre d'historien en écrivant une histoire des guerres de Germanie en vingt livres, qui sait briller dans l'art militaire, l'écriture, l'histoire, le naturalisme et qui manifeste un humanisme hors pair – on verra pourquoi et comment. C'est un homme qui fut procurateur dans plusieurs provinces, dont peut-être la Belgique, préfet d'une légion, possiblement en Égypte, proche de l'empereur Vespasien, commandant de la flotte de Misène, et qui connaît suffisamment la nature pour écrire sur les plantes et les animaux, les pierres et les fleurs, l'agriculture et la viticulture, les arbres fruitiers et les vignes, les oiseaux et les insectes, les plantes médicinales et la géographie, les phénomènes célestes et l'architecture, les légumes et les monuments de Rome et tant d'autres sujets qui en font un genre d'Aristote romain sur le terrain encyclopédique.

14

Il sait aussi être philosophe quand il réfléchit sur ce qu'il décrit. On trouve dans son *Histoire naturelle* des réflexions comme celles-ci : les paroles ont-elles une vertu médicinale ? Le monde est-il fini et unique ? Quelle est la véritable sagesse ? Comment peut-on définir le bonheur suprême ? Qu'est-ce qu'il faut nommer Dieu ? À quoi ressemblent les commencements de la peinture ? De quand date la passion pour le marbre dans les lieux de luxe ? Et puis aussi des questions plus étonnantes : qui a offert à Rome le plus de lions ? Quand sont apparus les premiers barbiers ? De quand datent les premières horloges ? Quel est le premier Romain à avoir attelé des lions ? Comment s'y prennent les juments qui se reproduisent par le vent ? Qui a inventé les parcs à bêtes – les zoos ? Quels poissons sont pourvus d'une voix ? Et *quid* du coq qui parle ? Est-ce que les huîtres entendent ? Mais n'est-ce pas le questionnement qui fait le fond de toute entreprise philosophique ?

Bien sûr, Pline a aussi écrit sur les volcans – sur quel sujet n'aurait-il pas écrit ? À le lire, on comprend qu'il est un penseur, disons-le avec des mots contemporains, empirique et positiviste, rationaliste et matérialiste. Il congédie les dieux, veut bien d'un Dieu, mais l'estime insoucieux du monde et relevant de la raison pure ! Le volcan est pour lui un prodige relatif aux montagnes, un feu infini et répété, une incandescence même sous la neige, le gel et la glace, un brasier que n'épuisent pas ses consumations et ses coulées, une combustion des terres. Il sait qu'on en trouve partout. L'Etna, bien sûr. Mais aussi en Lycie où les pierres, le sable et les eaux brûlent dans des couloirs qu'on trace avec un bâton ; aux confins de la Perse où le feu sort de perpétuelles cheminées ; en Bactriane, en Médie, en Sittacène ; à Babylone, c'est un bassin qui flambe ; en Éthiopie, les champs s'enflamment la nuit et font comme des étoiles ; en Grèce où près d'une source glacée brûle un cratère qui n'embrase pas le feuillage d'une forêt à proximité et dont coule un bitume qu'on mélange avec l'eau d'une source ; non loin de la Sicile, dans les îles Éoliennes, il en existe un qui s'est consumé sans discontinuer ; en Éthiopie où un volcan répand des coulées de lave. Pline l'Ancien a tout lu sur ce sujet ; il connaît la littérature à son propos.

Pline l'Ancien est ce que l'on pourrait nommer aujourd'hui un homme total – ce qui, à l'époque, semblait recouvrir cette autre façon de le dire : il était un Romain. Non pas tant par ce qu'il a dit, écrit ou pensé, mais parce qu'il a mis en pratique ce qu'il pensait et qu'il a même payé le prix fort pour cette volonté de congruence : la mort.

C'est en effet cet homme total, complet, *romain*, qui écrit, quelques pages après le début de son *Histoire naturelle* : « Dieu est, pour un mortel, le fait d'aider un mortel, et c'est là la voie vers la gloire éternelle. C'est le chemin qu'ont emprunté les plus éminents des Romains. [...] C'est un usage très ancien, pour remercier ceux qui ont rendu service, que de les ranger parmi les divinités » (II.V.18-19) ; c'est cet homme, donc, qui va laisser son nom attaché à un acte proprement divin si l'on consent, et j'y consens, à sa définition de Dieu.

Sur la foi d'une date donnée dans le manuscrit d'une lettre de Pline le Jeune à Tacite, on a longtemps dit que l'éruption du Vésuve avait commencé le 24 août 79 et qu'elle avait duré jusqu'au lendemain. Puis, lors de fouilles archéologiques, on a découvert que des morts pétrifiés par la cendre portaient des vêtements d'hiver et non pas ceux qu'on s'attendrait à découvrir sur le corps de personnes mortes dans les derniers jours d'août. Les fouilles ont également montré que les fruits, les olives et les légumes retrouvés ne correspondaient pas à l'été mais sont typiques du mois d'octobre. Les fruits frais du mois d'août étaient présentés à la vente séchés ou en conserve dans les magasins. Les jarres dans lesquelles fermentait le vin étaient scellées, comme c'est le cas tard dans l'année. Enfin, l'une des pièces retrouvées dans la poche du vêtement d'une femme ensevelie avait été frappée en septembre... Ce qui s'est donc trouvé excavé contredit la date qu'on lit sur un manuscrit de Pline le Jeune – mais on sait que les textes antiques qui nous sont parvenus étaient écrits, recopiés, donc réécrits, ce qui laisse une place pour une erreur de copiste, car l'archéologie dit toujours plus vrai, qui plus est avec une série d'informations concordantes, qu'un seul témoignage textuel.

Nous sommes donc dans la matinée du 24 octobre 79. L'éruption commence. Vers une heure de l'après-midi, la mère de Pline le Jeune voit de son jardin, à une trentaine de kilomètres en face de Pompéi, un nuage avec une forme inhabituelle, celle d'un pin parasol au sommet écrasé, allongé : c'est l'immense panache de fumée qui sort du Vésuve et grimpe très haut dans le ciel. Il est en partie d'un blanc lumineux, éblouissant, en partie gris sale, à cause du mélange de terre et de cendres qui le constitue.

Pline l'Ancien, qui commande la flotte romaine, se trouve lui aussi à Misène avec sa femme et son fils. Il s'est exposé au soleil, puis il a pris un bain d'eau froide, il a mangé légèrement et travaille allongé sur son lit. On lui signale la chose ; il fait apporter ses chaussures, les enfile, sort de la pièce et grimpe sur une éminence pour voir ce qu'il en est.

Lisons la lettre de Pline le Jeune à Tacite : « Le phénomène était intéressant pour un savant comme mon oncle et il voulut l'observer de plus près. Il fit préparer une embarcation légère ; il me proposa de venir avec lui ; je lui répondis que j'aimais mieux rester à travailler ; c'était d'ailleurs lui qui m'avait donné un travail sur Tite-Live à faire » (*Lettres*, VI.16). Pline l'Ancien reçoit un billet d'une femme de sa connaissance, Rectina, qui appelle au secours : sa maison est cernée par le feu et elle ne peut s'échapper que par la mer. Il lui faut un bateau. Parce qu'il préside ici aux destinées de la marine romaine, il donne l'ordre qu'on mette des navires de guerre rapides et maniables à la mer afin d'aller sauver la population. « Il se précipite à l'endroit que les autres fuient, court droit au danger, maintient le cap dans cette direction et, loin de céder à la peur, dicte et note lui-même l'évolution et les divers aspects de la catastrophe au fur et à mesure de ses observations. » Où l'on voit qu'en Pline l'Ancien cohabitent l'homme qui répond présent à l'appel au secours, le militaire qui prend en charge le salut de la population, le scientifique qui ne perd pas une occasion d'augmenter son savoir par un regard expérimental et le philosophe qui vit sa pensée et pense sa vie. Quatre étages de grandeur dans un même être : un homme, un soldat, un naturaliste, un sage.

Pendant ce temps, Pline le Jeune est resté avec sa mère, il s'est baigné, il a dîné, il a ressenti les nombreuses secousses de la terre qui tremblait et ne parvient pas à dormir. Tâchant de trouver le calme et la sérénité qui lui font défaut, il lit Tite-Live et prend des notes. Il a dix-sept ans.

Plus le bateau avance vers le volcan, plus la cendre qui tombe s'épaissit, plus elle devient chaude; Pline approche de la lave et des pierres brûlées. «La mer se retira soudain, écrit son neveu; des éboulements empêchaient que l'on atteigne la côte.» Le pilote du navire conseille à l'Ancien de faire demi-tour. Il s'entend répondre: «La fortune sourit aux audacieux.» Le bateau poursuit donc sa route. En traversant la baie, Pline voit évidemment s'approcher le danger. Il arrive chez son ami, porté par un vent favorable, un vent qui était donc défavorable en sens inverse pour Pomponianus qui n'a pu prendre la fuite. Son ami est affolé, énervé, inquiet; Pline, sage, calme, l'embrasse et le rassure. Pour faire bonne mesure, il demande même qu'on lui prépare un bain... Héroïque sans fioritures et à bas bruit, Pline l'Ancien se baigne tranquillement, puis «il se met à table et dîne, très gai ou, ce qui demande autant de courage, écrit son neveu, faisant semblant de l'être»... Pas sûr que Pline ait été homme à faire semblant! À Rome, on savait mourir...

La lettre à Tacite nous apprend que, pendant ce temps, le volcan rugit de plus belle: «D'immenses flammes sortaient du Vésuve, des gerbes de feu illuminaient le ciel, brillant d'un éclat d'autant plus vif qu'il faisait nuit noire. Pour calmer les craintes, mon oncle, écrit Pline le Jeune, répétait que les gens avaient laissé le feu allumé en partant de chez eux et que c'étaient les maisons vides qui brûlaient. Il partit se coucher et s'endormit profondément: ceux qui se trouvaient devant la porte l'entendaient respirer bruyamment et fortement.» Le sommeil du juste...

Pendant que le sage dort et ronfle, la cour de la maison s'emplit de cendres incandescentes, les pierres rougeoyantes tombent au milieu de l'épais tapis de poussière volcanique. Au matin, la maisonnée qui n'a pas dormi le réveille. Il faut sortir et partir. Un tremblement de terre accompagne l'éruption volcanique: les maisons bougent, branlent, vont et viennent comme si elles étaient posées à même le sol et secouées par des géants. Une pluie de pierres poreuses et chaudes s'abat sur les lieux. Chacun s'attache un coussin sur la tête avec des rubans pour éviter de se faire fracasser et brûler le crâne par les projectiles incendiés – Pline l'Ancien compris.

Le jour s'est levé sur une seconde journée d'apocalypse, mais la poussière du volcan est telle que c'est toujours la nuit. Il faut des flambeaux pour tâcher d'y voir un peu. Pendant ce temps, Pline le Jeune a pris la fuite avec sa mère et se retrouve dans un long cortège de gens hallucinés. Il décrit ce qu'il voit dans une autre lettre à Tacite : «Les voitures que nous avions amenées avec nous se mettent à reculer bien qu'il n'y ait pas de pente et bougent malgré les pierres qui servent à les caler. Nous voyons en outre la mer se retirer, comme si le tremblement de terre la mettait en fuite. En tout cas la plage avait avancé et on voyait beaucoup d'animaux marins échoués sur le sable. De l'autre côté, un nuage noir et terrifiant, sillonné par les flammèches que l'explosion projetait et lançait en l'air, se déchirait en d'immenses langues de feu : on aurait cru de gigantesques éclairs» (VI.20). Les cendres tombent soudain et c'est la nuit en plein jour. Ce que l'on voyait alors, l'île de Capri, le cap Misène, disparaît dans l'obscurité la plus profonde. Un épais brouillard de cendres avance à ras le sol ; il arrive sur Pline le Jeune et sa mère qui se reproche de ralentir la fuite de son fils et de mettre ainsi sa vie en péril. Le jeune homme prend la main de sa mère et l'entraîne en courant dans une course contre la mort qui fume derrière eux et progresse à vive allure. Dans cette nuit profonde, les femmes hurlent, les enfants pleurent, les hommes crient. Chacun cherche un parent, un ami, une connaissance et vocifère des noms. «Les uns se lamentaient sur leur sort, les autres sur le sort des leurs», écrit Pline *(ibid.)* – vieux mouvement du monde qui sépare l'humanité en deux : ceux qui, toujours, ne pensent qu'à eux, ceux qui, sans cesse, pensent aux autres… Dans ce chaos, «certains appelaient la mort qu'ils redoutaient. Beaucoup suppliaient les dieux, mais la plupart disaient que leurs dieux n'existaient plus et que la nuit qui s'abattait sur le monde était la dernière et serait éternelle.

D'autres ajoutaient aux dangers réels de fausses rumeurs nées de leur imagination. Certains annonçaient que tel bâtiment s'était effondré à Misène, que tel autre avait brûlé : c'était faux mais on les croyait» *(ibid.).* Pline le Jeune ne se plaint pas, ne récrimine pas, ne manifeste aucune faiblesse : «Je pourrais m'en vanter si je n'avais trouvé dans la pensée que je disparaissais avec l'univers et que l'univers disparaissait avec moi un grand réconfort» *(ibid.).* L'âme humaine est hélas ainsi faite que le pire paraît moins pire quand les autres en sont aussi affligés.

Ce second jour, de son côté, Pline l'Ancien veut se rendre sur la plage pour envisager de quitter la cité par la mer. Les flots sont déchaînés, les vagues immenses. On étend un drap à même le sol et il s'y allonge ; puis il demande de l'eau fraîche ; Pline est gros, il souffle et respire difficilement ; il boit, puis il semble s'endormir. Les flammes avancent ; l'odeur du soufre suffoque tout le monde. Pline se réveille et veut se relever ; il s'appuie sur deux esclaves ; il retombe – mort. On retrouva son corps le lendemain. Il semblait dormir.

Pour Pline le Jeune et sa mère, la catastrophe du Vésuve ne fut pas fatale. L'obscurité finit par se dissiper ; la lumière revint doucement ; elle éclaira comme un lendemain d'apocalypse un paysage qui semblait recouvert de neige ; la clarté diurne avait l'éclat d'un ciel de jour d'éclipse ; la terre continua de trembler encore quelques jours. Autour d'eux, certains erraient et étaient devenus fous. Pline le Jeune écrivit ces pages qui furent le tombeau romain de Pline l'Ancien. Il devait mourir trente-quatre ans plus tard après une carrière de sénateur, de consul suffect, de gouverneur impérial et d'avocat célèbre…

Que retenir de cette histoire ? Pline l'Ancien, qui était frotté de philosophie et l'était tout particulièrement de stoïcisme, incarne dans sa vie quotidienne la plus simple ce que signifie mener une vie philosophique. Quand une catastrophe advient, et chacun aura compris que l'éruption du Vésuve est une allégorie, il y a trois façons de se comporter.

La première est celle de gens qui fuient, hurlent, crient, se lamentent, s'arrachent les cheveux, veulent mourir par crainte de la mort mais ne meurent pas par un amour déraisonnable de la vie ; ils ramènent tout à leur propre personne et ont tellement fait leur deuil d'autrui qu'ils sont prêts à passer sur le corps des vieillards et des malades, des enfants et des femmes pour sauver une vie qui, de toute façon, est perdue et ne valait déjà pas grand-chose : l'histoire est écrite, il n'y a qu'à la vivre – le feu du Vésuve aura lieu, il a lieu. C'est la logique de la bête traquée qui saute à la gorge de son semblable en estimant qu'ainsi elle échappera à son destin alors qu'elle ne fait que l'accomplir ; c'est aussi celui de l'insecte, du bousier, du lucane.

La deuxième est celle de Pline le Jeune qui, pendant la catastrophe, s'essaie à lire Tite-Live, mais n'y parvient pas. Il voudrait bien être philosophe mais n'est pas à la hauteur. Comment le lui reprocher d'ailleurs ? Il a dix-sept ans et c'est l'âge magique où se joue ce qui va ou non permettre de mener une autre vie que celle de la punaise ou du cafard... Devant le péril de la cendre qui menace de tout brûler et qui avance vers lui, il subit, il s'arrête, il s'assied ; il attend la mort et se console en imaginant qu'elle est un peu moins insupportable parce que tous les autres sont comme lui précipités dans le feu. On songe aux vers terribles et fameux de Lucrèce qui ouvrent *La Naissance des choses* : « Il est doux, quand la mer est grosse en raison des vents qui agitent l'étendue des flots, de regarder depuis la terre la grande peine que se donne autrui. Non parce qu'il y a un plaisir agréable à ce que quelqu'un soit tourmenté, mais parce qu'il est doux de voir à quels malheurs soi-même on échappe » (II.1-4)[1]. C'est la logique de la bernique accrochée à son rocher qui espère qu'aucune vague ne viendra l'en déloger. C'est une

---

1. J'écris ces lignes le jour funeste où j'apprends la mort de Bernard Combeaud qui avait sur ma demande amicale traduit l'entièreté de *La Naissance des choses* en respectant pour la première fois la métrique de Lucrèce. Mon ami Denis Mollat a publié cette traduction (Bordeaux, Mollat, 2015). Voici celle de ces quatre hexamètres :
« Douceur sur l'abîme immense, où les vents troublent les flots,
Pour qui depuis la terre voit l'ahan des matelots !
Non que d'un autre sans doute on aime à guigner la peine,
Mais voir ce que l'on s'épargne est d'une douceur certaine. »

21

vie sans grandeur, donc une vie petite, une petite vie. Elle n'est pas pour autant condamnable ; nul n'est tenu d'être un héros, ni même d'avoir essayé. Ne pas avoir ajouté à la misère du monde suffit pour mériter l'hommage.

La troisième est évidemment celle de Pline l'Ancien. Guerrier et philosophe, marin et naturaliste, écrivain et homme d'action, il fait face à la catastrophe et va la voir de près, comme un fauve dangereux vers lequel il s'approche parce que la bête a des choses à lui apprendre – car comprendre le monde c'est vraiment vivre la vie. Que ce soit un volcan ou une civilisation qui s'effondre, la mue d'une chenille ou le passage d'un bolide dans la voûte étoilée, il y a à apprendre encore et toujours du monde. Augmenter son savoir est un devoir.

Mais quand la contemplation et le savoir doivent être mis en balance avec une bonne action, c'est la bonne action qui prime : il voulait voir le volcan de près pour étudier une éruption autrement que dans les livres qu'il connaissait si bien, mais le danger encouru par ses amis lui fait mettre le savoir au second plan. L'amitié prend le pas.

Il faut consoler son ami, le réconforter, apaiser son âme, lui donner la paix et la sérénité nécessaires dans un moment pareil. L'exemple d'un comportement sans trouble écarte le trouble. S'il y a peur, l'ami doit la prendre sur lui et décharger de son fardeau celui qui nous honore de son affection. Aimer son ami est un devoir.

L'ami est l'élu, certes, mais le commandant romain qu'est Pline l'Ancien sait qu'il ne saurait sacrifier l'ami à ses semblables : il entreprend donc de mobiliser la flotte, de la mettre à la mer, de naviguer vers le feu et de ramener en sécurité ses compatriotes menacés par le volcan. Aider son prochain est un devoir.

Si le monde doit disparaître, qu'on ne disparaisse pas, soi-même, avant l'heure, ce qui serait donner raison au monde et tort à soi-même. Pline l'Ancien donne l'exemple : sous la pluie de cendres et de feu qui va le tuer, il prend un bain, il dîne, il manifeste de la gaieté, il se rend aimable, il dort, il ronfle même bruyamment. Le souci de soi est un devoir.

22

Quand l'heure est venue de mourir, il ne convoque pas le ban et l'arrière-ban. Son neveu raconte la scène, elle est un antidote à la mort chrétienne parfumée aux fleurs du mal : on étend un drap à même le sol, on demande un verre d'eau, on s'allonge, on meurt. Savoir mourir est un devoir ; c'est même la forme ultime du savoir-vivre.

Rappelons-nous cette phrase magnifique, déjà citée, de Pline : « Dieu est, pour un mortel, le fait d'aider un mortel, et c'est là la voie vers la gloire éternelle. C'est le chemin qu'ont emprunté les plus éminents des Romains » (*Histoire naturelle*, II.V.18-19). Voilà le seul dieu possible et pensable pour un athée dans un monde déserté par le dieu des autres. Ne pas ajouter à la misère du monde, augmenter son savoir, aimer son ami, aider son prochain, se soucier de soi, savoir mourir parce que c'est savoir vivre : voilà de quoi attendre sagement que le volcan nous recouvre de cendres.

Première partie

SOI

Une éthique de la dignité

1

PENSER

Le maître de rhétorique de Quintilien

Qu'est-ce que devenir disciple ?

Nous sommes au IIᵉ siècle de l'ère commune. Le jeune homme a dix-huit ans. Il est de sang noble. Il reçoit une éducation haut de gamme avec les enseignants les plus fameux. Il fréquente la cour. Il se nomme Marcus Annius Verus. Lisons l'une de ses lettres : « Lorsque mon père revint des vignes à la maison, je montais à cheval, comme à l'accoutumée, je me mis en route et nous nous éloignâmes peu à peu. Et voilà que là, au milieu du chemin, il y avait un grand troupeau de brebis, et le lieu était désert : il y avait quatre chiens et deux bergers et rien d'autre. L'un des bergers dit alors à l'autre, en voyant arriver ce groupe de cavaliers : "Regarde-moi ces cavaliers, ce sont ceux d'habitude qui font les pires brigandages." À peine eus-je entendu cela que je pique de l'éperon mon cheval et que je le lance au milieu du troupeau. Les bêtes effrayées se dispersent, courant en tous sens, en bêlant et en allant à la débandade. Le pasteur me jette sa houlette. Elle tombe sur le cavalier qui me suit. Nous fuyons. C'est ainsi que celui qui craignait de perdre une brebis perdit sa houlette. Tu crois que c'est une histoire inventée ? Non, la chose est vraie » (II.16). À première vue, ce jeune homme est un fils de famille qui, sûr de son impunité, maltraite des gens de peu tout au plaisir des frasques de son âge.

Ce jeune garçon qui écrit, c'est Marc Aurèle qui s'adresse à l'un de ses précepteurs, Fronton. Le jeune César chasse le sanglier, monte à cheval pendant des heures. Plus jeune encore, il s'adonnait à cet étrange jeu qui consistait à frapper légèrement des cailles sur la tête...

Dans l'*Histoire Auguste*, on peut lire ceci concernant Marc Aurèle : « Il aimait le pugilat, la lutte, la course, et la chasse aux oiseaux : il était fort habile à la paume et à la chasse. Mais le goût de la philosophie le détourna de tous ces amusements et lui donna beaucoup de gravité, sans lui faire perdre toutefois l'agrément qu'il mettait dans son commerce avec ses amis, et même avec les personnes qu'il connaissait moins. Il était sobre sans ostentation, bon sans faiblesse, et grave sans morosité » (IV).

Marc Aurèle rencontra Diognète, un philosophe stoïcien qui fut à l'origine d'un changement dans sa vie : le jeune garçon en fut transformé et sa vie fut tout autre. Dans ses *Pensées pour moi-même*, l'empereur philosophe rend hommage à ce philosophe en ces termes : « De Diognète, j'ai appris à éviter les futilités ; à ne pas croire aux faiseurs de miracles, aux magiciens qui prétendent éloigner les démons avec leurs incantations, et autres choses du même acabit ; à ne pas m'exciter au jeu des cailles ou autres bagatelles ; à supporter le franc-parler ; à me familiariser avec la philosophie, à fréquenter Bacchios [un philosophe platonicien] d'abord, puis Tandasis et Marcianus [deux autres philosophes inconnus] ; à écrire des dialogues durant mon jeune âge, à avoir envie de dormir sur un lit rudimentaire avec une peau de bête – ce genre de choses à la grecque » (I.6).

L'histoire de la philosophie est pleine de ces rencontres pour lesquelles, faute de mieux, on parle de conversion – un mot que le christianisme a définitivement marqué de son sceau. Elles mettent en scène un jeune qui ne sait rien et un plus vieux qui en sait plus. En Grèce, cette relation est pédérastique et l'on sait que Socrate en fut un adepte charnel au point qu'il a donné lieu à *socratiser*, un mot qui atteste que la pensée des Idées faisait chez les Grecs un détour par les corps d'éphèbes.

Pas question de cela chez les Romains – du moins officiellement et sur le terrain de la philosophie. La relation entre un

28

maître et son disciple suppose une initiation purement intellectuelle et affective par laquelle l'ignorant accède aux moyens de
cesser de l'être.

Rome aime les mots et les prend au sérieux. Voilà pourquoi
elle ne badine pas avec les philosophes. On aurait tort de croire
qu'elle n'apprécie pas la discipline, car ce qu'elle méprise chez
quelques-uns qui la pratiquent, c'est leur délire verbal, le caractère inhabitable de leurs châteaux conceptuels en Espagne.

Galien, qui fut le médecin de plusieurs empereurs, affirmait par exemple, dans le *Pronostic sur l'homme* (I.15), que les
Romains estimaient que la philosophie grecque s'avérait à peu
près aussi utile que l'art de faire des trous dans des grains de
blé... Il persiste et signe quand il écrit que dans la maison d'un
Romain fortuné, la présence d'un philosophe est tout simplement un élément de son standing. On ne lui demandera pas des
exposés de philosophie ; seulement de jeter un œil sur le caniche
de madame, qui est malade et sur le point de mettre bas. Dans
le même esprit, Varron écrit dans ses monumentales *Satires
Ménippées* : « Il n'est pas une seule divagation de malade qu'on
ne retrouve dans la bouche de quelque philosophe » (122). Sale
temps pour les philosophes...

Dans son *Histoire naturelle* (XIII.XXVII), Pline l'Ancien
rapporte qu'en défonçant son champ sur la colline du Janicule,
un homme découvrit le cercueil de Numa, roi de Rome, dans
lequel se trouvaient des livres – sous forme de rouleaux conservés grâce à de la cire et du citre. Parmi ces trésors, des écrits
pythagoriciens. Sur ordre du préteur, les ouvrages ont été brûlés.
Il n'était pas question en effet de donner aux divagations philosophiques de Pythagore sur la métensomatose et la métempsycose la possibilité de contaminer une cité qui ne croyait qu'à la
religion civile et civique.

C'est bien parce que le verbe devait être précieux chez les
Romains que Caligula scénographiait de sinistres fêtes au cours
desquelles, comme à Lyon, « il organisa un concours d'éloquence grecque et latine, à l'issue duquel, rapporte-t-on, les
vaincus furent tenus d'offrir des récompenses aux vainqueurs

et de composer en outre des louanges en leur honneur. Par ailleurs, dit-on encore, les candidats qui avaient eu le moins de succès recevaient l'ordre d'effacer leurs écrits en usant d'une éponge ou de leur langue – à moins de préférer des coups de férule ou un plongeon dans le fleuve le plus proche» (Suétone, *Vie de Caligula*, XX). Caligula a insulté le consulat, le Sénat et nombre de sénateurs, les lois, le droit, la morale, la cité, le pouvoir des pères, il couchait avec ses sœurs, exécutait les hauts personnages de l'État par caprice, nommait consul son cheval, lui faisait boire des pierres précieuses diluées dans du vinaigre, il avait un jour abattu le sacrificateur du taureau au lieu de l'animal, etc. S'il humilie l'art rhétorique, c'est qu'il le sait précieux dans l'Empire romain : il permet en effet de former l'homme romain, un être de savoir et de culture, de verbe et de tenue.

Au Ier siècle de notre ère, le fameux rhéteur Quintilien, qui fut aussi un professeur d'éloquence très couru et ténor du barreau romain, a porté haut cet art rhétorique qui, en Grèce, n'était qu'un artifice pour former des sophistes, autrement dit des gens pour qui le fond importait peu et pour lesquels seule comptait la forme qui leur permettait de séduire l'auditeur afin d'en obtenir un avantage sonnant et trébuchant.

Le rhéteur qui enseigne à Rome estime que «la philosophie est devenue le domaine de tous. Quel est l'homme, même le plus pervers, qui ne discoure sur la morale», écrit-il dans l'introduction de *La formation de l'orateur* – longtemps traduit par *De l'institution oratoire*. Les philosophes se sont emparés de l'art rhétorique pour faire triompher des idées mal venues. Il faut redonner à la rhétorique sa puissance véritable et sa fonction première qui sont de permettre de bien construire sa pensée. Elle est le discours d'une méthode.

Quel est son idéal ? «Que l'orateur soit donc tel qu'on puisse l'appeler véritablement sage. Je n'entends pas seulement irréprochable dans ses mœurs car cela même, quoiqu'on en ait dit, ne me paraît pas suffisant, mais versé dans toutes les sciences et dans tous les genres d'éloquence. Jamais un tel idéal ne se réalisera peut-être. En doit-on moins, pour cela, tendre à la perfection? N'est-ce pas ce qu'ont fait la plupart des anciens qui, tout en reconnaissant qu'on n'avait pas encore trouvé un vrai sage, nous ont cependant laissé des préceptes sur la sagesse? Non, l'éloquence parfaite n'est point une chimère; c'est quelque chose de très réel, et rien n'empêche l'esprit humain d'y atteindre. Que, s'il n'y atteint pas, au moins ceux qui, par de grands efforts, aspireront au sommet, iront-ils plus haut que ceux qui, découragés d'avance par l'idée de leur impuissance, s'arrêteront dès les premiers pas» *(ibid.)*. Il se propose d'expliquer ce qu'est l'art rhétorique, non sans avoir précisé qu'il ne suffisait pas et qu'il avait besoin du talent de celui qui s'y applique.

La formation de l'orateur est un manuel d'éducation de l'enfant dès ses premiers moments puisque Quintilien commence son traité avec des considérations sur le choix des nourrices et des précepteurs... C'est dire qu'il estime que penser se prépare au plus tôt avec un dispositif banal, mais à notre époque il faut désormais le souligner, qui engage un adulte qui sait et un enfant qui ne sait pas. Autrement dit: un maître et un disciple.

Le rhéteur témoigne qu'on ne saurait penser sans apprendre à penser et qu'on n'apprend pas en dehors d'une relation qui implique un instituteur, au sens étymologique, celui qui institue, et un élève, c'est-à-dire un être qu'on élève. Il s'agit donc d'instituer un être qu'on élève. Quintilien explique à quoi doit ressembler cette relation. Le maître doit être irréprochable. La chose n'est pas clairement dite, mais il n'est pas question qu'entre lui et son élève il s'agisse de ce qui unit l'éraste et l'éromène grecs, autrement dit l'adulte et l'enfant impliqués dans une relation sexuelle – disons-le clairement: pédérastique.

Le maître est moralement irréprochable. La relation avec ses disciples est celle d'un père. Il doit être sans vice et n'en tolérer aucun; il lui faut être doux, mais sans faiblesse, car la douceur produirait du mépris et la faiblesse de la haine; il manifestera une austérité qui évitera la rudesse; il veillera à donner «de petites leçons de morale» (II.2) pour prévenir et n'avoir pas à punir; il ignorera la colère; il ne laissera rien passer; il se fera éveilleur de conscience – «simple dans l'enseignement, laborieux, exact, sans être trop exigeant, il répondra volontiers aux questions, et prendra même plaisir à en provoquer» *(ibid.)*; il évitera trop de reproches et trop de compliments à son disciple; il ignorera l'injure, l'agressivité ou le mépris à son endroit, bien sûr; il donnera chaque jour ce que l'on pourrait appeler des leçons de morale pratique; il évitera la démagogie «car un maître ne doit pas parler au goût de ses élèves, mais ceux-ci au goût de leur maître» *(ibid.)*.

Ce portrait du maître se double d'un portrait de l'élève: il ne manifestera pas bruyamment ses sentiments; il attendra le jugement et l'avis du maître; il ne sera pas libre de ses mouvements dans la salle de classe. On dirait aujourd'hui que l'enfant n'a pas à être roi, car il n'est pas le centre du monde.

À la fin de son trajet pédagogique, Quintilien aborde la question de la philosophie – en Romain. C'est-à-dire qu'il estime que l'orateur, pour être un homme de bien, doit connaître la nature des choses, la réalité du monde et que, pour ce travail, il n'y a rien de mieux que de se mettre à l'école de la philosophie – pourvu qu'elle se soit mise elle-même à l'école de la rhétorique, c'est-à-dire qu'elle ait obéi aux règles de la construction rationnelle et non qu'elle ne se soit autorisée que d'elle-même, comme chez les Grecs...

Quintilien se réclame de Cicéron pour qui «l'éloquence se puise aux sources les plus profondes de la sagesse, et voilà pourquoi, pendant quelque temps, les mêmes hommes ont enseigné à la fois à bien vivre et à bien parler» (XII.2). Car, pour un Romain, bien parler sans savoir bien vivre n'a aucun sens; pas plus que n'en aurait un savoir vivre sans bien parler...

Pas question pour autant de devenir philosophe, et l'on mesure ici combien Rome méprise la philosophie pour elle-même, pratiquée comme un genre d'art pour l'art: «Je ne sache pas de genre de vie plus opposé aux devoirs du citoyen et aux fonctions de l'orateur», écrit-il, que le métier de philosophe! Où l'on voit que Quintilien, tout comme Galien et Varron, ne tient pas la discipline en haute estime tant qu'elle continue à qualifier l'art de faire des trous dans un grain de blé – ce qu'il appelle aussi «disputer oiseusement dans l'ombre» *(ibid.)*...

En revanche, si la philosophie sert à la construction d'un raisonnement droit qui permet un jugement droit visant une vie droite, alors elle peut être convoquée – mais comme servante d'un projet existentiel civique : il s'agit de produire un bon Romain et, à l'horizon le plus lointain, un bon chef d'État. Quintilien écrit en effet dans son adresse à Marcellus Victorius qui ouvre son livre majeur : « L'homme qui peut vraiment jouer son rôle de citoyen et qui est capable d'administrer les affaires publiques et privées, l'homme qui est apte à diriger les villes par ses conseils, à leur donner une assise par des lois, à les réformer par ses décisions de justice, cet homme ne saurait être autre assurément que l'orateur. »

Faut-il se tourner vers les épicuriens ? Non, ils méprisent toute doctrine. Vers les cyrénaïques ? Impossible, ils font du plaisir le souverain bien. Vers les sceptiques ? Quelle idée ! Ils voient des illusions partout et la vérité nulle part. Vers les platoniciens ? Il est vrai qu'ils usent d'une méthode dialectique qui présente le pour et le contre et que celle-ci contribue à former à l'art oratoire. Vers les aristotéliciens ? Ils sont en effet ceux qui ont réfléchi sur l'art oratoire. Et les stoïciens ? Avouons qu'ils disent « n'avoir point de rivaux pour la force des démonstrations et la rigoureuse exactitude des conséquences » *(ibid.)*. Alors ?

En fait, l'orateur ne sera partisan d'aucune secte. Il aura le souci des plus beaux modèles et ira les chercher là où ils se trouvent. En matière de vertu, il optera également pour les idées qui lui permettront de la réaliser le plus sûrement. « Or, est-il une matière plus imposante et plus riche que d'avoir à parler sur la vertu, sur le gouvernement, sur la Providence, sur l'origine de l'âme, sur l'amitié ? Voulez-vous donc élever votre esprit, agrandir votre style, appliquez-vous à connaître ce qui constitue le vrai bien, comment on s'affranchit des vaines terreurs, ce qui met un frein à nos passions, ce qui nous arrache aux préjugés du vulgaire, ce qui est digne enfin de la partie immatérielle qui vit en nous. Et ne vous bornez pas à agiter ces hautes questions ; attachez-vous plus encore à connaître, à méditer les paroles et les actions mémorables que nous a transmises l'antiquité » *(ibid.)*.

Quintilien invite à lire les historiens, les annalistes, les mémorialistes, les chroniqueurs, pourvu qu'ils soient romains. Pour quelles raisons ? « Autant les Grecs sont puissants en préceptes, autant, ce qui est bien plus important, les Romains le sont en exemples » *(ibid.)*. Tout est dit ici, car ici tout est vrai. Qu'à Athènes on excelle à théoriser la vertu mais qu'à Rome on brille à la pratiquer, voilà qui résume à la perfection la tension entre le Parthénon et le Forum.

Rome apprend à parler le langage de la vertu dans la perspective de la pratiquer. Quintilien veut fabriquer un orateur afin qu'il aille au-delà des mots et qu'il incarne la vie philosophique. Dès lors, la philosophie ne saurait être une sophistique de type grec, parce qu'elle est une rhétorique de type latin. Pour faire un Romain, il faut la vertu ; pour faire la vertu, il faut un Romain ; pour faire la vertu romaine ou la Rome vertueuse, il faut un philosophe formé à l'école de la rhétorique. Cette discipline apprend à bien penser pour bien agir et bien se conduire. Quintilien pourrait affirmer qu'il propose un genre de cogito qu'on pourrait ainsi formuler : je parle donc je suis.

Quintilien consacre un chapitre de *La formation de l'orateur* à la question de la clarté dans l'exposition des idées. Lui qui fut l'homme de confiance et l'ami de Pline l'Ancien, le maître de Pline le Jeune, le probable professeur de Tacite, il écrit des choses qui, sur ce sujet comme sur tant d'autres, traversent les siècles.

Par exemple ? Par exemple le fait que l'obscurité est un défaut aussi vieux que les hommes qui s'expriment... Quintilien la traque dans l'usage de mots anciens, de tournures usagées, de formules vieillies. Il la montre également à l'œuvre dans le recours à du vocabulaire technique ou spécialisé.

Le rhéteur signale aussi que l'obscurité peut venir de périodes trop longues et d'incises effectuées dans le corps du texte sous forme de parenthèses. L'esprit ne peut suivre une argumentation quand la phrase ne respire pas ou quand elle subit des syncopes infligées par les parenthèses. La progression de la pensée ne peut alors s'effectuer. Comment pourrait-on se retrouver dans les méandres d'une pensée qui se cherche ? Si l'auteur lui-même n'est pas clair, comment le lecteur pourrait-il saisir ce qui le serait?

Quintilien poursuit son énumération des causes de l'obscurité dans le discours. Il en dénonce une autre qui est «l'abondance de mots inutiles» (VIII.2). Il vise tout particulièrement ceux qui «redoutent tant de parler comme tout le monde que, pour courir après l'élégance, ils tournent sans cesse autour de ce qu'ils n'osent dire, et se perdent dans leur verbiage. Cousant ensuite leurs phrases vides au bout les unes des autres, et confondant tout, ils font des périodes sans fin qui défieraient la plus longue respiration» *(ibid.)*. Les gens du trop.

Puis, dans l'excès inverse, il fustige ceux qui n'utilisent pas même les mots utiles et nécessaires et qui, de ce fait, deviennent incompréhensibles à leurs interlocuteurs. Ces «partisans outrés de la brièveté retranchent jusqu'aux mots nécessaires, et, satisfaits de s'entendre, comptent pour rien d'être entendus» *(ibid.)*. Les gens du trop peu.

À quoi il ajoute: «Il en est même qui s'étudient à être obscurs; et le vice n'est pas nouveau, car je trouve déjà dans Tite-Live qu'un maître de son temps recommandait à ses élèves de jeter dans l'obscurité tout ce qu'ils disaient, les encourageant par le mot grec, *obscurcissez.* De là cet éloge vraiment magnifique: *Ah merveille! Je n'y ai rien compris moi-même»* *(ibid.)*. Puis ceci: «Beaucoup de gens se persuadent qu'il n'y a d'élégant et de bien dit que tout ce qui a besoin d'explication. Ces énigmes ont aussi des attraits pour quelques auditeurs qui se félicitent de leur pénétration, quand ils les ont devinées, et s'en applaudissent comme d'une découverte» *(ibid.)*. En forme de conclusion, retenons cette phrase que je fais mienne: «Pour moi, tout discours qui exige un effort d'esprit de la part de l'auditeur me paraît être un discours en pure perte» *(ibid.)*.

Quintilien expose à la fin de son analyse ce qu'on doit faire pour obtenir la clarté. Il ne faut pas laisser en suspension ce qui semble incompréhensible; il faut donc rapidement aller au fait et au vif du sujet; il faut éviter tout aussi bien le défaut que l'excès en matière d'expression; il faut donc viser une sobriété narrative, une justesse de la chose dite et dans la chose dite;

il faut viser «l'approbation des gens de goût et être à la portée des plus ignorants» *(ibid.)* – j'aime qu'on puisse vouloir tenir ces deux bouts; il faut éviter le désordre et la confusion dans l'exposition; il faut éviter de partir dans de longues digressions indigestes. «Faisons donc tous nos efforts, je ne dis pas pour qu'on nous comprenne, mais pour qu'il soit impossible de ne pas nous comprendre» *(ibid.).*

Quintilien avait une mauvaise mémoire; c'est pourquoi il a mis en place un dispositif rhétorique qui a fait les riches et belles heures de Rome, certes, mais également celles de l'Occident chrétien, jusqu'à ce que la vocifération prenne la place et supplante les règles élémentaires de la construction d'un propos.

Pour philosopher, il faut une relation entre un maître et un disciple, un individu qui sait et un autre qui ne sait pas. Notre époque égalitariste confond l'inégalité et la différence. Elle ne veut pas que l'un puisse savoir quand l'autre saurait moins, saurait peu, saurait autrement, voire ne saurait pas du tout. Elle a décidé que le cul-de-jatte et le champion olympique doivent être égaux sur la ligne de départ, que l'aveugle et le voyant sont à égalité lorsqu'ils regardent dans une lunette astronomique, que le daltonien est à égalité avec celui qui ne l'est pas face aux couleurs d'une gamme pantone, que le vieillard cacochyme est à égalité avec le jeune homme entraîné au pied d'une montagne à gravir, que le sourd de naissance est à égalité avec l'ingénieur acousticien un soir de concert; elle estime donc que l'enfant qui vagit dans son berceau est à égalité avec le pédiatre qui prend soin de lui, elle pense qu'à l'école l'enfant est à égalité avec son instituteur, et il lui arrive même, sérieusement, d'inverser à ce point les valeurs qu'elle estime que l'enseigné en sait plus que son enseignant, ce qui obligerait celui qui sait à se mettre à l'école de celui qui ne sait pas…

C'est dans cette configuration qu'il nous faut penser la relation entre maître et disciple… Autrement dit: entre l'un qui a appris, qui sait, qui connaît, qui est informé, qui dispose d'expérience, et l'autre qui n'a pas appris, ne sait pas, ne connaît pas, n'est pas informé, ne dispose pas d'expérience.

Il faut avoir toute la sophistique des hommes sans boussole pour penser qu'un oisillon dans son nid est à même de donner des leçons à ses parents qui sont forts de ce que leurs propres parents leur ont appris. Notre époque, si prompte à animaliser les hommes et à animaliser les humains, est incapable de prendre les leçons que nous donne la nature : nulle part dans le règne animal dont nous relevons, la progéniture n'est la maîtresse de ses géniteurs, à aucun moment l'enfant n'est le maître de ses parents.

Dès lors il faut un maître. Certes, le mot est interdit parce qu'il est tout de suite associé à une relation de domination et de servitude. Mais il existe de bons et de mauvais maîtres. Ce qui ne condamne pas toute maîtrise, mais un certain usage de la maîtrise.

Lequel ? Celle qui vise la sujétion, la soumission, la domestication d'un être par un autre. Le mauvais maître, c'est l'éducateur qui indexe sa pédagogie sur l'apprentissage de l'esclavage et de la domination. Le mauvais maître travaille à l'impossibilité de l'émancipation de son élève : il veut la servitude d'un être décérébré.

La philosophie exige un maître. Non pas dans l'esprit des perroquets qui chantent sans cesse la même chanson que leur dresseur. Ni des ventriloques qui écrivent, pensent et parlent comme leur maître au point qu'on a honte pour eux quand on les lit tant leurs livres semblent des plagiats dans le fond, la forme, les mots, le style, le ton de celui qu'ils répètent à longueur de temps.

À moins d'aspirer au statut de gourou dans une secte, le bon maître ne souhaite pas la ventriloquie de ses disciples, mais leur émancipation. Il permet une cartographie du monde, il établit des cartes du réel, des relevés topographiques de ce qui est ; il porte donc à la connaissance de celui qui ne sait pas ce que lui sait parce qu'il l'a appris d'un autre.

Cartographe, géographe, topographe, le maître décrit : ici la plaine, là le marécage, ailleurs la forêt, à tel endroit le gouffre et le précipice, plus loin le fossé, au-delà les bêtes fauves et les serpents à la morsure venimeuse, dans cet autre le sable sans scorpion. Il désigne les chemins, les voies, les sentes, les sentiers, les routes, les passages; il dit également les impasses, les culs-de-sac, les voies sans issue; il enseigne les havres, les refuges, les chaumières, les abris; il raconte les coupe-gorges, les endroits interlopes, les zones interdites, les quartiers louches.

Puis, une fois ce travail fait, le relevé topographique remis entre les mains du voyageur, il explique où se trouvent les quatre points cardinaux. Il donne une boussole; elle indique le nord. Il a expliqué quelles routes on peut tracer, quels chemins on peut parcourir.

Il invite alors son disciple à prendre le chemin, à décider seul de son déplacement et à faire son voyage pour lui-même – et non celui qu'en d'autres temps, en d'autres circonstances, il a fait, lui, jadis.

On ne vit pas la vie d'autrui, pas plus qu'on ne peut lire pour autrui, manger pour lui, jouir, souffrir ou mourir pour lui. Dès lors, on ne peut voyager pour autrui – ni vivre une vie par procuration, pour lui, à sa place.

Le bon maître n'invite pas à ce qu'on vive sa propre vie, qu'on duplique sa propre existence, qu'on le copie, qu'on le singe, qu'on vive en décalquant un modèle déjà utilisé. Il veut qu'on le suive en se défaisant de lui parce que ce qui est à suivre, c'est la méthode qui apprend à se construire de façon autonome, indépendante.

*

Le plus simple est d'aller voir du côté de la philosophie antique. Car, à part quelques puissants textes techniques, le *Parménide* ou le *Timée* de Platon, la *Métaphysique* ou la *Physique* d'Aristote, les *Ennéades* de Plotin (des textes grecs...), les stoïciens et les épicuriens romains fournissent l'essentiel des ouvrages susceptibles de conduire une existence. Cicéron et Marc Aurèle, Sénèque et Lucrèce, Plutarque et Épictète, pour ne prendre qu'eux, fournissent le plus fort contingent d'œuvres existentielles. L'œuvre de Panétius est perdue; celle de Lucien de Samosate est distrayante; celle de Celse témoigne de la fin d'un monde...

Ces œuvres peuvent accompagner une vie[1]. Il faut les lire plume à la main, les annoter, les synthétiser, les mettre en fiches, les commenter pour soi-même – à la manière de l'empereur Marc Aurèle qui écrivait ses *Pensées pour moi-même* sous sa toile de tente. Ensuite, régulièrement, lire ce qu'on a écrit et le commenter encore et encore. Puis ne cesser d'examiner sa vie à la lumière des sagesses antiques afin de l'éclairer pour la comprendre et la mieux construire.

Certes, l'idéal eût été un maître réel et bien vivant, en chair et en os. Il existe, c'est certain, mais il est rare – et c'est tant mieux. Ce maître n'a pas besoin d'avoir lu et d'être cultivé, d'avoir écrit des livres ou fait des conférences, d'être un puits de culture et d'être bardé de diplômes, il lui suffit d'être un puits de sagesse pratique dans sa vie même. L'être le plus stoïcien que j'aie jamais connu n'avait pas lu les stoïciens et ignorait même jusqu'à leur nom – c'était mon père.

---

1. Neuf intermèdes distribués entre les dix-huit chapitres de ce livre constituent autant de portraits de ces philosophes existentiels. Ils sont suivis des textes de ces penseurs les plus à même d'être médités dans la perspective d'une sagesse contemporaine.

2

EXISTER

L'otium méditerranéen de Pline le Jeune

Que faire de son temps ?

Dans l'ombre du Vésuve, devant le voile d'acier bleu de la mer Méditerranée, la villa de Pison, connue aussi sous le nom de villa des Papyrus, bruit encore des murmures de la vie philosophique menée par une poignée d'hommes et de femmes de bonne volonté qui entendaient faire de leur vie une œuvre d'art. Le lieu d'habitation procède de la vie philosophique. L'amphore dans laquelle vit Diogène de Sinope ne signifie pas la même chose que la collection de villas luxueuses de Cicéron...

La villa des Papyrus près d'Herculanum a été présentée comme un manifeste épicurien. Certes, on trouve dans cet endroit sublime trois bustes d'Épicure, un de Métrodore de Lampsaque, l'ami parmi les amis du philosophe de l'ataraxie, et un autre d'Hermarque de Mytilène qui fut le premier successeur du maître dans le Jardin d'Athènes, mais ils côtoyaient également ceux des présocratiques Pythagore et Empédocle, de l'atomiste Démocrite et de Cratès le Cynique, tout aussi bien que celui du stoïcien Zénon... Voilà bien une galerie de philosophes, mais pas seulement d'épicuriens.

Ajoutons qu'il n'y avait pas que des philosophes dans ce jardin. Les archéologues ont en effet exhumé des cendres du Vésuve qui ont recouvert les lieux d'autres sculptures : des déesses et des dieux ou des figures mythologiques (Héraclès et Artémis, Apollon et Pan, Hermès et des Méduses, ou bien encore des satyres ivres), des animaux (des panthères et des chevreuils, une chèvre saillie par Pan, des poules, un porcelet), d'autres figures associées à des fonctions (des rois et des danseuses, des poètes et des orateurs, Démosthène et Eschine par exemple).

Le caractère hétérogène de ce parc d'œuvres d'art témoigne en faveur de l'épicurisme si et seulement si l'on retient les œuvres qui corroborent cette thèse tout en prenant soin d'écarter celles qui résistent à cette interprétation.

En quoi, par exemple, la copulation de Pan avec une chèvre relèverait-elle des prescriptions d'Épicure? On voit mal que la zoophilie puisse passer pour une vertu chez un homme qui estimait que la sexualité relevait des plaisirs naturels et non nécessaires donc, en tant que tels, inutiles à satisfaire parce que trop coûteux en déplaisirs. À moins d'expliquer qu'une sexualité avec une chèvre débouchant rarement sur les servitudes et les ennuis habituellement associés aux couples humains, il s'agirait d'une incitation à une sexualité avec les bêtes par nature ataraxique – mais ce serait violer l'herméneutique comme Pan le caprin…

Pison montre moins son épicurisme que son raffinement. La citation grecque, dans le monde romain, passe pour un signe de culture. On affiche moins la référence à tel ou tel en particulier, Empédocle ou Démosthène, Eschine ou Démocrite, voire Épicure, qu'au monde qui les a produits et qu'on juge comme étant celui du bon goût, de l'élégance, des manières d'être, de faire et de penser.

Rome est d'abord une cité de paysans et de guerriers; elle a été construite par des laboureurs et des soldats; elle fut baptisée de façon païenne et primitive avec le sang de Rémus tué par son frère Romulus; les deux enfants avaient été élevés avec le lait d'une louve, autant dire avec une sève de prédateur; le village construit sur des marécages a pu devenir une ville-monde quand son bien le plus précieux, un jeune chevalier, Marcus Curtius, s'est sacrifié en se jetant dans l'eau putride qui a d'un seul coup disparu, absorbée par la mort du héros. À Rome, la virilité fait la loi.

En Grèce, il y a place pour autre chose que pour le centurion et le bouvier : l'aède et le philosophe, le sportif et le poète, le sophiste et l'orateur, le sculpteur et l'artiste. À Rome, cité pratique et pragmatique, labourer le champ et faire la guerre, construire des maisons et assécher des marécages, faire des enfants et les instruire, produire des richesses et les vendre, voilà qui passe au premier plan. Si le poète et le philosophe, l'artiste et l'orateur veulent trouver une place, il leur faudra composer avec le réel, la grande beauté romaine.

Il y a donc le travail, le négoce d'un côté et, de l'autre, le loisir, le repos. L'étymologie témoigne, même si le trajet emprunte des labyrinthes : le temps du repos, l'*otium*, n'est pas celui du travail qui est celui de la négation du loisir, le *negocium*. La Grèce aristocratique méprise le travail, qu'elle réserve aux esclaves. Un homme bien né ne travaille pas. Quiconque arbore un lignage aristocratique et un sang noble se fait fort de l'afficher par son emploi du temps consacré aux loisirs.

Soucieux d'en finir avec l'austérité des vieux Romains à la Caton, le goût de l'otium vint aux Romains vers le IIIᵉ siècle avant l'ère commune ; ils lui donnent un caractère moins éthéré, moins vaporeux, moins satiné et plus viril. L'amitié y joue un rôle majeur, sans forcément qu'il soit question de pédérastie – même si Catulle, Virgile, Horace, Tibulle, Juvénal, Martial sont *ambidextres*, comme disent les Grecs.

Dans la villa des Papyrus, l'otium fait la loi. Dans la baie de Naples, ce lieu fonctionne comme un écrin pour la vie philosophique. Aujourd'hui, les bruits de la ville contemporaine entrent dans les ruines. Ils ne parviennent toutefois pas à empêcher qu'on imagine cette vie dans laquelle la philosophie est moins un art de penser qu'un art de vivre, moins une occasion de verbigérer que de pratiquer.

On y mange simple, sain, sobre et frugal : les oliviers fournissent l'huile ; les pêcheurs vendent sur le port ce que leurs filets ont remonté ; le raisin donne un vin léger ; le pain est préparé avec le blé venu d'à côté ; il est cuit dans un four qui parfume alentour ; la viande grillée est celle des animaux de la ferme. Le repas est une fête.

On y vit l'amitié avec des compagnons qui partagent les nourritures matérielles, bien sûr, mais aussi les nourritures spirituelles : la conversation, la lecture, le dialogue. Une bonne place est en effet donnée à la philosophie et à la poésie, aux sciences aussi – car la vie des plantes et des étoiles, celle des arbres et des animaux sont autant d'occasions de savoir ce qu'est le monde afin d'y trouver sa bonne et juste place, donc de s'y installer avec sérénité. La vie est une fête.

On y évolue dans un décor artistique où ce qui tombe sous les yeux, la majesté naturelle de la mer vue du promontoire tout autant que la beauté culturelle des œuvres d'art choisies par le propriétaire contribuent à élever l'âme vers le sublime. La beauté est une fête.

*

Le lieu est aussi une fête. Je songe à une lettre (II.17) que Pline le Jeune envoie à Gallus et dans laquelle il lui explique pourquoi il aime tant sa propriété de Laurente située à un peu plus d'une vingtaine de kilomètres de Rome. Ce lieu fonctionne en antithèse de la cité : on y trouve les bonheurs du rat des champs ignorés par le rat des villes.

L'otium appelle la campagne. Dans les villes, on trouve des loisirs : le théâtre, le cirque, l'arène, les hippodromes, les stades, les thermes ; mais tout cela s'accompagne de bruit, de passions malsaines, de sueur, de sang. Sait-on par exemple que, sur scène, lors d'une représentation théâtrale, on peut sacrifier en direct la vie d'un esclave pour les besoins de la dramaturgie ?

À Rome il faut craindre les incendies qui emportent des quartiers tout entiers, les brigands qui égorgent pour quelques pièces, les malfrats qui vivent de rapine et de prostitution, les mauvais coups en tout genre, les accidents de la circulation à cause de voitures emmenées au galop, les encombrements aux sorties des spectacles, les artisans qui énervent Sénèque – les coups en provenance des boutiques du charpentier ou du serrurier, les cris des marchands de trompettes ou de flûtes (*Lettres à Lucilius* VI.LVI.4 et XIV.XC.19). Martial et Juvénal ne perdent pas une occasion de raconter la vie romaine entre boue et saleté, crasse et cris, misère et voleurs, bruits et bousculades. D'où l'intérêt de quitter la ville au profit du calme de la nature.

L'éloignement de la cité, ni trop ni trop peu, permet à Pline d'y travailler dans la journée et de se reposer le soir à la campagne. Pour y parvenir, un chemin de sable traverse des paysages variés – des bois, des prairies dans lesquels paissent des moutons, des chevaux, des bœufs descendus des montagnes.

Pline le Jeune décrit sa maison : l'atrium simple mais agréable ; la cour pleine de charme et la colonnade ; les baies vitrées et les toits qui permettent de se protéger du vent ou du soleil, de la pluie ; une autre cour bien éclairée ; une « salle à manger bien décorée avec vue sur la mer : les embruns et les vagues arrivent jusque-là quand le vent souffle du sud. Des portes et des baies vitrées permettent de jouir du panorama en face de soi et sur les côtés comme s'il y avait trois mers ». D'une autre cour on peut découvrir un paysage différent « d'où la vue s'étend sur la forêt et au loin sur les collines ». Des chambres avec de bonnes expositions et de bonnes fenêtres. Dont une « laisse passer le soleil levant, l'autre retient la lumière du couchant. On aperçoit encore la mer, mais de loin et à l'abri des vagues ». Une pièce épargnée par le vent, dans laquelle entre la lumière garde la chaleur – « c'est mon quartier d'hiver et le terrain de sport de mes gens », écrit-il… Une autre a été construite pour que celui qui s'y trouve assiste à la totalité de la course du soleil dans la journée.

Les chambres sont chauffées par des conduites d'air chaud qui adoucit la température. Une bibliothèque contient des livres pour le travail, l'édification de soi – pas pour les loisirs. Toutes les pièces sont exposées de façon à nourrir les hôtes de la lumière du soleil.

Pour son seul usage, Pline disposait d'un complexe aquatique impressionnant : « Une salle avec deux bassins d'eau froide arrondis qui semblent sortir du mur, assez spacieux si l'on songe que la mer est tout près, ensuite la salle de massage, l'hypocauste, l'étuve, puis deux pièces arrangées avec plus de goût que de luxe. Le bain chaud qui lui fait suite est magnifique : on

45

voit la mer en nageant et on peut même jouer à la balle un peu plus loin ; il y fait encore chaud en fin d'après-midi. » Plus que tout autre peuple, les Romains ont porté l'art des eaux à leur perfection.

Ailleurs se trouvent des salles à manger exposées vers la lumière et toujours bien dirigées vers les paysages : du premier ou du second étage, on y voit la plage, la mer, quelques autres villas luxueuses. Une pièce sert à entreposer les vins.

Cette maison, bien sûr, a été construite dans un jardin. Comme l'art des eaux, les Romains portent l'art des jardins à un sommet en Occident. Pline décrit une allée bordée de buis ou de romarin ; une tonnelle couverte de vigne qui apporte de l'ombre dans la fraîcheur de laquelle on peut marcher pieds nus ; des mûriers et des figuiers ; un jardin potager qui permet l'autarcie alimentaire. Des giroflées.

Les Romains ont été de remarquables architectes. Le bâtiment est toujours une pensée. C'était l'une de leurs façons de penser. Qu'on se souvienne des livres de Vitruve et de Fronton. Pline le Jeune décrit un cryptoportique, une galerie couverte enfouie dans le sol, voûtée et monumentale – elle a, écrit-il, « la taille d'un bâtiment public ». Elle garde la fraîcheur et ventile à merveille. Les vents sont arrêtés à l'extérieur pendant que la chaleur reste à l'intérieur. Les courants d'air obtenus avec les ouvertures produisent les températures adéquates. Les ombres des bâtiments abritent d'un soleil trop brutal.

Dans cette immense propriété, Pline a fait construire comme une cabane – elle est la quintessence du lieu : « Au bout de la terrasse et du passage couvert il y a un pavillon que j'adore, oui, je l'adore vraiment ; c'est moi qui l'ai aménagé : une pièce toujours au soleil donne d'un côté sur la terrasse, de l'autre sur la mer ; une petite chambre communique avec la galerie couverte et a vue sur la mer. Une charmante alcôve se cache au fond : elle est entièrement vitrée et il suffit de tirer les rideaux pour la transformer en chambre à coucher ; elle renferme un lit et deux chaises. On a la mer à ses pieds, la maison derrière soi et la forêt au-dessus de sa tête : par les fenêtres on peut à son gré fixer tel détail du paysage ou embrasser la totalité du panorama.

À côté se trouve une chambre pour la nuit. Ni les éclats de voix des jeunes esclaves, ni le bruit de la mer, ni les changements de temps, ni les éclairs qui sillonnent le ciel ne parviennent jusque-là, sauf si on ouvre les fenêtres.» Puis ceci: «Quand je me retire dans ce pavillon, je me sens loin de tout, même de chez moi; je m'y plais surtout à l'époque des Saturnales quand le désordre et le bruit remplissent ma maison: je laisse mes gens s'amuser tranquillement et ils me laissent travailler de même.»

Pline conclut sa lettre en vantant les mérites du village à côté: des bains publics à toute heure, des soles et des crevettes vendues par les pêcheurs, des légumes et du lait, de magnifiques paysages. Puis il écrit à Gallus: «Si tu n'as pas envie de venir, c'est que tu aimes trop la ville. Comme je voudrais que tu aies cette envie pour qu'à tous les avantages de ma chère maison s'ajoute ce qui leur donnera le plus de valeur: ta présence sous mon toit!»

*

Que nous apprend cette lettre? Que l'otium, selon Pline le Jeune, c'est une fête sensorielle permanente. La *vue* d'abord: la jouissance des paysages joue un rôle important dans cette lettre à Gallus – la mer, les vagues, la plage, la montagne, la campagne, la plaine, les bois, les prairies, les animaux, le jardin; mais sans objet même, la seule vue de la lumière s'avère essentielle: lumière du jour, du soleil, des saisons, lumière des variations dans la journée entre le lever et le coucher du soleil, lumière sur les paysages au fur et à mesure du temps qui passe – d'où l'intérêt des fenêtres, des portes, des baies vitrées qui sont en quantité.

Le *Traité du sublime* de Longin théorise cette idée que la vue d'une nature vaste et puissante, ample et spacieuse, rugissante et grandiose génère le sentiment du sublime. Voilà pourquoi «ce ne sont pas les petits cours d'eau que nous admirons, malgré leur limpidité et leur utilité. Mais c'est le Nil, le Danube ou le Rhin, et, bien plus encore, l'Océan; et la petite flamme que nous allumons nous frappe moins parce qu'elle conserve son pur éclat, que les feux du ciel, même s'ils sont souvent obscurcis ; et nous pensons qu'elle est moins digne d'admiration que les cratères de l'Etna, dont les émissions projettent des roches depuis ses profondeurs, et des montagnes entières, et parfois déversent des fleuves de ce feu fameux né de la terre et qui ne suit que sa propre loi » (XXXV.4). Sublimes donc, les fleuves au fort débit, la voûte lumineuse de la Voie lactée, les coulées de lave des volcans ou leurs projections de feu.

La lettre à Gallus témoigne que le paysage vu de la villa de Laurente est sublime : la mer, la plage et les vagues en contrebas ; mais il existe une autre lettre, à Domitius Apollinaris, qui concerne... une autre propriété de Pline, en Toscane celle-là. La villa se trouve au pied de l'Apennin :

« Le pays est magnifique. Imagine un immense amphithéâtre comme la nature seule peut en créer. Une vaste plaine s'étend au pied des montagnes qui la couronnent. Les montagnes portent à leur sommet une antique futaie ; le gibier y est abondant et varié. Des taillis couvrent les pentes. La terre est riche et fertile sur les collines, et il est presque impossible de trouver des pierres, même en creusant profondément : le sol vaut celui des meilleures plaines. La moisson est abondante, il faut simplement attendre un peu plus longtemps pour la récolter. Les vignes, qui occupent toute la place au bas des pentes, donnent au paysage un aspect uniforme sur une vaste distance. Dans le bas, à l'endroit où elles s'arrêtent, des arbres fruitiers forment une sorte de bordure. Viennent ensuite des prés et des champs, mais il faut des bœufs très forts et des charrues très solides pour attaquer le sol. La terre est si lourde et forme de si grosses mottes au premier labour qu'il faut passer neuf fois avant de les aplatir. Dans les prés, fleuris et superbes, on trouve du trèfle et d'autres plantes toujours fraîches et délicates qui paraissent s'ouvrir à l'instant même ; des ruisseaux arrosent ces prairies à longueur d'année ; la pente empêche les inondations en cas de fortes pluies et le Tibre reçoit le surplus d'eau que le sol n'absorbe pas. Il coule à travers champs, navigable, il apporte à la ville tous les produits de la terre, mais seulement en hiver et au printemps : il n'y a pas assez d'eau en été et, dans son lit à sec, il perd sa réputation de grand fleuve pour la retrouver en automne. La vue du haut de la montagne te procurera beaucoup de plaisir : tu n'auras pas l'impression de contempler un paysage mais un tableau admirablement peint ; la diversité des couleurs et des lignes reposera tes yeux partout où ils se poseront. Située au pied de la colline, la maison jouit de la vue comme si elle se trouvait sur la hauteur : la pente est en effet si faible et si douce qu'on ne la sent pas et on s'aperçoit qu'on est plus haut sans avoir l'impression d'être monté » (*Lettres*, V.6).

Si la villa de Laurente est une villa d'eau par la vue qu'elle offre sur la mer, la plage et les vagues, la villa toscane est une villa de terre par le paysage qui l'accompagne : une plaine au pied d'une montagne, des collines qui descendent en pente douce, des forêts primitives coiffant les montagnes, des terres riches sur lesquelles poussent le blé et la vigne, puis les arbres fruitiers, des prés et des champs avec de l'herbe verte, du trèfle, des ruisseaux, mais aussi un fleuve, et quel fleuve : le Tibre ! De la terrasse de cette maison luxueuse, outre la vue sur un paysage sublime, on aperçoit également un hippodrome privé, celui de Pline, un jardin avec des arbustes taillés, des allées arborées de platanes, des haies de cyprès, des rosiers en quantité, des pelouses coupées au cordeau, des bordures de buis taillées dans la forme des lettres du nom du propriétaire, des dispositifs hydrauliques ingénieux, des bassins, des fontaines.

On y trouve aussi une chose stupéfiante relevant des arts de l'eau : « Un lit de table en marbre blanc est abrité par une treille. Quatre petites colonnes en marbre de Carystos soutiennent la tonnelle. De l'eau s'échappe des pieds du lit comme si c'était le poids des convives qui la faisait couler, passe par les tuyaux, tombe dans un bassin et s'arrête dans une jolie vasque de marbre, toujours remplie sans jamais déborder grâce à un ingénieux dispositif qu'on ne voit pas. Les hors-d'œuvre et les plats principaux sont posés sur le bord, les accompagnements, placés dans des vases en forme de bateaux ou d'oiseaux, flottent à la surface de l'eau » *(ibid.)*. La description se poursuit avec force précisions concernant ces jeux d'eau partout présents dans la propriété qui arrosent certes – c'est utile –, mais qui sont beaux

49

à regarder, réjouissants à entendre, rafraîchissants lors des fortes chaleurs – c'est agréable.

Pline a également le souci du *toucher* : dans ses villas, un dispositif judicieux permet à l'air chaud de circuler dans des conduites et des canalisations dissimulées à l'intérieur de la maison ; l'adoucissement de la température assure au corps un toucher de l'air doux et agréable ; les hauteurs de plafond et l'exposition des pièces sont pensées et conçues dans le même esprit : permettre à la peau de saisir la moindre variation de température ou d'hygrométrie ; la salle de bains avec ses eaux froides ou chaudes, la salle de massage, la piscine pour nager témoignent du plaisir romain qu'il y a à se baigner, se laver, être propre ; l'agencement des pièces, enfin, joue avec la chaleur et le froid afin d'obtenir au-dedans le contraire de ce que la saison impose au-dehors – fraîcheur dans la maison lors de la chaleur de l'été et chaleur dans les pièces pendant la froidure de l'hiver. L'ombre créée par les murs sert également à se protéger de la brûlure estivale ; la galerie enfouie, avec ses percements judicieux, canalise les courants d'air au service du plaisir des hôtes.

L'eau joue un rôle important à Rome : on se souvient de la légende qui veut que l'édification de la cité n'a été rendue possible que par le sacrifice de Marcus Curtius qui permit d'emporter avec lui les marécages afin d'assainir le lieu sur lequel se bâtit la ville de l'Empire. Les aqueducs apportent une eau venue de très loin dans la cité pendant que le *cloaca maxima*, cet égout gigantesque, récupère les eaux usées, celles des particuliers, certes, mais aussi celles des latrines.

Les bains publics des thermes accueillent quantité de public. Avec les combats de gladiateurs, ils sont l'un des signes de la civilisation romaine. L'entrée se fait dans une salle où l'on dépose ses vêtements ; la nudité n'est pas complète – on porte de quoi se cacher le sexe et les fesses ; un temps, les bains ont été mixtes ; on entre dans un lieu où l'on fait de l'exercice physique – soulever des poids, courir ou jouer avec une balle ; on passe dans une salle tiède, puis dans une autre plus chauffée, enfin dans une dernière, une étuve humide dans laquelle on transpire ; on entre alors dans un bain chaud ; on se racle la peau avec un strigile, un genre de couteau à lame courbe avec lequel on se débarrasse de ses impuretés ; on passe dans une étuve chaude ; on peut alors se reposer avant d'aller aux bains tièdes, puis aux bains froids. À l'issue de ce parcours, on peut se faire masser, épiler, parfumer.

Ce souci de soi et cet usage des plaisirs témoignent en faveur d'un corps qui ignore le péché originel : un corps païen qu'on ne méprise pas sans pour autant le vénérer comme chez les Grecs, qu'on ne châtie pas sans toutefois le livrer à la mollesse, qu'on ne maltraite pas mais auquel on apporte soin, souci et attention.

Il s'agit d'hygiène, bien sûr, mais également d'une diététique des corps qui suppose une médecine en amont : on prévient les maladies et l'on croit aux vertus du thermalisme. On sait qu'il vaut mieux prévenir que guérir. Un corps sain n'est pas un corps narcissique ou égocentré, mais un corps entretenu dans son bon état de marche. Ne pas être malade, et faire le nécessaire pour cela, relève à sa manière d'une logique épicurienne : en évitant ce qui conduit au déplaisir, on expérimente le plaisir de ne pas souffrir, de ne pas être malade. L'ataraxie est alors au rendez-vous…

Le médecin Galien de Pergame qui officia à Rome l'écrivait dans *L'âme et ses passions* : « Les facultés de l'âme suivent les tempéraments du corps » (1). De sorte que l'art médical s'avère une propédeutique à la philosophie. Il n'y a pas de philosophie ou de sagesse sans le corps du philosophe ou du sage. Il est la première brique de l'édifice existentiel.

Le *goût* tient également sa part dans l'art de vivre de Pline le Jeune. Dans un vocabulaire contemporain, on pourrait dire qu'il privilégie les filières courtes, qu'il mange sain, qu'il revendique une sobriété heureuse : pas de « poissons rares » mais de la sole et des crevettes, nous dit-il – la sole n'est alors pas un poisson rare, au contraire du turbot qui passe pour le mets emblématique des gloutons du genre Trimalcion dans le *Satiricon* de Pétrone ; des fruits de saison cueillis sur le lieu même : le raisin de sa vigne, les figues et les mûres à leur heure; des «produits de la terre», autrement dit: les légumes du jardin; le lait des vaches qui paissent dans les champs alentour. On peut imaginer que les grands crus ne sont pas utiles quand les vignes locales offrent un vin simple, mais le cellier témoigne aussi en faveur de vins de garde, donc de belles bouteilles. Tous ces repas sont pris dans des salles à manger dont les ouvertures permettent de réjouir l'œil en même temps que la bouche et le nez.

On est loin des menus gargantuesques associés aux Romains, des tables recouvertes de produits de luxe, des recettes extravagantes qui convoquent des tétines ou des vulves de truie farcies, sinon des sangliers fourrés aux lièvres eux-mêmes remplis de petits oiseaux, ou de ces plats confectionnés avec rien d'autre que des langues de passereau… La débauche, l'orgie, la bacchanale, la saoulerie n'entrent évidemment pas dans la composition du menu de l'otium.

Dans une lettre qu'il écrit à Genitor, Pline commente le courrier de son interlocuteur dans lequel celui-ci se plaignait d'un dîner somptueux au cours duquel il s'était ennuyé «à cause des bouffons, des mignons, des fous qui évoluaient parmi les tables» (IX.17). Pline atteste qu'il n'y a rien de tout cela chez lui, bien sûr, mais qu'il le supporte avec philosophie. Pourquoi n'a-t-il pas *cela chez lui*? «Parce que je ne m'amuse pas comme d'une chose surprenante et drôle des propos obscènes d'un mignon, des impertinences d'un bouffon, des inepties d'un fou.» Le plaisir des uns est le déplaisir des autres: tel apprécie l'orgie qui ne goûte pas le raffinement ou la délicatesse d'un plaisir subtil. Pline conclut qu'il faut tolérer le goût des autres afin qu'ils tolèrent le nôtre et celui de nos amis.

Nous sommes loin ici de la caricature d'une Rome dans laquelle les banquets sont des occasions de bâfrer, de s'arsouiller jusqu'à n'être plus qu'un déchet – comme chez Pétrone… Le péplum convenu consiste à présenter les Romains comme des gens qui se goinfrent, se gavent, se remplissent de nourriture et de vins en quantité, avant d'aller vomir pour pouvoir recommencer…

J'émets l'hypothèse que cette caricature du Romain qui mange comme un animal relève du vieux dispositif qui discrédite Rome contre Athènes et fait de la première un monde dans lequel on mange pour vomir et de la seconde un univers dans lequel on se nourrit à peine pour se soucier des seules Idées pures. D'une part, le festin de Trimalcion dans le *Satiricon* de Pétrone, d'autre part le *Banquet* de Platon avec ses discours qui ravissent l'âme tout en oubliant le corps – d'ailleurs, que mange-t-on lors de ce fameux *Banquet*? Rien, sinon des Idées...

Bien sûr, dans la quête de l'hédonisme subtil de l'*otium*, le nez n'est pas oublié et, compagnon du goût, l'*odorat* se trouve lui aussi sollicité. Les embruns qui arrivent jusqu'à la maison quand le vent vient du sud portent l'air iodé de la Méditerranée parfumée aux vents de l'Afrique.

À quoi s'ajoutent les senteurs créées par la volonté du jardinier: les fragrances sucrées et teintées de girofle de... la giroflée qui ne se nomme pas ainsi par hasard, l'odeur forte et entêtante de pipi de chat du buis, l'exhalaison du romarin ou, dans une autre propriété, en Toscane, des buissons de roses offrent d'infinies variations olfactives suivant les moments de la journée, selon les saisons, sous la dessiccation du soleil ou dans la souplesse matutinale d'un matin de rosée. Le parfum est un monde ; le monde est un parfum.

Enfin, l'*ouïe*. Il faudrait ici parler des bruits de la ville, du vacarme dans les rues, des cris sur les marchés, du brouhaha sur le forum, de la mort du silence dans les cités, afin de mieux disserter sur les vertus réparatrices du silence, du calme ou des bruits choisis: ceux qui montent de la mer, le sac et le ressac des vagues ; au loin, le meuglement des vaches dont on boit le lait ; le frisselis du vent dans les treilles de la vigne, dans les branches du figuier ou dans les massifs de mûriers ; le chant des oiseaux associé à pareil endroit ; les modulations du vent, des murmures de l'été aux mugissements de l'automne s'approchant de l'hiver. La maison de Pline est construite de façon à laisser venir les bruits ou les masquer, interdire ceux qui gênent, comme les criaillements du personnel lors des Saturnales, et accueillir ceux qui réparent, détendent, adoucissent, calment, reposent – ceux de la mer toujours recommencée ou ceux que le silence enchâsse...

L'écriture et la lecture font également partie du programme de l'otium romain. Pline précise que, dans sa maison, il dispose d'une bibliothèque ; il ajoute qu'elle comporte des livres de travail plus que de loisir. Il est question d'une étagère – on eût aimé savoir ce qui s'y trouvait ! Quels livres relevaient du travail et quels livres des loisirs ? Quel travail d'ailleurs ? Celui de l'avocat qu'il était, du sénateur, du consul, du gouverneur impérial qu'il fut aussi ? À moins qu'il ne s'agisse du travail sur soi dans la perspective de l'otium. On imagine mal que, dans ce que nous pourrions nommer sa résidence secondaire, Pline veuille disposer des ouvrages qui lui permettraient de travailler à une plaidoirie ou à un discours au Sénat, une activité qu'il réservait probablement à son bureau de Rome.

Il y avait donc là probablement des livres utiles à la construction de soi ; des philosophes ou des poètes ; des naturalistes peut-être aussi ; des écrits qui permettent de comprendre le monde. Homère et Hésiode ? Platon et Aristote ? Lucrèce et Virgile ? Cicéron et Tite-Live ? Des auteurs dont on a tout perdu aussi, y compris le nom... On ne saura pas...

Pline souhaitait parachever son œuvre philosophique avec la présence de son ami Gallus. L'amitié et la lecture entretenaient une relation intime. La lecture muette est tardive. Il faut attendre saint Augustin, qui la pratiquait parmi les premiers, pour constater que, jusqu'à lui, lire de façon silencieuse semblait un prodige – nous sommes alors avec lui au IVe siècle de l'ère commune.

Le livre coûte cher ; peu savent lire ; posséder des livres permet d'afficher son rang social de la même manière qu'avec des statues ou des beaux meubles ; Pline en a – normal. Il écrit des vers de onze pieds – des hendécasyllabes ; il les fait lire en public et demande à ses amis qu'ils les lui corrigent. Au bain, dans la litière qui le conduit de Rome à sa maison, pendant les repas, il compose sur des sujets divers : «des plaisanteries, des jeux d'esprit, de l'amour, du chagrin, des plaintes, des colères ; des descriptions, parfois sans prétention, parfois visant à la grandeur» (IV.14). Il questionne Paternus sur le bon titre à donner à son œuvre: *Épigrammes? Idylles? Églogues? Petits Poèmes?* Pour sa part, il a choisi *Hendécasyllabes...* Ce qui équivaut à appeler *Roman* un roman et *Théâtre* une pièce de théâtre... On ne sait ce qu'en a pensé Paternus – et ces vers n'ont pas traversé les âges.

Le livre est donc lu en public. Des séances permettent de réunir chez soi des amis, des relations, des connaissances qui assistent à la lecture donnée par un homme dont c'est la profession. Il peut être esclave – car il existait des esclaves enseignants, scribes, comptables ou affectés à des tâches intellectuelles.

Dans une lettre à Vestricius Spurinna, Pline rapporte les détails d'une lecture faite chez Calpurnius Pison. Il s'agissait de distiques élégiaques sur le thème de l'astronomie... Quelques renseignements sur la diction du lecteur d'abord: «Il savait varier ses effets, haussant ou baissant le ton. Il passait d'un style soutenu à un style familier, d'une voix terne à une voix vibrante, d'un ton sévère à un ton caressant, sans une fausse note. Son texte était mis en valeur par une voix agréable que l'émotion rendait plus agréable encore. Il était très rouge, paraissait très intimidé: ce sont de grandes qualités quand on fait une lecture publique» (V.17). Après la lecture, Pline confesse avoir «chaudement» embrassé le lecteur qu'il a encouragé à poursuivre dans cette voie. Il a félicité sa mère, puis son frère. Le jeune homme faisait partie de l'une des familles les plus en vue de Rome.

Une autre lettre de Pline, adressée à Restitutus, traite également de lecture chez un ami. Pline précise que le texte, dont il ne nous dit rien, était magnifique et que, pendant la performance, «deux ou trois personnes, qui se prétendaient des connaisseurs ainsi que leurs amis, ressemblaient à des sourds-muets pendant l'audition: ils n'ont pas desserré les lèvres, pas fait un geste de la main; ils ne se sont même pas levés, ne serait-ce que par fatigue d'être assis» (VI.17). Ces considérations nous apprennent qu'il n'en était donc pas ainsi chaque fois qu'une lecture publique avait lieu. Si cette concentration paraît extraordinaire à Pline, c'est que la déconcentration constituait l'ordinaire...

La Naissance des choses de Lucrèce fut composée dans la perspective de ces lectures privées. En témoignent les intertitres qui accompagnent l'ouvrage depuis toujours : ils permettaient au lecteur de retrouver facilement un passage pour en faire la lecture. C'est un genre de table des matières intégré au texte qui le fractionne en autant de morceaux choisis. Ainsi, au début du premier livre : « Invocation à Vénus », « Objet du poème », « Épicure a triomphé des superstitions », « Crimes causés par la religion : le sacrifice d'Iphigénie », « Principe fondamental : rien ne naît de rien », etc.

Il faut donc imaginer cet ouvrage en vers de Lucrèce comme un texte qui a été lu dans la configuration de l'otium romain. Probablement chez Memmius, qui est le dédicataire du poème, en présence de ses amis convoqués pour l'occasion. Il s'agissait donc moins de convertir le commanditaire que de répondre à sa commande : ainsi, *La Naissance des choses* n'est pas un ouvrage militant destiné à amener ses lecteurs ou ses auditeurs à la vérité de l'épicurisme, mais un prétexte à loisir romain. Car il n'est pas seulement question de la philosophie d'Épicure dans cet ouvrage qui s'avère bien plutôt une encyclopédie du monde susceptible de distraire et d'enseigner, d'amuser et de cultiver la personne qui entend ou lit le texte.

L'amitié enfin, sur laquelle je reviendrai longuement, peut aussi s'inscrire dans la perspective de l'otium. Pline raconte sa propriété à la façon d'un agent immobilier ontologique : elle est grande, belle, vaste, elle permet des perceptions, des sensations, des émotions magnifiques, elle est un lieu philosophique parce qu'elle rend possible la coïncidence de soi avec soi, elle est un écrin pour une vie sensuelle, autrement dit pour une vie qui jouit des sens dans une logique hédoniste écartant de devoir payer par le déplaisir des plaisirs qui, de ce fait, cesseraient d'en être. Mais il conclut sa lettre en disant que tout cela compte pour rien si son ami n'est pas avec lui, chez lui, pour partager cette douceur de vivre.

*

L'otium est un art de vivre pleinement sa condition de mortel sensuel et voluptueux. Il suppose le calme avec le monde pour faire la paix avec soi-même; ou bien, ce qui veut dire la même chose, le calme avec soi-même pour faire la paix avec le monde. Il crée les conditions de possibilité d'un effacement de l'accessoire afin de se concentrer uniquement sur l'essentiel. L'essentiel? La construction de soi comme une force qui va. L'accessoire? Tout ce qui n'est pas l'essentiel…

Cet art de se mettre ou de se remettre au centre de soi-même permet de créer un axe existentiel à partir duquel s'organise le monde pour soi. Il faut donc faire le vide pour trouver le chemin du plein d'être de l'être. Écarter les fâcheux et élire les amis, mettre le monde à distance et se faire un monde à sa main, choisir tout ce qui fait de nous des sujets de nous-mêmes, faire taire le bruit des autres, des gens, du monde pour n'entendre plus que le silence entre soi et soi, quitter les villes et préférer les campagnes.

L'otium romain est repos du corps qui entraîne celui de l'âme, repos de l'âme qui entraîne celui du corps. L'âme n'est pas spirituelle, immatérielle, immortelle, invisible, comme Platon l'enseigne à longueur de dialogues; elle est subtilement atomique, matérielle, mortelle, visible parce qu'elle définit une énergie consubstantielle au corps. Lucrèce dit bien ce qu'elle est: une partie du corps au même titre que les mains, les pieds, les yeux et d'autres parties du corps vivant… Il existe dans le corps concret un esprit et une âme – l'un et l'autre, non pas l'un est l'autre… Certes, ces deux parties distinctes sont unies dans une même substance atomique, mais pas confondues. L'esprit est pensée et se trouve dans la partie médiane de la poitrine, c'est le lieu des émotions comme l'effroi, la peur, la joie; l'âme quant à elle, composée de petits atomes subtils, se trouve dans la totalité du corps, répartie dans les veines, la chair, les nerfs, et elle obéit aux impulsions de l'esprit. Les activités de l'esprit et de l'âme peuvent être séparées. Mais quand l'esprit se trouve puissamment affecté, l'âme s'émeut. Trois éléments constituent l'esprit: le vent, le feu, l'air; mais il faut en ajouter un quatrième, qui est sans nom mais pas sans réalité matérielle: ce sont en effet les atomes les plus fins, les plus petits et les moins nombreux qui soient... Il est un genre de premier moteur de chaque mouvement qui s'effectue dans le corps: il part de lui une impulsion qui «se transmet à la chaleur, puis à la puissance invisible du souffle, puis à l'air; puis le tressaillement est général, alors le sang s'ébranle, alors tous les viscères reçoivent une secousse et, en dernier, l'impression est transmise aux os et aux moelles, qu'il s'agisse du plaisir ou de la sensation contraire» (*La Naissance des choses*, III.246-251). Il existe donc une force cachée dans les atomes qui est force de toutes les autres forces présentes dans le corps. C'est cette force que l'otium instaure et restaure.

Les Romains n'ont que faire des âmes immatérielles qui permettent la transmigration et débouchent sur la métempsycose ou la métensomatose chère au cœur de Pythagore mais aussi, et surtout, à celui de Platon dont le *Phédon* s'avère la matrice des fictions chrétiennes en matière d'âme. Qu'un humain puisse se réincarner dans un porc parce qu'il aura mené une vie cochonne, comme l'affirme celui qui passe pour le prince des philosophes, permet de saisir la portée de la métaphysique platonicienne – sur laquelle l'Occident judéo-chrétien vit encore, du moins pour ce qu'il en reste...

L'otium est un art atomique, matérialiste, hédoniste. Il suppose le soin de l'âme par le corps et le soin du corps par l'âme – puisqu'il s'agit de deux façons de voir une seule et même chose. Le corps romain est plein de lui-même et vide de toutes les fictions grecques, donc chrétiennes. Il ignore le péché, la faute originelle, la trace infamante d'un forfait commis par le premier homme et la première femme.

Étymologiquement, *exister* c'est être placé, autrement dit: avoir trouvé sa place. C'est faire surgir à soi-même un être englué dans la glaise de la matière, lui donner sens et corps, chair et âme. L'otium rend possible l'exercice de l'existence là où son défaut contraint à seulement vivre. Les animaux que Pline voit par les fenêtres de sa villa toscane vivent, mais seul Pline existe. Il est des hommes qui passent leur vie à seulement vivre et à ne jamais exister. L'emploi du temps est emploi de soi; le sage emploi du temps est sage emploi de soi.

Intermède 1

Panétius invente l'homme romain

La question de l'appartenance à une école n'est guère un problème dans la philosophie antique romaine. On philosophe comme on fait son marché; on n'est pas forcément estampillé stoïcien ou épicurien, cynique ou pyrrhonien; on prend ce qu'il y a pour s'en servir le moment venu. Si une idée stoïcienne est utile, on est stoïcien le temps de cette idée; si c'est au tour d'une idée épicurienne, alors que ce soit une idée épicurienne; rien n'interdira non plus qu'on convoque Platon s'il est plus utile que Zénon, ou Aristote s'il est plus efficace que Pyrrhon.

La philosophie romaine n'est donc pas une discipline qui flotterait dans le ciel des idées, se nourrissant de manne présocratique, de nectar platonicien ou d'ambroisie péripatéticienne, mais un art militaire utile pour débusquer la tactique nécessaire au service d'une stratégie existentielle. Le philosophe contribue à l'art romain de la guerre: il s'agit de vaincre aussi bien l'adversaire que l'adversité. Penser, c'est aller au combat.

Musonius Rufus passe habituellement pour un philosophe stoïcien influencé par le cynisme. C'est dire d'une autre manière qu'il aura fait son miel aussi bien avec Zénon et Cicéron qu'avec Antisthène et Diogène. Tout aura dépendu de la circonstance, du fait, du lieu, de l'occasion, de l'interlocuteur. Les Romains sont pragmatiques et les philosophes, quels qu'ils soient, produisent des outils qu'on utilise en regard de la panne existentielle. On ne demandera pas à la clé à molette de faire ce qu'obtient le marteau, et *vice versa*. Nul besoin d'une masse conceptuelle quand c'est d'un tournevis rhétorique qu'on a besoin.

Cette spécificité pragmatique et empirique de Rome suffit à tordre le cou à la vulgate qui voudrait qu'on invente les idées et la philosophie en Grèce alors qu'à Rome on se contenterait d'essayer de traduire ces génies pour n'en obtenir qu'un infâme brouet très peu à la hauteur du sublime hellénique.

La philosophie à Rome, ce sont donc des foyers plus que des écoles. Des «conventicules pythagoriciens», comme l'écrit mon vieux maître Lucien Jerphagnon dans son *Histoire de Rome*, existent depuis le VIᵉ siècle, un temps où Rome n'est pas encore vraiment dans Rome. L'aristocratie, qui est le véritable public de ces penseurs, trouve matière à apaiser ses angoisses existentielles dans ces endroits où l'on enseigne que l'homme est constitué d'une partie mortelle, le corps, et d'une partie immortelle, l'âme, et que cette dernière est susceptible de survivre après la mort pourvu qu'on vive en regard de cette part lumineuse en nous.

Rome, qui ne déteste rien tant que ce qui fait sécession et pourrait sortir des Romains de l'orbe civique et religieux donc politique de Rome, voit le pythagorisme d'un mauvais œil. Voilà pour quelles raisons, en 186, les livres de ces sectataires sont détruits. Pas assez de pragmatisme, trop de fantaisie. À Rome, on n'aime pas les hommes qui prennent congé du réel pour leur préférer les idées.

L'épicurisme a quitté la Grèce pour l'Italie. En se romanisant, la philosophie du Jardin devient moins impraticable que ce que l'ascète Épicure exigeait. Épicure n'aspirait qu'à éteindre sa soif avec un verre d'eau et sa faim avec une tranche de pain sec. Un petit pot de fromage offert par un disciple lui fut un jour l'occasion d'une orgie. C'est dire… Or, à Rome, une tartine ne suffit pas.

À l'ombre du Vésuve, en Campanie, l'épicurisme n'est pas une ascèse mais une volupté. Virgile, Catulle, Tibulle, Properce, Horace, mais aussi Lucrèce s'emparent de cette pensée pour en faire leur miel poétique. Dans les *villae* de riches mécènes, on mange, avec du pain cuit dans la maison, des sardines fraîches arrosées de l'huile des oliviers du champ de la propriété, le tout accompagné par un petit vin blanc frais issu des vignes locales. On estime que cette bombance relative entre amis suffit au bonheur des hommes.

Quand les épicuriens montent à Rome pour vivre selon Épicure, ils rencontrent une ferme opposition de la part des autorités : Épicure n'invite-t-il pas à « vivre caché » pour vivre heureux ? Ne fait-il pas de l'individu qui vit en marge de la cité la mesure du bonheur ? N'estime-t-il pas que la politique engendre des ennuis aussi bien pour celui qui en fait profession que pour ceux qui la subissent au quotidien ? À Rome, cité du civisme, le catéchisme épicurien est vu comme hérétique. Les disciples d'Épicure sont expulsés en 173 avant l'ère commune. Une seconde expulsion aura lieu quelques années plus tard, en 161.

Les pythagoriciens ? Trop irréligieux en regard de l'ordre religieux romain. Les épicuriens ? Trop inciviques selon l'ordre politique romain. Où l'on voit qu'à Rome on envisage la philosophie avec sérieux : on sait qu'elle porte des idées qui peuvent saper l'ordre social et qu'on tient plus à la forme et à la force de la cité qu'aux belles constructions théoriques.

Trois philosophes grecs arrivent à Rome en 155. Ils sont missionnés pour défendre le dossier d'Athènes dans un différend qui les oppose à une ville d'Attique. Constatons que la Grèce sollicite des philosophes pour effectuer un travail d'avocat, c'est dire si, pour eux, l'art sophistique se confond à la pratique philosophique. Qui sont-ils ? Il s'agit d'un aristotélicien : Critolaos, d'un stoïcien : Diogène de Babylone, et d'un tenant de la Nouvelle Académie : Carnéade.

Puisqu'il est à Rome, Carnéade donne des conférences. Sa pensée est frottée de scepticisme : il affirme que le sage ne saurait rien affirmer de sûr et certain – mais il l'affirme de façon sûre et certaine ; il se contentera du préférable – ce préférable est toutefois changeant ; il donnera donc son assentiment à des choses qui ne seront pas certaines – mais il le fera de façon sûre et certaine ; il fait de l'intérêt le moteur de chaque vivant, homme compris; il ruine le fonds de commerce des haruspices avec des considérations contre l'astrologie... C'est plus que Rome ne saurait en souffrir.

Car, dans la cité, on enseigne des vertus claires et nettes, précises; on ne change pas d'avis selon l'occasion; on ne veut pas de préférable, mais du certain – on n'est pas certain du préférable car on préfère le certain au préférable; on fait de la cité l'épicentre de tout ce qui est; on pratique une religion moins transcendante qu'immanente, et ce à des fins de cohésion sociale et politique.

Dès lors que Carnéade est un ferment de décomposition grec, on ne saurait le tolérer dans la ville romaine. Caton, l'emblématique porteur des vertus romaines, fait voter une loi au Sénat qui invite ce trio à rentrer chez lui pour enseigner ses fadaises à leurs compatriotes grecs. Preuve en passant que Rome n'est pas béate devant tout ce qui est grec et qu'elle dispose de critères pour prendre ce qui lui convient et écarter ce qui ne lui va pas.

Rome n'aime pas les délires pythagoriciens de la métensomatose; elle ne goûte pas l'individualisme hédoniste des épicuriens; elle n'apprécie pas non plus la sophistique et la rhétorique grecques. Ces fameux «singes» selon Veyne s'avèrent en fait bien peu simiesques!

Si l'on doit convoquer un bestiaire, je tiens plutôt pour la louve romaine qui tient à l'écart de la cité les penseurs qui, comme Thalès, regardent le ciel mais, de ce fait, tombent dans le premier puits venu en s'attirant le rire de la servante thrace – la bonne portugaise ou indonésienne de notre époque...

Rome n'aurait-elle donc jamais aimé la philosophie, toute la philosophie? Non, bien sûr. Loin s'en faut. Elle a aimé le stoïcisme. Elle l'a aimé et elle l'a porté à un degré existentiel et concret auquel n'était pas parvenue sa formule grecque – je songe à Zénon, Cléanthe ou Chrysippe.

L'homme qui assure le devenir romain du stoïcisme grec c'est Panétius de Rhodes. Il est le disciple d'Antipater de Tarse qui est le scolarque du Portique, autrement dit le gardien de l'orthodoxie de l'école stoïcienne. Son pape si l'on veut. Un jour,

Panétius occupera lui aussi ce poste à son tour. Il est issu de l'une des familles les plus nobles de Rhodes. Le nom de sa famille avait été honoré par des stratèges et des athlètes célèbres. Il était très riche. On appréciait alors l'étendue de ses connaissances.

Panétius arrive dans la Ville éternelle après 146 avant l'ère commune pour y vivre plusieurs années. Il devient l'ami de Scipion Émilien, l'homme qui a détruit Carthage, et fréquente le cercle des dirigeants de Rome. D'une certaine manière, on peut dire que Panétius a inventé le stoïcisme romain tel qu'on le connaît aujourd'hui dans ses grandes lignes.

Panétius prend des libertés avec la doctrine grecque. Il ajoute un peu d'Académie et un zeste de Lycée – on a toujours besoin de Platon et d'Aristote quand on philosophe ! Il laisse de côté tout ce qui relève du ciel des Idées : l'ontologie, la métaphysique, la théologie, la cosmologie.

Alors que le stoïcisme des origines invite à vivre selon la nature et, pour ce faire, renvoie au cosmos dont il faut connaître les lois pour s'y plier, Panétius descend la philosophie sur terre et, tournant le dos au cosmos, il se retrouve face à l'homme : c'est désormais lui qui sera la mesure. C'est une révolution copernicienne qui décroche le stoïcisme du ciel grec pour le cultiver dans la terre romaine.

Panétius laisse tomber le stoïcisme ancien qui tablait sur une nature humaine universelle confondant barbares et hommes libres, hommes et femmes, aristocrates et esclaves. Puis il élabore une conception de cette nature moins idéale, moins transcendantale et plus immanente. Il y a en chacun une nature humaine universelle, certes, mais elle côtoie la nature propre de l'individu. Nous sommes donc tous semblables dans le cosmos et singuliers en même temps. Panétius invente l'individu…

Selon lui, chacun doit choisir la vie qui lui convient. Les devoirs de l'un ne seront pas ceux de l'autre. Il faut vivre selon sa nature ; on doit donc savoir ce qu'elle est ; pour ce faire, il nous faut partir à la recherche de ce que nous sommes subjectivement, individuellement, personnellement.

Jadis les stoïciens distinguaient l'action vraiment droite et l'action simplement convenable. Panétius estime que la bonne action d'un point de vue moral c'est l'action convenable. L'idée n'est plus la mesure; la réalité devient l'horizon philosophique. Avec Panétius, la vertu n'est pas un héroïsme inatteignable, mais une pratique existentielle possible. Il n'existe pas un Sage, mais la sagesse est possible.

Quelle est notre nature? Nous sommes portés à vivre et à vouloir vivre; à nous marier pour faire des enfants et à assurer leur existence dans une famille; à user de notre raison pour créer du lien avec autrui, dans la famille donc, mais aussi au-dehors d'elle; à appartenir à des communautés, celles de la langue, du peuple, de la cité, de la race.

Quels sont nos devoirs? D'abord envers la patrie, puis la famille, puis le couple, puis les enfants. Panétius hiérarchise les devoirs en estimant qu'on n'a jamais affaire à des abstractions mais à des personnes en situation. Fini le stoïcisme grec qui fait l'éloge du cosmopolitisme et d'un amour égal des humains quels qu'ils soient. Panétius ose une morale aristocratique, élective, sélective même.

Il souhaite une éthique forte pour le proche et moindre pour le lointain. Les anciens stoïciens avaient le regard dirigé vers le cosmos; le stoïcisme romain de Panétius se soucie de la communauté immédiate – de la patrie à la famille sans oublier les enfants. La politique est donc une éthique. L'homme d'État sert l'État et ne s'en sert pas: il a le sens de l'intérêt général et du bien public; il met en retrait sa vie personnelle et consacre son existence à cette tâche qui le requiert tout entier.

Quelle est la vertu sociale la plus haute? La justice. Elle consiste non pas à donner la même chose à tout le monde, mais à chacun ce qui lui revient. Elle est respect des contrats passés. D'où l'importance de la parole donnée, de l'engagement, de l'honneur. La justice protège la communauté, c'est sa première fonction.

Un Romain, c'est donc un homme qui pratique la *justice*, la *bienséance* et la *grandeur d'âme*. La morale concerne l'individu, certes, mais elle vise surtout sa subordination à la communauté qui le fonde en retour. La justice est donc souci d'autrui; l'injustice est prééminence de soi malgré autrui, sans autrui, voire contre autrui. L'altruisme est vertu et justice, l'égoïsme est vice et injustice.

Dans cette perspective, Panétius ne conçoit pas le philosophe comme un sage dans sa tour d'ivoire, comme un homme d'étude qui ne quitterait jamais son cabinet et ses livres, son bureau et sa bibliothèque. Se consacrer à ses seules études sans agir pour le bien d'autrui constitue également une injustice.

Panétius veut la guerre quand rien d'autre n'est plus possible et que tout a été essayé pour l'éviter. Quand plus rien d'autre n'est envisageable, il l'inscrit dans un cadre qui intègre les devoirs avec l'ennemi. Ni vengeance ni punition : il faut vouloir la paix et, une fois les combats terminés, si l'on est vainqueur, exceller dans la *clémence* et l'*humanité*.

Il en va de même avec les esclaves, les pauvres et les humbles auxquels on doit également la justice. Ce qui ne l'empêche pas, en bon Romain, d'estimer que le salariat est dégradant parce qu'il rétribue un travail, ce qui est vil, et non un talent. L'artisan, le commerçant, le cuisinier font partie de la classe des serviteurs.

La justice doit s'accompagner de *générosité*, une vertu conforme à la nature humaine. Elle ne doit pas être prodigalité ; il convient qu'elle s'exerce dans la mesure de ce que l'on peut et de nos moyens. Elle doit viser ceux qui la méritent, autrement dit ceux qui nous sont les plus proches. Aux autres, ce sera selon le mérite.

L'*amitié* est une vertu qui joue un rôle majeur dans l'économie de cette morale aristocratique romaine. Elle est une relation d'élection qui ignore les obligations familiales. Elle concerne deux personnes de même qualité qui partagent les mêmes goûts et se reconnaissent dans les mêmes mœurs. Elle nous lie et nous oblige : matériellement, on doit en effet assistance à son ami, mais aussi spirituellement.

La bienséance à laquelle invite Panétius renvoie à la *mesure*, qui n'est pas sans entretenir une relation avec l'esthétique, car elle se propose de créer de la beauté, autrement dit de l'ordre et de l'harmonie. Elle enseigne à se comporter comme il faut, comme il convient, comme on doit. Elle concerne nos gestes, nos regards, notre port de tête, notre tenue, nos vêtements, notre façon de parler, de marcher, de nous déplacer, notre habitation, notre intérieur – tout ce qui nous dit, tout ce qui nous montre. Elle est ce qui donne de la tenue à ce qui, sinon, s'avachit.

On évitera donc la grossièreté, la vulgarité, l'impolitesse, la muflerie, l'incivilité, la goujaterie. On écartera tout mot, toute attitude, tout geste qui pourraient blesser ou offenser autrui. La mesure impose une réserve.

Cette morale du souci de l'autre s'incarnera dans l'*art de la conversation* qui permet de ne pas monopoliser la parole, donc l'attention, et de donner à chacun la possibilité d'exister aux yeux de la communauté. On veillera à ne pas parler pour ne rien dire, à ne pas médire d'autrui en son absence, à ne pas fatiguer par un monologue inintéressant, à ne pas faire traîner une discussion qui tourne en rond, à ne pas parler de soi, encore moins à faire son propre éloge. Cet art n'est rien de moins qu'une pratique du *respect* de l'autre.

Pour Panétius, le bien c'est l'utile, la vertu c'est l'utile. Et l'utile, c'est l'homme vers lequel tous les efforts doivent tendre. Dans notre rapport à autrui, il nous faut obtenir d'autrui la *bienveillance* que l'on produit en manifestant sa générosité, la *confiance* que l'on peut escompter en faisant marcher de conserve la justice et la prudence, l'*admiration* qui advient lorsque l'on manifeste les vertus à un haut degré. L'ensemble de ces trois vertus contribue à générer la *gloire* à laquelle le Romain est attaché.

Panétius propose une éthique aristocratique qui célèbre les vertus habituellement associées à ce genre de morale: générosité, magnanimité, libéralité, longanimité, humanité, générosité, indulgence, altruisme, amitié, politesse, élégance, prévenance, civilité, urbanité. Les morales chevaleresques et les éthiques de l'honneur trouvent ici leur généalogie.

Comment Rome aurait-elle pu ne pas aimer cette sagesse pratique? Elle donne à la famille et à la patrie un rôle majeur; elle se veut concrète et pratique, loin de toutes les chimères de la pensée grecque; elle s'appuie sur un homme réel et non sur une Idée d'homme; elle veut rendre possible la vertu en la présentant comme un projet vraiment réalisable; elle promeut des valeurs individuelles qui sont autant de valeurs sociales parce que l'individu est fondé comme tel mais qu'il n'est pas pensé comme isolé, coupé, séparé de toutes communautés, il est au contraire réalisé par elles; elle fait place à l'amitié qui est la communauté idéale réalisée et présentable comme un modèle.

À Rome, les pythagoriciens ne convenaient pas, trop éthérés, les épicuriens non plus, trop jouisseurs, les sophistes guère plus, trop inciviques, ni les sceptiques, trop nihilistes. En revanche, le stoïcisme de Panétius qui descend l'école stoïcienne grecque de son perchoir idéal pour l'implanter dans la glèbe romaine, voilà qui faisait l'affaire. Parlant de lui, Lucien Jerphagnon écrit: «Avec le stoïcisme, Rome s'était trouvé une doctrine.» Je ne saurais mieux dire.

3

SOUFFRIR

Le charbon ardent de Mucius Scaevola

Comment être ferme dans la douleur ?

Nous sommes au VIe siècle avant l'ère commune. Les Étrusques assiègent Rome afin d'imposer le retour de Tarquin. Leur roi, Porsenna, affame les habitants de la ville. Une seconde armée lui prête renfort. Le jeune patricien Caius Mucius Scaevola passe, nous dit Plutarque dans sa *Vie de Publicola*, pour « un homme doté de toutes les qualités, et qui était le meilleur à la guerre » (XVII.2). Sous la plume de l'auteur des *Vies parallèles*, on mesure l'étendue du compliment.

Scaevola ne supporte pas cette situation qui permet aux Étrusques, si souvent battus par les Romains dans le passé, notamment par ses propres soldats, de leur tenir tête de façon effrontée. Dès lors, il envisage de régler le problème en s'habillant avec les vêtements de l'ennemi, en parlant sa langue, en entrant dans son camp et en allant trucider son chef – il fomente donc « un coup d'éclat », écrit Tite-Live dans son *Histoire romaine* (II.XII.3).

Il envisage d'abord d'agir seul sans en référer à qui que ce soit. Puis, s'avisant des risques, il demande l'autorisation au Sénat. Pas question en effet d'être arrêté par des sentinelles romaines qui, le voyant déambuler accoutré avec des vêtements étrangers, pourraient l'arrêter et faire tomber le projet à l'eau. Le Sénat donne son accord.

Il peut donc mettre son projet à exécution; le voilà dans le campement ennemi; il entre dans la cage aux lions: c'est jour de paie des troupes; il avise une estrade sur laquelle se trouvent quelques dignitaires étrusques; il ignore à quoi ressemble sa victime; il remarque un homme richement habillé, portant la pourpre; tout le monde s'adresse à lui; il conclut qu'il doit s'agir de lui; il tire son épée et le tue d'un seul coup; il s'enfuit dans la foule, le glaive ensanglanté à la main; on crie contre lui; on le rattrape; on l'arrête; on le conduit au tribunal royal; on l'interroge: il n'a pas tué l'homme *ad hoc* mais le greffier royal assis à côté de Porsenna et habillé à peu près comme son supérieur...

Voici ce que Mucius Scaevola répond au tribunal royal: «Je suis citoyen romain, je m'appelle Caius Mucius. Venu en ennemi, j'ai voulu frapper un ennemi. Pour mourir je n'aurai pas moins de courage que pour tuer. Un Romain sait être ferme dans l'action comme dans la souffrance. Je ne suis pas seul à vouloir ta mort. Nombreux sont ceux qui, à ma suite, briguent le même honneur. Tiens-toi donc prêt, s'il te plaît, à combattre sans répit pour sauver ta tête. Attends-toi à trouver toujours un ennemi et un glaive à l'entrée de ton palais. Telle est la guerre que te déclare la jeunesse romaine: ne crains pas le combat en bataille rangée, tu n'auras affaire qu'à l'un de nous» (II.XII.9-11). Avec ces seules paroles, il pourrait entrer dans l'histoire, mais à cette heure il se trouve tout juste sur la première marche.

Il franchit les degrés suivants avec le geste pour lequel il est connu depuis. «Ferme dans l'action», il l'a été avec son projet et sa réalisation – malgré l'erreur sur la personne... Il est venu, il a vu, il a vaincu – certes pas avec la bonne cible, mais peu importe l'erreur de calcul quand la démonstration est belle, sinon élégante, diraient les mathématiciens dans leur langage...

S'il laisse son nom dans l'histoire, c'est pour avoir démontré qu'il a également su être «ferme dans la souffrance». Comment? Plein de colère, le roi étrusque lui demande de révéler le nom de ceux qui veulent le tuer; rempli de sagesse (romaine...), Scaevola s'en garde bien! Porsenna menace alors de le faire brûler vif s'il ne lui répond pas.

Réponse du Romain : « Regarde le peu que vaut la chair pour ceux qui aspirent à la gloire » (II.XII.13). Et il pose sa main droite sur un brasier allumé pour le sacrifice. Le voyant complètement insensible à la douleur, le roi, frappé de ce prodige, s'élance de son siège et ordonne d'entraîner le jeune homme loin de l'autel. « Va-t'en, lui dit-il, tu es plus cruel pour toi-même que pour moi. Je me serais incliné devant un tel courage s'il était mis au service de mon pays. Du moins je t'épargnerai les lois de la guerre. Je te laisse partir sain et sauf » (II.XII.14). La magnanimité étrusque répond à la grandeur romaine – les deux peuples se trouvent ainsi à égalité éthique et morale car le principe est beau et le geste également.

Dans son récit, Plutarque précise quant à lui qu'au moment où Mucius Scaevola place sa main droite au-dessus du brasier, pendant qu'elle chauffe, brûle et cuit : « il resta immobile devant Porsenna à le regarder d'un air fier et impassible » (XVII.4). La narration donnée par Sénèque de cette scène dans une lettre à Lucilius frise le péplum : « Il reste immobile, en regardant sa main fondre goutte à goutte sur le brasier ennemi, et ne l'écarte, une fois les os mis à nu, que lorsque l'ennemi lui-même en a enlevé la flamme » (III.XXIV). Tudieu ! Une main qui fond goutte à goutte jusqu'à ce que l'os apparaisse sans que son propriétaire bronche, ça n'est plus du courage, mais du martyre ! Cet homme aurait fait un excellent compagnon de route aux saints décapités, tranchés, coupés, éviscérés, brûlés, grillés, rôtis, bouillis, démembrés, dépecés, débités, tronçonnés, écartelés, écorchés, déchiquetés de *La Légende dorée* de Jacques de Voragine ! En attendant, avec ce seul geste, notre homme entre dans l'histoire – l'histoire romaine, bien sûr, donc l'histoire occidentale.

Que répond Mucius qui, par ce geste d'automutilation de sa main droite, devient Scaevola, autrement dit « le Gaucher », au propos du roi étrusque ? Dans un genre de potlatch ontologique, il rétorque : « "J'ai dominé la peur que tu inspires, Porsenna, mais je suis vaincu par ta générosité : pour te remercier, je vais te révéler ce que je ne t'aurais jamais dit sous la contrainte. Trois cents Romains ont formé le même projet que moi, et circulent dans le camp, en attendant l'occasion favorable. J'ai été tiré au sort pour

71

faire la première tentative, et je ne me plains pas de la Fortune, car celui que j'ai manqué est un homme de bien, qui mériterait d'être un ami des Romains, plutôt que leur ennemi." Porsenna le crut, et se montra plus disposé à un accommodement, moins par crainte de ces trois cents hommes, je crois, qu'en raison de l'étonnement et l'admiration que lui inspiraient la détermination et le courage des Romains» (Plutarque, *Vie de Publicola*, XVII.5-7).

Admirons au passage comment, dans une scénographie de l'héroïsme et de la gloire, de la grandeur et du sublime, un grand homme peut recourir à un vulgaire petit mensonge pour parvenir à ses fins : Mucius Scaevola agit seul et il n'y a pas trois cents Romains prêts à prendre la relève si son geste n'est pas couronné de succès ! C'est seul qu'il agit, seul qu'il va au Sénat, seul qu'il entre dans le camp, seul qu'il tue − et seul qu'il se trompe de cible ! C'est aussi sa seule main qui est mise au feu par lui seul...

Mais le mensonge est un bien s'il est une ruse qui permet de réaliser un bien − à savoir la fin du siège de Rome par les Étrusques. Porsenna le croit et envoie à Rome des émissaires pour obtenir la paix. Elle est obtenue. Porsenna lève le siège et part. Le Sénat le remercie, lui offre un champ sur la rive droite du Tibre et lui érige une statue. Dans ses *Hommes illustres de la ville de Rome*, Aurelius Victor, qui écrit à la serpe et va directement à l'os, dit de Mucius Scaevola qu'il était «un homme d'une fermeté vraiment romaine» (XII).

Quelles leçons faut-il tirer de cette histoire ? Mucius Scaevola nous les donne : il faut du courage aussi bien pour tuer un homme que pour mourir soi-même ; il faut être ferme dans l'action, mais aussi dans la souffrance ; il faut manifester des vertus qui sont celles du Romain : fermeté dans la détermination, impassibilité devant la douleur, fierté dans l'accomplissement ; il faut tendre vers le sublime éthique : incarner l'honneur, aspirer à la gloire, viser la grandeur.

Pour l'heure, je retiens de cette histoire une invite en forme de programme existentiel : être ferme dans la douleur. Comment peut-on réaliser ce projet moral ? À l'époque du geste de Mucius Scaevola, le VIe siècle avant notre ère, il ne saurait être question de stoïcisme puisqu'on doit l'invention du mot et de l'école qui l'accompagne à Zénon de Citium en Grèce au début du IVe siècle. Mais si le mot manque, la chose, elle, ne fait pas défaut. La preuve avec notre histoire… Scaevola s'avère donc stoïque sans être stoïcien – puisqu'on ne saurait être ce qui n'est pas encore!

L'histoire des charbons ardents de Mucius Scaevola rappelle l'anecdote fameuse d'Épictète. Alors que son maître lui tordait violemment la jambe, il s'entend mettre en garde par le philosophe qui lui dit, sur un ton calme et placide, qu'il va la lui casser avant d'ajouter, toujours sur le même ton, calme et placide: «Tu vois, je te l'avais bien dit…»! Sept cents ans séparent ces deux histoires: la première a lieu en 507 avant notre ère, sous le Consulat, la dernière, disons aux alentours de l'an 70 de notre ère, sous l'Empire, pendant Vespasien.

Cette histoire, vraie ou fausse, *sert à dire* – et c'est tout ce qu'on lui demande. Elle est l'excipient du remède et ce serait commettre une erreur de prendre l'un pour l'autre. Elle édifie, autrement dit, après sa découverte, on n'est plus le même qu'avant. Des premiers temps de Rome aux époques les plus tardives de la ville, cette façon d'*endurer*, au sens étymologique, sévit uniformément.

Il n'est donc pas étonnant que le stoïcisme puisse faire son miel d'une pareille disposition. Au point que ce mot qui suit la chose devient plus ou moins l'équivalent de «philosophe» puisque, dans le vocabulaire courant, être stoïque et être philosophe signifient peu ou prou la même chose: ces deux formules renvoient vers une certaine disposition à composer avec la douleur en vertu de laquelle celui qui souffre la constitue plus qu'elle ne le constituerait. Comment est-ce possible?

Avec la théorie stoïcienne de la volonté. Pour les philosophes du Portique, il n'y a pas d'existence objective de la douleur mais seulement une perception subjective: elle est ce que je la fais être et rien d'autre. Autrement dit: la souffrance est une *représentation* et, en tant que telle, le pouvoir de mon *jugement* est total sur elle. De sorte que je peux en faire *ce que je veux qu'elle soit*; dès lors, il n'y a nulle raison qu'elle fasse de moi *ce qu'elle vou-*

drait que je sois. Le réel est ce que je veux qu'il soit. Philosopher, c'est donc «apprendre à vouloir» (*Entretiens*, I.XII.15).

La lecture d'Épictète permet de répondre à la question: comment être ferme dans la douleur? Son *Manuel* s'ouvre sur une distinction fondamentale: «Il faut distinguer entre ce qui dépend de nous et ce qui ne dépend pas de nous. [...] Dépendent de nous: jugement de valeur, impulsion à agir, désir, aversion, en un mot, tout ce qui est notre affaire à nous. Ne dépendent pas de nous le corps, nos possessions, les opinions que les autres ont de nous, les magistratures, en un mot, tout ce qui n'est pas notre affaire à nous» (I.1). Savoir opérer cette distinction s'avère un *premier pas* vers la sagesse.

Le *deuxième pas* consiste à ne pas ignorer que nous n'avons de pouvoir que sur ce qui dépend de nous. Il ne dépend pas de nous d'être malades, mais il dépend de nous de faire quelque chose de notre maladie, de toute façon autre chose que ce qu'elle voudrait faire de nous – la minorer ou la maximaliser, écarter le trouble qu'elle nous cause ou nous polariser sur elle, lui donner toute la place ou ne lui en laisser aucune, se ressaisir ou s'avachir, en être l'objet ou s'en faire le sujet.

De même qu'il ne dépend pas de nous de mourir ou de ne pas mourir, nous n'avons évidemment pas le choix, il dépend de nous que nous fassions quelque chose de ce destin, ou que nous n'en fassions rien. Mourir est inévitable mais il n'est pas inévitable de n'être que pour la mort, de ne vivre que pour et par elle, de regarder sans cesse si l'épée de Damoclès suspendue au-dessus de notre tête risque de se détacher à tout moment...

Tout est affaire de jugement – troisième règle, *troisième pas*: «Ce qui trouble les hommes, ce ne sont pas les choses, mais nos jugements, c'est-à-dire nous-mêmes, qui sommes responsables de nos troubles. Ce qui trouble les hommes, ce ne sont pas les choses mais les jugements qu'ils portent sur les choses. [...] Nous ne sommes responsables que de notre usage des représentations» (V).

Certes, Mucius Scaevola aurait pu ne pas commettre ce geste qu'il a choisi: mettre sa main dans le feu procède de sa volonté, il dépendait donc de lui qu'il en fût ainsi... Mais la souffrance qui s'ensuit? Qu'est-elle? Non pas une objectivité mesurable mais une subjectivité contestable. Certes, il y a douleur, mais si et seulement si je veux que la douleur soit. Si je lui refuse d'être, elle ne sera pas.

Le stoïcisme mobilise une volonté qui, quand elle n'est pas sollicitée, se restreint, se ratatine, se nécrose et meurt... Plus on veut, plus le vouloir est facile et fort; moins on veut, moins il est, et moins il sera fort. Cette école philosophique est une ascèse. Elle exige une force, une détermination qui coïncident avec ce que l'on peut imaginer du Romain.

Le vouloir a donc besoin du savoir: quiconque ignore qu'il peut vouloir, et comment il le peut, ne le pourra pas. Il s'agit de savoir qu'on peut vouloir avant même de vouloir. D'où l'importance de cette idée cardinale selon laquelle il faut connaître ce qui, dans la vie, dépend de nous et rend possible le vouloir, et ce qui n'en dépend pas et oblige à se soumettre à la nécessité.

Le savoir ne suffit pas, il faut également l'exercice, la pratique, la tension permanente – la vie philosophique qui accompagne cette pensée opératoire. Épictète affirme en effet dans ses *Entretiens*: «Sache que rien n'est plus maniable qu'une âme humaine. Il faut vouloir, et la chose est faite: l'âme se redresse; endors-toi à nouveau, et elle est perdue» (IV.IX.16). Vouloir, c'est donc pouvoir; savoir qu'on peut, c'est donc pouvoir vouloir.

Dans une lettre à Lucilius, Sénèque aborde la question de la souffrance en affirmant que, parfois, nous souffrons plus de la crainte de la souffrance que de la souffrance elle-même. Certes, la souffrance réelle de la blessure à la main de Mucius Scaevola est indéniable; mais il y a aussi des souffrances qui ne le sont que parce qu'on craint leur venue. Parfois même il n'y aura d'autre souffrance que celle d'avoir craint son surgissement... Il s'agit donc moins de souffrances physiques que de souffrances morales.

Lisons: «Pour nous, stoïciens, tout ce qui excite les gémissements et les cris est insignifiant et méprisable.» Puis ce conseil donné à son disciple: «Ce que je veux t'apprendre, c'est à ne pas souffrir avant le temps. Ces dangers, dont tu redoutes l'imminence, peut-être ne viendront-ils pas; à coup sûr, ils ne sont

pas encore là ; certains nous tourmentent à l'excès, d'autres pré-
maturément, d'autres encore sans raison ; ainsi, ou nous aug-
mentons nos souffrances, ou nous les créons de toute pièce, ou
nous les éprouvons par avance » (II.XIII).

Où l'on retrouve ce qui caractérise le stoïcisme : un « héroïsme
de la vertu », pour parler comme Nietzsche pour qui il ne
convient pas de se plaindre même quand toutes les bonnes raisons du monde l'y autoriseraient. N'importe quel individu recu-
lerait devant l'idée de plonger sa main dans un brasier quand rien
ni personne ne l'y contraint sauf lui-même – sinon un Romain.
On ne pleure pas, on ne geint pas, on ne récrimine pas, on ne se
plaint pas : on supporte.

Rappelons que la maxime stoïcienne est : « Supporte et abstiens-toi »… Aulu-Gelle nous l'apprend dans ses *Nuits attiques*
(XVII.19). Si la doctrine stoïcienne peut s'avérer technique avec
ses considérations sur les incorporels et les indifférents, les fonctions propres ou les représentations cataleptiques, le convenable
ou le préférable, elle est aussi populaire en tant qu'elle a généré
la suite logique : stoïcisme, stoïque, romain, philosophe. Être
l'un, c'était être l'autre.

On dit en effet d'une personne qui subit les coups du sort sans
broncher, qui accumule les souffrances et les deuils, les misères et
les maux sans se plaindre qu'elle est *philosophe*… Cette acception
du mot dispose d'une matrice stoïcienne : le signifiant vulgaire
procède d'un signifié doctrinal – celui du Portique.

Supporte quoi ? Tout ce qui t'affecte. Abstiens-toi de quoi ?
De récriminer contre ce qui advient… Car ce qui advient surgit
nécessairement : ce qui vient a lieu et ne peut avoir lieu autrement. À quoi bon, dès lors, s'en offusquer, se révolter, se rebeller ?

Il existe une belle page de Marc Aurèle. Elle est très réconfor-
tante. On devrait la méditer chaque matin tel un exercice spirituel ou comme une prière païenne ! Lisons : « Dès l'aube, se dire
avant tout : je vais tomber sur un gêneur, un ingrat, un insolent,
un tricheur, un envieux, sur quelqu'un avec qui on ne peut traiter ; et s'ils sont victimes de tous ces vices, c'est par ignorance
du bien et du mal ; mais puisque moi j'ai bien vu que la nature
du bien c'est le beau, que la nature du mal c'est ce qui est hon-

teux et que la nature de celui qui commet une faute est d'être mon parent […] aucun d'entre eux ne peut me faire de mal ; personne en effet ne me prendra dans un piège honteux » (II.1).

Ouvrons une parenthèse. D'autres traductions effectuent des variations sur la liste des fâcheux susceptibles d'être rencontrés chaque jour : celle d'Émile Bréhier : « un indiscret, un ingrat, un violent, un perfide, un arrogant » ; celle de Mario Meunier : « un indiscret, un ingrat, un insolent, un fourbe, un envieux, un insociable » ; celle de Pierre Hadot : « un indiscret, un ingrat, un insolent, un fourbe, un envieux, un égoïste »… Où l'on constate qu'il s'agit juste de la liste des passions tristes dont les hommes sont capables… Ici untel, qui est le même homme, s'avère insolent, là il est violent, ailleurs il est brutal, c'est pourtant le même mot grec qui le qualifie… Fermons la parenthèse !

À côté ou en face de la souffrance physique de Mucius Scaevola, on remarque donc ces souffrances morales qui nous sont infligées par autrui. En passant, n'oublions pas que nous sommes l'autrui d'autrui qui nous intègre lui aussi comme indiscret, envieux, perfide, arrogant, etc. Ce qui devrait rendre sinon lucide, du moins modeste.

Il n'en va pas là d'une question qui relèverait du rapport à autrui – c'est le domaine de la deuxième partie de *Sagesse* – mais du rapport à soi. Pour être plus précis même : du rapport de soi à soi. Car l'affront qu'autrui nous inflige n'a pas plus d'objectivité que la brûlure du charbon de Mucius Scaevola. La même subjectivité qui fait la souffrance physique par le consentement de la volonté se trouve à l'œuvre dans la souffrance morale à laquelle il nous suffit de ne pas donner notre consentement.

Ce que l'autre m'inflige est donc moins une affaire entre l'autre et moi qu'une affaire entre moi et moi : si je veux, la souffrance qu'il me destine aura lieu ; si je ne veux pas, elle n'aura pas lieu. C'est le sens de la formule bien connue : « N'offense pas qui veut. » L'offense n'est que si j'y consens ; il me suffit de n'y pas consentir pour qu'elle n'ait pas lieu.

Le sage est celui qui met en pratique cette hygiène personnelle et parvient à cet état d'impassibilité. Il ne s'agit pas d'une hygiène dans l'intersubjectivité mais d'une hygiène dans la singularité. Je ne suis que ce que je veux être et il n'est pas question qu'autrui puisse me constituer tel que je ne veux pas être – triste ou malheureux, affecté ou peiné, attristé ou chagrin.

Le charbon ne me brûlera que si j'ai décidé qu'il me brûle, pense et croit Mucius Scaevola… Certes, le médecin peut bien constater les dégâts corporels d'une pareille audace existentielle, mais que sont-ils en regard de ce que le philosophe apprend de lui sur le terrain ontologique : si une brûlure au troisième degré peut témoigner d'une volonté de première classe, alors pourquoi s'en priver ? La cicatrice dans la chair rappellera toujours l'excellence de l'âme un jour, ce qui témoigne en faveur de l'excellence toujours.

Revenons à Sénèque. Il a bien raison d'attirer notre attention sur le fait que, souvent, nous souffrons de l'idée d'une souffrance à venir – donc d'une souffrance que nous supposons et qui n'a d'existence que supposée ; autrement dit : nous souffrons pour rien ; le motif de notre souffrance est vain. Mieux même : il n'a pas lieu d'être.

Le temps venu, quand j'entretiendrai de la mort, cet angle d'attaque s'avérera très efficace. Nous craignons moins l'événement de notre mort (que nous présentifions sans cesse, alors qu'il risque d'être bref) que l'avènement de notre mort. Or, c'est cette présentification qui est la cause de la souffrance.

La présentification est un effet de ma volonté. De même que l'on peut convoquer le futur dans le présent au point de le remplir, voire le saturer, d'angoisse, de peur, de crainte, de terreur, d'inquiétude, de même nous pouvons évincer ce qui nous trouble avant l'heure.

Une souffrance est-elle à venir ? C'est donc qu'elle n'est pas là. Ce qui doit être, peut-être, n'est pas encore. Si elle n'est pas là, comment pourrait-elle agir sur nous si ce n'est parce que nous lui donnons les pleins pouvoirs sur nous-mêmes ? Tant qu'elle est à venir, donc pas encore venue, elle n'est que parce qu'on la convoque. Le coupable n'est donc rien ni personne d'autre que nous. Notre vouloir veut mal et il faut lui apprendre à vouloir autrement.

La présentification n'est pas à mettre au compte de la souffrance mais de notre volonté. Il y a donc une étrange perversion masochiste, sinon sadomasochiste, à donner présence à une souffrance à venir puisqu'on en décuple la puissance mauvaise par notre seule faute. Le mal n'est pas là ; je crains sa venue ; la crainte me fait mal ; donc le mal arrive, mais c'est un autre mal que celui qu'on craignait : le mal réside dans notre seul appel – comme si nos tremblements de la crainte du loup attiraient l'animal qui, sans la visibilité de notre émoi, aurait passé son chemin sans nous dévorer.

Dans d'autres cas, la souffrance est bel et bien là. Dès lors, nous ne sommes plus dans le cas de la souffrance d'une crainte de la souffrance, mais dans la souffrance d'une souffrance authentique. Retour à la case départ : il nous suffit alors de refuser la souffrance dans sa présence. Comment ?

Par un processus de minoration. Présentifier, c'est maximaliser la souffrance ; la minorer, c'est l'écarter, l'amoindrir, la dominer – la contraindre, à défaut d'en faire disparaître toute trace, toute réalité objective, car nier que *ce qui est* soit relève de la dénégation qui n'est pas une solution… Le vouloir peut beaucoup, certes, mais il ne peut pas tout. Il y aurait mensonge à croire que vouloir suffirait pour pouvoir. Il existe entre les deux l'épaisseur d'une culture de la passivité et de la démobilisation, de la prise en charge et de la démotivation. L'épaisseur aussi d'une civilisation et d'une culture de la soumission à une hypothétique transcendance.

Notre époque est dominée par le psychotrope – étymologiquement : ce qui porte l'âme à notre place. Quand la volonté n'est plus psychophore (étymologiquement : porteuse d'âme), elle se dégrade, avant disparition pure et simple.

Les hommes ont très tôt demandé à autre chose qu'à leur volonté de porter leurs souffrances. On peut imaginer que l'homme préhistorique, quand il constate que des fruits mûrs, pourris, arrosés par la pluie conservée dans la coupelle naturelle d'une pierre, donnent une boisson enivrante par l'effet de fermentation, saisit toutes les potentialités psychotropes offertes par cette substance. Sa connaissance de la nature, notamment des champignons et des lichens dont certains s'avèrent hallucinogènes, ajoute à la panoplie des pharmacopées auxquelles on demande ce que, dès lors, on ne demande plus à la volonté. Le vouloir personnel laisse place au pouvoir des herbes et des plantes, des décoctions et des macérations, des fumigations et des fermentations, aujourd'hui aux molécules de l'industrie pharmaceutique...

Notre civilisation judéo-chrétienne, et la France tout particulièrement, a massivement désamorcé le pouvoir de la volonté en préférant les anxiolytiques, les antidépresseurs, les somnifères et autres médecines parallèles pourvoyeuses de médications de l'âme (homéopathie et aromathérapie, naturothérapie et haptonomie, réflexologie et musicothérapie, chiropraxie et ostéopathie, acupressure et acupuncture, fasciathérapie et luminothérapie, etc.), sans parler des chamanismes postmodernes (sophrologie et psychanalyse) ou des médecines non occidentales (chinoise, ayurvédique ou chamanique).

J'écarte l'hypnose qui a prouvé de façon expérimentale dans des salles d'opération qu'elle validait la thèse stoïcienne! La sollicitation hypnotique d'une part matérielle méconnue mais bel et bien existante du cerveau témoigne en faveur des pouvoirs inédits et inexploités de la volonté quand elle est sollicitée: subir une mastectomie ou une ablation de la glande thyroïde sous hypnose prouve qu'il existe de formidables ressources jusqu'alors insoupçonnées d'un vouloir aidé par lui-même.

Les épicuriens disposent d'une gestion de la souffrance qui n'est pas celle des Romains. Épicure règle le problème non pas avec la pragmatique d'une volonté, comme les Romains, mais avec une subtilité dialectique: la souffrance n'est rien, du moins pas grand-chose qui devrait altérer l'âme du sage, car elle est «ou brève dans le temps ou légère en intensité» (*Lettre à Ménécée*, 133). Autrement dit: si elle dure peu, alors on dispose des moyens de la supporter; si elle est légère en intensité, alors on doit pouvoir en faire son affaire. À défaut, si elle est intense, elle nous emporte et, de ce fait, l'affaire se trouve réglée...

Pensons Épicure dans une configuration historique – la Grèce du IVe et du IIIe siècle avant l'ère commune. La souffrance antique n'est pas la même que la nôtre : la vie compte pour peu, elle compte même pour rien quand on est barbare ou métèque (autrement dit : un étranger domicilié dans la cité grecque), soldat ou esclave... L'espérance de vie est courte : dans l'Empire romain, elle tourne autour de la trentaine ! Certes, c'est une moyenne, et il existe d'authentiques vieillards, mais la mort est plus familière dans un temps où l'obstétrique est inexistante, la médecine sommaire, les soins plus ou moins magiques et la chirurgie souvent fatale.

De sorte qu'on peut mieux comprendre les conditions de possibilité de l'exercice grec qui s'avère somme toute un peu sophistique : dans notre postmodernité, l'argument qui consiste à dire que la souffrance est soit brève dans le temps, donc supportable, soit peu intense, donc supportable également, sinon longue dans le temps et insupportable dans l'intensité, mais alors elle nous emporte bien vite, voilà qui tient plus de l'exercice rhétorique dans lequel les Grecs excellent que de la technique existentielle dont les Romains raffolent.

Une douleur brève n'en demeure pas moins une douleur et Épicure ne nous dit pas pourquoi elle devrait être supportable. Ni pourquoi ni comment d'ailleurs. Il la pense comme un pur désordre atomique sans imaginer une seule seconde (du moins au vu et au su des textes qui nous restent de lui...) que ce désordre en entraîne d'autres qui sont justement ceux que les stoïciens nomment nos *représentations*, avant de nous inviter à travailler sur elles à l'aide du *jugement* adéquat susceptible d'écarter la souffrance.

On songe que cette conception qu'avait Épicure de la douleur et de la souffrance était sans doute en rapport avec sa propre complexion physiologique. On sait en effet qu'il souffrait de la maladie de la pierre, des calculs rénaux, et que ses crises lui ont probablement servi de matériau expérimental afin d'élaborer sa doctrine. Mais il le fit en sophiste grec, alors que les Romains le font en praticiens...

Revenons-en, pour conclure, au stoïcisme historique et philosophique des Romains. Épictète nous invite à faire un certain «usage des représentations» (II.VIII.7). Lequel? Il s'agit d'un usage rationnel. C'est-à-dire? Un usage conforme à la nature. Autrement dit? Un usage sain et correct de notre raison. Nous avons en effet reçu notre raison de la nature pour user de nos représentations comme il se doit. La raison peut se connaître elle-même, affirme Épictète. «La plus importante et la première fonction du philosophe est d'examiner les représentations, de les discerner et de n'en admettre aucune sans examen» (I.XX.7).

C'est donc très exactement la tâche du philosophe que de travailler ses représentations, d'exercer son vouloir sur elles, d'examiner avec scrupule ce que sont réellement et véritablement les choses afin de savoir si elles dépendent de nous ou si elles n'en dépendent pas. Si elles n'en dépendent pas, il s'agit de n'en point se formaliser. Il faut consentir à la nécessité... Rien ne sert en effet de se cabrer contre ce qui advient quand on n'y peut rien.

En revanche, si notre raison conclut que nous pouvons agir sur ces représentations et qu'il est dans notre possibilité de tordre le bras à la douleur qui nous assaille, alors il faut le vouloir. C'est dans cette invite volontariste romaine que s'enracine la création du lignage: devenir stoïcien, être stoïque, se montrer philosophe – être sage, voire: être un sage...

Dans ses *Entretiens*, Épictète aborde la question du malade qui souffre de fièvre. Arrien, son disciple qui a consigné les propos de son maître dans cet ouvrage, place cette réflexion sous la rubrique: «Comment faut-il supporter les maladies?» (III.X). Quiconque veut être philosophe doit avoir en tête les principes du stoïcisme; il en existe autant qu'il y a de situations dans une journée ou dans une vie – la table, le bain, le loisir, le lit...

Le lit, justement: ce peut être le lit de souffrance, le lit de peine du malade... «Si nous sommes fiévreux, dit-il, il faut éviter de tout laisser tomber, de tout oublier, en disant: "Si je fais encore de la philosophie, m'arrive alors ce que voudra! Il faut que je me retire quelque part et que je soigne mon pauvre corps." Soit, à condition que la fièvre n'y vienne pas elle aussi.» Autrement dit: pas question, parce qu'on souffre, de se dire à quoi bon dès lors philosopher encore quand se mettre à l'écart de tout et prendre ses potions sans broncher devrait suffire… Il faut au contraire, justement parce que la douleur est là, que la philosophie entre en action afin de produire ses effets thérapeutiques.

S'adressant à son disciple qui se tromperait s'il souhaitait renoncer, le philosophe boiteux poursuit : «Qu'est-ce donc que philosopher ? N'est-ce pas se préparer à faire face aux événements ? Ne te rends-tu pas compte que ta réaction revient à dire : "Si je me prépare encore à supporter avec calme les événements, m'arrive alors ce que voudra" ? C'est comme si au pancrace on cessait de lutter parce qu'on a reçu des coups. Mais au pancrace on peut mettre fin au combat pour éviter de se faire rosser ; alors que dans notre cas, si nous arrêtons de philosopher, quel avantage en retirons-nous ? Que faut-il donc se dire à chaque épreuve qui se présente ? "C'est pour cela que je m'entraînais, c'est à cela que je m'exerçais" » *(ibid.)*. Que serait en effet un boxeur qui quitterait le ring au premier direct du gauche sous prétexte qu'il est désagréable de prendre des coups ? Un guignol…

Le philosophe se préparerait donc à affronter la souffrance, la douleur, la peine, le mal et, quand tout cela arriverait, il prendrait ses jambes à son cou comme n'importe quel couard ? Mais un philosophe ne fuit pas la nécessité puisque tout son travail consiste à savoir l'affronter, surtout quand elle se révèle rude et pénible !

Poursuivons : «Voici maintenant venu le temps de la fièvre : que cela se passe dignement ; voici le temps de la soif : aie soif dignement ; voici le temps de la faim : éprouve-la avec dignité. Cela ne dépend pas de toi ? Qui t'en empêchera ? Certes, ton médecin t'empêchera de boire, mais il ne peut t'empêcher d'avoir soif avec dignité ; il t'empêchera de manger, mais il ne peut t'empêcher d'avoir faim avec dignité » *(ibid.)*.

Le malade peut bien rétorquer qu'il est dans un état tel qu'il ne peut pas philosopher ; son maître lui répond qu'habituellement il philosophe pour vivre conformément aux lois de la nature à l'aide d'une raison sainement conduite. Ce n'est donc pas l'heure, le lieu, le moment de baisser les bras et d'estimer que la philosophie n'est plus possible ou pensable : c'est justement pour affronter ce genre de difficulté qu'elle est pratiquée... Ce seul moment suffit à la justifier.

« En cas de fièvre, continue Épictète, qu'est-ce qui t'empêche de garder ton principe directeur en accord avec la nature ? La voilà, la preuve qui décide de la question, la vérification des aptitudes de celui qui s'adonne à la philosophie. En effet, la fièvre aussi fait partie de la vie, au même titre que la promenade, la navigation ou le voyage. Est-ce que par hasard tu lis en te promenant ? – Non. Et pas non plus quand tu as de la fièvre. Mais si tu te promènes avec dignité, tu fais ce qui sied au promeneur ; si tu restes digne quand tu as de la fièvre, tu fais ce qui sied à celui qui a de la fièvre. »

On pourra demander en quoi consiste cette dignité dans la fièvre. Épictète répond clairement : « Ne blâmer ni dieu ni homme, ne pas être accablé par les événements, attendre la mort avec un maximum de dignité, se conformer aux prescriptions ; quand le médecin arrive, ne pas redouter ce qu'il va dire, ni non plus se réjouir outre mesure s'il dit : "Tu vas merveilleusement bien !" En effet, quel bien t'a-t-il annoncé ? Car quand tu étais en bonne santé, quel bien possédais-tu ? Et s'il te dit : "Tu vas mal", ne pas non plus te décourager. Qu'est-ce en effet qu'aller mal ? S'approcher du moment où l'âme est déliée du corps. Qu'y a-t-il là de terrible ? Si tu ne t'en approches pas maintenant, ne le feras-tu pas plus tard ? Le monde doit-il être bouleversé si tu meurs ? Pourquoi alors flatter le médecin ? Pourquoi lui dire : "Si tu le veux, maître, j'irai bien" ? Pourquoi lui donner l'occasion de hausser orgueilleusement le sourcil ? Pourquoi ne pas lui verser simplement ses honoraires ? De même qu'on donne son dû au cordonnier pour être chaussé, au charpentier pour la maison, pourquoi ne pas faire de même avec le médecin pour ce pauvre corps, qui ne m'appartient pas, qui est par nature cadavre ? Voilà ce dont la fièvre fournit l'occasion ; si celui qui a la fièvre satisfait à ces exigences, il fait ce qui lui sied » *(ibid.)*...

Quelle leçon ! Nous étions partis guillerets avec un peu de fièvre mouillant notre front et nous voilà mis devant notre

84

propre mort ; il nous faut revenir du tombeau où Épictète nous a déjà conduits tranquillement, sans voix qui tremble alors qu'on met le premier pas dans la tombe... Si après avoir goûté du cercueil on n'en ressort pas ragaillardi en constatant qu'il ne s'agit, pour l'heure, que d'une simple fièvre, c'est qu'on n'aura pas été sensible à l'argumentation philosophique du sage – et que, de ce fait, on n'aura été soi-même ni philosophe ni sage, mais juste un fiévreux de base...

C'est une technique stoïcienne que je nommerais la minoration : comparer notre état avec un état pire et convenir que nous ne sommes pas à plaindre pour n'être pas plus affectés, plus troublés, plus touchés. Elle s'avère d'une redoutable efficacité.

Tu as de la fièvre ? Tu pourrais être à quelques minutes de quitter ce monde – ce qui, d'ailleurs, ne changerait rien à son cours, puisque, si tel était le cas, ce serait selon son ordre et ses raisons que tu trépasserais... Estime-toi donc heureux que ce que tu prends pour le pire soit seulement ce qui est puisqu'il y a pire que pire : mourir – qui n'est d'ailleurs pas dans l'ordre du pire selon le philosophe stoïcien, mais de la nécessité... De quoi se plaint-on ? De quoi se plaint-on, en effet...

Dans *Sur la providence*, s'adressant à Lucilius, Sénèque explique que « certains dommages sont dans l'intérêt de ceux mêmes qui les subissent » (III.2). Ainsi, l'exil qui nous sépare de ceux que l'on aime et des paysages que l'on chérit, la misère qui nous rabaisse plus bas que terre, la mort de leurs enfants pour les parents, le veuvage qui afflige violemment l'un des époux, le déshonneur d'où qu'il vienne, le coup du sort qui rend malade ou estropie, tout cela est bénéfice pour qui sait en faire un usage philosophique.

La souffrance nous permet de nous éprouver : avec elle, on sait qui l'on est, ce que l'on peut, ce que l'on vaut, quelles limites sont les nôtres. Elle est un instrument de connaissance de soi. Il n'est pas question de la valoriser, comme le feront les chrétiens embarqués dans le sillage de saint Paul qui chérissait tant la souffrance, ou de lui trouver des vertus salvifiques (pour utiliser leur vocabulaire) en y voyant l'occasion bienvenue d'une imitation de la Passion du Christ qui ouvrirait les portes du paradis. Pas du tout…

Sénèque affirme de la fortune qu'«elle cherche à s'affronter aux plus braves; elle laisse passer les autres avec dégoût. Elle s'attaque au plus résolu, au meilleur pour diriger contre lui toute sa violence. Elle essaie le feu sur Mucius [notre Scaevola…], la pauvreté sur Fabricius, l'exil sur Rutilius, la torture sur Regulus, le poison sur Socrate, la mort sur Caton. C'est seulement dans la mauvaise fortune que l'on trouve les grands exemples».

Et Sénèque d'examiner le cas de chacun: «Fabricius est-il malheureux de labourer son champ, dès qu'il est libéré des affaires publiques, ou de faire la guerre autant contre Pyrrhus que contre les richesses, ou de dîner à son foyer de ces herbes et de ces racines qu'il vient d'arracher en nettoyant son champ, lui, ce vieillard qui avait connu les honneurs du triomphe? Quoi! serait-il plus heureux s'il s'était rempli le ventre des poissons d'un lointain rivage et d'oiseaux pris à l'étranger, s'il avait réveillé la paresse d'un estomac dégoûté avec des coquillages de la mer supérieure et de la mer inférieure, s'il avait garni d'un grand tas de fruits du gibier de première qualité, capturé au prix de la mort de plus d'un chasseur?» (III.6).

Arrive le tour de Rutilius: «Est-il malheureux de s'être vu condamner par des gens qui seront accusés pendant tous les siècles, d'avoir supporté d'une âme plus égale d'être arraché à sa patrie que de voir son exil lui être arraché, d'avoir été le seul à dire non au dictateur Sylla et, rappelé à Rome, non seulement de n'être pas revenu, mais d'avoir fui plus loin?» (III.7).

Puis: «Venons-en à Regulus: en quoi la fortune lui a-t-elle nui, en faisant de lui un modèle de fidélité, un modèle d'endurance? Des clous traversent ses chairs; de quelque côté qu'il incline son corps épuisé, il s'appuie sur une blessure, et ses paupières restent levées pour une veille perpétuelle. Plus le supplice est grand, plus il aura la gloire. Veux-tu savoir combien peu il regrette d'avoir estimé la vertu à ce prix? Rends-lui ses forces, et fais-le aller au Sénat; il redonnera le même avis» (III.9).

Enfin, commentant l'histoire de Mucius Scaevola, Sénèque affirme: «Mucius est-il malheureux de saisir dans sa main les brandons enflammés de l'ennemi, et d'exiger de lui-même la punition de sa faute ; et, en se brûlant la main, de faire fuir ce roi qu'il n'avait pu faire fuir à main armée ? Et serait-il plus heureux s'il réchauffait sa main dans le sein de sa maîtresse ? » (III.5). D'aucuns estiment que le contact avec la peau de sa belle eût été préférable. Ils avouent ainsi qu'ils ne sont pas romains – et ne le seront jamais...

4

VIEILLIR

L'appétit de vieillir de Caton l'Ancien

Comment bien vieillir ?

Qui est ce Caton l'Ancien que Cicéron fait renaître pour le transformer en porte-parole de ses idées sur la vieillesse dans le dialogue qu'il consacre à cette question ? Une icône, un souvenir, une mémoire, une image pieuse pour les païens, un modèle, une allégorie, une métaphore, un symbole, un phare moral dressé au beau milieu des eaux noires des pleines tempêtes, quels qu'en soient les époques et les lieux. C'est aussi un homme, un mari qui perd sa femme et se remarie, octogénaire, avec une jeunesse et qui devint père pour une seconde fois à l'âge où l'on est plutôt d'habitude un grand-père avancé, un écrivain, un soldat, un guerrier, un philosophe, un naturaliste, un magistrat, un orateur, un paysan, un général, un laboureur, un historien, un administrateur de biens. C'est enfin un Romain emblématique, un héros qui le fut tant que notre civilisation a été capable d'admirer les héros.

L'image pieuse, c'est un Caton en figure de proue de la République romaine, au IIᵉ siècle avant l'ère commune ; le héros de l'*Énéide*, la Bible de Rome, dans laquelle il est présenté par Virgile comme l'un des héros fondateurs de la cité ; l'homme politique intègre indemne de toute compromission ; le citoyen au service de ses semblables animé par un formidable sens de l'intérêt général et du bien public ; le patriote au regard toujours tourné vers Carthage l'ennemie, au point que son nom reste associé au fameux «Il faut détruire Carthage» après qu'il eut participé avec vaillance et bravoure à la deuxième guerre punique; l'incarnation austère et raide de la vertu morale; l'ennemi sans faille de l'impérialisme grec poussant sa corne dans la culture de la Ville éternelle; le pourfendeur des mœurs venues d'Athènes – luxe et mollesse, homosexualité et pédérastie, affectation et préciosité, raffinement et sophistique, relativisme et intellectualisme; le défenseur de la tradition contre la prétendue modernité et tous les hypothétiques progressismes; l'incarnation dans le corps et le cœur, l'esprit et la chair, l'âme et le corps de ce que l'on nomme le *mos majorum*, autrement dit les valeurs architectoniques de l'éthique romaine: la fidélité aux coutumes et aux mœurs des ancêtres, à savoir le goût du travail bien fait, la fidélité à la patrie, la vie frugale, simple, sobre, austère, le refus de l'otium et de tout type d'oisiveté. Ce sont donc ces vertus: la *fides* – fidélité à soi et aux autres, respect de la parole donnée, loyauté, confiance; la *pietas* – la piété aux dieux du panthéon ancien, la dévotion aux mêmes, le devoir à l'endroit des divinités civiles et civiques romaines, mais aussi envers ses ancêtres, ses parents, sa parentèle, sa cité; la *majestas* – notre majesté, mais aussi la dignité, le sentiment d'appartenir à une élite; la *virtus* – le courage, la capacité à diriger, le pouvoir de décider après avoir délibéré, l'art de distinguer ce qui est bon pour l'État ou non, la résistance à la tentation; la *gravitas* – le respect de la tradition sans crispation, la dignité sans affectation, le sérieux sans se prendre au sérieux, l'autorité sans l'autoritarisme; la *constantia* – qui consiste à faire ce que l'on dit et dire ce que l'on fait; la *frugalitas* – notre frugalité, ce que l'on nomme aujourd'hui la «sobriété heureuse». Caton est donc l'homme de la vertu en des temps où le vice et le cynisme, l'opportunisme et l'intrigue, la corruption et la débauche font la loi – c'est-à-dire dans tous les temps… Courage et audace, droiture et loyauté, fermeté et austérité, frugalité et vérité, rectitude et probité, honnêteté et intégrité, il est l'incarnation de ce que doit être un homme pour être véritablement romain – voire un Romain pour qu'il soit véritablement un homme.

Le fut-il vraiment? Oui, il le fut. Cet homme dont on dit qu'il avait une haute estime de lui-même pouvait confesser ce vice aux yeux de ceux qui manquent de vertu : se retournant sur ce qu'il fit et fut, il pouvait légitimement penser qu'il avait approché au plus près dans sa vie cet idéal romain sous les plis d'un drapé dans lequel la postérité l'enveloppe depuis.

Certes, il fit de la politique et franchit tous les degrés de la grandeur de ce métier en même temps que celui des armes : tribun militaire en 214 avant notre ère, questeur en 204, édile plébéien en 199, préteur en 198, consul en 195, à nouveau tribun militaire en 191, légat en 190, il échoue à devenir censeur en 189 mais y parvient en 184 – *cursus honorum*, comme on dit depuis dans les pages roses du *Larousse*... Or, dans le métier des armes et de la politique, il faut parfois forcer un peu le vice pour obtenir la vertu et l'on découvre ici ou là Caton capable de mener férocement campagne pour être élu – chacun sait que pareille activité ne se fait pas sans une formidable volonté que l'autre n'y soit pas, afin de s'y trouver, soi... Il fut un homme politique craint et respecté, admiré autant qu'haï. Il était une figure à déchaîner les passions sur son nom – c'est le cas de tous ceux qui gênent en menant une vie qui s'avère un reproche chez ceux qui n'ont rien fait de la leur. Aurelius Victor écrit dans ses *Hommes illustres de la ville de Rome* : « Accusateur infatigable des méchants, il était octogénaire lorsqu'il fit comparaître Galba devant les juges. Accusé lui-même quarante-quatre fois, il fut toujours glorieusement acquitté » (XLVII).

Caton a beaucoup écrit ; tout a été perdu, fors un *Traité d'agriculture*... Il a pourtant été l'un des auteurs ayant le plus publié de son temps et sur tous les sujets. C'est un genre d'encyclopédiste : un livre d'histoire romaine pour son fils afin de l'édifier, un autre connu sous le titre *Origines* qui raconte les premiers temps de la cité, des traités de morale ou de médecine pour sa maisonnée, des écrits techniques, des monographies historiques, un traité de droit civil (du droit augural et pontifical plus particulièrement, autrement dit des ouvrages codifiant la pratique religieuse), un recueil de quelques-uns de ses bons mots (l'austère Caton avait de l'humour, voire plus, car il savait tuer avec une saillie décochée à propos…), un ouvrage de stratégie militaire. On a également parlé d'un genre d'histoire des lettres latines – mais sans aucune preuve… Il nous reste aussi deux lettres écrites à son fils.

Son contemporain Polybe en parle un peu dans son *Histoire*, mais il ne nous reste que des témoignages posthumes et de seconde main – toutefois chez des figures de premier plan : Cornelius Nepos, Cicéron, Tite-Live, Plutarque (qui semble ne pas l'aimer plus que ça…), Aurelius Victor, Pline, Quintilien, Fronton, Aulu-Gelle. Caton ne se trouve donc nulle part en particulier mais il est partout présent dans les lettres latines.

Caton naît en 234 avant notre ère à Tusculum (la ville habituellement associée à Cicéron…) dans une famille plébéienne. Son nom procède du latin qui signifie aigu, avisé, habile, pénétrant, subtil. Plutarque rapporte une épigramme qui nous renseigne sur son physique ingrat : « Il était un peu roux avec des yeux de chouette » et il avait « les crocs durs » (*Vie de Caton*, I.4)… On ignore le détail de son enfance, même si l'on sait qu'elle fut rude et aux champs, aux travaux d'une terre caillouteuse. Le contact avec la nature constitue et structure son tempérament et son caractère comme non dupe des simagrées intellectuelles des Grecs. Il fait des études de droit et, comme il était de coutume à l'époque, il défendait gracieusement les citoyens dans les affaires locales – Cicéron, lui, se fera payer…

La propriété familiale jouxte celle de Curius Dentatus qui a probablement donné sa terre à la famille de Caton en récompense des combats menés par sa parentèle. Avec Cincinnatus, Mucius Scaevola, Caton, Regulus, Lucrèce, Curius est une autre figure emblématique de Rome : vainqueur des Sabins, des Lucaniens et de Pyrrhus, ce héros militaire fut ovationné lors de son retour dans Rome. Il distribua quelques arpents de terre à ses soldats, estimant qu'ils suffisaient pour mener une vie frugale. Aurelius Victor raconte cette histoire à son sujet : « Un jour, les ambassadeurs samnites lui offrirent de l'or, tandis que, de ses propres mains, il faisait cuire des raves à son foyer. "J'aime mieux, leur dit-il, manger ces racines dans mes plats de terre, et commander à ceux qui ont de l'or." Accusé d'avoir détourné de l'argent à son profit, il montre à tous les yeux un vase de bois dont il se servait d'ordinaire dans les sacrifices, et jure que, de tout le butin ennemi, il n'a rien emporté de plus dans sa maison» (XXXIII) – voilà l'homme…

Plutarque rapporte évidemment lui aussi cette histoire et, moins sec qu'Aurelius Victor, il ajoute que Caton se rendait très souvent dans cette propriété : «Tandis qu'il contemplait la petite taille de la propriété et l'humilité de la maison, il songeait à cet homme qui avait été le plus grand des Romains, avait soumis les peuplades les plus belliqueuses et chassé Pyrrhus d'Italie, mais n'en avait pas moins continué, après ses trois triomphes, à bêcher lui-même ce lopin de terre et à habiter cette ferme» (II.1). Fort des leçons de virilité et de sagesse, d'austérité et de frugalité, d'authenticité et de sobriété, le jeune Caton peut ainsi former son corps et son âme à la double rudesse des travaux des champs et au contact d'un homme sublime.

À dix-sept ans, il combat contre les armées d'Hannibal et se trouve couturé de partout avec, nous dit Plutarque, des «traces de blessures reçues de face» (I.7). Il frappe, tape et rugit dans les combats. Il a le visage farouche et sa détermination ajoute à la crainte qu'il inspire déjà. Il porte lui-même ses armes et se fait accompagner d'un seul esclave qui porte ses provisions. Il fut impeccable avec cet esclave et l'aidait parfois à confectionner le repas que celui-ci lui préparait. Il buvait de l'eau et, sauf rares exceptions, pour se restaurer, il la coupait avec du vinaigre ou parfois il ingurgitait quelques rasades de mauvais vin pur.

Caton habitait aussi près de Valerius Flaccus, un autre Romain emblématique. Ce patricien fils de consul se rendait le matin de bonne heure sur le Forum afin d'assister gratuitement les citoyens désireux d'une aide judiciaire. Il revenait ensuite cultiver ses champs et, soit vêtu d'une courte tunique l'hiver, soit nu l'été, il travaillait la terre en compagnie de ses esclaves, avec lesquels il partageait des repas simples. Valerius Flaccus ayant entendu parler en bien de Caton l'invite et lui conseille d'aller à Rome dans la perspective d'une carrière politique. Ce dernier s'y rend et se constitue un groupe d'amis et d'admirateurs.

On découvre ses talents d'orateur ; d'aucuns parlent alors de lui comme du « Démosthène romain » (IV.1).

Plutarque écrit : « Dès cette époque, la cité était trop grande pour conserver sa pureté ; sa domination sur tant de pays et d'hommes l'avait mise au contact de nombreuses coutumes et elle avait subi l'influence de modes de vie les plus variés. Il était donc naturel qu'on admirât Caton en le voyant si différent des autres, que les fatigues épuisaient et que les plaisirs alanguissaient : il ne se laissait, lui, dominer ni par les unes ni par les autres et ce, non seulement dans sa jeunesse, lorsqu'il briguait les honneurs, mais même dans sa vieillesse, quand il avait déjà les cheveux blancs, après son consulat et son triomphe, tel un athlète victorieux qui reste fidèle à son régime d'entraînement et persévère jusqu'à la mort » (IV.2-3). Caton portait des vêtements simples et peu coûteux, mangeait comme les gens les plus modestes, buvait le même vin que les ouvriers. Voilà pourquoi Plutarque peut écrire : « Un homme fidèle à l'habitude ancestrale de travailler de ses mains, un homme qui se contentait d'un dîner frugal et d'un déjeuner froid, d'un vêtement simple et d'une demeure plébéienne, un homme qui trouvait plus enviable de ne pas avoir besoin du nécessaire que de le posséder, un tel homme était exceptionnel » (IV.2). C'était le cas hier, sous la République romaine, c'est le cas aujourd'hui, ce sera toujours le cas dans tous les temps et sous toutes les latitudes.

Pline l'Ancien nous apprend dans son *Histoire naturelle* qu'un jour Caton reçut en héritage un beau tapis de Bithynie – qu'il s'empressa de vendre ; les murs de sa propriété étaient bruts et sans crépi ; il n'achetait aucun esclave de valeur car il n'eut jamais le goût des éphèbes à mettre dans son lit, mais plutôt celui des travailleurs robustes à employer dans ses champs, dans ses écuries ou dans ses étables ; il n'achetait aucune terre qui eût besoin d'être arrosée ou irriguée mais des surfaces utiles à l'élevage et à l'agriculture.

Quand il était préteur en Sardaigne, il faisait effectuer des économies considérables à la cité en ne validant que les dépenses utiles au strict nécessaire ; il visitait les cités à pied, sans attelage, avec juste un assistant qui portait les objets des libations religieuses et civiques; chef de guerre, il refusait les rapines et payait correctement ses soldats; il parlait grec mais ne voulut pas utiliser leur langue avec les Corinthiens quand il fut chez eux – il eut recours au truchement d'un traducteur pour ne pas utiliser l'idiome d'un peuple dont il estimait les mœurs, les idées et les pensées délétères pour Rome; il était un orateur concis et précis, rapide et fulgurant, ironique et efficace; «il pensait que les mots des Grecs venaient des lèvres, ceux des Romains du cœur» (Plutarque, *Vie de Caton*, XII.7) – l'organe qui était pour eux le siège de la pensée.

Sa carrière politique fut tout entière consacrée à faire triompher le bien et à pourchasser tout ce qui empêchait la vertu. Il a donc beaucoup attaqué; on l'a dès lors beaucoup attaqué. Jusqu'à la fin de ses jours, qui furent longs, il a traîné les corrompus devant les tribunaux et s'est fait conduire à la barre par ceux qui voulaient le faire tomber.

Censeur, il fut impeccable. Rome choisissait deux magistrats, l'un chez les plébéiens, l'autre chez les patriciens, pour exercer cette charge qui consistait à vérifier la moralité de ceux qui faisaient carrière dans la politique. Caton pourchassa le luxe, la mollesse, la corruption, la luxure, l'immoralité. Et il faut dire que la moralité des anciens Romains ne souffrait guère d'arrangements avec le ciel païen. Il a ainsi exclu du Sénat un homme qui avait été vu dans la rue en train d'embrasser... sa propre femme! Il est vrai que c'était en plein jour et devant leur propre fille... Il accompagna son geste par ces paroles: «Moi, ma femme ne m'a jamais serré dans ses bras qu'après un grand coup de tonnerre», et il ajouta, en plaisantant: «Lorsque Jupiter tonne, je suis heureux comme un dieu» (XVII.7). Chez Caton, on ne devait toutefois pas rire tous les jours que Jupiter faisait... Il taxe les riches quand ils possèdent pléthore d'objets précieux; il détruit les conduites de ceux qui détournent l'eau publique pour arroser les jardins particuliers de leurs propriétés; il abat les constructions qui débordent sur le domaine public; il taxe les productions de richesses; il prive de son cheval, le véhicule de fonction de l'époque, un sénateur ayant démérité; il combat l'obésité des chevaliers romains qu'il voulait secs et musclés, sobres et affûtés – il disait : « Comment un tel corps pourrait-il être utile à la patrie, quand toute la place, de la gorge jusqu'en haut des cuisses, est occupée par le ventre ? » (IX.6).

Le peuple aime Caton ; Caton aime le peuple. Plutarque écrit : « De manière générale, il jugeait qu'un bon citoyen ne devait même pas accepter d'éloges, à moins que cela ne fût utile à la communauté » (XIX.6). Il ne dit pas non à une statue dans un temple qui célébrait ses actes, estimant qu'ils méritaient la publicité pour l'édification du plus grand nombre. Plutarque voit là une preuve d'un amour de soi hypertrophié – il revient souvent sur ce trait de caractère.

Caton avait une femme, on l'a rencontrée un soir de tonnerre de Zeus – de Jupiter, donc, puisque nous sommes sous les cieux romains… Il eut donc une vie privée, intime. Quelle fut-elle ? Plutarque écrit : « Il fut bon père, excellent époux » (XX.1). Caton a épousé une femme sans fortune mais noble et qui, par cette alliance, permettait à son nom de briller d'un autre éclat dans une Rome conduite par de grandes familles patriciennes. Il est un « Homme nouveau », comme on dit, à savoir un plébéien parvenu grâce à la protection clientéliste de Valerius Flaccus et de ses amis. Le mariage est une affaire sociale, civique, donc politique.

Il estimait que les coups infligés à une femme ou à des enfants constituaient des fautes graves et « jugeait plus digne de louange un bon époux qu'un grand sénateur » (XX.3) – on mesure ce que signifie pareille remarque dans la bouche de Caton et dans une Rome où le consulat vaut consécration en tout…

On sait quelle fut sa carrière militaire et politique : nonobstant ces obligations, il a toujours accompagné sa femme quand elle baignait et langeait son fils. Son épouse allaitait mais ne se contentait pas de donner le sein à sa progéniture, allant jusqu'à nourrir les enfants d'esclaves afin de créer une fraternité de lait entre son fils et les enfants de la maisonnée.

Caton se chargea lui-même de l'éducation de son enfant, estimant que ce n'était pas à un esclave, dont certains avaient fonction de précepteurs, encore moins à un esclave grec, de s'acquitter de la tâche de former un être de qualité, un homme digne de ce nom – un Romain… Il était pudique en présence de son enfant et ne s'est jamais montré nu devant lui. Il ne souhaitait pas que son fils se fasse tirer l'oreille par un esclave et lui donna des cours de grammaire, d'histoire (il écrivit une histoire des grands moments de Rome en gros caractères à cet effet…), de lettres, de droit; mais il eut également le souci de parfaire l'éducation du corps avec des épreuves sportives – gymnastique, équitation, lancer de javelot, pugilat, combat ou natation, en lui apprenant par exemple à «traverser le Tibre à la nage, malgré ses tourbillons et ses escarpements» (XX.6). Si Mme Caton ne devait pas rire tous les jours à la maison, son fils Marcus n'était pas non plus à la fête…

Tel père ne faisant pas tel fils, Marcus n'eut pas la vigueur et la force, l'endurance aussi de son père. Il pouvait suivre sur le terrain spirituel et intellectuel, mais pas sur le terrain corporel, physique. Caton en fut peiné. Son grand garçon fut tout de même un valeureux soldat qui s'est ensuite illustré sur les champs de bataille.

Caton n'aimait pas les philosophes grecs qui, avec leurs arguties, tournaient la tête aux jeunes Romains. Sophistes, rhéteurs, capables de rabaisser la philosophie à des jeux verbaux, sinon verbeux, ils se faisaient fort de défendre une opinion puis, dans la minute qui suivait, d'en soutenir une autre qui était très exactement son contraire. Comment cet homme qui chérissait à ce point la vérité et la probité aurait-il pu aimer cette discipline que les Grecs pratiquaient en esthètes? Certes, il y aura une philosophie romaine quelque temps plus tard, mais elle se débarrassera des afféteries venues d'Athènes pour se concentrer sur le noyau dur de la pensée: la préparation à l'action.

Caton perd sa femme. On méconnaît la date. On ignore de quoi. On ne sait comment. Forte nature, il n'est pas resté sans épouse. Il avait recours à une jeune esclave qui venait le rejoindre dans son alcôve. Bien élevé, son fils lui fait connaître sa désapprobation… Il n'en tient pas compte et, bien qu'ayant passé quatre-vingts ans, il lie sa vie au destin de cette jeunesse à laquelle il fait un enfant. Marcus ne connut jamais son demi-frère, car il devait mourir avant sa naissance.

Caton n'a jamais quitté la politique. Sur ses vieux jours, sage, il s'occupe de jardins et de travaux agricoles, il écrit sur ces sujets et fait ses confitures – sur lesquelles il disserte dans son *Traité d'agriculture*. Il aime les grandes tablées avec des convives heureux qui mélangent jeunes et moins jeunes. À sa table on ne disait du mal de personne – pas plus que du bien d'ailleurs... C'était le lieu de l'amitié, du partage, de la frugalité heureuse.

Il vint un jour au Sénat avec une poignée de grosses et belles figues fraîches en disant qu'elles arrivaient de Carthage, ce qui attestait la proximité de la Numidie avec Rome, trois jours de navigation, donc de la dangerosité d'un adversaire déjà combattu deux fois. On sait qu'il a laissé son nom à cette expression : « Il faut détruire Carthage. » Il eut la satisfaction d'être entendu puisqu'une troisième guerre punique fut déclenchée. Mais il n'en connut jamais la fin car il est mort avant l'issue qu'on sait victorieuse pour les Romains. Comme pour sa première femme, on ignore de quoi il est mort, on ne sait comment, mais on connaît la date : ce fut en 149. Scipion rasa Carthage en 146. Elle devint une province romaine.

Pourquoi Cicéron a-t-il choisi Caton pour porter les idées de son dialogue philosophique sur la vieillesse ? Parce que la leçon cardinale pour bien vieillir est qu'il faut bien vivre la vie qui précède la vieillesse et que la vie de Caton fut en tout point emblématique de ce qu'est une vie réussie : bon citoyen, bon époux, bon père, bon orateur, bon magistrat, bon guerrier, bon stratège, bon écrivain, bon paysan. Il fait le bien qui est l'intérêt général et combat le mal qui se confond à l'intérêt particulier. Il aime la vertu et vomit le vice. Il défend sa cité, son pays, son peuple et n'a pas d'autre objectif que de servir et non de se servir, de se mettre au service et non de mettre à son service. Il est un individu en assujettissant l'individu à la communauté et en lui restituant en retour la force de la communauté, la puissance de la collectivité. La négation romaine de l'individu constitue paradoxalement son affirmation. Il s'avère le maître de cette dialectique existentielle.

Rater sa vie, c'est rater sa mort : comment pourrait-on effectuer une sortie élégante quand on a passé sa vie à zigzaguer ? Seul un trajet rectiligne conduit à l'endroit vers lequel tout un chacun se rend après avoir vécu, donc vieilli. Cette logique obéit à l'ordre des choses sur lesquelles on ne peut rien et contre lesquelles il ne sert à rien de pester, récriminer ou fulminer.

Les stoïciens nous l'ont appris : nul besoin de se cabrer devant la nécessité. En revanche, il n'y a aucune obligation à ce que la nécessité nous ravage parce que nous avons sur elle le pouvoir des représentations. La vieillesse a bien sûr une existence objective, mais nous possédons l'empire sur elle par ce que nous en faisons. Certes, elle nous fait, mais tant que nous ne la faisons pas.

Faut-il pour autant faire de nécessité vertu ? D'une certaine manière, oui. C'est le commencement de la sagesse. D'abord il faudrait intégrer dès nos plus jeunes années que notre existence est inscrite dans le temps et que le temps abîme – c'est une vérité de La Palice mais elle mérite d'être dite, redite, précisée, confirmée. Nous ne sommes pas éternels ou immortels, de quelque manière que ce soit – autrement dit ni par le corps ni par l'esprit, qui est d'ailleurs corporel…

Nous ne vieillissons mal que parce que nous n'avons pas imaginé que nous vieillissons chaque jour – et non pas que nous vieillirons un jour. La vieillesse ne surgit pas à un moment de la vie que nous pourrions pointer comme tel. L'âge ne fait rien à l'affaire : il y a de vieux quadragénaires et de jeunes nonagénaires. En même temps qu'un état du corps, la vieillesse est un état de l'âme : peut-être même que l'état du corps n'est jamais que ce que l'âme, autrement dit, ici, la volonté, en fait. Car on sait que l'âme (matérielle) impose au corps (spirituel…) un ordre qui, en retour, induit des effets.

Il existe une objectivité du vieillissement, nul n'en disconviendra, mais il y a aussi une subjectivité de ce qu'on en fait. Vouloir la vieillesse qui nous veut, c'est être vieux. Ne pas l'aimer, c'est aller vers une vieillesse qui ne nous aimera pas. Refuser de la vouloir, c'est être plus encore voulu par elle.

Quand Cicéron écrit *De la vieillesse* il a passé soixante ans, ce qui pèse à cette époque, et sa vie n'est pas heureuse : il est mis à l'écart des affaires de la cité, la politique se joue désormais sans lui; il déteste César qui ne l'a pas recyclé dans son jeu; il en fait donc un dictateur et souhaite sa mort, bien qu'il le reçoive chez lui avec une garde de deux mille hommes; il a divorcé de Terentia, son épouse acariâtre; il a épousé sa jeune pupille Publilia – or, c'est une erreur de croire que le sang de la jeunesse se transfuse au lit; sa fille accouche, il devient donc grand-père, un indéniable marqueur d'âge, surtout quand sa femme a l'âge d'être sa fille; il se retire à Tusculum pour écrire ses fameuses *Tusculanes*, son plus beau livre, sur la souffrance, la mort, le chagrin, les passions, la sagesse, le bonheur; sa fille Tullia décède de façon brutale sans qu'on sache de quoi; il renvoie sa jeune femme à Rome parce qu'il lui semble qu'elle s'est mal comportée à cette occasion; il s'en va à son tour de Tusculum qui lui est devenu insupportable et se rend chez son ami Atticus; il le quitte pour rejoindre une autre de ses villas au bord de la mer; il travaille pour souffrir moins; il effectue le trajet inverse et laisse le bord de mer pour retrouver Atticus avant de revenir à Tusculum. Divorcé, remarié, en deuil de sa fille, fâché avec sa nouvelle femme, il se sent inutile, évincé des affaires de l'État, écarté, mis sur la touche – rien de tel pour se sentir vieux… Dans une lettre à Atticus il écrit: «La vieillesse m'aigrit» (XIV.13.3 et XIV.21.3).

Ce texte de vieillesse sur la vieillesse, il se l'adresse à lui-même, bien évidemment. On ne pense jamais qu'à partir de soi. C'est une consolation qu'il s'écrit et offre à la lecture des autres. À soixante-deux ans, il fait partie sociologiquement des vieux. Il ne tient qu'à lui de n'en pas faire partie ontologiquement, ou de façon existentielle.

De la vieillesse est un livre à plusieurs étages. Si Caton est choisi parce qu'il fut un beau vieillard après avoir eu une belle vie, il l'est également parce qu'il est un modèle de vertu contre… César qui, lui, passe pour emblématique du vice! Ce texte sur les effets de l'âge est aussi une philippique contre le pouvoir personnel – de ce fait, il apparaît également comme une offre de service aux hommes du parti politique qui combat César – dont Brutus…

Cicéron ouvre son dialogue en affirmant que la vieillesse est «un fardeau» (I.2), mais qu'il existe un premier remède contre elle qui est de la penser. Où l'on retrouve l'antique invite stoïcienne à peser sur les choses en sachant qu'elles sont avant tout des représentations. Il faut donc commencer par savoir ce qu'elle est, puis envisager les modalités d'action sur elle – donc contre elle.

Ce fardeau s'allège. Et il s'allège par la philosophie qui suppose la pensée en amont, puis l'écriture en aval afin d'effectuer l'anatomie de cette souffrance de l'âme. Vieillir est une souffrance; penser la vieillesse et écrire sur elle, c'est l'adoucir, la rendre agréable même...

Caton dit: «Ceux qui n'ont en eux-mêmes aucune ressource pour mener une vie bonne et heureuse trouvent tout âge pesant; mais ceux qui tiennent d'eux-mêmes tous les biens ne peuvent regarder comme un mal rien de ce qu'apportent les nécessités de la nature» (II.4. Préambule). Le corps peut bien vouloir être vieux, l'énergie de l'âme, la volonté de l'esprit, la puissance du vouloir sont capables de vouloir contre ce vouloir. Ce que la chair veut, l'âme peut vouloir ne pas le vouloir. Quand la ride creuse le visage, la pensée l'efface – du moins il est en son pouvoir de l'effacer, il suffit pour cela que la volition s'active.

La vieillesse, comme la souffrance ou la mort qui ont partie liée, s'avère donc une représentation sur laquelle la réflexion dispose des pleins pouvoirs. Le stoïcisme, qui est une école d'énergie, trouve un nouveau terrain de bataille en présence des affres de l'âge qui va. Certes, la vieillesse me veut; mais il ne tient qu'à moi que je veuille autre chose que ce qu'elle veut: par exemple qu'elle ne fasse pas la loi, toute la loi, mais uniquement ce contre quoi on ne peut rien.

Caton pointe une contradiction qui ne manque pas de vérité. À propos de la vieillesse, il écrit en effet: «Tous souhaitent l'atteindre, puis l'accusent, une fois atteinte: telles sont l'inconséquence et la dépravation de la sottise» (II.4. Principes). On pourrait tout de même rétorquer à Caton qu'il se fait un peu sophiste, car on peut en même temps souhaiter la vieillesse comme préférable à la mort sans pour autant en faire un préférable à la vie en bonne santé...

On lui reproche d'arriver plus vite que prévu ? Illusion d'optique... Elle arrive à son heure... On ne chipotera pas Caton sur la perception du temps qui se trouve elle-même affectée par le temps : la journée de l'enfant de dix ans dans le jardin de ses grands-parents est semblable d'un point de vue chronométrique à celle du même personnage devenu vieux dans son fauteuil au coin du feu. Ce que dit la clepsydre n'est pas ce que raconte le corps – qui est un genre de clepsydre qui s'endommage avec le temps... Et puis le temps de l'innocence propre à l'âge infantile ne coïncide pas avec le temps de l'expérience de qui a fait le tour de soi, des autres et du monde. La journée de celui qui ne sait rien paraît plus légère, donc plus courte, que la journée de qui a tant appris...

Mais il faut replacer la pensée de Cicéron dans son temps. L'espérance de vie n'est pas la même que la nôtre. On meurt beaucoup à la naissance, dans ses jeunes années, avant vingt ans, et il faut penser la réflexion anhistorique du philosophe dans son contexte historique : un enfant sur deux meurt à la naissance et 7,5 % de la population atteint l'âge de Cicéron – qui vient ici de passer soixante ans...

Plus convaincant est l'argument que la vieillesse arrive à son heure. Personne n'est en effet pris en traître... Imaginer qu'elle ne nous concernerait pas alors qu'elle afflige tous les vivants depuis qu'il y en a et jusqu'à ce qu'il y en ait, c'est faire preuve d'aveuglement, d'inconscience ou de dénégation. D'où l'intérêt, pour apprendre à vieillir, de s'y prendre de bonne heure afin de se savoir vieillissant chaque jour, chaque décennie, chaque année, chaque mois, chaque semaine, chaque seconde... Tout instant vécu nous rapproche de la vieillesse qui, elle, nous met en plus grande proximité statistique avec la mort. Et la méditation sur l'âge est aussi, bien sûr, méditation sur la mort. Si « philosopher c'est apprendre à mourir », selon l'heureuse formule de Cicéron popularisée par Montaigne, philosopher c'est aussi apprendre à vieillir – qui est du même coup apprendre à mourir, donc à vivre.

Il est inscrit dans l'ordre des choses que nous vieillissions : c'est dans la nature – et la nature fait toujours bien les choses. Et puisqu'elle le fait bien à chaque âge de la vie, pourquoi ne le ferait-elle pas non plus avec cette dernière époque de la vie ?

Certains indiquent contre la vieillesse qu'elle prive de passions, de plaisir, de désir... Mais c'est souvent accabler l'âge, alors qu'il faudrait incriminer le caractère ou le tempérament de celui qui se plaint : l'atrabilaire aura toujours quelque chose à reprocher aux aléas de la vie pour n'avoir pas à se reprocher à lui-même de vivre sans cesse dans la récrimination. L'habitué des passions tristes par caractère ne verra que tristesse en tout et la vieillesse lui offrira de nombreux motifs de se plaindre.

Mais si le désir se fait moindre, voire, plus grave, si le corps n'est pas à la hauteur du désir qui demeure, on peut réagir de deux façons : soit en sacrifiant aux passions tristes en y voyant des motifs à plaintes, gémissements, pleurnicheries, lamentations, jérémiades et autres passions très peu romaines ; soit en se réjouissant de se trouver déconnecté de ce qui fait si souvent de nous le fameux *Heautontimoroumenos* de Térence – le bourreau et la victime de nous-mêmes. Que le corps ne puisse plus tout mécaniquement mais seulement ce que porte l'âme est moins une servitude qu'une libération, moins une souffrance qu'une délivrance. Du moins, le pire qui passait par les caprices de la testostérone n'empruntera plus ces chemins-là... La liberté d'après la servitude sexuelle est supérieure aux frasques et calembredaines de ses soumissions. Des motifs d'errance ontologique et de nomadisme existentiel disparaissent en même temps que la libido affinée par la vieillesse – ou abolie pour d'autres.

D'aucuns affirment que les richesses, les biens, les propriétés rendent la vieillesse plus facile à porter. Il y aurait de l'indécence, quand on possède, à faire l'éloge de la vie sans possessions. Cicéron eut de ces impudeurs, souventes fois... Il fait dire à Caton qu'il n'en est rien. Sur le fond, il a raison : la belle vieillesse heureuse d'un paysan pauvre vaut mieux que la vieillesse laide et malheureuse d'un satrape couché sur ses trésors... Mais une vieillesse heureuse, bonne et belle sur une couche dorée n'est pas non plus sans douceur pour ceux qui peuvent acheter quelques tranquillités afin d'obtenir sérénité, calme et quiétude. La sobriété heureuse n'est bonne qu'à ceux qui la choisissent, pas à ceux qui la subissent : une sobriété subie est l'autre nom de la pauvreté... Cicéron qui sautait de villa de campagne en villa au bord de mer en passant par des villas dans Rome, toutes à son nom, avait beau jeu de faire l'éloge du dépouillement. Caton, lui, était plus crédible sur ce sujet... Il convient donc d'entendre ces propos replacés fort opportunément dans la bouche de Caton l'Ancien plutôt que dans celle du philosophe qui, aujourd'hui, serait assujetti à l'impôt sur la grande fortune... Riches et pauvres ne sont pas à égalité devant la vieillesse.

Caton écarte ces considérations tout en ayant estimé que la richesse et le rang rendaient la vieillesse moins pénible. Il déplace la réflexion sur un terrain moins sociologique et plus philosophique : il renvoie à la vie vécue et à la pratique des vertus. Ce sont là les véritables mesures de la question : « Cultivées à tout âge, après une vie longue et bien remplie, elles portent des fruits merveilleux, non seulement parce qu'elles ne nous abandonnent jamais, même au dernier stade de la vie – et c'est déjà très important –, mais encore parce que la conscience d'avoir bien mené sa vie et le souvenir d'avoir accompli nombre de bonnes actions sont des plus agréables » (III.9). Formidable phrase... La vie bien remplie, bien mener sa vie, avoir accompli beaucoup de bonnes actions : voilà comment on peut bien vieillir.

Car il y a des vies vides et creuses, des vies mal menées, des vies remplies de mauvaises actions, ô combien ! – et ce ne sont pas celles-là qui, forcément, vivent les vieillesses les moins pénibles ; mais c'est toujours au prix d'un déni sur soi-même et d'une réécriture de soi qui gomme la mauvaiseté pour lui substituer la légende d'une existence qui n'a pas eu lieu. Ils jouissent d'être après avoir vécu, mais ce sont des fantômes qui ont vécu : ils ont mené une fausse vie de vivant et une vraie vie de mort. Certes, ils sauvent leur peau, mais c'est celle du serpent. Une mue qui pue l'odeur du reptile...

Caton, qui ne s'est pas contenté de mener une vie bonne et belle mais qui a vécu la vie supérieure du héros, concède que nul n'est tenu à l'héroïsme. Nul besoin, dans son existence, d'avoir combattu, défait des armées, vaincu les héros d'en face, pris des ports ou des villes : « Une vie passée dans le calme, dans l'honneur et la distinction comporte aussi une vieillesse paisible et douce » (V.13) – j'eus avec mon père, qui mourut peu de temps avant ses quatre-vingt-neuf ans, la preuve de la vérité d'une pareille assertion...

Cicéron poursuit. On reproche à la vieillesse quatre griefs majeurs : elle détourne des affaires ; elle affaiblit le corps ; elle prive de tous plaisirs ; elle rapproche de la mort. Ces sujets ont déjà été abordés dans la conversation puisque ce texte est un dialogue. Caton revient sur chacune de ces questions.

Premier grief : la vieillesse détourne des affaires. Pas de toutes. Seulement de celles qui exigent un corps performant mais pour lesquelles l'intelligence, l'esprit, l'âme, la raison ne jouent pas un rôle majeur : certes, avec l'âge, on est moins performant pour la marche et l'escalade, la course et le pugilat, les jeux du cirque ou ceux de la palestre, la préparation militaire physique et le combat au corps à corps, mais on est plus doué pour la sagesse et la tempérance, la mesure et la sagacité : « Ce n'est pas par la vigueur, l'agilité ou la rapidité corporelles que s'exécutent les grandes actions, c'est par la sagesse, l'autorité et la valeur des avis ; or, loin d'en être privée, la vieillesse en a généralement davantage » (VI.17).

La vigueur n'a pas que du bon. Caton constate qu'en politique ce sont les jeunes qui cassent, défont, démontent et brisent les choses, alors que ce sont les vieux qui les préservent, les protègent et les restaurent. « L'irréflexion est bien le propre de l'âge en fleur, la sagesse celui de l'âge qui vieillit » (VI.20). Variation sur le thème des jeunes cons et des vieux sages – une pensée profonde inaccessible... aux jeunes !

Les vieux perdraient la mémoire, dit-on. Non, pas les vieux, mais, quel que soit leur âge, ceux qui ne l'exercent pas, ne l'entretiennent pas. Car elle est moins l'affaire de la matière qui la porte, le cerveau, que de la dynamique qui l'entretient, la mémorisation. Cicéron s'avère très moderne sur cette question de la plasticité neuronale par l'exercice...

Cicéron défend une thèse qui, hélas, n'est plus d'actualité dans notre Occident nihiliste: celle de la déférence que les jeunes portaient aux vieux. Dans nos temps de religion du progrès, le futur incarne la parousie technologique et le passé l'obscurantisme en la matière. Les vieux sont donc obsolètes et jetables, alors que les jeunes sont parés de toutes les plumes du paon. L'ignorance et la naïveté, l'inexpérience et l'incompétence sont devenues les vertus d'une époque sans vertu. Pendant ce temps, le savoir accumulé par les vieux compte pour rien. L'adage africain selon lequel «un vieux qui meurt c'est une bibliothèque qui brûle» est devenu un proverbe réactionnaire. Voilà pourquoi Caton ne pourrait plus dire: «Le poids de la vieillesse est allégé par la déférence et l'affection de la jeunesse, en revanche, les adolescents goûtent les préceptes des vieillards, qui les ramènent à la recherche de la vertu» (IX.26). Les conseils de sages antiques ne sont plus pensables.

Deuxième grief: la vieillesse affaiblit le corps. Certes, le corps qui doit assaillir un fortin ou mettre à terre un ennemi, courir au combat ou assurer une longue marche; mais le corps n'est pas que muscles et tendons, il est aussi voix. Et l'orateur fameux que fut Caton ne se prive pas pour dire que, lui qui a vociféré sur les champs de bataille – il était connu pour ça – et tonitrué dans les prétoires, il connaît la séduction que portent avec elles les voix douces des gens chenus: «Il y a toutefois de la décence dans la parole calme et détendue du vieillard, et le discours soigné et doux d'un vieillard éloquent suffit à retenir l'auditoire» (IX.28).

De Caton, cela aussi: «Jamais je n'ai approuvé ce vieux proverbe si vanté, qui consiste d'être vieux de bonne heure si l'on désire rester vieux longtemps; pour moi, j'aimerais mieux rester moins vieux longtemps que devenir vieux avant de l'être» (IX.32). De la même manière qu'il y a folie à refuser la vieillesse quand elle est là, il y a folie à la vouloir quand elle n'y est pas. Avant l'heure, ça n'est pas l'heure, après l'heure non plus. Pas question d'être vieux avant la vieillesse – car l'objectivité de cet état compte moins pour sa réalité et sa vérité que sa subjectivité. Vieux ? Si je veux, quand je veux, comme je veux...

Sur la question du corps, Caton précise que nous héritons de celui que nous aurons voulu et que nous nous serons fait. De la même manière qu'il combat l'obésité des chevaliers quand il est censeur parce qu'il sait que l'excès de graisse trahit le manque de volonté du soldat, il affirme que ce que nous aurons fait à notre corps pendant notre jeunesse ou notre âge mûr se fera sentir. Un corps qui aura été abîmé pendant les belles années de la vie sera vieilli plus sûrement avant l'heure par ce qu'on lui aura fait subir que par ce que la nature lui aura infligé. L'usage de son corps pendant toute sa vie génère le corps avec lequel il faut vivre ses vieilles années. L'imprévoyance en la matière sait se faire payer cher le jour venu.

Tempérance, sobriété, frugalité, vertu, économie, pondération, modération, calme, voilà qui construit un corps que la vieillesse attaquera avec moins d'efficacité s'il a été tenu, bien tenu. À défaut, la vigueur de la jeunesse ayant été consumée en son temps, elle manquera le moment venu de l'automne ou de l'hiver de sa vie.

L'éthique de Caton est donc une diététique. Il est trop tard pour apprendre à bien vieillir quand on est devenu vieux. Du moins, celui qui se met à la quête de cette sagesse part de plus loin et accumule de plus gros handicaps que celui qui aura entraîné son corps à devenir vieux un jour... Pas question, donc, d'être vieux avant l'heure ; mais pour être vieux à la bonne heure, il faut s'y préparer pendant toute sa vie.

Il aura fallu pour cela tabler sur l'esprit associé au corps, ou sur le corps associé à l'esprit, et non sur le seul corps. Cicéron fait dire à Caton : « À travers le stade d'Olympie, Milon fit, paraît-il, son entrée en tenant un bœuf sur ses épaules. Aimerais-tu donc mieux être doté, comme lui, de vigueur corporelle ou, comme Pythagore, de vigueur intellectuelle ? » (IX.33). On sait que Pythagore n'était pas la tasse d'hydromel de Caton – trop grec pour ça... Mais on comprend la métaphore. Gageons que le porteur de bœuf part de plus loin que le disciple du philosophe aux fèves pour combattre un jour la vieillesse quand elle frappera à sa porte…

Troisième grief: la vieillesse prive de tout plaisir. Avec sa voix de stentor, on entend bien Caton dire: «Oh le beau présent de l'âge! Si vraiment il nous enlève ce que l'adolescence a de plus répréhensible!» (XII.39). Il met en relation les passions ardentes de la jeunesse et les catastrophes qu'elles entraînent: la trahison de la patrie, les bouleversements politiques, la destruction des États, les compromissions avec l'ennemi, mais aussi, sur le terrain privé, le stupre et la fornication, donc l'adultère. Que tout cela nous soit interdit, est-ce vraiment une grosse perte? Le plaisir, dit-il, est le pire ennemi de la pensée. Il interdit la tempérance et la vertu, l'intelligence et la raison. On lui doit la débauche des festins et des orgies, le luxe et les dépenses de la table, l'ivresse qui prive de raison et de dignité, les lendemains pénibles avec les indigestions et les maux de tête, les vomissements et les insomnies… Se trouver hors jeu de cette scène avilissante, est-ce tellement dommageable?

Caton n'est pas contre le plaisir en soi, mais contre sa modalité violente, agressive, impérieuse. Il n'aime pas quand le plaisir nous veut mais l'apprécie quand on le veut. Son hédonisme est moins animal et plus subtil, moins grossier et plus affiné. Il aime les repas simples et sobres avec des amis autour d'une table frugale chargée, dirait-on aujourd'hui, de produits sains, simples et frais qui n'engagent aucune dépense matérielle ou corporelle. La jeunesse veut un hédonisme incandescent; la vieillesse sait que l'on paie cher ce genre de plaisirs et qu'il vaut mieux être moins possédé par eux que de les posséder par et pour soi-même. Vouloir le plaisir et non pas être voulu par lui: c'est une leçon de sagesse que seule la vieillesse permet d'entendre.

Quand on a renoncé aux plaisirs du porteur de bœuf sur ses épaules, on peut se tourner vers des plaisirs plus fins, plus subtils, comme ceux de la conversation et de la rhétorique, de l'amitié et… de l'agriculture – cultiver son jardin, planter des arbres, bouturer ses plantes, greffer ses fruitiers, semer, récolter, faire des confitures – vivre au rythme des cycles de la nature que nous ne devrions jamais quitter.

L'austérité légendaire de Caton n'est donc pas incompatible avec un certain type d'*otium* qui permet à chacun de se mettre ou de se remettre au centre de lui-même : « Pour l'âme libérée des services de la volupté, de l'ambition, des rivalités, des inimitiés, de toutes les passions, comme il est précieux de pouvoir s'isoler et vivre, comme on dit, avec soi-même ! » (XIV.49) – quel superbe programme existentiel que de *vivre avec soi-même* dans les plis du temps cyclique de la nature.

On doit au Caton de Cicéron cette superbe phrase : « Les agriculteurs ont un compte ouvert avec la terre, qui jamais ne repousse leur pouvoir et jamais ne rend sans intérêt ce qu'elle a reçu » (XV.51). Certes, Caton l'entend sur le terrain de la rentabilité du travail agricole, mais il faut aussi le comprendre sur le terrain des biens spirituels.

Le contact de la terre permet de prendre les leçons données par la nature : la vitalité de la germination, la volonté de puissance à l'œuvre dans les pampres, la magie des semailles, la jubilation devant le bourgeonnement, le mystère des sucs de la terre, la cuisson de la vie par le soleil, les parfums du labour, la fraîcheur de l'ombre sous les arbres. Cicéron emprunte sa plume à Virgile pour revenir à l'essentiel : la terre dont nous venons, qui nous permet de vivre et vers laquelle nous allons afin de nous y coucher pour dormir d'un sommeil éternel. Laissons la guerre et les jeux, le commerce et le sport aux autres qui se croient jeunes mais qui sont vieux parce qu'ils mènent une vie dans laquelle ils ne sont pas souverains. La vieillesse est recouvrement de sa souveraineté.

Quatrième et dernier grief : la vieillesse nous rapproche de la mort. Oui, et alors ? Car dès que l'on naît, et pas même encore, dès la conception bien plutôt, on est déjà assez vieux pour mourir. On ignore la date de notre fin, mais en quoi une vie longue serait-elle supérieure à une vie courte ? Et qu'est-ce qu'une vie plus longue ? Plus longue que quoi ? Y a-t-il une limite, un âge au-delà duquel la mort deviendrait convenable ? Il faut se contenter du temps que l'on a. Au regard de l'éternité, dix, vingt ou trente ans de plus ou de moins ne changent rien à l'affaire : elle finira.

Cicéron disserte enfin sur la vie après la mort – il est vrai que sacrifier à la fiction des arrière-mondes simplifie les choses : avec cette croyance, on nie la mort et ceux qui souscrivent à ces fariboles devraient partir dans la joie, ce qui est rarement le cas... S'il y a quelque chose, alors c'est tout bénéfice ; s'il n'y a rien, il n'y a aucune perte, écrit Cicéron.

Que faire quand la vie est à son terme ? Attendre. « La meilleure façon de terminer sa vie est de conserver la pensée intacte et les sens assurés, en laissant la nature dissoudre elle-même le propre ouvrage qu'elle a formé » (XX.72). Notre époque a tellement détruit et perturbé la nature, ravagé son ordre et déréglé sa logique que la vieillesse et la mort sont désormais moins des effets de la nature qu'il faudrait laisser aller à son terme que des effets de la culture qui, avec le mode de vie postmoderne, intoxique les corps, les cœurs et les âmes et ne permet plus à la nature de faire son travail simplement, proprement.

Même si, en terminant son dialogue, Cicéron convoque Pythagore et Platon, la survie des âmes et la vie après la mort, l'âme libérée des corps qui atteint la sagesse, les morts aimés retrouvés après le trépas, et qu'il conclut que, pour cette raison, la mort est douce et agréable, il n'en écrit pas moins que « rien ne ressemble autant à la mort que le sommeil » (XXII.81). Or retrouver les défunts aimés quand on dort s'avère une prouesse qu'on ne peut probablement réaliser que dans le ciel des Idées où ce qui est n'est pas et ce qui n'est pas est – le paradis des philosophes...

Intermède 2

La langue percée de Cicéron

Cicéron passe pour un orateur hors pair, un homme politique haut de gamme, un avocat brillant, un Romain emblématique et, en ce qui concerne notre propos, pour un philosophe romain prototypique. Mais tout ça sent trop le marbre tapé par le soleil romain et la colonne votive plantée sur le Forum, le pli dans la toge virile et le siège curule au Sénat, la version latine et les pages roses du *Petit Larousse*...

Car, si l'on veut savoir qui était vraiment Cicéron, il faut moins le demander à la mythographie qui l'accompagne depuis des siècles qu'à sa correspondance avec Atticus, son ami et confident, mais aussi et surtout son conseil, son homme d'affaires et, disons-le ainsi, l'exécuteur de certaines de ses basses œuvres. Cet homme nous livre en effet un portrait nu de lui comme s'il était surpris en tenue d'Adam, en plein milieu du Forum romain.

Nul besoin d'aller chercher des attaques venues d'ennemis qui décrédibiliseraient le propos, il suffit de le lire se livrant dans le plus simple appareil et se montrant sous un jour assez pitoyable. Le buste en marbre du grand homme de Rome se révèle en tuc.

C'est à Jérôme Carcopino qu'on doit ce travail d'enquête minutieuse dans un livre intitulé *Les Secrets de la correspondance de Cicéron*. Parlant de Cicéron, Carcopino écrit qu'avec les lettres à Atticus « ressortent en un dur relief les vilains côtés de sa nature et s'étalent les incohérences et les félonies d'une conduite qui n'est ni sincère, ni courageuse, ni désintéressée. À mesure que nous feuilletons ces pages dont l'ingénuité confine au cynisme, notre ferveur s'éteint et nos illusions s'envolent. Le politicien s'y montre si odieux que ses malheurs arrivent comme le châtiment de fautes impardonnables où le devaient précipiter les faux calculs d'une intelligence trop égoïste pour rester clairvoyante et les fausses manœuvres d'une volonté trop débile pour surmonter les crises où s'est débattue sa génération. Quant à l'homme privé, sa *Correspondance* le dépouille de son honorabilité, et, ne lui faisant grâce ni d'un vice ni d'un travers, elle le couvre de ridicule quand ce n'est pas d'infamie» (I, p. 71).

Incohérent, félon, insincère, lâche, intéressé, ingénu cynique, odieux, impardonnable, manœuvrier, égoïste, faible, déshonoré, vicieux, ridicule, infâme – c'est un tabassage en règle… Cicéron était-il cet homme? N'était-il que cet homme? Était-il aussi cet homme?

Marcus Tullius Cicero, dit Cicéron, est né dans une famille aristocratique le 3 janvier 106 avant notre ère à Arpinium. Son *cognomen*, Cicero, veut dire «pois chiche» ou «petite verrue» et Plutarque écrit dans sa *Vie de Cicéron* (I.4) que c'était probablement parce que l'un de ses ancêtres portait ce genre de «poireau» au bout du nez… Il appartient à une famille de chevaliers alliée à Marius et à de grands juristes et orateurs romains. Il fait partie de ceux qu'on appelle les «Hommes nouveaux», autrement dit des hommes dont aucun parent n'a occupé de charge publique – consul, prêteur, questeur, édile… Sa famille n'est pas patricienne mais plébéienne. Les Hommes nouveaux, à Rome, se proposent de remplacer les nobles qui exercent les magistratures depuis des siècles. Par la carrière, donc l'art oratoire, ils obtiennent leur anoblissement, certes, mais aux yeux de l'ancienne noblesse ils ne sont que des parvenus ayant fait fortune dans le commerce.

Les patriciens se revendiquent d'un lignage qui remonte aux compagnons de Romulus, le fondateur de Rome avec Rémus. Ils disposent donc naturellement, si l'on peut dire, des postes politiques. Les plébéiens sont écartés des charges. Avec le temps, les riches veulent accéder au pouvoir.

Cicéron s'inscrit dans cette logique : il veut parvenir aux charges les plus hautes sans les titres de noblesse anciens exigés. L'art oratoire sera l'arme de prédilection pour obtenir ce dont les nobles héritaient par la naissance – le langage contre le lignage. Cicéron sera toute sa vie un bourgeois parvenu qui fit de la langue son instrument politique par excellence.

Plutarque lui prête des dons intellectuels extraordinaires dès son plus jeune âge. À sa naissance, dit-on, un prodige apparut à sa nourrice qui lui annonça la venue d'un homme « qui serait un jour cause d'un grand bien à tous les Romains », ce que confirme, précise-t-il, le fait qu'« il acquit de bruit et de renom entre les enfants, pour la vivacité de son bon entendement » (II.1-2) au point que les parents des autres enfants venaient voir à quoi pouvait bien ressembler ce petit prodige… Il a laissé quelques vers ? Ce sont autant de témoignages qu'il fut tenu « non seulement pour le meilleur orateur, mais aussi pour le meilleur poète des Romains de son temps » (II.4). Plutarque écrit que l'aura de l'enfant était telle que ses compagnons d'école l'accompagnaient dans la rue comme des disciples avec leur maître. Il ajoute que cette servitude déplaisait aux pères dont la progéniture déambulait bouche bée (II.2)… Ici commence la légende de Cicéron !

Cicéron quitte les montagnes des Volsques, dans lesquelles se trouve Arpinium, pour rejoindre Rome, qui est à un peu plus d'une centaine de kilomètres. Les turbulents Volsques passent pour avoir été pendant très longtemps des ennemis des Romains. Dans la Ville éternelle, il effectue des études multiples : la rhétorique, le droit, la poésie avec Archias, la philosophie auprès de Philon de Larissa, le dernier scholarque de l'Académie d'Athènes, qu'il quitte à cause de la guerre contre Mithridate, et du stoïcien Diodote. Il rencontre celui qui deviendra l'ami de toute une vie, Atticus, aux cours donnés par le jurisconsulte P. Mucius Scaevola.

Cicéron effectue son service militaire à l'âge de dix-sept ans sous les ordres du père de Pompée qui a le même âge que lui et auquel il s'attache à cette époque. De retour à la vie civile, il achève ses études. C'est alors qu'il rencontre le philosophe épicurien Phèdre d'Athènes qui, selon la règle des disciples d'Épicure, enseigne qu'il faut se tenir à l'écart des choses politiques. Il côtoie également Antiochus et Posidonius.

À vingt ans, il donne un saisissant portrait de lui: «J'avais à cette époque une extrême maigreur et une grande faiblesse physique, le cou long et mince, tempérament et morphologie que l'on considère comme près de mettre la vie en danger si viennent s'y ajouter l'effort et une forte tension des poumons. Et cela inquiétait d'autant plus ceux auxquels j'étais cher que je prononçais tous mes discours sans baisser le ton, sans mettre de variété, de toute la puissance de ma voix, avec une tension de mon corps tout entier» (Cicéron, *Brutus*, 313-314).

Une naissance quasi miraculeuse, une arrivée au monde accompagnée de prédictions positives, un charisme exceptionnel dès les premières années, une complexion physique fragile, mais en même temps une intelligence remarquable, une énergie fédératrice, une plume talentueuse dès le premier exercice, un talent de poète à l'heure où les autres apprennent juste à écrire, l'image d'Épinal est dessinée par Plutarque dans ses *Vies parallèles*. Elle servira d'icône occidentale.

Brossant un tableau de l'époque, Pierre Grimal écrit dans sa biographie du personnage: «La gloire que l'on voulait acquérir n'était plus celle d'autrefois. Les ambitions de quelques hommes, l'avidité d'un plus grand nombre, qui se hâtent d'exploiter les provinces, au point de les épuiser, le goût de la richesse et du luxe, la vanité de posséder, plus que celui-ci ou celui-là, propriétés et objets précieux, d'avoir davantage d'esclaves, de porteurs de litière plus vigoureux, une maison plus magnifique, des villas plus nombreuses où passer les jours d'été, tout cela ruine les antiques maximes et détruit la morale traditionnelle. Les magistratures ne sont plus que le moyen de s'enrichir ou, plus subtilement, celui d'accroître la considération qui vous entoure. La richesse devient la forme la plus accessible, tout compte fait, de la gloire. Une gloire qui s'achète, plus qu'elle ne se mérite.» Grimal ne le dira pas, parce qu'il aime et sauve son héros, mais Cicéron lui aussi obéit à ce portrait de l'époque et des hommes qui y vivent.

Et de quels moyens dispose Cicéron qui n'est pas d'origine patricienne pour obtenir la gloire, les honneurs, les richesses? D'un seul, en fait, et je l'ai déjà signalé : son art oratoire. Il est l'homme dont la langue est bénie des dieux et qui dispose de ce don-là. Il parle, on l'écoute, il subjugue, on le suit. Il veut la gloire, l'éloquence la lui donne. Or les choses ne sont pas si simples…

En 88, l'année qui suit la prise de toge virile, grâce à Piso qui le lui fait rencontrer, Cicéron assiste aux cours du philosophe aristotélicien Staseas, un Grec pour lequel le jeune homme eut tout de suite de la sympathie pour la bonne et simple raison que l'œuvre d'Aristote fournissait ce qui était intellectuellement utile en matière d'art oratoire.

C'est toutefois un épicurien qui l'attire ensuite. Phèdre d'Athènes parle bien et dispose d'une parole élégante, il manifeste une bonté permanente dans sa vie de tous les jours et ne perd pas une occasion de rendre service. Il avait écrit un traité de théologie et invitait le sage à se dispenser de participer à la vie politique. Mais Cicéron ne pouvait y souscrire totalement puisqu'il aspirait très exactement à l'inverse.

Philon de Larissa lui semble alors plus adapté à son projet. Il enseigne un platonisme teinté de scepticisme et développe donc une pensée critique sans toutefois empêcher l'action — notamment politique. Philon enseignait même que les orateurs et les philosophes avaient pour tâche de signaler aux responsables politiques ce qu'étaient le Bien et le Mal. Cicéron souscrit et, parlant de la philosophie, il écrit même dans *Brutus* que c'est avec cet autre philosophe grec qu'«il se prend d'un amour incroyable pour elle» (306).

Mais c'était sans compter sur l'arrivée de Diodote, un stoïcien qui brille dans l'art de la dialectique qu'il associe à la rhétorique. Diodote vient vivre chez Cicéron. C'est le début d'une relation qui se poursuivra jusqu'à la mort du stoïcien, devenu aveugle, vers 60 avant l'ère commune. Sur son testament,

Cicéron hérite de Diodote – mais il n'y avait quasiment rien à hériter…

Cicéron fut également le disciple d'un autre philosophe stoïcien, Lucius Aelius Stilo, qui brillait dans l'art philologique. Stilo pensait le passé de Rome mais Cicéron, qui parle de lui dans *Brutus*, avoue ne pas lui devoir beaucoup.

Précisons enfin qu'il rencontra également Apollonius Molon, un rhéteur célèbre venu de Rhodes qui brillait en Grèce avec des discours politiques et judicaires. Lors d'un séjour à Rome, il s'était adressé aux sénateurs en grec parce qu'il ignorait le latin – et que les Latins, eux, connaissaient le grec…

En 79, Cicéron quitte Rome pour un voyage en Grèce de deux ans, ce qui lui permet de rencontrer des philosophes. À cette époque, il a déjà plaidé. À Athènes, « il suivit l'enseignement d'Antiochos d'Ascalon : il était charmé par l'heureuse abondance et la grâce de sa parole, bien qu'il n'approuvât pas ses innovations en matière de doctrine » (IV.1), car Antiochos, qui fut platonicien, était passé dans le camp des stoïciens…

Lors de son séjour hellénique, Cicéron se fortife en tout : « Son corps, fortifié par la gymnastique, avait pris une robuste vigueur, et sa voix, mieux formée et plus souple, était devenue agréable à entendre, pleine et suffisamment adaptée à ses forces physiques » (IV.4). Il apprend donc à poser sa voix, comme on dit aujourd'hui…

C'est alors qu'en pleine possession de ses moyens il décide de devenir ce que l'on sait qu'il est : « Il se mit de nouveau à préparer son instrument, je veux dire son talent d'orateur, et à ranimer ses aptitudes politiques en s'exerçant à la déclamation et en fréquentant les rhéteurs en vogue » *(ibid.)*. Cicéron veut le pouvoir ; il travaille donc la parole. Le pouvoir des mots qui est pouvoir sur les mots s'avère l'antichambre du pouvoir politique.

À Rhodes, il suit les cours du philosophe stoïcien Posidonius d'Apamée. En Grèce, parce qu'il ignore le latin, le rhéteur stoïcien Apollonius Molon, connu pour avoir bataillé intellectuellement contre les Juifs, lui demande de parler en grec, ce que Cicéron fait à merveille, subjuguant l'assemblée. Ébahi lui aussi, Apollonius Molon reste sans voix avant de confier qu'avec

Cicéron la Grèce perdait ce dont elle pouvait se prévaloir jusqu'à lui : le savoir et l'éloquence. N'exagérons rien…

Après s'être fait initier aux mystères d'Éleusis, alors qu'il questionne la Pythie de Delphes, Cicéron s'entend dire qu'il sera célèbre si, et seulement si, il renonce à plaire au peuple et qu'il préfère écouter sa nature. Rentré à Rome en 77 où on l'avait oublié, tiraillé par le désir d'honneur et de reconnaissance, poussé par son père et ses amis, il s'adonne à la profession d'avocat (V.3), une activité dans laquelle, bien sûr, il a surpassé tous les gens de métier de son époque.

Plutarque n'omet pourtant pas de nous dire que Cicéron était affligé du même mal que Démosthène – il bégayait. Il n'empêche qu'il remporte ses premiers succès en tant qu'avocat et qu'on se presse chez lui pour l'avoir comme défenseur.

En 70, le consul Pompée abolit les lois de Sylla qui privaient les tribuns de pouvoirs politiques et le Sénat d'un droit de regard sur la législation et les tribunaux. C'est le début d'une longue amitié avec Pompée.

Dans la longue série des procès qu'il choisit fort opportunément pour se faire une place dans la société, Cicéron plaide contre Verrès, un gouverneur corrompu de Sicile. Il gagne dès la première plaidoirie. Verrès quitte Rome pour Marseille. Cicéron acquiert alors une réputation d'avocat haut de gamme et une réputation d'homme intègre qui lutte contre les affaires.

Cicéron gravit tous les échelons du pouvoir à Rome : questeur à l'âge minimal, trente ans, en 76 ; édile en 70 ; préteur en 66, toujours à l'âge minimal, quarante ans ; encore avec l'âge minimal, quarante-deux ans, consul prior en juillet 64. Trajet politique sans faute, la carrière est bien menée…

Il épouse sa première femme, Terentia. Elle est riche et noble, donc utile dans son projet de carrière. Elle lui donne une fille, Tullia, et un fils, Marcus. Devenu riche, Cicéron tourne le dos à ses options progressistes pour devenir conservateur. En face, Crassus, César, Catilina sont dans le camp de la réforme sociale radicale.

Plutarque parle de ses propriétés richement décorées, meublées et ornées d'œuvres d'art. Il possède une vingtaine de domaines dont certains ont été acquis par son mariage avec une sœur de vestale… L'un d'entre eux est à Pompéi. Parmi ses richesses, Pline l'Ancien parle de cette fameuse table en bois précieux coûtant un prix faramineux et qui fut célèbre dans tout l'Empire.

Pour l'heure, Catilina envisage de devenir sénateur afin de mener à bien son programme réformateur et se présente contre Cicéron. Cicéron est élu; il est le premier à accéder à ce poste sans disposer d'origines nobles. En 63, pour être élu lui aussi, Catilina compte sur le soutien d'un sénateur dont Cicéron obtient la faveur en lui offrant le gouvernement d'une province plus intéressante que celle qu'il gouverne – la Macédoine au lieu de la Gaule cisalpine. Noble, battu, Catilina envisage alors un coup d'État avec derrière lui les mécontents et les endettés. Averti, Cicéron prononce au Sénat ce qui deviendra sa *Première Catilinaire* le 8 novembre 63 en présence de Catilina lui-même qui quitte Rome dans la foulée. La première phrase, «Jusqu'à quand, Catilina, abuseras-tu de notre patience?», servit de prétexte à version à de nombreuses générations d'écoliers! Catilina prépare son retour en force sur le territoire de la Gaule; il est trahi. Cicéron obtient que Catilina soit condamné à mort. César était contre. Cicéron retrouve cinq des conjurés et les fait exécuter sans jugement, ce qui n'est guère apprécié et lui vaut des ennemis dans le parti populaire… Il reçoit des menaces de mort. Catilina et les siens sont tués lors d'une bataille dans une ville de Toscane. Cicéron se présente alors comme le sauveur de la République.

Le sénateur Cicéron parle bien, il est un rhéteur habile, un ténor du barreau, un citoyen couvert d'honneurs, un homme bien marié à une femme richement dotée et issue de bonne race, il est père de famille, il est riche, il possède de très nombreuses propriétés, il spécule, il fait de l'argent avec l'argent, il fait des affaires pas toutes régulières, il s'enrichit sans trop regarder aux manières.

Mari intéressé, politicien retors, avocat peu scrupuleux sur la procédure, spéculateur pas très regardant, il compose facilement avec un réel qui met à mal la pureté exigée par la philosophie. Pour l'heure, il aime l'argent, les honneurs, le pouvoir, la puissance, l'influence, les affaires. Son instrument de travail ? L'art oratoire, encore et toujours, au prétoire comme au Sénat. À ce moment de son existence, Cicéron est au plus haut ; il n'est pas du tout question de philosophie dans sa vie…

Cicéron continue sur la même lancée : intrigues politiques, affaires, plaidoiries. Des alliances se font, puis se défont. Publius Clodius est découvert habillé en femme lors d'une séance des mystères de la *Bona Dea* ; il est traîné au tribunal ; il se fait acquitter en payant des témoins ; Cicéron le confond ; Clodius hait Cicéron. Devenu tribun, Clodius propose une loi qui met hors la loi quiconque a fait exécuter un citoyen sans procès ; c'est évidemment Cicéron qui est visé…

Nous sommes en mars 58. Cette fois-ci, le vent tourne : Cicéron doit quitter Rome et s'exiler en Grèce. Ses biens sont confisqués. L'une de ses maisons sur le Palatin est incendiée par Clodius lui-même. Une autre de ses villas est endommagée. Cicéron vit très mal cette période et se plaint sans cesse – la philosophie n'est toujours pas d'actualité. Pompée manœuvre et obtient le vote d'une loi qui lui permet de rentrer le 4 août de l'année suivante. La foule l'acclame. Il se bat pour obtenir la restitution de ses biens et des dommages et intérêts en écrivant deux textes : *Pour sa maison* et *Sur la réponse des haruspices*. Cicéron n'est toujours pas philosophe. Il va pourtant bientôt atteindre son demi-siècle…

Crassus, Pompée et César constituent toujours un triumvirat ; Cicéron aimait Pompée, mais pas César qui, pourtant, était généreux avec lui. Il lui faut alors faire de nécessité vertu : il se réconcilie avec César et écrit des textes en sa faveur. Sa plume est serve, il le sait ; dans sa correspondance, il avoue que sa courtisanerie blesse son orgueil.

En 53, il devient augure. Voilà donc ce nouveau prêtre de la religion civique en train de scruter le ciel pour voir de quel côté arrivent les oiseaux ou fouillant les entrailles des poulets pour lire l'avenir et déduire de ces observations s'il faut ou non partir en guerre ou envisager un grand projet…

Sur cette seule question, il est possible de montrer ce que fut la véritable nature de Cicéro. Dans *Sur les lois*, il écrit : « Je crois qu'il existe une divination, et que l'art de prédire par le vol des oiseaux et les autres signes en fait partie»; puis ceci, dans une longue liste de ce qu'il faut faire dans une République parfaite : «Que les interprètes de Jupiter très-bon et très-grand, augures publics, consultent ensuite les signes et les auspices; qu'ils observent les règles. Que les prêtres prennent les augures pour les vignobles, pour les nouveaux plants, pour le salut du peuple; qu'ils fassent d'avance connaître l'auspice à ceux qui traitent des affaires de la guerre ou du peuple, et que l'on s'y conforme; qu'ils présagent le courroux des Dieux, et qu'on y obéisse; qu'ils partagent le ciel en régions déterminées, pour y observer les éclairs; et la ville, et les champs, et les temples, que tout soit ouvert à leurs regards et soumis à leurs paroles. Et que les choses que l'augure aura déclarées irrégulières, néfastes, vicieuses, funestes soient nulles et non avenues, et que la désobéissance soit crime capital» (II.VIII); en revanche, dans son *De la divination*, il proclame avec la même fermeté : «Nous ferions une chose très utile et pour nous-mêmes et pour les autres, si nous détruisions radicalement ces pratiques superstitieuses» (II.LXXII). Pour quelles raisons cet homme a-t-il dit, sur ce sujet, blanc et noir ?

Sur les lois date de 52, et son traité *De la divination* de 44. En 52, il peut encore espérer atteindre les plus hautes fonctions politiques; en 44, c'est trop tard. C'est pourquoi, en 52, il affirme : «Rien dans la république de plus grand ni de plus beau que le droit des augures; il fait partie du gouvernement. Je pense ainsi, non parce que je suis moi-même augure, mais parce qu'il y a pour moi nécessité de le reconnaître. Quoi de plus grand en effet, si nous regardons au droit, que de pouvoir dissoudre ou annuler les comices, ou les conseils convoqués ou tenus par les premières autorités et les premières magistratures! Quelle puissance que cette faculté de tout interrompre par cette seule parole augurale : À un autre jour! Quel droit magnifique que celui d'ordonner que les consuls abdiquent! Quel pouvoir plus saint que celui d'accorder ou de refuser la permission de traiter soit avec la nation, soit avec le peuple; que celui d'abolir la loi si elle n'a pas été régulièrement proposée» (II.XII). Ce pouvoir sur ceux qui ont du pouvoir au nom des dieux, mais, en fait, au nom de son pur caprice, est une bénédiction politique !

La chose se trouve ici clairement dite : Cicéron ne croit pas qu'en examinant le foie d'un bœuf ou les entrailles d'un poulet on puisse y découvrir quoi que ce soit de vrai, ce que dit le vieil homme à la retraite de la chose publique. Mais, plus jeune, Cicéron avait compris que le statut d'augure dans la cité était le pouvoir des pouvoirs puisqu'il rendait possible le pouvoir sur les pouvoirs : il suffit en effet de disposer de l'augurat pour annuler ce qui a été décidé par les premières autorités et les premières magistratures. On comprend que cette fonction ait pu être justifiée par le jeune homme aux dents longues puis moquée par l'homme de soixante-trois ans.

La position de Cicéron sur cette question est simple : opportunisme au temps où il pense pouvoir grimper dans la hiérarchie romaine ; cynisme quand il sait qu'il ne pourra plus aller au-delà de ce qu'il a atteint. Nous n'avons ici le choix qu'entre deux vices et nulle vertu... Rien de très romain.

Après avoir gouverné la province de Cilicie, puis être rentré à Rome enrichi par son activité de gouverneur, il siège au Sénat, mais ne prend plus part aux débats. Il plaide encore parfois. Toujours en fonction de ses intérêts. Il s'arrange pour toucher de l'argent alors que la loi ne le permet pas. La guerre civile se déclare, elle oppose César à Pompée ; il prend le parti du second.

Pendant les années 50, il se retire de la politique. La République s'effondre. C'est alors que l'homme de peu de scrupules devient le philosophe de la vertu et de la morale, le penseur du détachement des choses de ce monde, le défenseur des lois et de la République, le sage qui affirme que philosopher c'est apprendre à mourir.

En 46, il divorce de Terentia pour épouser Publilia, sa pupille, et, l'année suivante, perd sa fille ; il estime que sa nouvelle femme ne lui apporte pas le soutien qu'il attendait d'elle ; il divorce alors. Il a soixante ans. Toujours pas de philosophe à l'horizon...

Entre 46 et 44, il se met à écrire l'essentiel de sa production philosophique : *Paradoxes des stoïciens*, où il expose le stoïcisme à l'aide d'une rhétorique aristotélicienne ; *Hortensius*, un traité qui invite à la philosophie et qui a convaincu Augustin de passer de sa vie de libertin à l'existence chrétienne que nous savons – le texte est perdu ; la *Consolation*, des pages écrites à l'occasion de la mort de sa fille ; les *Académiques*, où il examine les différentes formes de platonisme ; *Des fins*, un traité des valeurs ; *De la nature des dieux*, un ouvrage polémique contre les épicuriens qui déconstruit les mythes tout en les estimant nécessaires pour la cohésion de la cité ; *De la divination*, dans lequel il s'oppose à la mantique stoïcienne ; et, pour son fils, *Des devoirs*. Les *Tusculanes* passent pour son chef-d'œuvre. Il y est question du bonheur... Cicéron est un éclectique en philosophie : il prend ce qui lui est utile. Il traduit les philosophes grecs en latin, Platon par exemple, son *Gorgias* ou le *Timée* ; il écrit des poésies ; il vit en campagne.

César dirige Rome *urbi et orbi*. Dans la *République*, Cicéron proposait que l'orateur, le rhéteur, un homme pourvu de toutes les qualités, dispose du pouvoir dans un genre de monarchie constitutionnelle – un évident plaidoyer *pro domo*... Mais à l'heure du césarisme, Cicéron voit la République s'éloigner.

Il publie un *Panégyrique de Caton*, aujourd'hui perdu, pour faire savoir que cet homme originaire d'Utique était le dernier des républicains. César a compris le message, il écrit un *Anti-Caton* en forme de réponse. Beau joueur, Cicéron félicite César. Mais avait-il le choix ?

En décembre 45, César et sa suite s'invitent à Pouzzoles, l'une des résidences de Cicéron – qui craint cette visite... Tout se passe bien. Il écrit à Atticus que la conversation fut littéraire et aucunement politique.

Trois mois plus tard, le 15 mars 44, César est assassiné parce qu'on lui reproche son despotisme. Cicéron accueille la nouvelle avec plaisir ! Ce jour des Ides de mars, Brutus a crié le nom de Cicéron après les trente-cinq coups de poignard dont seul le dernier fut mortel. Quelle part Cicéron a-t-il prise dans cette affaire ? Dion Cassius dit dans son *Histoire romaine* qu'elle fut grande (XLIV.20). Dans la deuxième de ses *Philippiques* (II.XII), Cicéron affirme que non, tout en ajoutant que quiconque a un jour désiré la mort de César se trouve coupable au même titre que Brutus – or, on sait qu'il l'a désirée...

Sa correspondance parle pour lui – du moins contre lui... Juste après avoir appris la mort de César, il envoie un billet à L. Minucius Basilus, l'un des conjurés de l'assassinat : « Très bien ! Très bien ! Que je suis aise ! Je vous aime ! Je suis à vous, à tout ce qui vous appartient ; et vous, m'aimez-vous ? Que devenez-vous ? Que fait-on ? Je veux le savoir » (*Lettres aux familiers*, VI.15, lettre 688). Le plaisir pris à l'assassinat, la jubilation dans la vengeance, l'aveu du goût du sang, voilà une fois de plus des passions bien peu philosophiques... Plus tard, en janvier de l'année suivante, il écrit à Cassius : « Que ne m'invitiez-vous au festin des Ides de mars ! Il n'y aurait pas eu de restes, je vous jure » (*ibid.*, XII.4, lettre 806). Sans commentaire...

Le pouvoir chancelle. Marc Antoine le reprend. Dans l'une de ses villas, Cicéron observe. L'heure est-elle venue ? L'occasion est-elle propice ? Le pouvoir va-t-il lui échoir enfin ? Sous prétexte de République, il a construit toute son existence l'œil rivé sur ce seul objectif : accéder au pouvoir et obtenir la gloire. Il tend le bras, l'objet convoité semble à portée de main.

Début septembre de cette même année, il attaque le nouvel homme fort dans une série de textes, il nous en reste quatorze : les *Philippiques*. Il tape de plus en plus en dénonçant la tyrannie césarienne et Marc Antoine qui la poursuit. Cicéron défend toujours la cause républicaine, bien sûr, et rejoint Octave qui attaque Marc Antoine. Il demande au Sénat que Marc Antoine soit déclaré ennemi public du peuple romain. Il obtient la condamnation.

Octave, Marc Antoine et Lépide constituent un second triumvirat. Ils reçoivent les pleins pouvoirs avec pour objectif de venger la mort de César. Malgré son ralliement à Octave, Cicéron doit faire face à la vindicte de Marc Antoine. Le 7 décembre 43, alors qu'il s'enfuit de sa villa de Gaète et cherche à rejoindre la mer pour échapper à son destin avec pour projet de quitter Rome et de gagner la Macédoine, sa litière est arrêtée. Sale, couvert de poussière, angoissé, échevelé, il regarde les soldats qui viennent le tuer. Parmi ceux-là, il reconnaît le centurion Herrenius auquel, jadis, il avait sauvé la tête dans un procès où il était accusé de parricide. Cicéron tend le cou, Herrenius le lui tranche…

D'aucuns retiendront qu'il fuyait, afin de mieux le mépriser ; d'autres retiendront qu'il a désigné son cou, pour commencer l'hagiographie. Qu'en pense Plutarque ? La chose est simplement dite : « On peut avoir pitié d'un vieillard sans énergie, qui se fait porter çà et là par ses domestiques, qui fuit devant la mort, cherche à se cacher de ceux qui la lui apportent en devançant de peu la nature, et finalement est égorgé » (*Vie de Cicéron*, LIV.5).

Que pouvait-il faire d'autre que ce geste alors que son projet de fuir n'était pas couronné de succès ? N'ayant pas le choix, il fit de nécessité vertu… La véritable sagesse, qui est effet de volonté et non de nécessité, eût voulu que cette fuite ne fût pas. Or, elle fut. Cicéron ne meurt pas en philosophe, mais en fuyard. Pour une fois qu'il aurait pu mener une vie philosophique…

Sa tête qui avait conçu les *Philippiques* et ses mains qui les avaient écrites furent rapportées à Rome et exposées sur les rostres, là où l'on exhibait les étraves des navires après les batailles victorieuses. On dit aussi qu'une aiguille d'or fut plantée dans cette langue qui fut une arme redoutable. Cicéron avait soixante-trois ans. Sur le Forum, exposé en morceaux, il commençait la carrière qui allait faire de lui le roi de la version latine occidentale. Convenons que ça n'est probablement pas le magistère auquel il avait songé…

5

Se suicider

La pièce enfumée de Sénèque

Quand faut-il quitter la vie ?

Sénèque a beaucoup écrit sur la mort, il a également livré ses considérations sur le suicide dans de belles pages des *Lettres à Lucilius*, puis il a joint le geste à la parole – même si ce fut sur ordre de l'empereur Néron. Sénèque voulut le contraire de ce qu'il voulait parce que Néron le voulait ainsi : il choisit la mort quand la vie lui semblait pourtant préférable...

Les philosophes se suicident peu, même les pessimistes, surtout les pessimistes. Ceux qui font profession de désespoir semblent ne jamais parvenir à quitter une vie à laquelle ils semblent plus attachés qu'à tout, quand bien même ils vitupèrent contre elle chaque jour que Zeus fait !

Je gage que le cyrénaïque Hégésias, qui a laissé un nom dans l'histoire de la philosophie antique pour avoir professé que la mort n'était pas un mal parce qu'elle nous prive de tous les maux et d'aucun bien, est mort dans son lit, vieillard cacochyme entouré de ses enfants... Cet homme dont l'enseignement était tellement persuasif qu'après son passage on enregistrait une épidémie de suicides a été interdit d'enseignement par le roi Ptolémée – c'est dire l'efficacité de sa rhétorique... L'histoire n'a pas consigné les détails de sa fin, mais je ne serais pas étonné qu'il ait laissé la mort par rétention de la respiration aux autres afin de profiter de cette vie qu'il trouvait tellement détestable !

Revenons à Sénèque. On doit aux *Annales* de Tacite une description détaillée de ce suicide emblématique du stoïcisme. Cette narration fit beaucoup dans l'histoire pour associer Rome à la mort volontaire pensée comme une chose simple – du genre : « si la pièce te paraît trop enfumée, alors quitte-la… » ! Un scandale chez les chrétiens, bien sûr, qui recherchent avec zèle les maisons dans lesquelles les cheminées tirent mal pour s'y installer durablement afin d'y suffoquer tout à leur aise…

Passons sur les raisons qui font que l'empereur diligente un sicaire pour ôter la vie du philosophe : Sénèque fut un penseur qui écrivit contre les richesses mais s'en gobergea, contre le pouvoir mais s'en goinfra, contre le mal mais s'en fit un apôtre pourvu que ce fût prétendument pour le bien de l'État, contre les passions mais en fut la plupart du temps le jouet, contre l'âme petite des autres sans toujours parvenir à grandir la sienne, contre ceux qui ne savaient pas vivre en exil tout en flattant l'empereur afin de hâter la fin du sien en Corse… Et puis il avait plus ou moins armé le bras de conjurés qui escomptaient trucider Néron. Ce qui finit par faire beaucoup pour un homme dont le caprice tombait déjà habituellement comme la foudre qui dispersait ses adversaires réels ou imaginaires façon puzzle…

Sénèque se trouve dans sa propriété de Campanie ; c'est le soir, il dîne avec sa femme et deux amis ; le tribun de la cohorte prétorienne venu pour exécuter l'ordre de Néron fait entourer la villa par ses troupes ; puis il questionne le philosophe sur ses relations avec Pison, le patron de la conjuration contre l'empereur qui visait à installer au pouvoir… un certain Sénèque ; ses propos sont rapportés à Poppée, Tigellin et Néron qui « demande si Sénèque se préparait à mourir volontairement », pour le dire dans les mots de Tacite (XV.LXI.2).

À vrai dire, il y a des morts plus volontaires que celle-là… L'empereur *fait se suicider* Sénèque mais pour la forme, car cette mort dite volontaire cache un crime, un meurtre, un assassinat. C'est bien la main de Sénèque qui commet le geste, mais c'est le bras de Néron qui la tient.

Il en va de même pour un autre fameux suicide de philosophe, celui de Socrate bien sûr. Le silène obéit lui aussi à un ordre : celui du tribunal de la démocratie athénienne qui l'a condamné au triple motif d'avoir perverti la jeunesse, enseigné à croire à de faux dieux et en avoir introduit de nouveaux – trois prétextes, naturellement...

Si l'auteur de *La constance du sage* refusait de mettre fin à ses jours, d'abord il mourrait quand même de la main du tribun de la cohorte prétorienne, ensuite, pour s'y soustraire, il ajoutait à sa mort physique une mort ontologique : il perdait la face, il ne satisfaisait pas aux exigences de dignité, il se déshonorait – il mourrait donc deux fois. Parce qu'une fois suffit et que la mort du corps sauve son âme qui ne meurt pas et entre dans l'histoire, Sénèque se comporte en Romain. Il n'avait pas le choix, on avait choisi pour lui. N'importe, dans cette mort, il montre un calme exemplaire, une détermination haut de gamme, un acharnement contre son corps se refusant à la mort qui force le respect.

Tacite écrit qu'à la vue du soldat dont Sénèque savait très bien ce que sa présence signifiait pour lui et les siens, il ne montra aucun signe de peur, d'effroi, d'angoisse : il savait que la mort portait les traits casqués et armés de ce sicaire mais il soutint son regard sans broncher.

Il demande alors les tablettes de son testament ; le centurion lui oppose une fin de non-recevoir. Puis, « il se tourna vers ses amis et leur déclara que, puisqu'il était empêché de leur témoigner sa reconnaissance pour tout ce qu'ils avaient fait pour lui, il leur laissait le seul bien qu'il eût désormais, et qui était le plus beau, l'image de sa vie ; s'ils en conservaient le souvenir, ils trouveraient dans une réputation de vertu la récompense d'une amitié aussi fidèle. En même temps, comme ils pleuraient, s'adressant à eux tantôt sur le ton de la conversation, tantôt avec plus de force, comme s'il les réprimandait, il les rappela au courage, leur demandant où étaient les préceptes de la philosophie, où étaient les arguments, médités pendant tellement d'années, contre les menaces de la Fortune » (XV.LXII.1-2).

Tacite a lu l'*Apologie de Socrate*, bien sûr. Il connaît également l'épilogue du *Phédon* qui raconte aussi l'événement. Il sait comment s'est comporté le héros de Platon : sérénité absolue, impassibilité, flegme. Il s'agit en effet de montrer que, dans un moment pareil, le condamné à mort expérimente ce dont il a toujours fait la théorie devant ses disciples et dans ses livres : la tranquillité du sage. Ce jour offre l'occasion de travaux pratiques et les examinateurs ne manquent pas : il y a les proches, les amis ; il y a l'épouse, qui peut tout faire échouer en se montrant la proie de trop vives émotions – Socrate prend soin de renvoyer Xanthippe et les enfants à la maison pour ne pas transformer le drame en comédie – on attend Sophocle, Euripide ou Eschyle, pas question de voir arriver Aristophane ; il y a ceux qui ont condamné à mort ; mais il y a aussi et surtout la postérité, l'histoire, ceux qui jugeront ; pour finir, il y a également les dieux, qui ne manquent pas une miette du spectacle qu'ils n'empêchent pas…

Le serviteur des Onze porte à Socrate la nouvelle de la mort en pleurant ; le philosophe le console et dit tout le bien qu'il pense de lui : « C'était la perle des hommes ; et, aujourd'hui, avec quelle générosité il me pleure ! Allons, Criton ! Mettons-nous en devoir de lui obéir ! Qu'on apporte le poison, s'il est broyé ; s'il ne l'est pas, fais-le broyer par celui dont c'est l'affaire ! » (*Phédon*, 116d). Criton l'invite à attendre la fin de la journée – il y a droit ; Socrate ironise : à quoi bon montrer qu'on s'accroche à une vie qu'on n'a déjà plus ?

On appelle le bourreau qui a broyé la racine de ciguë dans un cratère. Socrate lui dit : « Eh bien, c'est toi mon bon, qui, en ces matières, as la compétence ! Que faut-il que je fasse ? » (117a). Il y a bien sûr un brin d'ironie dans cette remarque concernant la compétence chez Socrate qui n'a cessé de combattre la démocratie en exigeant que la compétence fasse la loi dans tous les domaines. La compétence en matière politique n'était pas pour lui dans le peuple mais dans l'aristocratie, le gouvernement des meilleurs : la preuve, c'est la démocratie qui le met à mort… Ce que Socrate dit au bourreau, c'est donc qu'il est le meilleur dans sa partie – face à la mort, le sage ironise et donne encore des leçons philosophiques…

Le bourreau lui répond : « Rien d'autre que, après avoir bu, de circuler dans la chambre jusqu'à ce que tu sentes de la pesanteur venir dans tes jambes, et, ensuite, de t'étendre. De cette façon il agira » (117a-b). Il donne la coupe à Socrate : « celui-ci la prit, et, avec une parfaite bonne humeur, sans que sa main tremblât, sans que la couleur ni les traits de son visage en fussent davantage altérés » (117b). Et Socrate de continuer la conversation, comme si de rien n'était. Puis, comme s'il s'agissait d'un cratère rempli d'un grand cru, il boit la coupe et n'en laisse pas une goutte… Les disciples pleurent alors comme des veaux.

Socrate ne saurait tolérer pareils coups de canif au texte philosophique. Il remobilise ses troupes en prenant la parole, digne et simple, imperturbable et docte encore : « Que faites-vous là, hommes extraordinaires ! et pourtant, si j'ai renvoyé les femmes, ce n'est pas pour une autre raison, pour empêcher que l'on ne détonnât de pareille façon ! Car, je l'ai ouï dire, c'est en évitant les paroles de mauvais augure qu'il faut achever de vivre. Allons ! Du calme, de la fermeté » (117d-e). Ces paroles tarissent les flots de larmes…

Socrate continue de marcher ; il sent l'effet de la ciguë dans ses jambes ; il s'allonge sur le dos ; puis il se recouvre la tête avec un linge. Le bourreau l'examine, le touche, le tâte, le palpe pour vérifier que le poison fait bien son effet en paralysant ses membres. Le philosophe se refroidit et devient raide. Quand le jus mortel arrive au cœur, la vie s'en va. Le bas-ventre est glacé.

Socrate découvre son visage, s'adresse à Criton. Ce sont ses derniers mots, il le sait, il parle alors pour l'histoire et prend date pour l'éternité : « À Asclépios nous sommes redevables d'un coq ! Vous autres, acquittez ma dette ! N'y manquez pas » (118a). On sacrifiait un coq à Asclépios pour le remercier d'une guérison. À quelques minutes de sa mort, Socrate ironise encore et enseigne toujours ; il dit en substance : « Remercions le dieu de la médecine qui, en nous donnant la mort, nous délivre de la vie qui est une maladie… » ! Puis, fort de cette ultime leçon, il relève le drap sur lui. Criton lui demande s'il n'a pas autre chose à dire ; Socrate ne répond pas ; son corps est traversé par une secousse; on lève le drap, il est devenu suaire: Socrate est mort. Criton lui ferme les yeux et la bouche.

La narration grecque de Platon fournit le cadre de la narration romaine de Tacite: sommes-nous dans la vérité historique ou dans la vérité allégorique? Dans le mythe ou dans les faits? Les choses peuvent-elles d'ailleurs être aussi tranchées? Car des faits racontés avec empathie, avec une forte empathie même, peuvent générer des mythes et des allégories.

La trame platonicienne est ainsi constituée: le philosophe est un héros parce qu'il coïncide avec sa pensée – il pense sa vie et il vit sa pensée; il est d'une nature exceptionnelle et fonctionne en antidote à l'homme du commun – quand les autres pleurent, il ironise, il philosophe, il plaisante; il reste le même quelles que soient les circonstances – fût-ce devant l'imminence de sa mort; il campe au sommet d'une pyramide sur la pointe de laquelle se trouve le sage impassible, puis, un cran en dessous, l'apprenti philosophe qui pleure, un cran en dessous, l'homme du commun, un cran en dessous, à la base, les femmes et les enfants voués aux cris, aux larmes et aux effusions animales; il sait que ce qui compte n'est pas la quantité de vie mais sa qualité et qu'il vaut mieux une vie courte mais dense et philosophique plutôt qu'une vie longue mais médiocre – «vivre le plus longtemps possible, un homme digne de ce nom ne doit pas s'en soucier», peut-on lire dans le *Gorgias* (512e). Cette idée majeure que la qualité de vie importe plus que sa quantité et qu'à défaut de la première on peut supprimer la seconde constitue l'épine dorsale de toute réflexion sur le suicide. Une longue vie importe moins qu'une vie brève si la qualité manque; à défaut, recourir à la mort volontaire remet de la qualité là où elle n'est plus possible ni même pensable.

Tacite reprend ce schéma; ce qui fonctionne dans l'*Apologie de Socrate* et dans le *Phédon* fonctionne également dans ce passage des *Annales*. Sénèque est impassible; il ne manifeste aucun trouble; comme tout bon Romain qui se respecte, il conserve son sens pratique et pense en notaire soucieux de bien transmettre son héritage; il fait la leçon à ses amis qui pleurent; il attend la mort comme d'autres attendraient le facteur... Elle ne manque pas d'arriver.

C'est peut-être ici que le schéma grec d'un Socrate dandy, ironique et plaisantant, aérien et solaire, laisse place à la matrice romaine d'un Sénèque *gore*, si l'on me permet le mot... Car, avec l'auteur des *Lettres à Lucilius*, le sang coule à flots, c'est un massacre où tout se trouve aspergé à l'hémoglobine – un liquide très romain...

Socrate renvoie les femmes, est-il dit, dont la sienne, Xanthippe, et les enfants – il en avait deux. Sénèque fait de même avec son épouse à qui il demande de se calmer, de vivre en ayant présent à l'esprit le souvenir de la conduite glorieuse de son mari ; elle veut mourir tout de même avec lui et cherche un homme pour lui porter un coup fatal. « Alors Sénèque, raconte Tacite, ne voulant pas la priver de cette gloire, et en même temps poussé par l'affection, pour ne point l'abandonner, elle qu'il aimait plus que tout, aux coups de l'injustice, lui dit : "Je t'avais montré ce que la vie peut avoir de douceur, toi, tu préfères la gloire de mourir ; je ne te priverai pas de donner un tel exemple. Que la fermeté dont témoigne une fin aussi courageuse soit pareille de ta part et de la mienne, mais qu'il y ait plus d'éclat dans ton départ, à toi, de cette vie !" Après quoi, d'un même coup, ils s'ouvrent le bras » (XV.LXIII.2).

C'est ici que le sang dévale : « Sénèque, comme son corps, âgé et affaibli par la frugalité de son régime, ne laissait couler le sang que lentement, s'ouvrit aussi les veines des jambes et des jarrets ; épuisé par des souffrances terribles, et pour ne pas briser, par ses propres douleurs, le courage de sa femme et de crainte qu'en voyant ses tourments à elle il ne finisse par manquer de fermeté, il la décide à se retourner dans une autre chambre » (XV.LXIII.3).

De même que Xanthippe aurait pu parasiter l'entrée dans l'histoire de Socrate par de trop féminines effusions, de même Sénèque fait exfiltrer sa femme Pauline : il craignait manquer de courage et de force, non pas à cause de sa propre détermination, mais parce que sa compagne aurait pu ébranler sa volonté philosophique – c'est dire le pouvoir des épouses...

La femme du philosophe ne va pas mourir. Averti, Néron demande en effet qu'on l'épargne et qu'on la sauve. Il y eut donc une veuve Sénèque à cause de son suicide avorté. L'anecdote prouve que ce suicide n'en est pas vraiment un puisque c'est la volonté d'un tiers qui veut celui du mari. Certes il va jusqu'au bout, mais il refuse celui de la femme, qui se trouve stoppé net par décision impériale. Reste que le geste de se donner la mort mérite considération. Poursuivons donc...

Récapitulons le tableau: Sénèque s'est coupé les veines du bras, les veines des jambes, les veines des jarrets; le sang rare d'un homme que sa diététique avait réduit à peu de matière pour laisser toute la place à l'esprit témoigne en faveur d'une vie stoïcienne accomplie; il souffre terriblement, mais tient bon le cap, sauf à devoir gérer la souffrance de son épouse qui serait en trop; dès lors, il demande qu'on l'allège de cette peine en sus.

Nonobstant cet état qui mettrait n'importe quel médecin urgentiste en transe, Sénèque ne se départit pas de son calme – c'est sa marque de fabrique ontologique. N'a-t-il pas écrit *La constance du sage* et *La tranquillité de l'âme*? Dès lors, il faut être à la hauteur de ce que l'on a publié! Si la vie n'y a pas pourvu, la légende, elle, le permettra...

Car Tacite poursuit ainsi son histoire: «Et, en ce moment suprême aussi, comme il n'avait rien perdu de son talent d'écrivain, il fit appeler des secrétaires et leur dicta longuement *[sic]* ce qui a été publié dans les termes mêmes dont il usa, et que, pour cette raison, je crois inutile de paraphraser» (XV.LXIII.3). Autrement dit: il en profite pour écrire un dernier livre... Dommage, il ne nous est pas parvenu et Tacite n'a pas souhaité paraphraser!

Sénèque a beau vouloir mourir et passer le temps en ajoutant un dernier opus à la liste de ses publications, la mort ne veut toujours pas de lui! Après avoir bu la ciguë, Socrate déambule dans la pièce, devise et philosophe, s'allonge, parle, ironise, blague, se couvre le visage d'un drap, se découvre pour livrer une dernière bonne formule qui ramasse sa vie et son œuvre, il nous laisse l'énigme de ce coq à Asclépios, puis relève le drap sur lui, tressaille juste ce qu'il faut et meurt de façon adéquate. C'est sobre et efficace, apollinien en diable. La mort de Sénèque, elle, du moins telle que Tacite la raconte, c'est un péplum où dominent la pourpre, le marbre et le rouge du sang. C'est dionysiaque à souhait...

Survivant à sa volonté, mourant à l'insu de son plein gré, Sénèque ajoute un chapitre à son trépas: il appelle son ami médecin Statius Annaeus et lui demande, tiens, tiens!, «de lui donner le poison, prévu depuis longtemps, qui servait à faire mourir les hommes qu'un jugement des tribunaux athéniens avait condamnés; on le lui apporta et il le but, mais en vain car ses membres étaient déjà froids et son corps insensible à l'effet du poison» (XV.LXIV.3).

Le nom de Socrate n'apparaît pas sous la plume de Tacite, mais comment n'y pas penser? L'historien romain ne parle pas de la ciguë, mais c'est la même ciguë que celle qui fit périr Socrate... Pour qui douterait que Tacite écrivit probablement avec son Platon sous le nez, la chose ne semble désormais plus faire aucun doute...

Ce qu'il faut comprendre dans cette affaire, c'est que ce qui tue Socrate le Grec ne tue pas Sénèque le Romain, qui n'est pas plus occis par tous les coups de couteau – on peut en compter six –, qu'il s'est donnés dans le corps! À Rome, on est plus coriace qu'à Athènes...

Sénèque passe à la vitesse supérieure. Le corps lacéré de toute part et empoisonné avec la ciguë ne veut pas mourir; le philosophe décide alors de se mettre dans un bain chaud afin d'accélérer la circulation sanguine, donc de se vider plus vite de tout son sang...

Que dit le texte? «Finalement, il entra dans un bassin plein d'eau chaude, aspergeant les esclaves qui se trouvaient tout près, et dit alors qu'il offrait ce liquide en libation à Jupiter Libérateur» (XV.LXIV.4). La chose semble de plus en plus évidente: de la même manière que Socrate plaisante en offrant un coq à Asclépios parce qu'il le libère de cette maladie qu'est la vie avant d'entrer dans la vraie vie du monde des âmes immatérielles, Sénèque offre une giclée d'eau de baignoire rougie de son sang à Jupiter Libérateur...

«Après quoi, poursuit le texte des *Annales*, il fut transporté dans une étuve dont la chaleur lui fit rendre le souffle ; alors, sans aucune cérémonie funèbre, il est incinéré ; il l'avait ordonné ainsi dans son testament au temps où, encore extrêmement riche et fort puissant, il pensait à ses derniers instants» *(ibid.). Ite missa est...*

Que faut-il retenir de cette narration ? Que la mort n'est pas un mal. Qu'elle n'est que la suite logique de la vie car toutes les vies se terminent ainsi, quelle qu'en soit l'heure. Qu'on ne doit pas la craindre. Qu'il y a de la grandeur à ne pas faillir en sa présence. Et, pour ce qui nous concerne ici, qu'on peut se l'infliger s'il le faut et qu'il le faut toujours quand *la qualité de vie* n'est plus là et qu'il ne sert à rien de vouloir augmenter *sa quantité de vie*. Mieux vaut une belle vie courte qu'une longue existence médiocre – voire : mieux vaut une vie courte si elle est médiocre que n'importe quelle autre vie longue. D'autant que ce choix peut faire basculer la vie médiocre dans une belle vie parce qu'un dernier geste l'aura transfigurée par le choix de la volonté quand celle-ci faisait défaut pour tout autre objet.

*

Qu'écrivait Sénèque sur ce sujet quand il n'était pas encore directement concerné par lui ? Dans *De la colère*, la chose est clairement dite : «Partout où tu jettes les yeux se trouve la fin de tes maux. Vois-tu cet abîme ? On y descend vers la liberté. Vois-tu cette mer, ce fleuve, ce puits ? La liberté est au fond. Vois-tu cet arbre rabougri, sec, sinistre ? La liberté y pend. Vois-tu ta nuque, ta gorge, ton cœur ? Autant de moyens de fuir la servitude. Je te montre des issues trop compliquées qui demandent beaucoup de cœur et d'énergie ? Tu demandes le chemin de la liberté ? N'importe quelle veine de ton corps» (III.XV.4). Se précipiter du haut d'une falaise, se noyer, se pendre, s'égorger, se poignarder, se trancher les veines : voilà n'importe qui facilement libéré de n'avoir pas ou plus à souffrir une vie qui ne mérite pas ou plus d'être vécue.

Le suicide est donc facile – disons plutôt : la mort volontaire, car, aussi paradoxal que cela puisse paraître, le mot « suicide » n'existe pas dans l'Antiquité... Il faut attendre le XVIIIᵉ siècle, ledit siècle des Lumières, pour qu'apparaisse ce substantif construit à partir du latin : se donner à soi-même la mort – avant ce mot nouveau, on parle d'« homicide de soi-même ». Comme si cette chose aussi vieille que les hommes paraissait tellement inconcevable ou impensable que même le mot manque pour la qualifier ! La volonté suffit : il est dans le pouvoir de chacun d'en finir avec sa propre existence si elle lui paraît insupportable – au sens étymologique : impossible à porter, à supporter.

La question du suicide est donc moins celle d'une idée, se supprimer la vie, que celle des raisons qui poussent à passer à l'acte. Car les motifs sont divers et multiples, contradictoires même, importants pour untel et négligeables pour tel autre, compréhensibles par l'un, mais pas du tout par l'autre.

Mon vieux maître Lucien Jerphagnon a publié dans la *Revue de philosophie* un article intitulé « La mort de Gribouille » dans lequel il avait analysé les modalités d'un suicide particulier : le suicide... par peur de la mort ! Comme Gribouille qui se jette dans l'eau de la rivière pour éviter d'être mouillé par la pluie, il y eut des suicidés tellement terrorisés à l'idée d'avoir à mourir un jour, ou à mourir bientôt à cause d'une maladie, qu'ils ont préféré devancer l'appel car la mort était moins à craindre pour eux que l'idée qu'ils s'en faisaient.

Ils n'avaient pas lu Épicure, ceux qui voulaient ardemment ce qu'ils refusaient avec une même passion, car la recette donnée par le philosophe du Jardin s'avère d'une redoutable efficacité pour qui veut bien la mettre en pratique : si la mort est là, je n'y suis plus ; si je suis là, alors elle n'y est pas encore. Dès lors, du calme... Autrement dit : le fait même de mourir un jour particulier, à une heure particulière, dans des conditions particulières, est moins un problème que le fait de savoir dans l'absolu que nous allons mourir un jour et qu'en attendant, il faut tout de même vivre. Avoir à mourir plus tard est donc plus difficile que de mourir ici et maintenant ; voilà pourquoi certains suicidés préfèrent s'ôter la crainte de la mort en mourant tout de suite que de vivre avec elle tout en luttant contre l'angoisse, la peur, la crainte, la terreur qu'elle induit chez eux.

On trouve dans l'Antiquité des suicides par peur de la mort, la sienne, mais aussi celle des autres, un ami, un époux, une épouse, voire celle d'un maître pour son esclave, sinon celle d'un esclave pour son maître, mais également des suicides par peur de la maladie ou de la vieillesse.

On note dans les *Actions et paroles mémorables* (IV.VI.2-3) de Valère Maxime la trace, comme sur une stèle, de tel ou tel qui se sont suicidés pour des motifs altruistes : ainsi Caius Plautius Numida qui se plonge un glaive dans la poitrine quand il apprend la mort de sa femme ; les gens de sa maisonnée le soignent, ils bandent la plaie, mais il arrache le tout, se déchire la blessure à pleine main et sort les organes de son corps. Portant le même nom, M. Plautius, un autre époux, s'est donné la mort à l'annonce du trépas de son épouse : alors que le corps de sa femme, Orestilla, brûle sur un bûcher, il se perce le corps avec son épée. Ses amis le déposent alors sur le brasier où se consume la dépouille de sa compagne.

On repère également des femmes qui se suicident afin de ne pas survivre à leur défunt mari : ainsi, Porcia, fille de Caton, épouse de Brutus, qui veut se suicider après la mort que l'on sait de son époux, l'assassin de César ; ses amis savent qu'elle veut s'ôter la vie ; pour ce faire, ils l'ont à l'œil dans la pièce où elle vit et que chauffe un calorifère ; trompant leur surveillance, elle se lève, va vers le poêle, en extrait un charbon ardent, l'avale tout cru, garde la bouche close et meurt (*Vie de Brutus*, LIII.5)... Les *Annales* de Tacite conservent trace du suicide de Sextia qui voulut ainsi accompagner son mari dans le trépas (XVI.X-XI). Dans une lettre à Népos, Pline le Jeune rapporte celui d'Arria par le glaive et pour les mêmes raisons (III.16).

Et puis, cette belle mort à deux qui arrive quand l'un ne veut pas survivre à l'autre et que la maladie du premier invite le second à suivre sa moitié dans le néant. Le même Pline en donne un exemple alors qu'il rapporte un propos tenu par l'un de ses amis qui, dans un paysage, non loin du lac de Côme, lui désigne une maison et lui raconte le drame du couple qui l'habitait : « Son mari, à la suite d'une longue maladie, souffrait d'ulcères aux testicules. Sa femme exigea d'examiner son mal : personne ne lui déclarerait plus franchement s'il avait une chance de guérir. Elle regarda, comprit qu'il était perdu et lui conseilla de se donner la mort ; en mourant avec lui, elle lui montra le chemin, lui servit d'exemple et l'obligea à la suivre : attachée à son mari, elle se jeta dans le lac » (VI.24). L'histoire n'a hélas pas retenu le nom de ces deux beaux époux…

Les suicides altruistes ne concernent pas que le cas du mari pour sa femme ou de la femme pour son mari. Il intéresse aussi les enfants… On sait qu'il existe un mot pour dire la perte d'un époux : veuf ou veuve ; pour celle d'un parent, qu'il soit père ou mère : orphelin ; mais il n'en existe aucun pour dire l'affliction de parents qui perdent leurs enfants – comme si la chose s'accompagnait d'une telle violence dans la souffrance qu'aucun mot ne parviendrait à la nommer…

Dans son *Histoire romaine* (LVIII.11), Dion Cassius rapporte le cas d'Apicata, la femme de Séjan qui fut condamné à mort par l'empereur. Leurs trois enfants ont été eux aussi exécutés par les sicaires du pouvoir impérial. Ainsi privée de ses trois progénitures, Apicata s'est donné la mort.

On trouve également trace, dans le *Corpus des Inscriptions latines* (VI.12469), d'un père qui choisit de quitter la vie après la mort de sa fille sans qu'on en sache plus sur l'identité des personnages, le lieu de cette souffrance, le mode opératoire, les dates – comme s'il s'agissait de la mémoire sans visage d'une peine qui fut…

Perdre un mari, perdre une épouse, perdre un ou plusieurs enfants : il s'agit chaque fois de personnes qui estiment que sans l'être qu'elles aiment, la vie ne vaut plus le coup d'être vécue. La mort d'un tiers entraîne le désir de la leur. C'est donc une affection ayant perdu son objet qui explique la mort volontaire.

Il existe à Rome d'autres suicides altruistes et des plus singuliers : par exemple celui de Philocrate ou, selon d'autres auteurs, Europus qui, sous les Gracques, choisit d'accompagner son maître dans l'au-delà… Ce qui permet à Valère Maxime de consacrer un chapitre entier à « La fidélité des esclaves envers leurs maîtres» (VI.VIII). Lisons: «Caius Gracchus, pour ne pas tomber au pouvoir de ses ennemis, tendit la tête au fer de Philocrate, son esclave, qui la lui trancha d'un seul coup et se plongea ensuite dans le cœur l'épée encore ruisselante du sang de son maître.» Valère Maxime estime qu'ici l'esclave vaut mieux que son propriétaire car, «si son jeune maître, qui était de haute naissance, avait eu la même force de caractère, son bras aurait suffi, sans le secours d'un esclave, pour lui assurer le moyen d'échapper aux supplices qui l'attendaient. En réalité il fit par sa conduite que le cadavre de Philocrate inspirait plus d'intérêt que celui de Gracchus» (VI.VIII.3)... À Rome on pratique volontiers la surenchère de beaux gestes: il était bel et bon que Caius Gracchus décide de sa mort, mais il fut plus beau et plus grand encore que son esclave, dont le nom aurait mérité d'être connu, double la mort de son maître par la sienne...

Dans *Des bienfaits*, Sénèque sauve également la mémoire, mais, hélas, pas le nom, de l'esclave de Vettius, chef des Marses, qui venait d'être fait prisonnier. Cet esclave dégaine l'épée du fourreau du soldat qui le conduit et s'en sert pour tuer son maître puis, dans la foulée, se passe lui aussi au fil du glaive en disant: «C'est le moment de penser aussi à moi, maintenant que j'ai affranchi mon maître» (III.XXIII.5). On ne peut mieux faire savoir que le suicide libère d'une situation au sens étymologique: *invivable*... Dans ce cas, vivre sans honneur, sans dignité, en prisonnier. Par son geste, cet esclave s'affranchit pour l'éternité: il manifeste une liberté que personne ne saurait lui interdire...

Il existe nombre d'autres cas où l'esclave suit son maître dans la mort. Mais, plus étonnant, on trouve, toujours chez Valère Maxime, le cas d'un maître qui, lui, ne souhaite pas survivre à une situation terrible pour ses esclaves. Proscrit par les triumvirs, Caius Plotius Plancus se cache «mais la délicatesse de son genre de vie et l'odeur des parfums trahirent le secret de la retraite qui le protégeait. Les traces flottantes de son passage mirent sur la voie les espions lancés à la poursuite des malheureux condamnés et, guidés dans leurs recherches par leur odorat subtil, ils flairèrent le refuge du proscrit en fuite. Alors qu'il y était encore caché, ses esclaves furent pris et soumis à une longue et cruelle torture; mais ils soutenaient qu'ils ne savaient pas où était leur maître. Plancus ne put se résoudre à laisser torturer si longtemps des esclaves si fidèles et d'un dévouement si exemplaire: il sortit de sa cachette et tendit la gorge au glaive des soldats» (VI.VIII.5). L'image du Romain assoiffé du sang des gladiateurs mérite d'être tempérée par ce genre d'histoire.

Pour l'heure, les motifs du suicide altruiste sont l'amour ou l'affection: celle, mutuelle, des époux; celle des parents pour leurs enfants; mais on trouve également le suicide d'un fils qui ne supporte pas la mort de son père: c'est le cas, en effet, d'Aquilius Florus qui se plonge un glaive dans le corps en pareille circonstance (Dion Cassius, LI.2), ou bien encore celui d'Antistia Pollita qui accompagne son père dans la mort en s'ouvrant les veines en même temps que lui, en entrant comme lui dans la baignoire pour accélérer leurs fins, et en patientant sans se plaindre avant que Thanatos ne prenne son dû, l'ancien d'abord, la jeune ensuite (Tacite, *Annales*, XVI.XI.2); celle, enfin, d'un maître pour ses esclaves ou d'un esclave pour son maître. Il fallait bien que l'amitié ait aussi la part belle dans le registre des affections: Tullius Volumnius donnera sa vie pour Marcus Lucullus – mais je reviendrai sur ce geste quand il sera question d'amitié...

Quand le suicide n'est pas altruiste, il renvoie à une histoire entre soi et soi. Certes, dans le cas du suicide altruiste, on pourrait dire qu'il en est de même, et que se donner la mort parce qu'on a perdu un être aimé, femme ou mari, enfant ou parent, sinon maître ou esclave, voire chef ou ami, renvoie à une incapacité à vivre sans l'autre, donc à un défaut de soi en soi-même...

Car il ne sert à rien de mourir quand une mort suffit. Thanatos en emporte déjà bien assez lorsqu'il en prend un pour qu'on n'ait pas à lui offrir l'autre. Se supprimer n'ajoute pas de la vie au mort qui n'en a plus. Le mort est indifférent à cette vaine offrande – tout autant qu'il l'est au bouquet déposé sur sa tombe... Le geste est beau, bien sûr, mais totalement inutile et, paradoxalement, dans le cas de l'altruisme, totalement égocentré : je me tue parce que je ne veux pas d'une vie dans laquelle celui qui est mort n'est plus. C'est donc moins l'autre qui est concerné que soi sans l'autre. Mais le prétexte de l'autre dans une démarche qui ne peut pas ne pas être égocentrée fait qu'on peut tout de même parler d'altruisme – même si l'on sait depuis les moralistes français que toute passion altruiste dissimule l'amour de soi. Nous ne sommes généreux et bons, prodigues et magnanimes, longanimes et désintéressés qu'afin de pouvoir penser de nous que nous le sommes...

Disons donc qu'il y a des suicides altruistes qui sont des suicides qui prennent prétexte d'autrui pour exister mais qui ne sont que des revendications égotistes et des suicides égotistes qui sont des suicides altruistes en tant qu'ils concernent soi comme un autre...

Les suicides conservés et rapportés par la littérature romaine sont connus. Un très grand nombre relève des situations dans lesquelles celui qui porte la main sur lui-même le fait pour des raisons d'honneur. Il est difficile aujourd'hui, alors que nous vivons dans une époque qui ignore tout de l'honneur, qui galvaude le mot et qui estime pouvoir laver une blessure de cet ordre par le virement d'une somme d'argent sur un compte, de penser dans les catégories d'un homme d'honneur – donc de comprendre qu'on puisse préférer la mort au déshonneur. Mais à Rome, l'honneur ne compte pas pour rien...

L'honneur a son code, ses règles, ses us et coutumes, ses usages, ses lois. Il n'est pas ce que l'on décrète soi-même, mais ce qu'une aristocratie a décrété tel. L'aristocratie n'est pas à entendre ici comme une élite nobiliaire distinguée par son sang, donc par la transmission et l'hérédité. L'exemple du maître qui demande à son esclave de le tuer avant que ce dernier ne se supprime à son tour montre très clairement que le maître, fût-il de sang noble ou couvert d'une gloire comme c'était le cas de Caius Gracchus, manque à l'honneur parce qu'il demande à autrui une mort qu'il aurait pu, donc dû, s'infliger. C'est alors son esclave qui, en agissant comme il le fait, incarne la morale de l'honneur.

Certes, à Rome, la société est hiérarchisée. La démocratie ne fait pas la loi. L'inégalité règne. Il existe des grandes familles ou des individus supérieurs à d'autres. Le sénateur n'est pas du même monde que l'esclave – même si l'esclave peut être précepteur ou comptable, philosophe ou homme de confiance de son propriétaire...

Mais il est possible d'être un Romain. Il suffit pour ce faire de se comporter en Romain. Autrement dit, de faire ce qu'il faut faire quand il faut le faire et de se dispenser de ce qui ne doit pas être fait. Le code de l'honneur édicte des lois. S'y soumettre, c'est intégrer l'aristocratie – au sens étymologique : les meilleurs...

Dans la longue lettre à Lucilius qu'il consacre au suicide, Sénèque rapporte la mort singulière d'un gladiateur barbare – on ne peut être un individu plus en marge de la société romaine... Lisons : « Récemment, lors d'un combat de bestiaires, un Germain, qui devait figurer au spectacle du matin, se retira dans les latrines, le seul endroit isolé où on le laissât sans surveillance. Là il s'empare du morceau de bois auquel tient l'éponge de propreté, le fourre tout entier dans sa gorge, s'obstrue l'œsophage et s'étouffe. C'était bafouer la mort, oui, tout à fait, peu proprement, peu convenablement. Mais est-il pire sottise que de faire en mourant le dégoûté ? Ah ! le brave cœur, ah ! comme il méritait de disposer de sa destinée ! Comme il aurait vaillamment manié l'épée ! Comme il se serait élancé intrépide dans le gouffre sans fond de la mer ou dans un abîme de rochers ! Privé de toute ressource, il sut ne devoir qu'à lui-même la mort et l'arme de mort ; il nous fait comprendre que, s'il s'agit de mourir, rien n'arrête que le vouloir. Chacun est libre d'apprécier comme il l'entend cette manifestation d'énergie ; que l'on reconnaisse tout au moins que la mort dans les conditions les plus immondes est préférable à la plus pimpante servitude » (VIII.LXX.20-21). Il s'en fallut de peu que Sénèque n'écrivisse que ce Germain méritait d'être un Romain...

On ne compte plus les suicides romains qui ont pour motif d'échapper au déshonneur : déshonneur du soldat encerclé par l'ennemi qui ne veut ni être prisonnier, ni mourir de la main de celui qu'il aura combattu ; déshonneur du guerrier qui sait que son camp a perdu ; déshonneur d'aller au-devant d'une mise en accusation, d'un procès ou d'un supplice ; déshonneur même de ne plus vivre sous la République pour un devin qui, pour la peine, se retient de respirer ! (Appius Claudius Caecus, IV.I.4.)

On lit dans *Actions et paroles mémorables* de Valère Maxime cette terrible histoire : elle concerne Marcus Scaurus apprenant que les cavaliers romains ont essuyé une cuisante défaite en combattant les Cimbres – son garçon fait partie des soldats vaincus. Le père « envoya dire à son fils qui avait partagé cette épouvante, qu'il aimerait mieux ne plus trouver que ses restes sur le champ de bataille que de le voir déshonoré par une fuite si ignominieuse ; que, s'il lui restait encore quelque sentiment d'honneur, il éviterait la présence d'un père dont il avait dégénéré. Le souvenir en effet de sa propre jeunesse permettait à M. Scaurus de juger ce que devait être son fils pour mériter son estime ou son mépris. Le jeune homme, en recevant cet ordre, se vit contraint à tourner son épée contre lui-même avec plus de courage qu'il n'en avait eu contre l'ennemi » (V.VIII.4). Le fils a donc failli sur le champ de bataille en manquant du courage nécessaire au cavalier romain, mais il a pu rattraper cette faute par un geste qui annule le précédent – choisir la mort volontaire.

Au contraire de notre époque nihiliste qui n'offre plus aucun repère stable et digne de ce nom, les Romains ne se suicident pas vraiment par dégoût de la vie, par défaut de puissance vitale, par épuisement de l'âme. Ce serait même plutôt l'inverse : les Romains ont des valeurs, ils croient à leurs vertus, ils estiment que l'honneur et la gloire, le courage et la bravoure, la droiture et l'honnêteté, la fidélité et la piété, la loyauté et la dignité sont les principes fondateurs de leur cité et qu'y manquer c'est déchoir, ne plus mériter même de vivre.

À Rome, il existe ce que dans le vocabulaire contemporain on nomme un idéal du moi ; il n'est pas contradictoire avec l'idéal de la cité puisqu'il en est même la condition de possibilité. Si le moi d'un individu n'est pas à la hauteur de l'idéal de la société, alors il se crée une béance dans laquelle naît ce qui va justifier le désir de mort volontaire.

Rome veut des soldats valeureux, combatifs, braves, vaillants, résolus, intrépides, c'est d'ailleurs ce qui a fait sa force, son être, sa durée, son Empire. Mais si l'un d'entre eux manifeste un défaut de vertu, voire le vice associé (peur, lâcheté, couardise, frayeur, poltronnerie), alors il se met en marge de la cité mais peut, s'il souhaite encore sauver ce qui est susceptible de l'être, retourner le glaive contre lui et laver ce qui peut être purifié de sa faute...

On cherchera en vain des Romains qui se seront ôté la vie pour des prétextes futiles : des garçons ou des jeunes filles en pleine force de l'âge qui échouent dans leurs études ; des adultes qui perdent leur travail ; un homme dont la femme qu'il convoite refuse les avances ; une rupture amoureuse ; les affres d'un divorce ; une incapacité à donner un sens à sa vie – et autant d'autres motifs qui trahissent plus des blessures narcissiques de qui ne parvient pas à être adulte qu'une détermination virile à prendre son destin en main en exerçant sa liberté – fût-ce pour sortir de la pièce parce qu'on la trouve trop enfumée...

Sénèque est probablement le philosophe qui a le plus écrit sur cette question sans pour autant y consacrer un traité particulier. Ce sujet l'intéressait de façon très autobiographique car il souffrait de tuberculose et avait songé dans ses jeunes années mettre fin à ses jours pour cette raison.

Il insiste sur l'opportunité du suicide : quand doit-on ou quand peut-on y recourir ? Pour quels motifs ? Quelles raisons ? Pas question d'en finir avec la vie sur un simple coup de tête, parce que l'énergie nous aurait manqué quelque temps dans la vie : on ne se suicide pas comme on prend une infusion pour calmer une fièvre... La mort ne doit pas nous choisir, c'est à nous de la choisir. Elle doit être un effet de notre liberté et de notre volonté. Il faut vivre non pas tant qu'on *peut* vivre, mais tant qu'on *doit* vivre ; et on le doit tant qu'on le *veut*. Tout se joue dans cette triangulation : pouvoir vivre, devoir vivre, vouloir vivre.

On *peut vivre* tant que la vie est là, quelle qu'en soit la qualité : le soldat qui aura été lâche sur un champ de bataille qu'il quitte en vaincu peut bien sûr vivre jusqu'à un âge avancé. Mais parce qu'il le peut, le doit-il ? Bien sûr que non, si l'on renvoie aux vertus romaines. Évidemment oui, si l'on s'en moque et qu'on a le souci de vivre le plus longtemps possible, même une vie médiocre. Quiconque veut la quantité de vie en se moquant de sa qualité est fait du bois dans lequel on taille les centenaires – mais pas forcément les héros. On *doit vivre* sa vie tant que la qualité prime en elle sur la quantité. Une vie droite, juste, honnête, grande, héroïque, glorieuse n'a aucune raison d'être stoppée volontairement. Elle offre dans l'avenir un temps où l'exercice de ces vertus mérite d'être prolongé. On ne saurait ne plus *vouloir vivre* si l'on se trouve confronté à des vétilles, des broutilles, des billevesées existentielles : une déception amoureuse, un incident de carrière, un vague à l'âme, un trajet de vie instable, car il en va là tout simplement de la vie banale. On ne se suicide pas en présence d'une aspérité dans un parcours.

Il faut donc se suicider à bon escient, à l'heure juste. Ni trop tôt, quand il ne le faudrait pas ; ni trop tard, quand il ne le faudrait plus... Trop tôt : quand les motifs ne seraient pas fondés et ne relèveraient que d'incidents ou de petits accidents de parcours ; trop tard : quand on serait passé de l'autre côté du miroir ontologique qui sépare le convenable, l'honorable de ce qui ne l'est pas – ou de ce qui ne l'est plus...

Le suicide ne doit pas être une folie et obéir à une passade, à un simple découragement. Il doit procéder d'une réflexion sainement conduite et mûrie avec le temps. Il est un effet de la raison et non de la passion. Un stoïcien doit en effet maîtriser ce qui pourrait le troubler ; il est un homme de volonté. Dès lors que la mort doit être volontaire, elle devient sagesse et non folie.

Sénèque ajoute que vouloir mourir quand on a dans sa vie un ami ou une épouse est le fait d'un « douillet » (*Lettres à Lucilius*, XVII-XVIII.CIV.3) – on pourrait dire aussi d'une *poule mouillée*... On sait que, s'il a renoncé au suicide dans sa jeunesse alors que sa maladie le faisait souffrir, c'était pour ne pas causer de peine à son père. Sortir de la vie n'est donc envisageable que si l'on ne cause pas de peine à ceux qui nous aiment, qu'on aime, et qu'on laisse derrière soi. Preuve une fois de plus que le suicide ne saurait être purement égotiste, ou de nature narcissique, mais qu'il s'inscrit dans l'économie plus large du rapport aux autres et au monde.

Voilà pour quelles raisons il propose une diététique du suicide afin de le réserver à des conditions particulières. Quand ne doit-on pas mettre fin à ses jours ? Sous le coup de la colère ; parce qu'on vient de perdre une personne aimée ; par dégoût de l'existence ; par peur de la mort ; quand on se croit ruiné ; quand on vient d'être congédié par un ou une partenaire – parce que, chaque fois, ce sont des passions, et non la raison, qui le motivent : la colère donc, la souffrance, l'acédie, la peur, l'orgueil, la cupidité, l'amour-propre. La faiblesse ne saurait motiver le geste, mais la force, oui – la folie des passions ne doit pas faire la loi en la matière, mais la sagesse de la raison, oui.

Sénèque veut qu'à l'endroit de la vie l'homme soit au milieu du gué en ne l'aimant ni trop ni trop peu. Trop l'aimer, c'est renoncer à sa liberté, à son autonomie, à son indépendance, qui sont les biens les plus précieux pour un philosophe ; ne pas assez l'aimer, ce serait sacrifier à une passion pour la mort qu'il faut écarter à tout prix.

Ainsi, quand la vieillesse a détruit le corps jour après jour pendant de très longues années et qu'elle attaque l'âme, il est légitime d'envisager de quitter la vie ; de même en cas d'extrême pauvreté, quand ne plus rien avoir fait qu'on ne peut plus être et que la mendicité nous accule à tendre la main pour obtenir l'aumône ; ou bien encore dans les cas de morale sexuelle – contre l'infidélité d'un époux ou d'une épouse, ou bien pour la fidélité qui fait accompagner l'aimé ou l'aimée dans le tombeau, même s'il arrive au philosophe de trouver qu'on peut aussi répondre au deuil par une volonté de vivre ; ou bien enfin mourir pour la patrie, pour Rome.

Le cas du suicide sublime concerne la mort qu'on s'inflige pour recouvrer une liberté perdue. Rien n'est plus précieux aux yeux de Sénèque que l'*autonomie*, au sens étymologique : ce pouvoir que nous avons nous-mêmes sur nous-mêmes. Il est en effet la condition de possibilité de toute sagesse, de tout travail philosophique, donc de toute vie philosophique. Sans capacité à être soi, comment pourrait-on l'être ? Or la liberté est cette condition de possibilité de soi. Où l'on voit bien qu'une peine de cœur ou d'argent, un deuil ou une crainte de la mort n'entament pas la liberté de qui veut lutter contre ces misères.

En revanche, se trouver privé de liberté, mais aussi de dignité ou d'honneur, voilà qui enraye la liberté et ne rend plus possibles ni l'usage de la raison réflexive, ni la pratique d'une vie philosophique qui suit l'exercice de la pensée sainement conduite.

Caton agit comme un modèle pour les philosophes stoïciens mais aussi, au-delà, pour l'histoire occidentale. Son suicide est exemplaire car il lui permet de recouvrer une liberté perdue. Voici ce qu'écrit Sénèque : « Je ne vois pas, en vérité, ce que Jupiter, s'il daigne s'intéresser à notre terre, peut trouver de plus beau à contempler qu'un Caton, qui, malgré l'écrasement réitéré de son parti, demeure debout, inébranlable, au milieu de l'effondrement de la République : "Que le monde, dit-il, se courbe sous la loi d'un despote, que ses légions bloquent la terre, ses flottes les mers, que les milices césariennes assiègent ses portes, Caton sait par où s'évader : son bras suffit à lui ouvrir la route de la liberté. Ce fer, pur et sans crime malgré la guerre civile, va enfin accomplir une bonne et généreuse besogne : la liberté qu'il n'a pas pu assurer à sa patrie, il va la donner à Caton. Exécute, mon âme, un projet dès longtemps médité : dérobe-toi aux choses humaines !" » (*La Providence*, II.9-10).

On imagine mal le grand et sublime Caton l'Ancien se poignarder parce qu'une matrone aurait refusé ses avances, parce qu'il aurait perdu sa fortune au jeu ou aux banquets, parce qu'il aurait eu peur de la mort, parce qu'il aurait failli sur un champ de bataille, parce qu'il aurait craint une mise en examen, ou pour toute autre raison aussi légère – il faut dire qu'il n'aurait pas non plus vécu une vie qui l'eût précipité dans ce genre de situation. S'il met fin à ses jours, c'est en effet pour récupérer une liberté que le cours de l'histoire lui avait ôtée. Par la mort, il recouvre ce que d'autres avaient cru lui prendre.

Caton brille au sommet du panthéon romain ; mais Sénèque prend soin de préciser qu'un homme simple peut l'égaler par une mort volontaire qui lui permet de recouvrer une liberté perdue. On se souvient du gladiateur germain et de son «balai de chiottes» – c'était la libre traduction de Lucien Jerphagnon quand il racontait cette histoire... On peut la rapprocher de celle qui met en scène un autre homme simple, un réprouvé lui aussi dont l'histoire n'a pas gardé le nom.

Lisons Sénèque: «Il y a quelque temps, un individu, que l'on emmenait sur un chariot entouré de gardes pour servir au spectacle du matin, se mit à dodeliner de la tête, comme s'il cédait au sommeil, la laissa pendre de manière à pouvoir l'engager dans les rayons et attendit ferme sur son banc qu'un tour de roue lui rompît le cou. Le même fourgon qui le conduisait au supplice servit à l'y soustraire. Il n'est plus d'obstacles pour qui est résolu à les forcer et à se donner du champ. Le lieu où la nature nous garde est un préau découvert; celui qui a toute latitude dans sa détresse, qu'il se cherche une issue commode; celui qui a sous la main divers moyens d'affranchissement n'a qu'à choisir entre eux et à considérer par où il préfère s'évader. L'occasion est-elle difficile? La première venue sera la meilleure: qu'on s'en empare, fût-elle sans précédent, extraordinaire. Celui-là ne manquera pas d'ingéniosité pour mourir à qui le cœur n'aura pas manqué» (*Lettres à Lucilius*, VIII.LXX.23-24). Pourvu qu'elle soit voulue par la raison froide et non pas soumise à la chaleur des passions, la mort volontaire réalise la sagesse parce qu'elle permet de recouvrer définitivement la liberté que la Fortune avait tenté de nous ôter. Le vouloir sait et peut forcer le destin.

6

Mourir

La nuit éternelle de Catulle

Comment apprivoiser la mort?

Dans l'un de ses poèmes destinés à Lesbie, Catulle écrit : « Vivons, ma Lesbie, aimons-nous, et tous les grondements des vieillards sévères n'en donnons pas un sou. Les soleils peuvent mourir et revenir : nous, une fois qu'est morte la lumière brève, il nous faut dormir une même nuit éternelle. Donne-moi mille baisers, puis cent, puis mille encore, puis cent de nouveau, puis encore mille autres, puis cent. Puis, quand nous en aurons additionné des mille et des mille, nous embrouillerons le compte afin de ne pas savoir et de ne pas risquer le mauvais œil quand on connaîtra tout ce nombre de baisers » (5).

Qu'est-ce que cette « nuit éternelle » dont parle le poète élégiaque ? De quel sombre et profond noir est-elle ? Quelle en est la matière ? La consistance ? Qu'y trouve-t-on en y entrant ? De quelle texture est faite cette éternelle nuit ?

À l'évidence, Catulle n'est ni platonicien, ni aristotélicien, ni stoïcien : pour les sectateurs romains de ces trois écoles, en effet, Plutarque ou Cicéron par exemple, il existe une âme immatérielle, éternelle, taillée dans l'antimatière des dieux, ce qui nous renseigne sur leurs natures, car elles sont étymologiquement consubstantielles. Or ces âmes vivent dans un monde qui leur est propre et qui a pour caractéristique d'être lumineux. Pour ceux qui croient à l'immatérialité de l'âme, la lumière est

149

coextensive. Pareille conception des choses s'installe donc dans le contraire de la nuit...

On sait peu de choses de la vie de Catulle: qu'il est né à Vérone en 84 avant l'ère commune; qu'il avait pour père un homme aisé qui fut une relation de Jules César; qu'il vint à Rome où il fréquenta un cercle de poètes à la mode; qu'il a adressé des poèmes à Cicéron, entre autres personnes en vue dans la ville; qu'il a écrit de très brefs textes d'une extrême violence contre César qui ont durablement fâché l'empereur – un bon point; qu'il a fantasmé sur une Lesbie de papier qui fut probablement Clodia, la femme d'un homme haut placé, un consul; que cette femme qui n'eut pas qu'un amant le laissa tomber pour un jeune protégé de Cicéron; qu'il a fait de sa passion amoureuse le sujet de son recueil; qu'il a eu pour suiveur Tibulle, Properce et Ovide, excusez du peu; et qu'il est mort en 54, dans sa trentième année. Voilà tout.

Mais cette nuit éternelle offre une petite lumière vacillante, comme la flamme d'une chandelle, avec laquelle je propose d'entrer dans son tombeau pour l'y découvrir vivant comme vivent encore les poètes après qu'ils ont disparu. Il me semble que cette nuit éternelle a le parfum capiteux des amis d'Épicure...

Avant d'entrer plus avant dans cette nuit, je propose une déambulation dans un cimetière romain à la lecture des épitaphes gravées dans un marbre qui meurt lui aussi et se fait poussière avec le temps, comme les corps et leurs ossements se délitent en poudres grises.

Avec ces pierres tombales retrouvées par les archéologues et lues par les épigraphistes, on voit renaître des trépassés, s'animer des morts, se lever des défunts et danser autour d'eux la vie qui fut: des souvenirs, des rires, des larmes, des mots et des gestes, des leçons de mort, donc des leçons de vie, et *vice versa*. Mais aussi des noms, des âges, des statuts sociaux, des professions – marin, aurige, coursier, boulanger, orfèvre, flamine, consul, soldat, banquier, colon, médecin, prêtresse, marchand de cochons, poète comique, tribun, métayer, esclave, affranchi, enfant, vieillard, épouse, mari, frère, tous à égalité...

Sur la tombe de quatre affranchis, celle-ci, qui permet au mort dans sa mort d'interpeller le vivant dans sa vie et de lui donner la leçon de qui sait et enseigne, vérité si souvent congédiée et par laquelle il faut commencer, que chacun de nous est mortel :

« Eh oh ! le voyageur !
Arrête-toi ici un tout petit instant !
Tu fais signe que non ? Tu ne veux rien savoir ?
C'est pourtant bien ici qu'un jour tu reviendras ! »
(*Corpus Inscriptionum Latinarum [CIL]*, 11. 4010/B.120)

Et celle-là choisie par le mort pour qu'elle l'accompagne dans l'éternité :

« Le séjour éternel ? C'est ici.
La fin de nos ennuis ? C'est ici.
De quoi t'en souvenir ? Tu le lis ! »
(*CIL*, 8. 4447/B.225)

Cette autre, inscrite sur un petit autel pour Cn. Cornelius Bassus par son esclave Fortunatus :

« Mes dix-huit ans de vie, je les ai occupés aussi bien que j'ai pu, dans l'affection de tous, ma mère et mes amis. Crois-moi : plaisante, amuse-toi ! Car ici où je suis, c'est tout à fait lugubre ! »
(*CIL*, 6. 16169/B.85)

Ou bien ceci, sur la tombe de Mélanthus, mort à quatorze ans :

« Il n'a jamais blessé personne – si ce n'est par sa mort. »
(*CIL*, 11. 5325/E.41)

Cette autre encore, sur la tombe d'Aurelius Victor, mort à quarante ans, à Héliopolis de Syrie :

« Vivez, vous les heureux ! Et versez le vin offert à nos Mânes !
Et puis souvenez-vous que vous nous rejoindrez ! »
(*CIL*, 3. 14165, 1/B.2023)

Et sur une urne qui représente un enfant endormi :

« Considère comment ce qui était en fleur va se faner
en un clin d'œil. Vois comme choit brutalement ce qui était
pourtant debout. En naissant, nous mourons.
Notre fin est prévue depuis notre début. »
(*CIL*, 2. 4426/B.1489)

Et cette dernière :

« Vous qui passez ici, ayez-en souvenance : ce que je suis,
vous le serez, puisque je fus ce que vous êtes. »
(B.799)

Enfin, disons, cette dernière dernière :

« Par ici les amis ! et prenons du bon temps ! Banquetons,
tous joyeux, tant qu'il nous reste un brin de vie, ruisselants de vin
pur, dans la concorde de la joie. Tous ceux qui ont vécu se sont
conduits de même, ont donné, ont reçu, et, tant que vie était,
en ont fait jouissance. Imitons nous aussi l'époque des Anciens !
Vis donc, tant que tu vis, et ne va pas refuser rien à cet esprit
qu'en toi les dieux ont voulu mettre. »
(B.190)

Cette sagesse populaire romaine est simple et profonde ; et comme elle est populaire, simple et profonde, les défenseurs des philosophes grecs lui ont préféré la sagesse aristocratique et fumeuse des descendants de Pythagore. Pas question, ici, d'une âme immatérielle qui se détacherait d'un corps matériel pour monter dans un ciel des essences avant qu'un jugement décide qu'elle en descende afin de réaliser son destin sous forme d'une réincarnation dans un animal, une abeille pour ceux qui furent civiques ou un porc pour les jouisseurs grossiers, sinon un autre humain – qu'on lise ou relise le *Phédon* de Platon !

Chez les Latins, on sait que la mort fait partie de la vie ; qu'à peine né on est déjà bien assez vieux pour mourir ; que la mort n'est pas une surprise et qu'elle ne le serait que pour des idiots ; que la meilleure façon de s'y préparer c'est, en attendant, de vivre de façon adéquate dans un hédonisme simple : une bonne table avec du vin, des amis joyeux et des plaisirs partagés, une capacité à « cueillir dès aujourd'hui les roses de la vie », le fameux *carpe diem* d'Horace, rire et s'amuser, converser et aimer...

Et la nuit de Catulle ? dira-t-on. Cette sagesse simple des gens simples donne l'impression que les morts sont encore vivants sous terre – qui, certes, peut passer pour être le royaume des ténèbres. Sous le poids de la pierre, enseveli dans la terre, il fait froid et nuit. C'est du moins ce que les vivants croient quand ils s'imaginent *vif* leur séjour dans la tombe.

C'est Lucrèce qui, avec sa théorie des atomes, permet d'envisager la nuit de Catulle et de lui donner sa carnation noire. On sait que, pour le poète romain, lecteur d'Épicure, la totalité de ce qui existe se réduit à une combinaison d'atomes chutant dans le vide.

Cette simple vérité physique, radicale et révolutionnaire, a des conséquences métaphysiques considérables ! Disons des conséquences *sur* la métaphysique qui s'avèrent considérables... Car, si l'on se souvient en effet que la *méta-physique* est ce qui arrive après la *physique*, autrement dit après le dernier mot de la physique, alors la physique atomiste ravage toute possibilité de métaphysique.

Or, c'est dans ce ravage de la métaphysique que l'on peut véritablement penser la mort. Car elle n'est un problème que pour ceux qui sacrifient aux arrière-mondes de la métaphysique : craindre la mort, c'est en effet craindre ce qui existerait après la physique de ce qui fut. Or, après la physique de ce qui fut, il n'y a rien d'autre qu'une suite à la physique. Ce qui était composé se trouve décomposé. Et ce qui se trouve décomposé rend à la terre les atomes libérés de leurs liens qui firent ce qui fut.

L'être qui fut et qui avait un nom, une voix, une allure, une silhouette, un sourire, un regard, une énergie, un verbe, une parole, un rire, un style, un prénom, une façon d'être et de faire, de marcher et de chanter, de pleurer et de se taire, de regarder le monde et de respirer, de dormir et de s'éveiller, de manger et de penser, de souffrir et de vieillir, de s'émouvoir et de se reposer, cet être fut ainsi parce que ses atomes configuraient ce qui le rendait possible. Un atome en plus ou en moins, et c'était un autre être, d'autres façons, d'autres modalités, une autre subjectivité – quelques atomes brûlés dans le cerveau, une poignée d'atomes connectés autrement, ou déconnectés, une substance atomique insérée dans un composé ainsi perturbé, et l'être qui fut n'est plus, puis laisse en advenir un autre...

L'épicurisme est un positivisme avant l'heure car il récuse toute explication de l'ici-bas par un au-delà ; il rend compte de la totalité du réel par le réel et non par une instance immatérielle, donc irréelle, qui disposerait d'un statut d'extraterritorialité ontologique ; il déconstruit ce qui semble complexe en des séries simples de compositions ; il rend compte de tout ce qui est sans jamais avoir besoin d'ontologie ou de métaphysique, de fictions ou de mythes, de divinités ou de concepts, de religion ou de croyance, de transcendance ou de mystique.

La mort n'est donc pas, comme chez Platon, un phénomène qui renvoie *ce qui est* à un monde *qui n'est pas*, celui des âmes immortelles et éternelles, celui des ciels ou des enfers, celui d'un dieu qui jugerait pour sauver ou damner, celui de divinités qui décideraient en fonction du mérite de la vie vécue de réincarnations dans des corps périssables ou de libération des âmes dans le pur monde des essences dont elles procèdent, mais un moment de la dynamique de la matière : elle est dé-composition de ce qui fut composé – rien d'autre. C'est sa définition.

Le reste est représentation. C'est-à-dire ? Le reste est peur de la mort, crainte de la mort, terreur devant la mort, appréhension, inquiétude, frayeur face à la mort, effroi et épouvante à l'idée de la mort – mais ce sont, chaque fois, des paniques sur lesquelles chacun doit pouvoir disposer d'un empire. De quelle manière ?

En sachant que la mort est un moment bref, court dans une vie : c'est ce qui met fin à la vie – ou, plutôt, ce qui advient quand la vie cesse. Que la vie soit justement définie par Bichat comme « l'ensemble des forces qui résistent à la mort » est vrai. Ce qui est vivant ne vit qu'en s'opposant à ce qui veut l'abolir. Ce combat définit la vie, toute vie.

Il existe donc dans la vie de chacun un moment, un *punctum*, qui est déliaison de ce qui était lié dans l'énergie de ce qui résistait à ce qui délie. Ce moment, c'est la mort : elle n'a besoin que de la dernière seconde qui abolit le temps vécu et plonge le mort dans un temps qui n'affecte plus que ce qu'il fut. J'irai jusqu'à dire que la mort est juste un mauvais moment à passer, un bref instant qui dure le temps de l'abolition du temps. Un effacement.

Cette mort-là n'est pas un problème. Elle est souvent glissement doux et simple, passage sans violence, endormissement dans un genre d'ivreté... Ce qui pose problème, c'est l'idée qu'on se fait de la mort. C'est l'angoisse qui nous étreint quand on s'imagine mort avec les catégories du vivant : on se voit mort avec des yeux qui, parce qu'ils sont morts, ne verront rien... On s'imagine mort, mais on le fait comme si l'on était vivant, bien que mort... On se projette dans la mort, mais on ne peut s'empêcher de le faire comme si l'on vivait cette mort. Or le propre de la mort, c'est qu'elle nous prive de ce qui nous la rendrait pénible ou visible, ou sensible. La mort ôte la conscience sans laquelle, la conscience de la mort n'étant plus, c'est la mort qui n'est pas. La mort tue donc l'idée que l'on se fait de la mort ; une idée qui, elle, durant toute notre vie, nous tue à petit feu. Et c'est cette idée de la mort sur laquelle nous avons du pouvoir.

Personne ne peut en effet éviter de mourir un jour ; mais tout le monde peut agir sur ce que les stoïciens nomment une *représentation* : mourir un jour, une heure, un moment, cela suffit déjà bien assez ; pas question de présentifier sa mort tant qu'elle n'est pas là, ce serait lui donner un écho, donc un pouvoir, qu'il ne faut pas lui octroyer.

Lisons Lucrèce qui trouve sidérant que d'aucuns, par peur de la mort, s'ôtent la vie :

« Sans voir que c'est elle, la *peur*, qui produit sa souffrance » (III.82).

Et puis ceci :

« Oui, comme l'enfant s'effraie aux lieux privés de lumières,
Et tremble à tout, nous redoutons, quand même le jour luit,
À de certains moments, d'aussi peu terribles chimères

Que ce qu'un enfant craint de voir apparaître la nuit !
Il faut, pour chasser cette peur qui notre âme ternit,
Non les rais du jour ni ses traits aux clartés radieuses,
Mais des lois de la Nature, et leurs beautés merveilleuses »
(III.87-93).

Suivent alors des considérations sur la nature matérielle de l'âme, de l'esprit, de la pensée, du corps. Il écrit :

« En notre corps, il est donc un souffle, une ardeur vitale
Qui de nos membres s'enfuit quand survient l'heure fatale »
(III.128-129).

Et puis ce retour d'une forme de nuit, le sommeil, pour parler de la mort :

« Dès qu'un homme au sommeil de la mort est livré,
Et que sa chair désormais d'âme et d'esprit est déserte,
Rien en son corps ne donne à deviner la perte,
Par l'aspect, ou le poids, la mort ici tout préservant,
Hors le sentiment et le chaud, les propres du vivant.
Des atomes très fins sont donc à l'âme nécessaires,
Dont la masse diffuse aux nerfs, aux vaisseaux, aux viscères,
Puisqu'une fois qu'elle a du corps quitté le tout entier,
Les membres conservent tous leurs formes particulières,
Et qu'à leur masse ne défaut pas le moindre setier !
De même en va-t-il d'un vin à la fleur évanouie,
D'un parfum dont la fragrance aux doux zéphyrs s'est enfuie,
De toute substance enfin dont le suc s'est détendu.
Dans l'affaire cependant, ces choses n'ont rien perdu,
À l'examen, puisque rien dans leur masse n'est détruit,
Tant d'éléments ténus en effet se compose
Le goût ou le parfum dans le corps d'une chose !
Oui, la masse, je le redis, de l'âme et de l'esprit
Est faite d'éléments dont la taille est des plus réduite,
Puis donc qu'au poids du corps rien n'enlève leur fuite ! »
(III.211-230).

Qu'est-ce que la mort ? La même chose que ce qui advient à la rose quand son parfum n'est plus... Ou quand, dans un flacon, la fragrance a disparu. Rien de plus, rien de moins. Les atomes qui ont composé la rose, le parfum et la vie se sont dissociés, séparés, disjoints, écartés, détachés, désunis, mais ils n'en sont pas morts pour autant. Les atomes (qui nous composent) sont immortels, ce sont leurs agencements (qui nous ont composés) qui sont mortels.

Nul besoin, dès lors, de refuser l'évidence physique de ce qui est! Le refus de la physique nourrit ce désir d'au-delà du réel qui accouche de la métaphysique, il en est d'ailleurs la généalogie: c'est parce qu'on se refuse à l'évidence de ce monde-ci qu'on en invente un autre dans lequel ce qui nous trouble sur terre, en l'occurrence la mort, n'existe pas – ou, mieux, n'existe plus…

La mort est donc bien une affaire entre le corps et l'âme. Mais l'âme et le corps sont deux instances matérielles, mêmement atomiques. Il n'y a qu'agencement de matière dans tout ce qui affecte le corps, donc l'âme, l'âme, donc le corps: ainsi, avec les troubles de la maladie, la fièvre, l'épilepsie, l'ivresse, l'évanouissement, la syncope, les convulsions, la perte de connaissance constituent autant de points de tangence avec la mort. Lucrèce ne le dit pas, mais on peut l'extrapoler… La mort est un évanouissement dont on ne revient pas. En tant que tel, elle semble un glissement plus qu'un fracas, une glissade plus qu'un écroulement.

Lucrèce écrit: «L'âme s'enfuit dissociée, et donc elle périt» (III.539). Avec ce vers simple, sans en avoir l'air, il met à mal toute vision du monde qui supposerait qu'après la mort l'âme vive encore, qu'elle continue d'être et qu'elle puisse donc connaître un certain nombre d'aléas: le salut ou la damnation.

L'hypothèse de l'avenir *post mortem* de l'âme immatérielle rend possible la religion. Affirmer que l'âme naît, vit et meurt, qu'elle sort du néant d'avant la combinaison d'atomes pour retrouver le néant d'après la même combinaison d'atomes, c'est délivrer un véritable message de paix: la mort, dit Lucrèce, ne vous apportera rien qui soit à craindre. Elle est juste la modification d'un état physique – physique aux deux sens du terme: qui relève *de la* physique, comme discipline scientifique, et *du* physique, qui renvoie à l'anatomie, à la physiologie.

Ce qui différencie le mort du vivant? La composition de l'être qui n'est plus la même : c'est le même ensemble atomique, mais dans un agencement qui n'est plus le même. C'est une semblable quantité d'atomes, mais dans un dissemblable agencement. Avant, il existe une âme animée par un souffle, par un esprit atomique lui aussi, par une énergie, une vitalité, un instinct, un «élan vital» (III.558) comme traduit Pierre Brunel, les «propriétés vitales» selon Jackie Pigeaud, les «facultés vitales» selon Alfred Arnout, une «puissance vitale» selon Bernard Combeaud; après, l'âme est défaite, décomposée, déstructurée, *désanimée* si je puis dire.

Au bout de sa longue déconstruction physique (épicurienne) de la métaphysique (platonicienne), Lucrèce écrit:

«Rien donc, rien pour nous n'est la mort! Rien ne nous émeut d'elle,
Dès que l'on a compris que notre âme est mortelle!
Et, tout ainsi que jadis nous n'avons senti de douleur
Quand pour combattre Rome on vit partout fondre Carthage,
Que le monde, ébranlé par les armes et le carnage,
Sentant des cieux tomber soudain le frisson de la peur,
Ne savait des deux cités qui recueillerait l'empire,
Et de la terre et des mers se verrait pour reine élire,
Ainsi, quand nous ne serons plus, lorsque l'âme et l'esprit
Auront en divorçant brisé l'union que nous sommes,
Rien, pour nous qui viendrons de quitter à jamais les hommes,
Rien ne pourra nous atteindre, et rien n'aurons de contrit,
Dût inonder la terre, et les nues noyer l'onde!
Si même, loin du corps, tandis qu'elle erre par le monde,
Le sentiment demeure en l'âme vagabonde,
Pour nous cela, non, n'est rien, nous qui tout entiers tenons
Aux nœuds étroits qu'ont le corps et l'âme en leurs unions!
Et le temps cueillît-il notre matière, d'âge en âge,
Pour lui rendre après notre mort notre présent visage,
Dussions-nous même revoir la lumière du jour,
Rien ne pourrait encore ébranler l'âme à ce retour,
Puisque se fût alors rompu le fil de la mémoire.
À présent peu nous chaut ce que nous fûmes dans l'Histoire:
Les tourments passés sont éteints dans nos moi de jadis!
Si, se retournant vers la mer des siècles engloutis,

L'on pût voir combien mobile et muable est la matière
En ses maints renouveaux, l'on eût la conviction entière
Que tous ces corps dont à présent nous sommes façonnés
Ont été maintes fois en même ordre entre eux combinés
Qu'en ce bel aujourd'hui, choses dont nous n'avons mémoire
Car la vie entre deux a dû rompre sa trajectoire,
Et ses mouvements loin des sens çà et là sont allés.
Et, supposé que demain l'on eût deuils ou maux à craindre,
Encor fallût-il vivre au temps qu'ils nous dussent atteindre!
La mort en exclut le péril, qui force à n'être point
Celui qui d'un mal futur craignant de se voir époint!
Craindre la mort, aussi notre âme en rien ne le doit-elle:
Qui ne vit plus ne peut se voir au malheur entraîné;
Et combien peu compte alors qu'en un âge l'on soit né,
Quand tout l'être mortel s'abîme en la mort immortelle!»
(III.830-869).

La mort étant ce qu'elle est, une simple désorganisation de la matière, à quoi bon, dès lors, la craindre? Que l'on soit brûlé ou enduit de miel et d'aromates, enseveli dans la terre ou mis dans un fossé puis mangé par des charognards ou pourrissant dans l'humus, quelle différence?

Lucrèce cite alors une épitaphe avant de la commenter.

Voici l'épitaphe:

«Ainsi dans ta mort endormi, tu dormiras ton âge
Qui pour toi passera sans douleur ni dommage;
Mais, vois-tu, sur ta cendre, auprès de ton triste bûcher,
Notre pleur ne tarit, et de notre peine éternelle,
Aucun jour ne pourra jamais nous détacher»
(III.904-908).

Voici le commentaire:

«Que voit-on bien ici qui soit d'une amertume telle,
S'il ne s'agit enfin que de "repos" et de "sommeil",
Qu'on aille s'ensevelir dans une "douleur éternelle"?
Mieux: aux lits des festins, levant en leurs mains le vermeil,

Les convives souvent, le front ombragé de couronnes,
Chantent du fond du cœur : "passent nos joies de frêles hommes !
Bientôt elles auront fini ; rien ne nous les rendra !"
L'on dirait que pour eux rien de pis que la mort ne sera
Que d'avoir le gosier sec et qui de soif se morfonde,
Ou d'être sans fin à languir après chose au monde :
Or, de sa vie, ou de soi, comment aurait-on dépit
Quand l'esprit et le corps reposent tous deux assoupis,
Se plaint-on de dormir son sommeil, si toujours il dure ?
Et, vrai, de renoncer à soi, personne ne murmure !
Lorsqu'on dort cependant, dans les membres, nos corps premiers
Loin des canaux ne s'écartent qu'à peine,
Puisqu'aussitôt réveillé l'on reprend seul forme humaine.
La mort est moins encore à craindre, on ne peut le nier,
– si tant est qu'on puisse amoindrir ce qui pour nous n'est rien ! –
Puisqu'outre mort c'est sans retour que se perd la matière
Et de se relever au réveil, alors, nul moyen
Pour celui que le froid saisit au bout de la carrière !»
(III.909-930).

Autrement dit : si la mort n'est rien d'autre qu'un sommeil éternel, pourquoi s'en formaliser et pleurer ? Qui verserait des larmes sur celui qui dort ? Pourquoi pleurer un même sommeil qui ne ferait que durer plus longtemps ? On devrait au contraire se réjouir que le sommeil, qui efface les peines et les souffrances, les douleurs et les chagrins, n'ait pas de fin – car ce sont ainsi les peines et les souffrances, les douleurs et les chagrins qui ne reviendront jamais. La mort est le sommeil de ce qui nous affecte.

Si la vie a été heureuse, alors il faut bénir ce qui a eu lieu ; si elle ne l'a pas été, cette fois-ci il faut bénir le fait qu'on la quitte ; dans les deux cas, et l'on n'évite pas d'être soit dans l'un, soit dans l'autre, nous n'avons que de bonnes raisons de voir arriver la mort ! Dans un cas, elle arrive comme un feu d'artifice, un bouquet final ; dans l'autre, comme un incendie qu'on éteint...

Si celui qui se plaint est un vieillard, alors il est ingrat de ne pas s'apercevoir qu'il a dépassé sa date de péremption depuis longtemps ; il a tort en même temps de ne pas savoir profi-

160

ter du présent dans lequel il est toujours vivant et de gâcher ce moment par la crainte du futur. Il faut laisser la place aux jeunes, ce que les vieux ont fait un jour, pour que l'ancien jeune puisse être et vivre sa jeunesse en son temps. C'est dans l'ordre des choses que la mort emporte chacun, à son jour, à son heure, qui sont et le bon jour et la bonne heure, puisque la nature en a décidé ainsi.

Si l'on est jeune et qu'on ne veut pas mourir sous prétexte qu'on n'aurait pas assez vécu et qu'on voudrait encore profiter de la vie (dont on dit pourtant si souvent pis que pendre...), alors il faut savoir qu'une année voire une dizaine d'années en plus n'ajoutent ni ne retranchent rien à la nécessité. Car les deux néants, celui dont on vient et celui vers lequel on va, ne s'en retrouvent pas moins tout-puissants qu'on leur retranche un an ou dix ans...

> « Une plus longue vie au temps de la mort rien n'enlève :
> L'éternité du tombeau n'en deviendra pas plus brève,
> Ni n'en fut le néant raccourci pour autant.
> Autant de siècles qu'une vie ensevelisse en elle,
> À terme échu, la mort n'en sera pas moins éternelle,
> Ni moins elle ne durera pour qui vient seulement
> De rendre son dernier soupir à l'aube ce matin,
> Que pour celui-là qui mourut en un âge lointain »
> (III.1087-1094).

Enfin, le néant d'où l'on vient ne nous effraie pas, pourquoi donc le néant vers lequel on va nous effraierait-il ? Ils sont tissés d'un même fil :

> « Retourne-toi maintenant, et regarde au loin derrière
> Le néant que fut pour nous cette immense éternité
> Qui précède l'époque où nous avons été.
> Dans ce miroir infini Nature nous représente
> Ce que sera l'avenir une fois la vie absente :
> Voit-on l'horreur ou le deuil en cet immense sommeil ?
> Est-il rien plus apaisé que ce paisible appareil ? »
> (III.972-977).

Il n'y a pas d'enfer, poursuit Lucrèce. Ni supplice de Tantale, ni *Styx* à traverser, ni Nocher pour conduire la barque, ni Sisyphe poussant son rocher, ni Cerbère gardant les enfers, ni Tartare rempli de flammes, ni Furies pour punir parjure et parricide, ni Tityus supplicié, rien de tout cela n'existe : l'enfer a bel et bien lieu, mais sur terre – c'est là où l'homme punit son semblable dans des geôles ou en le jetant du haut d'un précipice, avec de la poix et du feu, avec des fers et des crocs, avec des carcans et des bourreaux…

Il nous reste de Lucrèce ce long poème presque entier ; nous disposons donc d'un grand nombre de vers pour connaître l'intégralité de sa pensée sur la mort. On ignore ce que fut vraiment la pensée d'Épicure sur cette question puisque, des trois cents livres du fondateur de l'épicurisme, il ne nous reste plus rien – sauf trois lettres, dont une seule est consacrée partiellement à ce sujet et quelques fragments comme de petits cailloux.

Mais il est chez Épicure une idée forte qu'on ne trouve pas dans *La Naissance des choses*. C'est une formule formellement intéressante, un chiasme ; ce qui la rend facile à mémoriser afin d'en disposer à tous les moments de sa vie, et qui est la suivante : « La mort n'est rien par rapport à nous, puisque, quand nous sommes, la mort n'est pas là, et, quand la mort est là, nous ne sommes plus » (*Lettre à Ménécée*, 125).

Il n'en va pas là seulement d'une belle formule, agréable dans son balancement, efficace dans sa cadence, mais d'une idée forte et puissante qui produit ses effets : *soit on est mort*, et l'affaire est réglée, elle ne saurait être un mal puisqu'elle emporte avec elle tout ce qui rend possible ce jugement qu'elle est un mal – la matière décomposée du cerveau atomique qui pense, l'âme matérielle et l'esprit tout aussi matériel qui animent l'être, les facultés intellectuelles elles aussi tributaires des atomes ; *soit on n'est pas mort*, et donc, La Palice le confirmerait, on est encore vivant, dès lors à quoi bon se compliquer la vie avec cette idée de la mort qui est à venir et non pas là.

Ainsi, la plupart du temps, la mort est une *représentation* sur laquelle nous avons du pouvoir – c'est toute la fonction de la philosophie et le sens de la célèbre phrase de Cicéron dans la première des *Tusculanes* selon laquelle «philosopher c'est apprendre à mourir»; quand elle n'est pas représentation, mais *présentation*, la mort fait vite et nous emporte.

Les conditions d'écriture d'Épicure, la Grèce du IVᵉ siècle avant l'ère commune, sont à prendre en considération pour comprendre cette pensée: dans l'Athènes d'Alexandre le Grand, la médecine ressemble beaucoup à un mixte de magie, donc de religion, et de recettes de bonne femme; la mortalité est abondante; l'espérance de vie, courte; les soins, peu efficaces; la chirurgie sans aseptie et sans antisepsie dignes de ce nom, souvent mortelle; la maladie est soit banale, et elle passe avec la pensée magique, la nature faisant son travail sans intermédiaires, soit elle emporte la personne vite fait bien fait. Ajoutons à cela une foi populaire dans des dieux qui présente ce monde comme transitoire et l'arrière-monde comme la destination obligée. La mort est donc un passage et non une fin.

Penser la mort dans cette configuration n'a pas grand-chose à voir avec ce devant quoi nous mettent les conditions contemporaines. Les progrès sur les terrains de la médecine, de la pharmacie, de la chirurgie, de l'hygiène créent une situation intermédiaire: non pas celle, binaire, du vivant en bonne santé ou du mort qui n'a plus de santé, mais celle, tierce, du mort-vivant qu'est le mourant ou la personne affligée d'une maladie incurable, où la mort *présentée* dans le quotidien de la pathologie peut prendre une place majeure et perturber la mort *représentée*. Savoir qu'on va mourir, mais dans l'absolu, n'est pas la même chose que savoir qu'on va mourir dans le relatif d'un temps donné: mourir un jour n'est pas la même chose que mourir ce jour... Ne pas ignorer qu'on est mortel est une chose, une autre que l'on va mourir dans les semaines, les jours ou les heures qui suivent... Il manque ainsi à cette belle pensée d'Épicure une dimension intermédiaire: *quid* de celui qui est vivant, donc pas mort, mais vivant presque mort ou mort encore un peu vivant?

Il reste cette idée consolante de la mort comme sommeil éternel, comme un repos sans réveil ou un endormissement sans son aube. C'est l'idée de Catulle. Rien à craindre de ce néant, la chose a été expliquée par Lucrèce : il est tissé de la même étoffe que la nuit.

Voilà pourquoi, à sa manière, la mythologie a bien pensé la mort et donné dans ses récits une formule qui permet de l'apprivoiser – du moins intellectuellement, ce qui est un premier temps avant la mise en pratique de cette thérapie par la connaissance. Chez les Grecs, il existe un dieu de la mort, Thanatos, et un dieu du sommeil, Hypnos. Bien sûr, ils sont apparentés : Hypnos est fils d'Érèbe (les Ténèbres des Enfers) et de Nyx (la Nuit), et il est le *frère jumeau* de Thanatos (la Mort) ! C'est dire… Hypnos a mille enfants, dont Morphée (le Sommeil et les Songes qui l'accompagnent). Que la Mort ait à voir avec les Ténèbres et la Nuit, le Sommeil et les Songes renseigne sur l'ordre de ce même monde.

Certes, Lucrèce froncerait les sourcils à l'idée qu'on puisse solliciter la mythologie qui représente l'état poétique de la pensée alors que, pour sa part, il incarne la formule la plus incandescente de la pensée scientifique. Mais le registre poétique, lyrique, permet d'aller plus vite en économisant la démonstration : l'image force l'âme du plus grand nombre plus sûrement qu'une analyse qui n'est audible que par une poignée.

Les Romains ne se sont pas contentés, comme on le dit trop souvent, de redonner un nouveau nom de baptême latin à de vieilles divinités grecques. Certes, on connaît les couples Zeus et Jupiter, Dionysos et Bacchus, mais les Romains disposent également de leurs propres divinités : par exemple Quirinus, qui est Romulus divinisé, ou Hersilie, transformée en déesse Hora.

On ne trouve pas d'Hypnos et de Thanatos à proprement parler chez les Romains, mais Sommeil s'y rencontre sous le nom de *Somnus*. Outre une brève mention en passant dans ses *Fastes* qui racontent les fêtes romaines, on trouve sur ce dieu oublié un long développement du même Ovide dans ses *Métamorphoses*.

Qu'y apprend-on de « l'indolent Sommeil » ? Qu'il vit dans une caverne dans un lieu aux confins du monde visible et connu; que cet antre est creusé profond dans le flanc d'une montagne; qu'à quelque moment que ce soit de sa course dans le ciel, les rayons de la lune ne parviennent pas à y entrer; que d'épaisses vapeurs sortent du sol et plongent le tout dans une lueur crépusculaire; que le coq n'y chante jamais pour y annoncer une aurore qui ne vient pas; que les chiens et les oies, à l'ouïe si fine, n'y font aucun bruit; que le mutisme et le repos règnent; que l'eau du Léthé, le fleuve de l'oubli, coule doucement au pied d'un rocher et que son murmure invite à s'endormir; qu'au pied de la porte de cette cavité se balancent des pavots au gré du vent et avec eux «d'innombrables plantes du suc desquelles la Nuit retire la torpeur qu'elle répand, mêlée à son humidité, sur la surface de la terre plongée dans l'ombre» (XI.606-607); que, pour éviter les grincements de gonds dans les portes, il n'y en a pas; que le seuil n'est gardé par personne; qu'«au milieu de l'antre, sur une estrade, est un lit d'ébène au matelas de plumes, d'une seule couleur, recouvert d'un drap sombre; c'est là que le dieu lui-même est couché, les membres abandonnés et alanguis» (XI.610-612); qu'autour de lui se trouvent des Songes en quantité infinie et aux allures bizarres. Quand, après avoir écarté ces rêves qui l'empêchaient d'accéder au dieu, Iris, la déesse arc-en-ciel messagère des dieux, entre chez lui, son éclat trouble l'obscurité dans laquelle le dieu sommeille: il est fatigué, les yeux mi-clos, presque fermés, il se soulève un peu, péniblement, puis retombe sur son lit, sa tête vacille et chute, son menton vient frapper sa poitrine; il écoute Isis qui vient lui demander d'intervenir avec des Songes pour tromper un dieu; elle repart bien vite car elle commence à sentir le sommeil l'envahir et lui brouiller l'esprit; il envoie l'un de ses mille fils, Morphée, accomplir la mission, puis il se rendort immédiatement en plongeant la tête dans ses coussins. Morphée crée les songes dans lesquels les humains entrent et se trouvent comme dans la réalité. De la sorte, il produit le réel et rend vrais les rêves et fausse la réalité. Dès lors, la vie est un songe. Et la mort? Un songe peut-être aussi? Ou bien encore le songe d'un songe?

Toujours est-il que, dans ce jeu entre le sommeil et la nuit, les songes et la mort, la fiction et la réalité, la réalité de la fiction et la fiction de la réalité, la Mort mène le bal. Lucrèce nous apprend que le chiffre de tout cela est atomique ; il n'a pas tort. Mais Catulle a raison aussi : « La mort est un grand sommeil. »

Ce fut la phrase que me dit un jour mon père devant le cadavre de son frère dans une morgue qui sentait le néant. Nous étions tous les deux ; il ne montrait aucune émotion ; il se tenait droit près de moi, silencieux, sachant que son cadet l'avait précédé dans un voyage que je ferais moi aussi et qu'il lui survivait selon l'ordre de la déraison. Il soupira doucement, leva les sourcils et me dit, en me regardant comme porté par la lumière d'une étoile venue de très loin : « Le voilà parti pour le grand sommeil. » Puis il retourna au silence. Ce puissant silence m'accompagne comme un viatique.

Intermède 3

Le poème cynique de Lucrèce

En deux ou trois livres, Pierre Vesperini révolutionne la philosophie antique. Dès les premières lignes de son *Lucrèce. Archéologie d'un classique européen* (2017), il annonce la couleur: « Il existe aujourd'hui ce qu'on pourrait appeler un mythe de Lucrèce. Ce mythe raconte qu'il y eut à Rome, à la fin de la République, un homme – philosophe ou poète, on ne sait pas bien – animé de convictions épicuriennes, qui, désireux de transmettre sa foi à ses contemporains, aurait composé un poème didactique: le *De rerum natura* ("Sur la nature des choses"). Ce poème, trop "radical" pour son temps, trop "moderne", serait passé largement inaperçu, comme son auteur. Il aurait suscité aussi la méfiance du régime impérial, puis de l'Église, ce qui expliquerait qu'il ne soit presque jamais cité au Moyen Âge. Heureusement, à la Renaissance, la redécouverte du poème par les humanistes aurait permis à l'Europe de s'initier aux théories d'Épicure, contribuant ainsi à la destruction du monde médiéval, et donc à l'avènement du monde moderne » (p. 11). Voilà le mythe…

Ce mythe est vérité pour tout le monde depuis de nombreux siècles. La cristallisation de cette version a été gravée dans le marbre des dictionnaires, des encyclopédies, des manuels de classe terminale, des séminaires universitaires, des livres écrits sur le sujet, des traductions de textes antiques, des notices

Wikipédia, des histoires de la philosophie, y compris des contre-histoires de la philosophie!

Pierre Vesperini explique les trajets de la philosophie dans le monde antique. Nous aurions tort d'imaginer que le schéma universitaire serait pertinent pour penser l'École philosophique et qu'il nous faudrait croire que la philosophie n'était concentrée que dans ces endroits – Académie, Lycée, Portique, Jardin, etc.

Il existe une philosophie populaire à laquelle le peuple accède par le théâtre, la comédie en l'occurrence, qui met en scène des philosophes et les cite – c'est le plateau de télévision de l'époque... Pythagore n'est pas qu'un chef d'école, c'est aussi un philosophe qu'on danse dans des pantomimes. Les philosophes font des conférences publiques courues. C'est la bourgeoisie qui invente la séparation entre culture élitiste, la sienne, et culture populaire, celle des autres.

La culture grecque est considérée comme un butin par les Romains et elle se trouve utilisée dans cet esprit. Les objets grecs rapportés à Rome ne sont plus des objets cultuels mais des objets culturels. La philosophie romaine n'est pas pur et simple décalque de sa semblable grecque. Lucrèce n'est pas le philosophe romain qui traduit en vers latins la pensée d'Épicure.

Pierre Vesperini interroge également le statut du texte philosophique. Là aussi, il faut se garder de penser que le livre moderne en est le modèle. Ces textes philosophiques sont avant tout des manuels à destination des orateurs qui sont en perpétuels combats rhétoriques pour accéder au pouvoir. Ils sont des réservoirs de pensées utiles pour parvenir et non des manuels d'édification personnelle, subjective, individuelle. En aucun cas il ne s'agit de catéchismes philosophiques.

À Rome, on ne trouve pas d'écoles philosophiques. Si des philosophes sont expulsés, ce n'est pas parce qu'ils sont philosophes, mais parce qu'ils propagent des idées asociales – le désengagement politique en l'occurrence. Ce que ni la République ni l'Empire ne peuvent permettre.

Si Lucrèce n'est pas le philosophe romain qui traduit en vers latins la pensée d'Épicure, quel est-il? Pierre Vesperini le dit

clairement : Lucrèce, qu'on présente comme un philosophe épicurien, n'était ni philosophe ni épicurien… Romain, oui. Mais
pas philosophe, ni disciple d'Épicure.

Car Lucrèce est un poète professionnel. Autrement dit un
homme dont le métier n'est pas de penser mais d'amuser les
riches qui lui passent commande. Dans l'histoire antique, le
statut de poète est déshonorant car il est associé au plaisir. Or,
à Rome, donner du plaisir à autrui est méprisable – c'est une
fonction assimilable à celle du maquereau et de la prostituée, du
danseur et du comédien, du chanteur et du gladiateur, du cuisinier et de l'éphèbe.

Le poète est associé aux banquets au cours desquels on lit ses
textes pour amuser et distraire. Il existe des esclaves préposés
à la lecture publique, car même mettre sa voix au service d'un
autre tout autant que son corps est infamant – de même écrire
des vers.

Lucrèce vient donc de ce monde – et non de la philosophie.
Le sénateur Memmius qui lui a passé commande de ce texte
n'est pas une personne à convertir à la sagesse épicurienne, mais
un mécène à distraire, à amuser. Lucrèce n'écrit pas si on ne lui
passe pas commande.

Lucrèce est l'auteur d'autres pièces, hélas perdues, notamment des vers ludiques et érotiques, mais dont quelques auteurs
parlent. Pas plus elles ne sont épicuriennes. Quand Memmius
lui adresse une commande, il est un auteur célèbre et très
réputé.

Partant du principe que l'hexamètre est le vers du genre
épique, Pierre Vesperini conclut que le poème de la *Naissance
des choses*, puisqu'il est rédigé en vers de six pieds, est, comme
l'*Iliade* et l'*Odyssée* qui sont composées selon les mêmes règles,
une épopée. Épopée de quoi ? De tout ce qui est… En ce sens,
le poème relève moins de l'épicurisme que d'un genre encyclopédique de type aristotélicien !

Lucrèce n'entend pas produire une œuvre édifiante et philosophique, mais une œuvre amusante et poétique. *La Naissance
des choses* est une œuvre d'art – et rien d'autre… Elle doit amu-

ser dans les banquets ou lors des moments de loisirs romains, l'otium, mais sûrement pas amener à l'épicurisme les Romains raffinés qui écoutent le texte.

Si la commande a plu, que les auditeurs ont aimé, alors on fait des copies qui circulent dans les théâtres, les banquets ou autres lieux privés. On peut également se faire lire le texte quand on est seul, chez soi. Ensuite, des fragments circulent, sont connus par cœur, mémorisés sous forme de citations que reprennent d'autres poètes sans les citer – l'époque n'a pas encore inventé le droit d'auteur...

Le fractionnement du poème avec des intertitres rédigés à l'époque, même s'ils ne sont pas de Lucrèce, témoigne en faveur de lectures de morceaux choisis – on lit les vers sur l'invocation de Vénus ou la danse des atomes, la création du langage ou le fonctionnement de la foudre, le mécanisme de l'amour ou la critique de la superstition, ou de tout autre sujet.

Pourquoi passe-t-on commande? Pour attacher son nom à la postérité, un tropisme romain. De fait, si Memmius n'avait pas sollicité Lucrèce, son nom serait resté obscur. Le poète crée de la valeur ajoutée à une vie qui dépasse les limites imposées par la mort.

Quand un homme riche s'attache les services d'un philosophe, il ne choisit pas un stoïcien ou un épicurien, un pyrrhonien ou un aristotélicien, il veut un être cultivé et savant, mais surtout une personne qui dispose de hautes qualités morales et en fait montre – vaillance, courage, patience, qui permettent au maître de s'en inspirer. La priorité n'est donc pas donnée à la tête bien pleine ou à la tête bien faite, mais à la forte tête. Il ne s'agit sûrement pas, au contraire de ce qu'affirme Pierre Hadot, de directeurs de conscience associés à une école et qui se proposeraient une édification idéologique et spirituelle. On ne prend pas à son service un épicurien pour devenir épicurien mais pour se forger une âme romaine virile. Peu importe le flacon philosophique pourvu qu'on ait l'ivresse de la droiture.

Pierre Vesperini écrit en italique une phrase sidérante: «*Les Romains ne croyaient pas au savoir des philosophes*» (p. 106) – voilà pour quelles raisons aucun d'entre eux n'a pu faire de l'un d'entre eux son directeur de conscience. La littérature latine abonde qui montre que les philosophes ne sont pas pris au sérieux, qu'ils sont considérés comme des gens à vendre, qu'ils rivalisent de mépris entre eux à l'aide de joutes verbales, qu'ils se vendent au plus offrant et séduisent pour ce faire avec force rhétorique et sophistique. Dans *Les Sectes à l'encan*, Lucien de Samosate exprimera à ravir, et en faisant rire, dans quel discrédit cette engeance était tombée.

En choisissant un philosophe on peut aussi s'offrir une image. Opter pour un épicurien, c'est passer pour un Romain hellénisé; lui préférer un stoïcien, c'est faire preuve d'une austérité ou d'une dureté qu'on souhaite afficher. C'est une pure affaire de communication qui sert, de manière politique, à prendre une place dans la société. La philosophie n'est donc pas une activité noble et digne, mais un marqueur social, une utilité.

Pierre Vesperini examine le cas de Memmius, le fameux commanditaire du poème. L'historiographie dominante s'est toujours cassé les dents sur le fait que cet homme avait acheté les ruines du jardin d'Épicure à Athènes, puis qu'il avait un jour décidé de les raser afin de réaliser une opération immobilière juteuse. Contradiction insolvable jusqu'à Vesperini.

Contradiction levée quand on comprend que, dans un premier temps, afin de passer pour un ami des Romains hellénisés et d'en obtenir les suffrages pour une carrière politique, il est de bon rendement d'acquérir ce qui reste de l'école d'Épicure et d'en faire un signe de piété à l'endroit du philosophe. Une fois qu'il a quitté la vie publique, il n'a plus besoin de passer pour ce qu'il n'était pas. Il entreprend alors de raser les ruines avec un projet de promoteur susceptible de lui remplir les poches. L'épicurisme de Memmius était une pure opération d'affichage. Lucrèce n'avait donc aucune envie de le convertir; en lui offrant ce poème écrit sur commande, il lui donnait ce que l'autre payait: une caution politique.

Pour preuve que Lucrèce n'était pas épicurien, Pierre Vesperini attire l'attention du lecteur sur l'invocation à Vénus qu'on trouve en ouverture du poème. Lucrèce invoque la déesse pour qu'elle lui donne l'inspiration alors que, dans la doctrine du Jardin, les dieux sont indifférents aux hommes et les invoquer pour obtenir quelque chose d'eux relève de la superstition manifeste – un travers contre lequel se bat Épicure.

« Convention poétique, dit-on d'habitude. Il n'y croyait pas, c'était une façon de faire. » Pas du tout, rétorque Vesperini. Comment pourrait-on, dès la première page d'un texte qui serait épicurien, commencer par nier l'un des principes les plus évidents de l'épicurisme ?

De même, comment un épicurien pourrait-il choisir la forme poétique pour son propos puisque Épicure a écrit des pages terribles contre la poésie, coupable selon lui de séduction et d'envoûtement des lecteurs qu'il faudrait ne toucher que par la seule rigueur de la raison ?

En bon disciple d'Épicure, Lucrèce aurait été extrêmement critique sur la religion. Mais quelle religion ? À Rome, cela faisait bien longtemps qu'on n'y croyait plus et la tolérance était grande en la matière. Pour choquer le pouvoir il fallait plus inviter à ne pas participer à la vie de la cité qu'à ne pas croire aux dieux. Quant au fameux sacrifice d'Iphigénie, plus aucun Romain ne souscrivait à ce genre de fable mythologique. Il n'y avait pas grand courage à tirer sur cette ambulance.

Pierre Vesperini montre qu'Épicure n'était évidemment pas athée et que ses dieux existent bel et bien. Il n'y a pas de rationalisme ou d'athéisme dans le Jardin mais un polythéisme avec invitation, non pas à se faire une subjectivité moderne, mais à se rendre pareils aux dieux, à savoir impassibles, heureux, ataraxiques – autrement dit : ne souffrant d'aucun trouble.

En passant, Pierre Vesperini règle également son compte à Épicure. Là aussi, c'est une nouvelle gifle ! Car, la chose se trouve clairement dite et démontrée, Épicure était le chef d'une faction, un patron de bande, le gourou d'une secte religieuse. Et l'auteur de prouver ses dires par des arguments qu'après lui on cesse de voir comme on les voyait.

Diogène Laërce rapporte en effet dans *Vies et doctrines des philosophes illustres* qu'Épicure insultait ses adversaires, qu'il méprisait les autres philosophes, qu'il ne se reconnaissait aucun ancêtre en la matière, ni Leucippe ni Démocrite, pourtant tous les deux atomistes et matérialistes plusieurs siècles avant lui.

Habituellement, on présentait ces arguments comme des propos tenus par ceux qui le calomniaient. Or, d'infâmes ragots proférés par ses ennemis ne sauraient être retenus contre lui. On passait donc outre... Mais si Épicure est ce «gourou» que dit Pierre Vesperini, alors toutes ces informations collent à merveille en faveur d'un portrait en chef de secte!

Le Jardin n'est donc pas une école philosophique mais une secte religieuse organisée sur le principe des cultes à mystères – ceux d'Éleusis en l'occurrence. On y rend un culte aux Muses. On obéit à des rites, on donne des fêtes, on offre des sacrifices, on y ajoute des libations, on chante. Il s'agit non pas d'opposer la raison philosophique à la croyance religieuse, mais d'inviter les sectateurs à imiter les dieux.

Le maître est identifié aux dieux et il est vénéré – d'où les représentations, les bustes, les statues, les intailles, les portraits portatifs du philosophe. Il doit être vénéré, mais de même avec ses disciples choisis et les membres de la famille. Il «fait régner la terreur», écrit Vesperini (p. 21).

En tant que gourou, Épicure doit être sans précurseurs et sans opposants. Il n'a pas à devenir sage car, en vertu de sa complexion atomique, il l'est déjà naturellement. Il n'a plus qu'à être un oracle, autrement dit un homme dont la parole est d'or parce qu'elle est inspirée. Les autres n'ont donc plus, eux aussi, qu'à jouer leur rôle : boire les paroles du maître sans le contester.

Le Jardin fonctionne comme une secte avec, à l'intérieur, les amis et, à l'extérieur, les ennemis. Il y a le dedans et il y a le dehors. Dedans, la dévotion est due au maître ; dehors, les ennemis. Si l'un des disciples quitte le Jardin, il devient un renégat à flétrir par tous les moyens. Ainsi Timocrate, qui avait dit que la villa vivait comme une secte et qui, de ce fait, l'a quittée, puis s'est vu transformé en ennemi à salir. L'épicurien Métrodore, qui était son propre frère, a ainsi rédigé plusieurs pamphlets contre Timocrate.

L'école avait fait une obligation de la *parrhèsia*, le «courage de la vérité». Michel Foucault salue, mais Pierre Vesperini montre qu'il se trompe. Il s'agit moins d'un courage de la vérité que d'une invitation à la critique et à l'autocritique de ceux qui ne respectent pas le dogme et qui, de ce fait, méritent l'anathème.

Dans le Jardin, il n'était pas rare qu'un «ami» dénonce l'un de ses coreligionnaires pour avoir manqué à l'orthodoxie. «Donc on se dénonçait, on dénonçait, on était dénoncé. Épicure corrigeait, admonestait, gourmandait, injuriait, selon chaque situation. En un mot, il redressait» (p. 19).

Voilà ce que nous enseigne Pierre Vesperini. Autrement dit, loin du sage philosophe qui enseigne l'ataraxie en mangeant son petit morceau de pain et en buvant un verre d'eau, Épicure se révèle un redoutable gourou qui se fait vénérer, lui et les siens, qui exclut, désigne, élit, insulte, injurie, récompense...

L'épicurisme n'est donc pas un athéisme, il n'est pas un rationalisme, il n'est pas une critique de la religion, puisqu'il en est l'une des modalités. Les dieux d'Épicure n'ont pas à être pensés avec nos catégories modernes. Ils ne sont pas transcendants, immatériels, mais vivent dans un monde matériel et sont eux-mêmes constitués d'atomes. Pierre Vesperini écrit: «Les dieux étaient des êtres semblables à nous, animés des mêmes passions que nous, agissant et parlant comme nous, habitant le même monde que nous. La grande différence entre eux et nous, c'est leur immortalité, plus précisément leur éternelle jeunesse, et leur bonheur. Pour les Grecs, la condition humaine se signalait en revanche par la misère, le déclin, et la certitude du néant» (p. 16). Difficile de faire d'Épicure un précurseur de Voltaire et de Marx, un chaînon majeur entre Démocrite et Lénine, un degré vers l'émancipation qui culminerait dans la philosophie des Lumières! Chef de secte et gourou, Épicure est aussi un genre de prêtre polythéiste...

Signe que le poème lucrétien n'est pas un manuel d'épicurisme, le fait que Lucrèce disserte sur la forme des atomes pendant la moitié de son ouvrage, puis qu'il passe à autre chose, en l'occurrence à une attaque des présocratiques qui, comme Iphigénie, ne sont plus à la mode depuis plusieurs siècles.

Pourquoi, en revanche, si Lucrèce était vraiment un auteur épicurien, n'y a-t-il rien contre le stoïcisme, qui est l'école rivale de l'épicurisme à cette époque?

Ajoutons que Lucrèce fait silence sur des sujets majeurs pour un philosophe du Jardin. D'abord avec cette idée centrale que le plaisir constitue le souverain bien, ensuite avec la question de l'abstentionnisme politique, enfin avec l'indifférence des dieux.

De même, Lucrèce aurait été épicurien par sa critique de l'immortalité de l'âme. Pierre Vesperini montre qu'il s'agit d'un lieu commun de l'époque, que plus personne ne croit aux dieux anciens, qu'aucun demeuré n'imagine que les dieux auraient créé le monde et qu'au Ier siècle avant notre ère on aurait du mal à trouver des gens qui confessent avoir peur des astres! Pourtant, Lucrèce consacre un grand nombre de vers à ces questions. Pour quelle raison?

Parce qu'il ne s'inscrit pas dans une perspective militante épicurienne mais dans une logique divertissante encyclopédique sur le principe aristotélicien. *La Naissance des choses* n'est donc pas un poème didactique mais un poème épique en forme d'encyclopédie de tout ce qui est.

Dès lors, on se pose cette question: si ce poème n'est pas un manifeste épicurien romain, quel est-il? Une œuvre d'art. Lucrèce n'est pas un philosophe épicurien, la chose est désormais entendue, mais un poète qui travaille sur commande. Les accumulations, les listes, les catalogues, les inventaires qui pullulent dans le poème font songer à Aristote qui compile. Pour autant, Lucrèce ne saurait être dit aristotélicien. La comparaison ne s'applique qu'aux accumulations.

Pour le reste, Pierre Vesperini fournit une autre grille de lecture; constatant que Lucrèce «part en guerre contre les rites», il conclut que ce genre de combat «le rapproche d'un type bien connu, bien identifiable: le cynique. Ou plutôt, si l'on me permet cette expression, le paracynique, c'est-à-dire qui utilise des discours cyniques, sans s'inscrire pour autant dans leur tradition. Ces philosophes tenaient de grands discours contre la croyance aux dieux, contre les fêtes et les rites, contre les oracles, contre les mythes aussi. C'est ce que fait notre *philo-*

175

sophus, lorsqu'il explique qu'il n'y a pas de vie après la mort, que l'Achéron n'existe pas, qu'il n'a pas existé de centaures » (p. 142-143). *Lucrèce paracynique* – formidable thèse qui fait s'effondrer mille ans de livres écrits sur l'auteur de *La Naissance des choses* !

À quoi pourrait bien ressembler ce paracynisme ? On le trouve dans la radicalité de vérités dures à entendre et dans des solutions hédonistes. Par exemple ? Que nous allons mourir – mais qu'il est facile de vivre avec cette idée ; qu'il n'y a que de la matière et des atomes qui tombent dans le vide – mais que le mécanisme de cette dialectique *composition, décomposition, recomposition* nous épargne d'avoir à en souffrir ; que les dieux existent – mais qu'ils sont composés d'une matière subtile et se moquent absolument des hommes ; qu'à la mort l'âme s'en va – mais qu'elle ne meurt pas ; que le plaisir sexuel n'a rien à voir avec les sentiments – mais qu'il est affaire d'atomes crochus ; que l'amour est une fiction – mais que le couple est une tendresse ; que nous ne sommes pas libres – mais que nous le devenons dès que nous le savons ; que « notre vie ahane en une sombre nuit » (II.54) – mais que la philosophie apporte avec elle de la lumière dans cette obscurité.

Lucrèce démystifie, il sait que c'est le travail de tout philosophe qui se respecte, mais il n'ignore pas que pareille entreprise selon laquelle il vaut mieux une vérité qui inquiète plutôt qu'une erreur qui sécurise déclenche la haine de ceux qui veulent être abusés avec des fables et des histoires, des mythes et des mensonges parce qu'ils n'ont ni la force ni le courage de boire leur coupe d'absinthe. Ceux-là méprisent le philosophe qui fait son travail et se tournent vers le premier prêtre venu – pourvu qu'il leur vende des songes qui enjôlent leur âme d'enfant.

Sur l'amour, par exemple, Lucrèce renverse le flacon d'absinthe : l'amour n'a rien à voir avec les sentiments élevés, la communication d'âmes immatérielles ou la fraternité intime d'esprits complices. Seule la ronde des atomes est en jeu ; ils dansent dans le vide et constituent des formes invisibles mais réellement existantes sous forme matérielle : les simulacres. Ce sont ces atomes issus d'un être qui pénètrent les atomes d'un autre être et entrent dans une relation qui génère envie ou non, désir ou pas.

Dès lors, nul besoin d'en faire une affaire : quand il y a désir, il ne s'agit que d'atomes dont la concrétion menace débordement, il existe pour ce faire des maisons dans lesquelles on tarife l'écoulement de ce débordement et le philosophe aura la sagesse de s'y rendre pour recouvrer de la disponibilité pour la sagesse.

Avec cet éloge philosophique du bordel, sinon du bordel philosophique, on est loin d'Épicure et de son ascèse corporelle totale. Il en va là d'une opposition entre deux civilisations : la grecque, plus soucieuse d'idées que de réalité, et la romaine, plus intéressée par le monde réel et indifférente aux constructions mentales ; mais aussi entre deux individus : un Épicure à la petite santé qui extrapole son idiosyncrasie à ses disciples en espérant convertir les autres hommes de la cité par capillarité et un Lucrèce doté d'une grande santé concrète qui estime que l'amour n'est pas un poison dont il faudrait se détourner absolument mais une mécanique des fluides qui appelle une thérapie assimilable aux robinets de plomberie – un simple engorgement de particules qui nécessite dégorgement atomique... Apprécie-t-on mieux le goût de l'absinthe ?

Cette boisson forte peut gêner les âmes sensibles habituées au sucre, au lait et à la guimauve – au miel. Mais elle se double d'un breuvage qu'il ne faut pas négliger et qui s'avère le complément de cet abord tragique : un éloge de la douceur (atomique elle aussi...) du couple.

Lucrèce invite à se méfier des passions en général et de la passion exclusive en particulier ; du prix à payer pour ces aventures ; il vante la sagesse qu'il y a à choisir la Vénus vagabonde : « Mieux vaut jeter ta liqueur à la fille qui se présente » (IV.1065) ; il sait que la fusion est illusion et qu'au moment où l'on croit le plus faire un seul de deux on est plus seul que jamais ; que du désir satisfait en plaisir naît un nouveau désir ; que tout cela se paie d'épuisement ; qu'on abdique toute liberté, toute autonomie, toute dignité, toute sérénité, toute réputation, toute fortune quand on est amoureux – autrement dit dominé par les simulacres d'autrui ; que ces jouissances se paient de remords et de regrets, de culpabilité et de souffrance, de jalousie et de tourments ; que l'amour rend aveugle, sot, stupide et nous fait dire des bêtises sur l'être aimé qu'on pare de toutes les vertus et dont on ne voit aucun vice ; que la paternité s'ensuit souvent et qu'elle est une entrave définitive ; que les femmes se servent du piège qu'est l'enfantement pour encager les hommes.

Contre ces passions tristes d'un amour échevelé, Lucrèce célèbre une passion sereine : celle du couple, du vieux couple dans lequel l'amour est construit sans Vénus, ou après elle, par-delà elle, sans elle. Sage, le philosophe affirme : « Amour au reste n'est-il pas enfant d'accoutumance ? » (IV.1283). Perdus que nous sommes dans la ronde des atomes, Lucrèce propose un clinamen pour un nouveau monde – celui d'une vie tragique débarrassée de la double folie de l'espérance et de la désespérance.

Deuxième partie

LES AUTRES

UNE MORALE DE L'HUMANITÉ

1

Engendrer

La métaphysique de la stérilité de Démonax

Pourquoi fait-on des enfants plutôt que rien ?

Rome laisse le choix aux femmes : être mère ou... putain ! Il est donc difficile de trouver dans l'histoire de Rome des célébrations de la stérilité volontaire... Les philosophes, les poètes, les écrivains, les dramaturges, les historiens, les auteurs de comédie, les hommes politiques, tous célèbrent l'épouse ou la prostituée, mais personne ne pense qu'une femme puisse être authentiquement femme sans être véritablement mère – ou faire commerce de ses charmes.

On sait pourtant que la démographie de Rome a été très dépendante des moyens contraceptifs : ils expliquent en effet que la natalité n'a pas été ce qu'elle aurait dû être si la sexualité avait été simplement indexée sur la reproduction.

On connaît le coït interrompu, bien sûr, mais aussi nombre de produits qui soit empêchent la conception, soit interdisent la gestation. Pline conseille aux femmes de respirer l'odeur d'une lampe qu'on vient d'éteindre ou de frotter le sang des règles sur le corps d'une femme enceinte, mais rien n'assure de l'efficacité de ces méthodes... On invite aux lavements avec de l'eau, du vin ou autres produits astringents, le citron par exemple ou le vinaigre, et nombre de peintures romaines montrent des bassines, des éponges et des serviettes au pied de la couche où les amants licites ou illicites se sont donnés l'un à l'autre. On conseille l'intromission dans le vagin de décoctions, fumigations, onguents, liqueurs, jus confectionnés avec du miel, de la vieille huile d'olive, de la résine de cèdre, de l'alun liquide, du suc de baumier, de poireau, du plomb aussi, pour copuler sans engendrer. On renvoie également au percement du placenta avec des aiguilles en os. Rien de très neuf sous le soleil...

Or, dans un monde qui n'a pas inventé l'individu mais le *pater-familias*, l'enfant est la condition de possibilité de la famille, donc de l'héritage, donc de la transmission du pouvoir et de l'argent, donc des charges et des honneurs, donc de la cité. Se vouloir libre et sans enfants n'est pas pensable en dehors du service religieux pour les vestales – puisque la charge exige la virginité.

Il existe pourtant des philosophes qui enseignent clairement qu'il ne faut ni se marier ni faire des enfants, mais ils font tache dans une Rome républicaine ou impériale : ce sont les cyniques.

On le sait, le cynisme naît en Grèce avec Antisthène, puis avec son disciple Diogène qui lui donne ses lettres de noblesse. Longtemps on a cru qu'il n'y avait pas de philosophie ou de pensée cynique en oubliant qu'on arguait d'une absence d'œuvre là où il n'y avait qu'un manque de transmission des livres, car les philosophes cyniques ont beaucoup publié et sur tous les sujets, mais les livres ont été perdus.

Diogène de Sinope, par exemple, a écrit une *République*, un *Traité d'éthique*, *Sur la richesse*, un *Traité sur l'amour*, un autre *Sur la mort*, des lettres, sept tragédies, et beaucoup d'autres textes. Il existait donc, en plus d'une philosophie par les gestes et l'exemple, une philosophie par les textes et les discours.

Quelle était la philosophie de Diogène ? Il estimait que la culture avait séparé l'homme d'avec la nature et souhaitait réen-sauvager le monde en faisant des animaux en général, et des chiens en particulier, des modèles de vertu à imiter pour parvenir à la sagesse.

Cette option philosophique le conduisait loin puisqu'il estimait que rien ne s'opposait à l'inceste ou au cannibalisme dont les interdits n'étaient selon lui que des conventions sans réelle légitimité ontologique. Les animaux copulent entre eux, ils s'entre-dévorent, alors pourquoi pas les humains ?

Diogène revendiquait l'anticonformisme et le montrait dans ce que l'on pourrait aujourd'hui nommer des performances ou des *happenings* : il entrait dans le théâtre en marche arrière, il se parfumait les pieds au lieu de la tête, il errait dans Athènes en traînant un hareng au bout d'une ficelle, il se masturbait sur la place publique, etc.

Sur la question de la famille, il nous faut penser à partir de fragments retrouvés (en l'occurrence des citations dans les œuvres d'autrui...) et non d'œuvres complètes qui nous offriraient des développements, des argumentations, des explications, des démonstrations. On sait toutefois que Diogène affirme clairement à l'un de ses amis qui l'invitait à faire des enfants : « Sois sans crainte ; comme progéniture, je laisse derrière moi des victoires olympiques » (Paquet, p. 42) – il faut entendre : des victoires philosophiques ascétiques obtenues de haute lutte contre soi...

Son maître Antisthène avait ouvert la route puisqu'il avait lui aussi affirmé : « Il faut faire plus de cas d'un homme de bien que d'un parent » (Paquet, p. 40). C'était clairement dire que la famille, le mari, la femme et les enfants comptaient pour rien en tant que tels mais pouvaient compter s'ils étaient gens de bien, indépendamment de leur statut familial.

Diogène de Sinope a proposé une politique dans la *République*. On sait qu'il y invite à abolir les distinctions sociales, à supprimer la propriété privée, à en finir avec le mariage, avec l'esclavage, à tirer un trait sur l'armée, à généraliser le travail manuel pour tous, à compter pour rien les différences sexuelles, à décréter l'égalité entre les sexes, à inviter les femmes à prendre l'initiative sexuelle, à créer les occasions de la liberté sexuelle généralisée, à autoriser l'homosexualité, à ne pas interdire l'inceste, à en finir avec la sépulture, à légitimer, on l'a vu, le cannibalisme, mais aussi le meurtre des parents et le repas sacrificiel...

On comprend bien que, dans cette configuration, s'il y a des enfants, ils n'appartiennent pas à une famille en particulier mais à la communauté ; ils sont donc élevés de façon, disons, communiste. De même, cette République cynique a décrété la communauté des femmes !

Cette pensée radicale grecque n'entre pas à Rome sans difficulté! Si le cynique Cratès de Thèbes (IVᵉ-IIIᵉ siècle avant notre ère) fait l'éloge du bordel et offre sa fille à l'essai trente jours avant son mariage (Paquet, p. 34), Rome ne plaisante pas avec ces choses-là…

De quelle manière, avec qui et avec quel succès le cynisme pénètre-t-il à Rome? Le cynisme romain existe; il connaît le cynisme grec, bien sûr, mais, ici comme ailleurs, il le transforme en une pratique moins radicale, moins spectaculaire, moins tapageuse et plus praticable, au point qu'un pont permet de passer de ce cynisme-là au… christianisme. Mais c'est une autre histoire.

Le premier cynique romain connu est Demetrius, au Iᵉʳ siècle de l'ère commune. Il est l'ami de Sénèque. Il inaugure une tradition qui, à Rome, durera jusqu'à Saloustios au IVᵉ siècle.

On imagine que, par son goût de la provocation, son aspect rebelle, son refus de la politique, son mépris des dieux, donc sa mise en cause de tout ce sur quoi Rome est construite (le sens de l'honneur et de la dignité, le courage et la valeur militaire, la passion de l'ascèse et de l'austérité, l'exigence du civisme et la maîtrise en tout, la religion de la famille et celle des dieux de la cité…), le cynique soit l'anti-Romain par excellence!

Certes. Toutefois, Rome produit un cynisme à sa main. En Grèce, Antisthène frappe avec son bâton ceux qui veulent être ses disciples, Diogène insulte, invective, méprise, traite les gens d'«ordures» (Diogène Laërce, VI.II.32); à Rome, le cynique Démonax reprend ses interlocuteurs, mais sans sévérité, il ne crie pas, ne hurle pas, n'invective pas et estime qu'il faut parler au quidam avec compassion, comme un médecin s'adresse à un malade; il ne monte pas les gens les uns contre les autres mais, au contraire, se réjouit de pouvoir réconcilier les gens qui sont fâchés. Dans sa *Vie de Démonax*, Lucien de Samosate dit qu'il était «doux, policé, joyeux» (9), sans qu'il fasse pour autant des concessions à la doctrine. Car c'est sur la forme que, finalement, il se distingue de ses compagnons philosophes grecs. À Athènes, il se mêle des passions tristes et de la délectation morose au cynisme; pas à Rome. Voilà pourquoi Démonax était aimé des gens et n'avait pas d'ennemis. Démonax aimait rire et son rire romain qui renvoie à l'humour n'est pas le rire grec qui accompagne l'ironie mordante ou le cynisme blessant. Démonax disait: «Personnellement c'est Socrate que je vénère, mais j'admire Diogène et j'aime Aristippe» (62) – c'est un programme philosophique clair.

Dans l'Empire romain, il existe aussi un cynisme populaire qui n'a pas laissé de traces écrites, sauf chez les cyniques lettrés. Il concernait des gens simples et pauvres, des ouvriers, des travailleurs, des cordonniers, des portefaix, des foulons et autres petits métiers, qui prenaient la besace et le bâton, arboraient la barbe hirsute, puis mendiaient dans les rues en pratiquant l'ascèse recommandée par l'école. Ces gens-là vivaient de ce que leur rapportait la mendicité, quelques pièces, ou deux ou trois choses à manger.

Quant à l'engendrement, il n'existe pas de texte explicite qui nous donnerait la position des cyniques – que l'on connaît pourtant et dont on sait qu'elle défend soit une métaphysique de la stérilité, soit une éducation collective des progénitures dans un dispositif où les femmes sont communes à tous! Sauf une saillie de Démonax rapportée par Lucien de Samosate dans la *Vie* qu'il lui consacre: «Comme Épictète lui reprochait son célibat et lui conseillait de prendre femme et de faire des enfants, parce qu'il convenait à un philosophe de laisser au monde un successeur à sa place, il le confondit en lui répliquant: "Eh bien, Épictète, donne-moi une de tes filles"» (55) – ce qu'il fut bien en peine de faire puisqu'il ne s'était pas appliqué la règle à lui-même et... n'avait pas d'enfants!

*

Dans son *Enquête* qui, entre autres merveilles, rapporte les mœurs du peuple thrace, Hérodote nous apprend comment il se comporte face à la vie et à la mort: «La famille du nouveau-né se rassemble autour de lui et se lamente sur les maux qu'il devra subir puisqu'il est né, en rappelant toutes les calamités qui frappent les malheureux mortels; mais le mort est mis en terre au milieu des plaisanteries et de l'allégresse générale, puisque, disent-ils, il jouit désormais de la félicité la plus complète, à l'abri de tant de maux » (V.4).

Pourquoi diable ce peuple que notre époque présenterait comme infréquentable parce qu'il est polygame et guerrier, qu'il égorge sur la tombe de son époux la meilleure de ses femmes après l'avoir honorée pour être sortie victorieuse du combat qui lui a permis d'être désignée, qu'il a pour tradition que les femmes épargnées du sacrifice se lamentent de l'avoir été, qu'il vend ses enfants à l'étranger tout en permettant à ses filles de se mêler aux hommes, qu'il achète fort cher ses épouses qu'il surveille jalousement, qu'il assume la visibilité d'une inégalité entre une aristocratie tatouée et une plèbe à la peau vierge, qu'il estime qu'il n'est pas de vie plus honorable que vécue dans l'oisiveté, qu'il croit qu'il est vil de cultiver la terre, qu'il pense que la guerre et le pillage sont les activités les plus nobles, pourquoi diable, dis-je, ce peuple est-il parvenu à ce degré de sagesse quand notre civilisation judéo-chrétienne, en inversant ces valeurs, rit de la naissance et pleure de la mort ?

Car les Thraces ont raison : ce qui attend l'enfant qui arrive au monde, c'est le monde et rien d'autre. Autrement dit une vie qui va vers la mort sans pouvoir échapper à cette direction fatale, une vie qui ne pourra pas ne pas déplier ce qui fait la vie : désillusions, souffrances, douleurs, trahisons, mensonges, vilenies, déceptions, fatigues, épuisements, maladies, déconvenues, vieillesse, deuil, puis mort, car c'est ce à quoi est destinée la vie activée par des géniteurs sans conscience qui ne sont que ruine de l'âme…

De quel droit un homme et une femme, puis, depuis peu, deux partenaires avec ou sans sexe, voire trois sans relations sexuelles, décident-ils que leur vouloir suffit à faire sortir du néant un être qui n'a rien demandé, en ne lui proposant pour seul projet que de perdre chaque jour un peu plus de la vie qui le conduira un jour à la tombe ?

Sur quelles étranges légitimations s'appuie la revendication du droit d'avoir un enfant quand il semblerait plus légitime, en songeant aux droits de l'enfant à venir, qu'il puisse disposer de la possibilité de s'opposer à son surgissement à l'être ? Or, comme le non-être ne peut dire qu'il ne souhaite pas l'être car il ignore en quoi il consiste et que nous ne disposons pas non plus des moyens d'entendre l'avis du non-être sur la vie que deux géniteurs entendent lui infliger, la procréation est toujours une peine de vie imposée par deux personnes, restons classiques, à une troisième qu'ils définissent comme la chair de leur chair – et qui s'avère bien plutôt l'être de leur néant. À l'origine de chaque vie, on trouve toujours deux vies qui en ont décidé pour elle sans forcément disposer de bonnes raisons d'agir de la sorte.

Qui est assez seigneur de soi pour envisager de l'être d'un enfant ? Quelles raisons y a-t-il de vouloir procréer si l'on est déjà voulu par plus que soi ? L'exigence de la nature ? L'incapacité à être seul ? Le défaut d'amour de soi ? Ces trois raisons n'épuisent pas l'explication, mais elles sont majeures dans le dispositif procréatif.

*

Pourquoi fait-on des enfants plutôt que rien ? Voici une question que très peu se posent. Et il se peut que, pour procréer, il faille justement commencer par ne pas penser. Ne pas penser, congédier le cerveau, et laisser faire le reste du corps, pourvu qu'il soit acéphale. Je ne pense pas, donc je me reproduis.

L'ortie et le pissenlit, l'endive et la citrouille, le chiendent et la doche, le ciron et la paramécie, le piaf et le vautour, l'ablette et le requin, l'âne et le porc, le bonobo et le serpent, l'éléphant et la souris, tous se reproduisent sans avoir la possibilité de s'y refuser, car tous ces animaux ne disposent pas du cerveau qui permet de renoncer à la reproduction.

On pourrait même donner une nouvelle définition de l'homme et affirmer qu'il est le seul animal qui peut choisir de ne pas se reproduire. Car ni l'endive, ni l'ablette, ni le serpent, ni le bonobo ne peuvent (se) dire sciemment qu'ils arrêtent le processus à l'œuvre dans le vivant. Alors qu'un humain, lui, le peut.

Faut-il conclure que celui qui dit oui comme l'âne est un âne ? Pas vraiment… mais un peu tout de même. Car très peu de ceux qui ont la possibilité de dire non à la procréation usent de cette liberté. Hormis ceux qui pensent qu'épouser Dieu exige la monogamie avec leur mari, y compris les prêtres, et qui, de ce fait, font vœu de chasteté et, normalement, rangent leurs organes génitaux au magasin des accessoires corporels inutiles ; hormis aussi ceux que la maladie contraint à ne pas se reproduire parce que l'impuissance, l'infertilité, l'infécondité naturelles ou culturelles, par exemple dans le cas de radiothérapies ou de chimiothérapies des organes sexuels, les y obligent, la plupart se reproduisent.

Il existe un mot pour qualifier les femmes qui n'ont jamais eu d'enfant et il sonne presque comme une insulte : nullipare… Entre nul et nullissime, nullard et nullement, nulle part et nullité, *nullius* pour nommer le prélat qui n'est rattaché à aucun diocèse ou aucune paroisse et nullivalent pour désigner en chimie ce qui ne possède aucune valence… C'est dire le voisinage.

Le judéo-christianisme qui a déifié une vierge ayant enfanté et qui a proposé ce modèle anxiogène (parce que inatteignable) à des millions de femmes pendant des siècles n'a jamais estimé que Marie fût nullipare. Il a fallu le XIXᵉ siècle prude et positiviste, 1865 en l'occurrence, pour créer ce mot dépréciatif et discriminant. La femme qui n'a pas fait d'enfant est nulle. Nulle et presque nulle part.

La religion catholique vit sur d'étranges paradoxes. Outre celui qui invite les femmes à se faire semblables à la Vierge en refusant le contact sexuel tout en ayant des enfants, il y a également celui qui permet aux prêtres de faire vœu de chasteté, je l'ai déjà dit, donc de renoncer à toute sexualité, de n'avoir pas officiellement d'enfants, de s'interdire le mariage, de ne constituer aucune famille, et, en même temps, d'enseigner aux autres qu'il faut se marier, faire des enfants et constituer une famille sous prétexte que Dieu aurait dit un jour : « Soyez féconds et multipliez-vous » puis : « Croissez et multipliez » (Genèse 1.28).

Le Pentateuque, livre sacré des juifs qui contient les cinq premiers textes de l'Ancien Testament et que les juifs eux-mêmes nomment la Torah, comprend donc la Genèse dans son corpus. La prescription familialiste qui vaut pour les chrétiens vaut ainsi également pour les juifs.

De même, le Coran multiplie les occurrences qui associent les enfants et la prospérité – richesses abondantes, jardins mirifiques, ruisseaux abondants, multiplicité des biens de ce monde, grands troupeaux (XVI.72, XVII.6, XXVI.133, XXXIV.35, etc.). Dans l'islam, la famille nombreuse prouve que Dieu a étendu ses bienfaits sur ses élus.

La double injonction, naturelle et religieuse, détermine la plupart du temps les humains à se reproduire. Qui peut échapper à ce que veut la nature et à ce qu'exige Dieu? Sinon celui qui est prêt à s'affranchir des règles de la nature et des injonctions de la religion... Or, combien sont-ils?

La nature se manifeste de façon visible chez les femmes puisque l'apparition du sang menstruel signifie dans la plupart des sociétés primitives le passage de l'état de jeune fille à celui de femme: pouvoir faire des enfants, voilà qui définit la femme. L'adolescence est une invention tardive qui permet de retarder l'entrée dans le monde adulte, voire qui permet à de jeunes adultes de rester longtemps des enfants. Longtemps ou toujours...

On parle même aujourd'hui d'*adulescence* pour qualifier ceux qui, clairement, refusent d'entrer dans le monde adulte et apparaissent, de ce fait, comme des figures emblématiques de notre civilisation fissurée dans laquelle l'adulte est une figure angoissante, inquiétante, détestable, méprisable, haïssable. La production d'enfants rois ne va pas sans la multiplication d'adultes enfants. Passons...

L'apparition cyclique de ce sang s'effectue sur le mode primitif de la succession du jour et de la nuit et de celle des saisons qui inscrivent le corps féminin dans un déterminisme cosmique. Ce qui advient aux astres aussi bien qu'à la plus petite créature vivante, monde végétal compris, advient dans le ventre des femmes où ce mystère a longtemps été célébré par des fêtes païennes de la fécondité.

Le cycle menstruel arraisonne le corps de la femme à la possibilité d'être mère. Longtemps, la sagesse primitive a consisté à faire de nécessité vertu, à vouloir le vouloir qui nous veut et à inviter à se soumettre aux volontés de la nature. Si la nature avait prévu que la femme fasse des enfants, alors qu'elle y sous-crive. C'était dans l'ordre des choses; c'était la loi; c'était ainsi. Refuser et récuser la nature, c'était se mettre hors la loi naturelle, choisir d'entrer dans le monde maudit de la contre-nature, donc dans celui des bêtes, des animaux, des monstres. Qui pouvait sciemment vouloir être une bête, un animal, un monstre?

Longtemps, les homosexuels n'ont été pourchassés que parce que leur relation ne pouvait déboucher sur une procréation et qu'elle affirmait clairement la possibilité d'une sexualité découplée de la parenté, de la maternité, de la famille. Par ses pratiques corporelles, le sodomite s'apparentait au diable qui se rebelle contre la nature – donc contre Dieu. Qui pouvait choisir le camp du diable?

Voici donc quelques premières raisons pour lesquelles les humains font des enfants: l'*aveuglement* – on ne pense pas, on ne réfléchit pas, on ne sait pas, on ne (se) projette pas; la *soumission* – on souscrit à la nature, on obéit à son déterminisme, on se plie aux commandements de Dieu qui prolongent les injonctions naturelles.

Il en existe d'autres: ainsi le *conformisme*, qui découle naturellement de la précédente raison. Nous vivons sous le regard d'autrui qui, lui, se trouve puissamment formaté par l'obéissance aux règles et lois constitutives d'une société. Or, une société est toujours construite sur un arrière-monde qui lui donne son sens. Le prince s'appuie sur le prêtre qui dit tenir sa règle de Dieu.

Celui qui vit sous le regard des autres fait comme les autres dans le seul dessein d'éviter d'avoir à être jugé par eux. L'incapacité à la solitude joue un rôle majeur dans le consentement à la nature en nous: il est aussi consentement à la culture autour de nous.

Apparaître au regard d'autrui comme celui qui n'a pas d'enfants, c'est passer pour celui qui ne sait pas, ne peut pas, ne veut pas en avoir. Dans tous ces cas de figure, c'est être imbécile, impuissant ou égoïste. Qui voudrait passer pour un imbécile? Pour un impuissant? Pour un égoïste?

Dès lors, faire comme tout le monde, c'est avoir la paix. La paix des autres, certes, mais elle ne vaut rien parce qu'ils trouveront d'autres raisons de mener la guerre contre celui qui ne se plie pas aux diktats de la société, et que cette fausse paix d'autrui peut être aussi la fin de la paix véritable pour soi... J'y viens.

L'incapacité à se déterminer par rapport à soi conduit à remettre sa vie entre les mains d'un tiers : le père et la mère, les frères et les sœurs, les grands-pères et grands-mères, le rabbin et le prêtre, l'imam et le pasteur, les copains et les copines, les amis et les relations, le voisin et la voisine, les collègues et les comparses, c'est vivre pour autrui – autrement dit ne pas vivre.

Car on ne saurait vivre la vie d'autrui (l'avis d'autrui...) sans s'interdire de vivre la sienne. Pas plus qu'on ne peut connaître la jouissance ou la peine d'autrui, l'émotion ou la souffrance d'autrui, la fatigue ou la vieillesse d'autrui, la détresse ou l'enthousiasme d'autrui, on ne peut connaître la procréation d'autrui qui, de ce fait, ne peut vivre la nôtre non plus. Ne vivre que pour autrui c'est s'assurer de ne jamais vivre pour soi. Or l'enfant que l'on fait n'est pas élevé, assuré, assumé, éduqué par le tiers – mais par soi.

Ce conformisme est *faiblesse* ; car vivre la vie que les autres veulent que nous vivions, c'est ne pas vivre sa vie, mais vivre la vie d'un tiers. Parfois, souvent, faire un enfant est le désir de l'un auquel l'autre consent.

La puissance de la nature chez les femmes étant plus manifeste que chez les hommes, le corps sait que le nombre d'ovules dans ses ovaires est compté, pas un de plus, pas un de moins, et que le temps lui aussi est compté entre celui de l'enfance pendant lequel on ne peut pas faire d'enfants et celui de la ménopause qui interdit qu'on y songe encore. Il y a donc plusieurs années dans la vie d'une femme pendant lesquelles la nature se fait entendre violemment.

La nature, c'est-à-dire les hormones. Notre époque intellectuelle cherche à congédier la nature à tout prix ; elle ne voit que par la culture, les artifices. Nous ne serions donc que des produits de la culture et la nature ne serait rien, car nous nous en serions rendus comme maîtres et possesseurs – pour parler le langage de Descartes.

Il n'empêche que les transsexuels qui souhaitent changer de sexe ont moins besoin de se perfuser à l'œuvre complète de Judith Butler, la grande prêtresse de la théorie du genre, que de se faire prescrire des injections d'hormones dans un cabinet médical. Hormones mâles si le transsexuel veut devenir un homme, femelles s'il a choisi de devenir une femme. Si ça n'est pas la preuve la plus élémentaire que les hormones font la loi, alors je veux bien changer de sexe... La testostérone des hommes et les estrogènes et la progestérone des femmes constituent un déterminisme puissant.

La maternité étant depuis plusieurs siècles l'apanage anatomique, physiologique et biologique des femmes, elle reste une affaire naturelle. Certes, depuis plusieurs décennies, la culture s'en empare pour l'abolir, mais les fécondations artificielles, les procréations médicalement assistées, les gestations pour autrui, puis, bientôt, les ectogenèses semblent toujours avoir besoin d'un matériau de base qui reste masculin ou féminin. Quels que soient les géniteurs, ils obtiennent toujours un garçon ou une fille – sauf sortie de route de la nature.

Vouloir que les hormones ne nous gouvernent pas totalement prouve que le cerveau, *via* l'hypophyse et l'hypothalamus, qui lui aussi est une glande endocrine, sinon un organe sexuel, peut fonctionner contre ses propres invites et que c'est probablement ce qui fonde l'humain en l'homme.

L'angoisse de n'être pas mère quand on voudrait l'être mais qu'on ne peut plus l'être conduit parfois à vouloir impérieusement faire des enfants. Quand on croit aimer pour son compte, être charmé par une personne qu'on estime douée des qualités que notre biologie lui confère (on sait que l'amour rend aveugle...), imaginer qu'on a découvert le prince ou la princesse charmante, se sentir ravi par l'existence et la présence d'un être, c'est que notre cerveau, sollicité par ce que l'on aura vu, baigne dans un court-bouillon d'ocytocine dont la fonction consiste à envoyer le mâle vers une femelle pour qu'il en résulte un enfant afin que l'espèce assure ainsi sa vie et sa survie.

On peut donc être le jouet de cette anatomie et vouloir un partenaire de jeu susceptible d'activer le dispositif procréatif; on dit moins oui à celui-ci ou à celle-là qu'au polypeptide. Certes, ça tue le romantisme, mais ça fait avancer la vérité. D'aucuns, en la matière, préfèrent le romantisme à la vérité, la désillusion finit toujours par faire entendre la voix de la vérité. Le romantisme ne survit pas aux premières secousses du réel.

Aveuglement à la véritable nature des choses, obéissance à la nature, soumission à la religion, conformisme à l'ordre social bourgeois, faiblesse dans l'incapacité à vivre pour soi, angoisse à ne plus pouvoir répondre positivement au déterminisme naturel, d'aucuns font également des enfants par *incomplétude psychique*.

Une sidérante affirmation procède de cette incomplétude. Elle suppose que des enfants constituent un genre d'assurance-vie sur l'éternité, qu'en mourant une partie de nous continue à vivre dans notre progéniture et que notre décomposition dans le film plastique du cercueil (puisque la terre est désormais interdite au défunt...), lui-même contenu dans un habitacle de ciment recouvert d'une pierre tombale, se trouve niée par la présence de notre ADN dans le corps d'un descendant. La mort ne serait pas, tant qu'une hélice d'ADN lui survivrait? C'est refuser le néant avec le désespoir des damnés.

Bien que notre ADN survive à la mort de notre cadavre tant qu'il en reste un infime fragment, un seul cil par exemple, il paraît de peu de secours ontologique de croire qu'un brin d'acide désoxyribonucléique présent dans un arrière-petit-fils assure le squelette du grand-père d'un genre d'immortalité.

Plein de sagesse, et n'y allant pas par quatre chemins, Théophraste écrit dans *Du mariage* : «Se marier dans le but d'avoir des enfants, afin que notre nom ne périsse pas, ou d'avoir des soutiens dans la vieillesse, ou de laisser des héritiers incontestables, c'est le comble de la stupidité.» C'est dit.

Ce désir de se prolonger relève d'un *narcissisme*, d'une incapacité à penser le monde sans le ramener à soi, qui empêche qu'on s'imagine mort, disparu, néantisé une bonne fois pour toutes. Demander à sa descendance qu'elle nous rende le néant plus doux du simple fait qu'elle existe est l'une des modalités de la pensée magique avec laquelle on fait les religions. On crie : « Mon royaume pour un espoir ! », or il n'y a ni royaume ni espoir.

Cette soif d'être même dans le non-être s'appuie sur une incapacité à savoir ce que l'on est : nous surgissons du néant vers lequel nous nous en retournons. Entre ces deux néants, ce que l'on nomme la vie va consister à résister à tout ce qui nous conduira vers notre fin, notre disparition, notre abolition.

Le néant d'où nous venons est tissé de la même étoffe que le néant vers lequel nous allons. Pas plus que notre propre vie n'est un réconfort pour nos ancêtres morts il y a un siècle ou deux, sinon un millénaire ou deux, notre progéniture n'est une consolation pour aborder les rives de notre propre néant. Avant le spermatozoïde et l'ovule qui nous ont constitués nous étions dans un néant ; c'est le même que celui dans lequel nous serons une fois morts. C'est pure fantasmagorie d'imaginer que des enfants nous prolongent…

Pour croire pareille fadaise, il faut se croire immortel, s'aimer trop pour se penser corruptible et périssable, se faire une idée haute de soi-même qui écarte l'entropie à laquelle nous sommes irrémédiablement soumis. Et quand j'écris irrémédiablement, c'est en renvoyant à l'étymologie : il n'existe aucun remède à l'effet du temps.

Les anciens le savaient qui, sur les cadrans solaires, gravaient dans la pierre qui mesurait le passage des heures cette sentence latine forte d'une sagesse potentielle : *Vulnerant omnes ultima necat*, autrement dit : « Toutes nous blessent, la dernière nous tue ». Ignorer cette loi élémentaire qui concerne tout ce qui est, c'est n'être pas. Ou être à moitié, partiellement. C'est vivre mutilé.

C'est donc un être mutilé qui croit que toutes les heures nous blesseraient mais qu'aucune ne nous tuerait et qu'après la mort qui ne serait pas la mort des vivants continueraient à vivre pour nous, comme par procuration, du simple fait qu'ils partageraient avec nous quelques brins d'ADN.

Or nous ne sommes pas notre ADN ; nous sommes ce que nous faisons de ce que l'ADN fait de nous. Rien d'autre. Si l'on n'en fait rien, on n'est rien d'autre ; si l'on en fait quelque chose, on sera le produit de ce quelque chose. Cette *Sagesse* propose une modalité de ce quelque chose.

Outre le narcissisme, autrement dit le plaisir pris à soi-même tel un immortel dans l'éternité, il existe une autre modalité de cette incomplétude psychique. Il s'agit du *transfert* : il caractérise une translation d'être de l'adulte qui, trouvant trop lourde sa propre charge existentielle, s'en défait en la confiant à son enfant pour qu'il l'en délivre.

Trivialement, c'est l'adulte qui demande à son enfant de réussir ce qu'il a raté. L'enfant fonctionne alors comme un remède psychique à la souffrance de son géniteur qui, n'ayant pas réussi à vivre la vie qu'il escomptait, se met à vivre par procuration en chargeant son fils ou sa fille de parvenir à résoudre les énigmes devant lesquelles il aura trébuché.

Dans ce cas de figure, un homme ou une femme croient être devenus des adultes du simple fait qu'ils sont devenus père ou mère. Mais on peut accéder aux leviers de commande ontologiques d'un enfant en étant resté soi-même un enfant. Pousser un landau ne confère pas de fait le statut d'adulte à celui qui exhibe sa progéniture.

Être adulte n'a rien à voir avec ce que les rites initiatiques du Veau d'or qui nous gouverne présentent comme tels : conduire une voiture, décrocher un diplôme, travailler, disposer d'un logement autonome, accéder à la propriété – pas plus qu'engendrer.

Être adulte, c'est avoir rompu avec l'enfance et l'adolescence ; du moins avec ce qui faisait l'insouciance d'une époque où le principe de plaisir gouverne la totalité des comportements, un temps béni pendant lequel le principe de réalité est vécu comme intrusif dans son hédonisme sommaire.

Il y a crime à engendrer. Non pas un crime direct, brutal, immédiat, mais un crime différé : car donner la vie, c'est donner la mort qui va avec. La mort et tout ce qui lui ressemble, en prenant sa flamme à son feu mauvais : la souffrance, l'entropie, la douleur, le tourment, le chagrin, la tristesse, l'angoisse, l'anxiété, l'inquiétude…

Car sortir du néant un être qui n'a rien demandé, c'est lui proposer le berceau à la sortie du premier néant. C'est la première nef qui le conduira à la dernière, le cercueil, qui, lui, le mènera au néant dont il est sorti par la cause, ou la faute si l'on préfère, de deux libidos qui ont imaginé faussement que la meilleure façon de croire qu'elle durerait toujours serait de l'incarner dans le petit corps d'un tiers.

Quoi qu'on fasse, naître c'est avoir à mourir un jour. Être n'est d'ailleurs qu'être pour la mort... Sortir du néant un être qui n'y était pas, car il le devient en sortant du non-être, afin de lui donner comme seule perspective, en moins d'un siècle, d'y retourner en ayant connu une vie brève dans laquelle le mal, même s'il a pris une part mineure, finit par obtenir la grosse part finale avec la mort, c'est une opération ontologique lourde, souvent exécutée de façon légère.

Les parents croient donner la vie au moment même où ils condamnent à mort. Car la génération appelle la corruption – pas besoin d'avoir lu le traité d'Aristote sur ce sujet pour s'en convaincre. Sauf que, ne voyant pas si loin, ils jouissent de regarder le nouveau-né à la maternité en ignorant que le compte à rebours vers la mort a commencé neuf mois en amont.

L'Antiquité tout entière a saisi la terreur ontologique qu'il y a à être né. On trouve même nombre de penseurs pour dire que le mieux est de ne pas naître vu ce qui attend le naissant. Au VIe siècle de notre ère, Théognis de Mégare écrit dans ses *Sentences* : « De tous les biens, le plus souhaitable pour les habitants de la terre, c'est de n'être point né, de n'avoir jamais vu les éclatants rayons du soleil ; ou bien, ayant pris naissance, de passer le plus tôt possible la porte de Pluton, de reposer, profondément enseveli sous la terre » (425-428) ; un siècle plus tard, Sophocle écrit dans *Œdipe à Colone* : « Mieux vaut cent fois n'être pas né ; mais s'il nous faut voir la lumière, le moindre mal encore est de s'en retourner là d'où l'on vient, et le plus tôt sera le mieux ! » (1215-1218) ; au Ier siècle de l'ère commune, le père de famille Sénèque écrit dans sa *Consolation à Marcia*, son épouse, alors qu'ils viennent de perdre un enfant : « Il n'y a rien d'aussi fallacieux, d'aussi perfide que la vie humaine ; personne, grands dieux! n'en voudrait, si nous ne la recevions à notre insu. Si donc la félicité suprême est de ne pas naître, celle qui s'en rapproche le plus est, j'imagine, de disparaître au plus tôt et de retourner rapidement au néant originel » (XXII.3).

Aucun de ces philosophes qui invitent à quitter la vie au plus vite n'a franchi la porte de Pluton de son propre chef. Même Sénèque, dont on dit qu'il s'est suicidé, n'a fait qu'appliquer la sentence de Néron qui avait décidé de sa mort. De la même manière que Socrate, il ne s'est pas suicidé : on l'a suicidé – ce qui est une modalité de l'homicide, mais pas du suicide qui, certes, suppose qu'on s'inflige la mort, mais à la condition expresse d'un choix libre et volontaire. Ni Socrate ni Sénèque n'eurent le choix.

Il faut donc bien que ce soit la puissance de la pensée qui fasse écrire à ces philosophes qu'il faut ne pas faire d'enfant et que, une fois le forfait commis, le mieux est de quitter cette vie, dans le même temps où la puissance de la vie les a fait renoncer à ce qu'ils enseignaient.

Preuve s'il en est que ce qui mène le bal, c'est la volonté de vie, le vouloir qui nous veut et lutte contre le néant qui, c'est écrit, gagnera de toute façon la guerre. Le refus de procréer est la résultante d'une pensée forte qui domine le corps, là où le consentement trahit un effet du corps faible qui succombe à la tyrannie du vouloir. C'est soit volonté de puissance, soit puissance de la volonté. Soit procréation, soit métaphysique de la stérilité.

Quelle est la raison majeure apportée par les philosophes en faveur de cette métaphysique? Elle est simple : pour lancer un enfant dans un monde mauvais, il ne faut pas aimer les enfants. Ce qui, dans la bouche de Thalès, donne une excellente formule. Diogène Laërce rapporte dans *Vies et doctrines des philosophes illustres* cette anecdote le concernant : « Il demeura célibataire, mais adopta le fils de sa sœur. Quand on lui demanda pourquoi il ne faisait pas d'enfants, il répondit : justement, par amour des enfants » (I.26).

Car est-ce aimer les enfants que de les exposer au destin de tout humain sur cette planète : la souffrance et la maladie, le chagrin et la tristesse, la méchanceté et la haine, la malveillance et l'agressivité? Mais aussi: le mensonge et la trahison, l'infidélité et la déloyauté.

Qui peut vouloir une éducation qui invite aux grandes et belles vertus quand le monde montre très vite à l'enfant qu'il y a de nombreuses prospérités aux vices et d'aussi nombreux malheurs à la vertu? À quoi bon enseigner le bien dans un monde où le mal fait si souvent la loi avec succès et sans représailles? Comment se sortir des contradictions qui font qu'on interdit le mensonge à sa progéniture alors qu'une vie consacrée à la vérité s'avère invivable? Il suffit de décider un matin, au réveil, qu'on dira pendant vingt-quatre heures toute la vérité, rien que la vérité, à tous ceux que l'on rencontrera pour constater le nombre d'ennemis qu'on se sera faits et d'amis qu'on aura perdus en fin de journée...

Pessimisme, diront les uns... Pessimiste ou réaliste Marc Aurèle quand il écrit dans ses *Pensées pour moi-même*: «Se dire dès l'aurore: je vais rencontrer un indiscret, un ingrat, un violent, un perfide, un arrogant» (II.1)? Souvent l'irréaliste traite de pessimiste le réaliste qui voit trop bien le réel. Or bien voir le réel ne définit pas le pessimiste qui, lui, voit le pire partout quand l'optimiste voit le meilleur partout, mais le tragique qui tâche de voir le réel tel qu'il est. Le pessimiste voit le mal partout; l'optimiste le bien partout; le tragique le mal là où il est, le bien là où il est, et il constate que, dans une vie, sauf à vivre en ermite dans la forêt, la somme des maux s'avère plus importante que celle des biens.

D'ailleurs, s'il fallait un seul exemple, il suffirait de voir dans une vie le temps passé à l'inconscience et à l'innocence, celui de l'enfance et des jeunes années, le temps passé à la rudesse de la vie d'adulte qui est combat contre l'adversité ou répétition d'une vie mélancolique, puis celui de la vieillesse et des dernières années consacrées à la décrépitude et au naufrage, pour constater que le bien fut rare – donc d'autant plus précieux.

Nombre de philosophes qui ont invité à refuser la progéniture l'ont fait en tragiques et non en pessimistes. Ils ont constaté combien la vie est un combat perpétuel contre tout ce qui en veut la fin, la fameuse lutte entre Éros et Thanatos, une idée d'Empédocle avant que Freud n'en fasse deux des piliers de sa boutique, et ils ont invité à ne pas augmenter la misère du monde – ou l'exposition à la misère du monde.

Ainsi Homère dans l'*Iliade* : « Tel est le sort que les dieux ont filé pour les malheureux mortels : vivre dans la douleur » (XXIV.525-526) ; Euripide dans *Hippolyte* : « La vie humaine n'est que souffrance, et il n'y a nulle trêve à ses peines » ; ou bien, dans *Cresphonte*, reprenant la coutume thrace : « Nous devrions nous lamenter durant nos fêtes de famille, à l'occasion de la naissance d'un enfant, à la pensée de tous les maux de l'existence, et quand la mort aura mis un terme à nos lourdes épreuves, nous faire accompagner joyeusement par tous nos amis » ; Démocrite : « Élever des enfants est chose difficile : réussir en la matière implique bien des combats et des soucis, y échouer apporte un chagrin sans égal » ; le Pseudo-Diogène dans une *Lettre à Zénon* : « Il ne faut ni se marier ni élever des enfants, puisque notre espèce est faible et que les ennuis procurés par le mariage chargent d'un fardeau supplémentaire la faiblesse humaine. C'est pourquoi ceux qui se sont mariés et ont élevé des enfants pour l'assistance qu'ils espéraient y trouver s'aperçoivent plus tard que cela procure encore plus d'embarras et sont saisis de regrets, alors qu'il leur était possible, dès le début, d'éviter ces erreurs » ; et ailleurs : « À mon avis, il ne faut pas avoir d'enfants, car j'observe dans le fait d'avoir des enfants beaucoup de risques considérables et beaucoup de soucis, pour un rendement faible, et sans consistance ni valeur » ; Lucrèce dans *La Naissance des choses*, parlant du nouveau-né qui « remplit l'espace de ses vagissements plaintifs, comme il est naturel à l'être qui a encore tant de maux à traverser » ; Tertullien même, l'un des premiers Pères de l'Église, dans son *Exhortation à la chasteté* : « Cette charge que constituent les enfants et que les lois poussent à avoir, car aucun sage n'aurait jamais spontanément désiré des enfants. »

Pessimistes Homère et Euripide, Sophocle et Démocrite, le Pseudo-Diogène et Lucrèce, sinon Tertullien ? Ou bien réalistes, au fait de ce qui est véritablement : autrement dit tragiques. Je tiens pour ma part qu'on aurait du mal, sauf à rêver et à se bercer d'illusions, à pulvériser ici les arguments de ceux qui passent pour des maîtres de sagesse universels sur tant d'autres sujets. Pourquoi erreraient-ils sur cette question tout en ayant raison sur le reste?

*

Ne pas faire d'enfants ne relève donc ni de l'égoïsme ni de l'individualisme mais de l'altruisme : il s'agit d'éviter d'infliger de la souffrance et de la douleur à autrui, de le préserver de façon radicale de la négativité du monde en ne l'y exposant jamais puisqu'on en a le choix; il suffit de faire fonctionner sa raison et son intelligence.

Si égoïsme ou individualisme il devait y avoir, pourquoi ne pas plutôt les voir chez des géniteurs qui sont tout à eux-mêmes et à leurs désirs personnels, aveuglés par leurs instincts, leurs passions et leurs pulsions, déconnectés de leur raison et de toute réflexion, obéissant à leur anatomie et à leur physiologie, jubilant de satisfaire aux impératifs sociaux et familiaux, contents et fiers d'eux, infantilisés et régressifs (une sociologie du faire-part de naissance témoignerait en ce sens…)?

Pour finir, rendons grâce au féminisme historique qui, avant le féminisme hystérique de nos jours qui épouse le nihilisme de notre époque, a milité en faveur des femmes afin qu'elles ne soient plus des ventres à faire des enfants, des mères vouées à consacrer leur temps à l'éducation de leur progéniture, des épouses à satisfaire leurs maris, y compris dans la production d'une famille à même de signer l'entrée dans le conformisme bourgeois.

Affirmer qu'une femme n'a pas besoin d'être mère ou épouse pour être véritablement femme est une idée récente et pour tout dire : postchrétienne. «Un enfant si je veux, quand je veux» fut un véritable slogan libertaire. Il ouvrait en effet à l'homme et à la femme la possibilité d'une autre vie : une vie souveraine.

Or, la condition de possibilité d'une véritable vie philosophique est la souveraineté. Quand l'enfant est là, il a le droit d'être, et de bien être, voire d'être bien, *et c'est normal*, les parents devraient passer au second plan afin de donner à l'être à qui ils infligent la vie la priorité sur leurs propres existences. Si l'enfant n'a pas tous les droits, il a du moins celui d'avoir des parents à la hauteur. Est-ce si souvent le cas ? Pas sûr…

Faut-il pour autant se pendre si l'on a fait des enfants ? Sûrement pas, c'est ainsi, ils sont là, il faut dès lors les aider à se construire comme de belles figures. Faire au mieux, c'est-à-dire au moins pire, pour leur permettre de « sculpter leur propre statue », comme y invitait Plotin dans les *Ennéades*.

2

PARLER

Les paupières cousues de Regulus

Qu'est-ce qu'avoir une parole ?

L'historien romain Aurelius Victor consacre un développement à Marcus Atilius Regulus dans son ouvrage intitulé *Hommes illustres de la ville de Rome*, un livre que l'historien destinait à l'édification des hommes politiques de son temps – le IVe siècle de l'ère commune. Avec l'austérité de Caton l'Ancien, la probité de Cincinnatus, le courage de Mucius Scaevola, le suicide de Lucrèce, l'histoire de Regulus relève, avec quelques autres, des grands exemples d'édification romaine.

Nous sommes à l'époque de la deuxième guerre punique qui oppose Rome à Carthage – IIIe siècle avant notre ère. Le consul Regulus inflige une sévère défaite aux Carthaginois. L'un d'entre eux, Hannon, vient parlementer : il prétend parler de paix ; en fait, il veut juste gagner du temps afin de rendre possible l'arrivée des renforts qui lui permettraient de retourner au combat. Dans les rangs de la troupe romaine, on veut infliger au Carthaginois le même supplice que celui qui avait été réservé à l'un des leurs, le Romain Cornelius, qui, se rendant à des pourparlers avec les Carthaginois, avait été arrêté et emprisonné. Comprenant qu'il pourrait bien y laisser la vie, Hannon dit : « Si vous faites ça, vous ne serez en rien meilleurs que les Africains ! » Regulus calme la troupe et réplique : « La loyauté romaine, Hannon, te libère de ta peur. » Il n'y eut ni mise à mort ni négociation. Ce jour-là, les choses n'allèrent pas plus loin.

Regulus a combattu les soldats puniques, certes, mais également, dit-on, un serpent monstrueux qui gardait la ville... Les historiens de l'Antiquité rapportent que le reptile était tellement puissant qu'il se saisissait des soldats aguerris et n'en faisait qu'une bouchée. Il en tuait d'autres avec les simples mouvements de sa queue, pendant que son haleine empuantie avait raison de ceux sur lesquels il soufflait. Ses écailles étaient tellement épaisses qu'aucun projectile ne parvenait à fendre sa carapace et que les flèches et les javelots rebondissaient sur la kératine! Les stratèges romains durent lancer les balistes contre l'animal qui finit par mourir. Mais son sang s'est vidé dans le fleuve Bagradas et a empoisonné les alentours. Les Romains ont dû lever le camp pour éviter l'intoxication. Regulus fit alors dépecer et tanner la peau de l'animal et obtint une relique de trente-cinq mètres de long qu'il envoya à Rome.

Certains historiens estiment que ce passage fait basculer la totalité de ce récit du côté de la fiction et que Regulus eut tout autant de vérité et de réalité que ce gros serpent carthaginois. Mais c'est ignorer qu'à cette époque, comme à la nôtre d'ailleurs, le recours à la pensée magique peut très bien s'effectuer aux côtés de la pensée historique!

Fort de ses succès, le Sénat conforte Regulus dans son poste de chef des armées romaines dans le conflit qui oppose la Cité à Carthage. Mais, pendant son absence, le fermier qui gérait sa petite ferme d'un peu plus d'un hectare est mort; à la suite de ce décès, l'esclave a volé le matériel agricole et s'est enfui. Regulus souhaite qu'on le relève de son poste africain pour reprendre le chemin de sa terre et la faire fructifier afin d'entretenir sa famille. Le Sénat rachète le matériel volé à ses frais, met des ouvriers sur sa terre et permet ainsi à sa femme et à ses enfants de continuer à vivre.

Tout à ses combats, Regulus fait plier les Carthaginois en gagnant la bataille. Dion Cassius nous apprend qu'il exige des conditions draconiennes : un abandon de la Sicile et de la Sardaigne ; un remboursement des frais de guerre ; une amende annuelle; l'interdiction de déclarer une guerre ou de faire la paix sans l'autorisation préalable du Sénat romain; une reddition des prisonniers sans rançon; l'obligation de secourir Rome si elle le demande; la limitation de leur marine de guerre (Fragment 150).

Les Africains refusent puis sollicitent l'aide des Lacédémoniens, bien connus pour leur valeur au combat. La troupe de Carthage alliée à celle de Sparte a raison de Regulus. Au commencement du combat, Regulus était à la tête de quinze mille hommes et de cinq cents cavaliers; à la fin, il ne reste plus que deux mille soldats. Regulus est fait prisonnier.

Laissons parler Aurelius Victor: «Envoyé à Rome pour traiter de l'échange des captifs, et sous le serment de retourner à Carthage s'il ne pouvait rien obtenir, il conseilla aux sénateurs de rejeter la proposition de l'ennemi; puis, s'arrachant des bras de son épouse et de ses enfants, il revint à Carthage, où, plongé dans un coffre de bois hérissé en dedans de pointes de fer, il fut puni de mort au milieu des veilles et de la douleur» (XL).

Aulu-Gelle précise qu'avant de le laisser partir les Africains avaient contraint Regulus à boire un poison à effet retard «pour qu'il vécût jusqu'à ce que l'échange ait eu lieu, et qu'il dépérît peu à peu, par la suite, selon les progrès du mal». Puis, citant un extrait des *Histoires* aujourd'hui perdues de l'historien Tuditanus, il ajoute des précisions sur le raffinement des tortures infligées par les Carthaginois au Romain: «On l'enfermait dans des cachots profonds et ténébreux; puis après l'y avoir laissé longtemps, quand le soleil était le plus chaud on le faisait sortir brusquement; on le maintenait face aux rayons et on le forçait à regarder le ciel; pour l'empêcher de fermer les paupières, on les lui cousait en haut et en bas» – *Nuits attiques* (VII.4). Ainsi torturé, privé de sommeil, Regulus finit par mourir après d'atroces souffrances.

Lorsque à Rome on apprit qu'on avait ainsi traité un chef de guerre romain, Aulu-Gelle nous dit que «le Sénat livra les plus illustres des prisonniers carthaginois aux enfants de Regulus, qui les enfermèrent dans un coffre garni de pointes de fer et les firent périr en les privant eux aussi de sommeil» *(ibid.)*. On sait par Diodore de Sicile que les tribuns de la plèbe empêchèrent la veuve éplorée de faire justice elle-même en l'éloignant des victimes qu'elle voulait sacrifier.

*

L'historiographie contemporaine doute de cette histoire parce qu'elle met en jeu des valeurs qui n'en sont plus dans nos temps dits démocratiques : le sens de l'honneur, le courage, l'importance de la parole donnée, le mépris de la mort. Notre époque chérit en effet exactement l'inverse et lave les dettes d'honneur avec des versements de dommages et intérêts ; elle ignore ce qu'est le courage psychique, moral, éthique, physique et se réfugie dans la pharmacie anxiolytique pour régler le moindre problème ; elle abolit la vérité et met au pouvoir des gens dont le mensonge et le parjure sont le métier ; elle cache ses morts dans des caissons d'acier réfrigérés et les maquille afin qu'ils ressemblent à des vivants…

Les sources disent des choses différentes, affirment les historiens modernes : Regulus serait mort de plusieurs causes – mort par privation de sommeil parce qu'on l'avait empêché de fermer les yeux en lui cousant les paupières pour l'un ; mort d'épuisement parce qu'on l'avait enfermé dans une cage hérissée de piquants pour l'autre ; mort crucifié pour un troisième… Mais rien n'interdit que tout cela soit vrai en même temps et que la mort ait résulté de l'accumulation de ces tortures.

Et le serpent ? Dans la littérature antique, le réel n'est pas nettoyé de toute irrationalité. Comment en serait-il autrement puisque le nôtre ne l'est toujours pas ! Les prodiges font partie de la vie quotidienne, les signes des dieux, les animaux fabuleux, les phénomènes astronomiques sont monnaie courante. Il suffit pour s'en rendre compte de lire la *Vie d'Apollonios de Tyane*, un philosophe néopythagoricien, écrite par Philostrate au IIIᵉ siècle de l'ère commune.

On peut également lire Pline l'Ancien qui, dans son *Histoire naturelle*, nous explique que les archives témoignent d'étranges prodiges. Sont ainsi tombés du ciel : du lait et du sang, de la chair imputrescible que les oiseaux ne peuvent même pas manger, une pluie de fer (des enclumes, disait mon vieux maître Lucien Jerphagnon qui avait le sens pédagogique...), des briques cuites aussi...

Le même Pline l'Ancien consacre également un développement aux serpents monstrueux, dont celui de Regulus : en Inde, ces serpents avalent des cerfs et des taureaux entiers ; en Pontique, « ils aspirent et engloutissent les oiseaux qui volent au-dessus d'eux, quelle que soit leur altitude et leur vitesse » ; au Vatican, on en a ouvert un qui avait avalé un enfant. En Italie, nous dit-il, on les appelle « bovas » parce qu'ils se nourrissent de lait de vache dans leurs jeunes années (VIII.XIV.36-37).

Un vrai serpent dangereux ayant entraîné la mort par morsure de légionnaires aguerris a bien pu donner naissance à cette hyperbole zoologique destinée à exacerber la toxicité des lieux ennemis et le danger des terres d'Afrique du Nord. La peur grossit tout... Il faut lire l'*Histoire naturelle* de Pline pour comprendre que le surnaturel n'a pas, à cette époque, effectué sa séparation d'avec le naturel.

Mais à ceux qui voudraient voir dans l'histoire de Regulus un faux fabriqué pour obtenir des effets de vertus afin d'édifier les citoyens, rappelons l'existence d'un fait avéré qui montre que des Romains bien réels se sont retrouvés dans la même situation et qu'ils ont réagi de la même manière.

Cette histoire est racontée longuement par Tite-Live dans son *Histoire romaine* et plus brièvement, deux siècles plus tard, par Aulu-Gelle dans ses *Nuits attiques*. Elle met elle aussi en scène la vieille opposition de Rome et de Carthage. La voici. Après la victoire de Cannes, Hannibal fait choisir dix Romains par les rescapés et les envoie à Rome afin d'obtenir un échange de prisonniers et un rachat des émissaires vaincus venus en estafette au Sénat. Le général carthaginois fait jurer aux Romains que, s'ils ne réussissent pas à obtenir la réalisation de ce plan, ils reviendront se constituer prisonniers dans son camp. Cinquante mille Romains sont morts sur le champ de bataille ; accompagnés par un noble Carthaginois, dix reviennent, porteurs du message d'Hannibal. On les écoute au Sénat.

Les vaincus expliquent qu'ils se sont battus vaillamment ; qu'ils déplorent des monceaux de cadavres parmi les leurs ; qu'ils ont combattu sans discontinuer ; qu'ils ont fait face au manque d'eau ; qu'ils étaient fatigués, épuisés, blessés, cernés. Ils ont pensé, dit leur orateur, « qu'il n'y avait pas de honte à ce que quelques soldats romains survécussent à la bataille de Cannes, nous avons stipulé le prix de notre rançon et nous avons livré à l'ennemi les armes dont nous ne pouvions plus nous servir » (Tite-Live, XXII.LIX). Comment des soldats qui se sont rendus peuvent-ils imaginer que le Sénat rachètera leur liberté ? Qui, parmi les sénateurs, aurait pu souscrire à cette idée qu'il n'y avait pas de déshonneur à rendre les armes sur un champ de bataille au lieu de combattre jusqu'à la mort ?

Pire, à leur forfaiture ces soldats vaincus ajoutent le déshonneur : ils se croient libres bien qu'ils aient choisi la servitude, mais ils refusent qu'on les compare à des esclaves que les Romains sont en train d'armer pour repartir au combat ; ils se montrent couards en présentant les Carthaginois qui les accueilleraient à leur retour comme des barbares cruels et rapaces ; ils invoquent « l'angoisse et les larmes de [leurs] parents » *(ibid.)* qui attendent aux portes de la curie ; enfin, invoquant leur « amour-propre », « le danger que court [leur] honneur », ils n'osent imaginer à quoi ressemblerait leur vie si d'aventure les sénateurs refusaient la proposition d'Hannibal... Rome n'est plus dans Rome !

Tite-Live rapporte que le public qui assiste à la scène dans le Sénat témoigne bruyamment en faveur de ces vaincus qui invoquent leur amour-propre et leur honneur ! Chacun veut qu'on lui rende un fils, un père, un parent, un mari... Le Sénat évacue la foule et délibère. Les uns veulent racheter les soldats avec l'argent public ; les autres avec l'argent privé, mais qui pourrait être avancé par le Trésor public.

Puis un sénateur se lève et se fait la voix de Rome. C'est le sénateur Titus Manlius Torquatus : si les prisonniers vaincus s'étaient contentés de demander leur rachat, le Sénat aurait peut-être consenti. Mais ces hommes se sont glorifiés de leur comportement alors que sept mille prisonniers pouvaient encore combattre, faire des dégâts et gagner la bataille. Ils n'ont eu ni la volonté de se battre, ni le courage d'obéir à un chef qui les incitait à guerroyer, ce qui leur aurait permis de retrouver leurs familles, leur cité et d'y rentrer en héros. La mort de cinquante mille soldats près d'eux aurait dû les galvaniser ; au lieu de cela ils ont préféré baisser les bras, être faits prisonniers, perdre leur liberté, devenir esclaves des Carthaginois. Comment pourraient-ils espérer racheter avec de l'argent ce qui n'a pas de prix et qu'ils ont perdu : l'honneur ?

«Après que Manlius eut parlé, bien que la plupart des sénateurs eussent quelques parents parmi les prisonniers, on demeura fidèle à l'antique coutume qui proscrivait toute indulgence à l'égard de ceux qui s'étaient laissé prendre par l'ennemi», écrit Tite-Live (XXII.LXI)... Les prisonniers n'ont pas été rachetés ; la délégation a repris la route vers le camp d'Hannibal ; huit d'entre eux, liés par le serment de revenir après la négociation, se sont livrés aux Carthaginois ; deux qui avaient utilisé un subterfuge en rentrant juste après être sortis du camp, prétextant y avoir oublié quelque chose avant de repartir, et arguant qu'ils étaient libérés du serment puisqu'ils étaient bel et bien revenus au camp (avant de le quitter...), ont été couverts de honte, «accablés du mépris public», écrit Aulu-Gelle (VI.18), et notés d'infamie par les censeurs à un point qu'ils se sont suicidés. «Chez les Romains, avait-il prévenu, le serment était une chose sacrée et respectée comme telle» *(ibid.).*

Où l'on voit qu'à Rome la parole donnée ne saurait être reprise. En pareil cas, il en irait d'un déshonneur incompatible avec une vie de Romain. Le serment engage et *ce qui est dit est dit*, comme l'exprime simplement une formule sans ambages. À Rome, on préfère la mort au parjure...

*

Cicéron a analysé le comportement de Regulus dans son traité *Des devoirs*. Qu'en dit-il ? Il intègre le cas dans une réflexion sur les devoirs de l'honnêteté et, plus généralement, dans une analyse intitulée «Dans quels cas peut-il être honnête de ne pas tenir une promesse ? » – où l'on voit ce qu'est penser concrètement à Rome...

Cicéron plaide la cause en avocat. Il oblige à penser sans qu'on sache tout de suite ce qu'il pense – en ce sens, il s'avère un disciple de Platon qui agissait de même dans ses dialogues. D'abord on pense ce que l'on peut penser sur un sujet ; ensuite on pense ce que l'on doit penser.

Le traité *Des devoirs* aborde la question de la *fides*, une valeur majeure à Rome. D'une part, elle est parole donnée, promesse faite, serment passé, contrat d'achat ou de vente, pacte public ; d'autre part, elle est loyauté investie dans une parole avec l'intention de faire ce qu'on a dit, il s'agit d'être de bonne foi ; enfin, elle est ce qui confère un caractère sacré à cet engagement à partir de quoi la confiance est possible avec autrui. Cette vertu qualifie l'élégance de l'homme de bien ; elle désigne la conscience scrupuleuse ; elle est le ciment des amitiés parfaites ; elle conduit à l'héroïsme, y compris dans l'amitié. Enfin, Cicéron donne son étymologie : « Au risque de rencontrer quelques incrédules, osons ici imiter les Stoïciens qui recherchent avec grand soin l'étymologie des mots, et affirmer que bonne *foi (fides)* vient de *faire (quia fiat)*, parce qu'on fait ce qu'on a dit » (I.VII.23).

Que répond Cicéron à la question : doit-on toujours honorer une promesse ? Les circonstances changent parfois ; elles peuvent obliger à ne pas honorer la parole. Mais si le changement est envisageable en fonction de la conjoncture, il n'est pas acceptable qu'il se fasse contre la justice qui, elle, doit toujours nous guider.

Dans quels cas, par exemple, pourrait-on ne pas honorer sa parole ? Quand l'honorer travaillerait contre l'intérêt de celui à qui on l'a donnée ; quand, pour celui qui l'honore, il en résulterait un mal plus grand que ce qu'obtiendrait le bénéficiaire ; quand il faudrait pour ce faire aller contre l'intérêt public ; quand la promesse aurait été obtenue par la peur, la crainte ou un dommage ; quand la loi s'avérerait plus équitable que l'exercice de la parole donnée ; quand l'honorer serait contraire à la décence.

Regulus entre alors en scène : était-il tenu de revenir à Carthage, comme il l'avait promis, en cas d'insuccès de son ambassade ? Qu'a-t-il pu se passer dans la tête du chef de guerre romain ? Il a pu se dire qu'en n'honorant pas son serment, il pourrait finir sa vie tranquillement à Rome en évitant un avenir proche fait de tortures, de souffrances et de mort ; mais la grandeur d'âme exige qu'on ne tienne pas ces maux pour tels puisqu'ils n'en sont pas véritablement en regard de ce qu'est le mal véritable : le parjure. Il aurait pu plaider au Sénat en faveur de l'échange des prisonniers ; mais il a fait le contraire en estimant qu'il valait mieux éviter de libérer les soldats carthaginois qui disposaient de jeunes soldats et de bons généraux qui auraient mis à mal la République romaine sur les champs de bataille. Il aurait pu se dire que Dieu n'est pas par nature un être mauvais qui se vengerait, se fâcherait contre lui ; mais Dieu ne joue aucun rôle en matière de serment puisque celui-ci relève de la bonne foi. Cicéron écrit : « La colère de Jupiter aurait-elle pu d'ailleurs être plus nuisible à Regulus que Regulus ne l'a été à lui-même ? » (*ibid.*, III.XXVIII.102). Il aurait pu imaginer que le mal qui l'attendait une fois revenu chez les Africains serait supérieur à celui qui l'attendait en cas de parjure ; or le vrai mal ne se trouve pas dans la torture ou les souffrances physiques, mais dans le déshonneur. Il aurait enfin pu se dire que ce serment ayant été passé sous la contrainte ne l'engageait aucunement ; mais il a donné sa parole aux Carthaginois en ayant l'intention de la tenir, dès lors, ne pas honorer sa parole ce serait violer le droit de la guerre et le droit fécial rendu par vingt prêtres chargés de l'observation des formes et des rites en matière de guerre. Regulus ne pouvait à lui seul ébranler l'édifice sur lequel repose la force du serment sans lequel aucune société n'est possible. Voilà pour quelles raisons Regulus a agi de la sorte.

Parce qu'il était romain, le consul ne pouvait pas ne pas faire passer l'intérêt de l'État dans ce qu'il a de plus précieux, à savoir la créance, le crédit, la foi en les contrats sans lesquels aucune communauté n'est envisageable. À Rome, la grandeur de l'individu n'est jamais aussi grande que quand il rend possible l'État qui le nie.

Avec Regulus, faut-il célébrer un héros, un grand homme, une figure illustre? Cicéron donne une réponse sidérante: nullement! Que faut-il penser de ce retour à Carthage? Donnons la parole au philosophe: «À la vérité, en ce temps-là, il n'aurait pu faire autrement; c'est non pas lui, mais son époque qui en a le mérite: nos ancêtres voulaient qu'il n'y ait pas de lien plus solide que le serment pour engager la foi: c'est ce que montrent les lois contenues dans les Douze Tables, les lois dites sacrées, les traités qui engagent notre parole même envers l'ennemi, la jurisprudence des censeurs et les peines infligées par eux; car il n'est rien qu'ils mettraient plus de soin à juger que le respect des serments» (*ibid.*, III.XXXI.111). Quand on connaît la vie de Cicéron, sa sévérité paraît bien exagérée. La grandeur d'âme est souvent mal perçue par ceux qui en sont dépourvus.

*

Parler, c'est donc s'engager. À Rome, la fidélité à la foi jurée, la *fides*, est une valeur cardinale. Étymologiquement, elle renvoie à la confiance, au crédit, à la promesse, à la protection. Elle est donc la condition de possibilité de tout contrat. Si l'on parle pour ne rien dire, alors on discrédite, on supprime le crédit, on démonétise, on fait perdre la valeur, on émet une fausse monnaie, on frappe de la monnaie de singe.

Car, pour qu'une parole soit véritablement, il lui faut un locuteur crédible. Une personne qui, comme Jean Chrysostome selon la tradition, puisse être dite Bouche d'or parce qu'elle n'exprimerait que des vérités sans que jamais un mensonge franchisse ses lèvres. Un mensonge ou une contre-vérité, une dissimulation, un sophisme avec une ou plusieurs entrées.

Dans notre civilisation judéo-chrétienne où la morale renvoie au regard de Dieu qui juge, le tout conforté par le catholicisme qui, à coups d'actes de contrition et d'indulgences, permet des arrangements avec le diable, la parole mensongère est pardonnable. Pourquoi dès lors s'en priver? En nos temps de déchristianisation avérés, qu'est-ce qui pourrait bien conduire une personne à préférer la vérité au mensonge, qui plus est quand le mensonge se révèle rentable et la vérité coûteuse ou que l'expérience enseigne la prospérité des vices et les malheurs de la vertu?

Dans un régime éthique qui renvoie à l'honneur, comme à Rome, le regard de l'autre fait la loi. Certes, l'autre n'est pas tout autre ou n'importe quel autre, hélas, car l'esclave ou le gladiateur, la femme ou l'étranger domicilié dans la cité n'ont pas voix au chapitre puisque seule l'aristocratie compte en la matière. Une parole de consul ou de sénateur n'a évidemment pas la même portée que celle d'un domestique...

Mais, autant on se remet d'une faute quand, *via* un prêtre, elle se trouve pardonnée – avant la suivante –, autant on se trouve définitivement marqué d'infamie quand on a manqué à ce qui doit être – et la *fides* est architectonique dans la Ville éternelle.

Quel est le contraire de la *fides*? La perfidie... Dans *De l'invention*, Cicéron écrit: «Ceux qui, souvent, nous ont perfidement trahis, nous ne devons pas avoir foi en leur discours, car nous ne pourrons, si nous subissons quelque dommage de leur part du fait de leur perfidie, ne nous accuser que de nous-mêmes... C'est donc une très grande folie que de mettre son espoir dans la foi de ceux dont la perfidie nous a si fréquemment trompés» (I.39). On imagine mal, donc, Regulus donnant sa parole et la reprenant ou ne l'honorant pas, car ce sont moins les Carthaginois qui seraient les juges de son hypothétique parjure que ses semblables romains, et lui-même en premier lieu. Mais lui sans les Romains, c'est impensable...

Il existe, dans l'histoire de Rome, plusieurs moments au cours desquels on voit dans quel mépris on tient une parole de traître et comment on y répond par une démonstration de loyauté.

Aulu-Gelle raconte dans ses *Nuits attiques* qu'à l'époque où Pyrrhus est le maître de presque toute l'Italie, au IIIe siècle avant notre ère, Rome s'inquiète. Un dénommé Timocharès d'Ambracie (d'autres sources disent Nicias), proche dudit Pyrrhus, parvient jusqu'au consul Fabricius à qui il fait savoir qu'il pourrait faire empoisonner facilement le roi puisque ses fils sont ses échansons. Il suffit de se mettre d'accord sur le prix... Que fait le consul? Il s'en ouvre au Sénat. Et que fait le Sénat? Il écrit une lettre à Pyrrhus. La voici: «Les consuls romains au roi Pyrrhus, salut. Vu le mal que tu nous as fait, nous demeurons avec une énergie tenace tes ennemis et nous mettons tous nos soins à te faire la guerre. Mais pour donner à tous un exemple de *loyauté*, nous jugeons bon de te sauver la vie afin de pouvoir te vaincre par les armes. Un de tes familiers Nicias est venu nous trouver et nous a demandé un salaire pour te faire périr mystérieusement. Nous avons répondu que nous refusions et qu'il ne devait rien espérer de nous en récompense pour ce meurtre. Il nous paraît bon également de t'avertir afin que, si l'on attentait à ta vie, aucun peuple ne puisse croire que nous sommes les instigateurs du crime et que nous faisons la guerre en recourant à la trahison soldée et à la ruse. Cela nous répugne. Si tu ne te méfies pas, tu périras» (III.8). Le mot «loyauté», *fides*, est au centre ontologique de ce texte et de ce geste: pas question de tenir pour propre une parole salie par la déloyauté. Si l'on veut qu'une parole pèse, alors il ne faut pas créditer une parole démonétisée par le vice.

Autre exemple. On le trouve chez Tite-Live qui raconte dans son *Histoire romaine* un épisode opposant les Romains et les Falisques, un peuple d'Étrurie. Les enfants de la noblesse de Faléries, une ville assiégée, sont conduits par un instituteur en dehors de la ville pour suivre un cours qu'il leur donne en pleine nature. Un jour, le maître s'approche du camp romain avec les enfants. «Arrivé à la tente de Camille, il ajouta à son acte horrible des paroles plus horribles encore: "Je livre Faléries aux Romains, déclara-t-il, en leur livrant ces enfants dont les pères gouvernent la ville"» (V.XXVII). Comment réagissent les Romains à «son acte horrible» et à «des paroles plus horribles encore»? Camille, chef de guerre réputé, refuse ce «présent scélérat»; il renvoie aux lois de la guerre qui supposent la loyauté et non la scélératesse; il promet qu'il vaincra, mais «par des moyens romains: vaillance, courage, persévérance», et sûrement pas par un effet de cette parole... perfide. Il fait dénuder l'instituteur, lui lie les mains dans le dos, donne des badines aux enfants et les enjoint de livrer le livreur à la ville. La ville apprend la trahison de l'instituteur. Elle réunit son Sénat puis

PARLER

délibère. Les citoyens de Faléries, qui avaient montré de la valeur et de la bravoure dans les combats contre les Romains, décident alors de faire la paix en regard de «la bonne foi des Romains, pour l'équité de leur chef». Les habitants de Faléries rencontrent Camille, qui leur donne l'autorisation de présenter leur demande à Rome. Voici quelques mots du discours qui fut tenu au Sénat: «L'issue de cette guerre offrira au genre humain deux exemples salutaires: vous qui avez préféré être loyaux dans la guerre plutôt que de hâter une victoire certaine. Nous, qui vous avons apporté volontairement la victoire. Nous sommes à vous. Venez recevoir nos armes, nos otages, notre ville qui vous offre ses portes. Vous n'aurez pas plus à vous repentir de notre fidélité que nous de votre domination» *(ibid.)*. Camille eut un triomphe, aussi bien avec ses soldats qu'avec la population falisque.

Camille refuse la perfidie, la scélératesse, la bassesse, l'ignominie de cet instituteur dont l'histoire n'a pas conservé le nom. Le chef de guerre renvoie aux lois de la nature qui obligent à la «loyauté», à l'«équité», à la «bonne foi». La parole de l'homme qui vend sa ville en transformant ses enfants en otages est une parole qui ne trouve pas preneur chez les Romains.

Cette fidélité romaine est un contrat social. La parole lie les contractants. Dans la configuration du droit de la guerre, on ne peut pas jeter par-dessus bord la morale naturelle, dit Camille – pas plus en regard du droit des citoyens à être protégés par Rome, puisque l'engagement concerne deux parties, chacune ayant ses devoirs. Le devoir de fidélité s'accompagne d'un droit à la loyauté.

*

La parole vraie c'est la parole engagée et non la parole pensée comme susceptible d'être dégagée si d'aventure il est plus rentable de s'en délier. Cicéron en donne la formule dans *Des devoirs*: «Le fondement de la justice, c'est la bonne foi, c'est-à-dire la fidélité et la sincérité dans les paroles et les engagements pris» (I.VII). Qu'est-ce à dire?

215

Cicéron pense en termes d'intention et estime qu'elle seule fonde en vérité la parole. Dire, c'est s'exprimer sans arrière-pensées, autrement dit sans cacher derrière la pensée dite une autre pensée, tue celle-là, et que l'on compte bien honorer. C'est, en fait, mentir parce que l'on ne pense pas ce que l'on dit ou parce que l'on dit ce que l'on ne pense pas. Savoir que l'on ne va pas tenir mais dire tout de même, c'est mentir.

Il existe également des délinquants relationnels qui sont de bonne foi, mais dont la bonne foi change dans la minute suivante et qui seront tout autant de bonne foi en se parjurant une fois, puis deux, etc. Le menteur sait qu'il ment, mais ce type de personnage aux sincérités multiples et contradictoires relève d'une autre catégorie: celle des mythomanes. Il s'agit d'une pathologie.

Le mythomane est un menteur ignorant qu'il l'est. Il est convaincu qu'en ayant dit une chose, puis son contraire, puis le contraire des deux premières choses, il dit pareillement. Ce qu'il dit, ici, là, ailleurs, se trouve chaque fois conditionné par l'intérêt qu'il a à dire ce qu'il dit. Ses mots sont au service de sa toxicité.

L'une des preuves du mythomane, c'est la dénégation que déclenche la preuve donnée à sa mythomanie. Pris la main dans le sac, il niera qu'il s'agisse d'une main, que ce soit la sienne et qu'il s'agisse également d'un sac, avant d'expliquer qu'il s'agit de tout autre chose – éventuellement dudit sac mais avec la main d'un autre dedans…

Plus la démystification est radicale et pulvérise l'histoire racontée par le mythomane, plus la dénégation atteint des sommets. Elle s'accompagnera bien vite d'agressivité et d'attaques à l'endroit de qui aura simplement affirmé que le roi est nu.

Dans la pathologie de la parole, il y a également le bavard: il parle pour ne rien dire ou, plutôt, pour dire toujours et combler le vide parce qu'il a peur du silence, qui l'inquiète, l'angoisse et le tétanise. Il bouche les trous du silence. Dans le flux de sa parole, s'il existait une pépite, elle se trouverait invisible, emportée par la verbigération. Le philosophe grec Théophraste a consacré au bavard un savoureux portrait dans ses *Caractères* à l'issue duquel il conclut: «Les bavards de cette espèce, il faut les fuir à toutes jambes, si l'on veut éviter la fièvre. Ce n'est pas chose aisée que de tenir bon contre des gens qui ne savent pas discerner le temps de votre loisir et celui de vos affaires» (III.5).

Dans cette galerie des pathologies de la parole, il faut laisser une place au sophiste. Il y eut, en Grèce, on le sait, de grands sophistes. La plupart du temps, ce sont les célèbres interlocuteurs de Platon qui ont parfois donné leur nom à l'un des fameux dialogues du philosophe: Critias, Gorgias, Hippias, Protagoras, mais aussi Antiphon, Lycophron, Prodicos, Trasymaque. Nous ne savons d'eux, la plupart du temps, que ce qu'en dit leur ennemi intime: Platon. C'est avouer le caractère faussé du portrait.

Il existe toutefois des points communs à cette constellation de penseurs contemporains de Périclès: sauf Critias, ils sont tous issus de milieux modestes et ne peuvent, comme Platon qui est de riche extraction, vivre des rentes de leur famille; voilà pour quelles raisons ils font payer leurs leçons, ce pourquoi Platon les blâme. Certes, ils enseignent des contenus, mais plus sûrement des façons de présenter ces contenus: ce sont des artistes de la forme pour lesquels le fond importe peu; ils forment les enfants de l'aristocratie qui souhaitent maîtriser la parole afin d'obtenir des mandats politiques démocratiques. La parole est pour eux un outil de réussite sociale; elle sert à parvenir.

Parmi eux, on remarque l'existence d'Antiphon d'Athènes, lui-même fils de sophiste, qui interprète les rêves, parle avec son interlocuteur, interprète ses songes, prétend le soigner de cette façon et... n'oublie pas de lui prendre de l'argent pour ce prodige!

Le sophiste associe son nom à une image restée platonicienne, mais pas seulement: il nomme celui qui utilise des procédés rhétoriques pour obtenir l'assentiment de celui qui l'écoute. Dans *Contre les logiciens* (I.87), Sextus Empiricus mène une analyse serrée de leur pensée et conclut qu'elle débouche sur la ruine de la vérité... Il a raison.

On ne s'étonnera pas qu'à Rome il n'y ait jamais eu de sophistes. Des rhéteurs, oui. Mais pas de sophistes. Certes, la différence est parfois mince entre les uns et les autres, et l'*Institution oratoire* de Quintilien ne manque pas de procédés, de trucs, de techniques, de méthodes pour bien construire un raisonnement indépendamment de la vérité.

Mais Quintilien critique clairement toutes les définitions de la rhétorique qui la présentent comme un pur et simple art oratoire ne visant qu'à convaincre, peu importe à quoi. « Si cela était, écrit-il, ne serait-ce pas le comble de l'iniquité de mettre des armes aussi dangereuses dans les mains des méchants, et d'aider encore au crime par des préceptes ? » (II.15). Parce qu'elle est un instrument, la rhétorique peut être utilisée à de bonnes ou à de mauvaises fins. Elle n'a pas à être condamnée en soi, mais en regard de ses fins, relativement à celui qui l'utilise.

Avec la raison, la parole est ce qui distingue l'homme de l'animal. Elle est donc ce qui permet l'arrachement à la nature et l'entrée dans la culture. Si la parole doit servir à retourner vers l'état bestial dont nous nous sommes émancipés avec son aide, alors elle est la pire des choses ; en revanche, si elle rend possibles de nouvelles conquêtes sur la nature et qu'elle permet de réaliser des progrès dans la culture, alors elle est la meilleure des choses.

Quintilien précise, et c'est fondamental, qu'il ne sépare point « l'éloquence de la probité » (II.17). Les sophistes vendent des outils pour parvenir ; selon lui, les rhéteurs enseignent des façons de raisonner, de parler, de penser, de démontrer, d'argumenter, d'exposer pour vaincre et convaincre bien sûr, mais en imposant la vérité.

On lit sous sa plume des justifications de l'usage du faux en sachant qu'il s'agit du faux, mais uniquement dans la perspective de restaurer l'ordre de la vérité. Certains auditeurs sont frustes, épais, de mauvaise foi, intéressés, il faut ruser pour imposer le vrai. Quintilien défend donc paradoxalement le mensonge quand il se propose d'instaurer ou de restaurer la vérité.

Faudrait-il s'interdire ce recours et risquer de se priver de faire triompher la vérité ? Ou bien faudrait-il ne jamais mentir en sachant qu'on pourrait ainsi faire gagner la cause de l'erreur ? Le rhéteur répond : la fin qu'est la vérité justifie tous les moyens rhétoriques...

Revenons sur la notion de probité à laquelle renvoie Quintilien : que signifie ce mot ? L'étymologie renvoie au latin *probitas* qui signifie *intégrité*. Elle est la « vertu qui consiste à observer scrupuleusement les règles de la morale sociale, les devoirs imposés par l'honnêteté et la justice », nous dit Alain Rey dans son *Dictionnaire culturel en langue française*. Elle est associée à d'autres vertus : « droiture, honnêteté, intégrité ». Ses contraires sont : « déloyauté, fourberie, fraude, infidélité, malhonnêteté ».

Certes, la définition d'Alain Rey peut être commentée. Car on peut observer scrupuleusement les règles de la morale sociale tout en estimant que telle ou telle de ces règles se trouve en contradiction avec les devoirs imposés par l'honnêteté et la justice. Il faut alors choisir l'une ou l'autre : obéir à une prescription qu'on estime injuste ou bien, au nom de l'idée de l'honnêteté et de la justice, qui sont mouvantes et changeantes comme toutes choses, y compris les règles sociales, désobéir... par probité !

Souvenons-nous de Sophocle. Personne ne contestera qu'Antigone ait été une femme probe, mais, en refusant l'interdit édicté par Créon de donner une sépulture à son frère Polynice, elle manifeste d'une façon qui deviendra exemplaire ce qu'est une probité qui fait passer l'honnêteté et la justice avant tout, y compris, et surtout, avant les règles de la morale sociale. C'est justement parce que ces deux vertus sublimes que sont honnêteté et justice agissent en fer de lance éthique qu'une morale peut générer l'adhésion du plus grand nombre.

*

Parallèlement à la proposition d'Alain Rey, on lit également cela dans la définition de la probité donnée par le *Trésor de la langue française* : « En parlant d'une qualité morale exercée vis-à-vis d'autrui. Droiture qui porte à respecter le bien d'autrui, à observer les droits et les devoirs de la justice. Synonyme : droiture, honnêteté, incorruptibilité, intégrité. » Puis : « En parlant d'une qualité morale exercée vis-à-vis de soi-même par rapport à quelque chose. Rigueur, exactitude appliquée à serrer la vérité,

la justesse au plus près. Synonyme: honnêteté, loyauté, rectitude.» On comprend qu'après les ravages de la déconstruction,
cette vertu n'ait pas bonne presse: s'imposer quelque chose?
Qui plus est la rigueur? Et, de surcroît, l'exactitude? Enfin, la
vérité? Allons donc…

Si cette vertu s'est démonétisée, c'est parce que l'idée même
du sacré qui la rendait possible à Rome a disparu… C'est en
effet originairement le sacré qui rend possible le contrat. Dans
les temps de la royauté romaine, la *Fides* dispose de son temple
édifié par le roi Numa au bord du Capitole. Le temple de
Jupiter est non loin; normal, *Fides* est l'un de ses attributs. En
invoquant le nom de cette divinité qui protège les contrats, on
prête serment avec la main droite. Les textes qui sont signés en
regard de sa puissance et qui concernent l'État et ses relations
avec les autres États sont conservés dans le sanctuaire.

Tite-Live nous apprend qu'on fête cette vertu les jours
de pleine lune parce que la clarté la plus grande lui convient
le mieux. Aux ides d'octobre, les flamines, autrement dit les
prêtres dédiés, la célèbrent dans une cérémonie particulière:
deux chevaux blancs tirent un char sur lequel ont pris place ces
flamines dont les mains sont gantées de laine blanche afin de
signifier la pureté des contrats signés. À Rome, donner la main
droite signifie qu'on engage sa parole et qu'on est de bonne foi.
Tite-Live raconte plusieurs épisodes au cours desquels la main
droite serrée valait engagement et promesse. Cicéron parle lui
aussi «des serrements de mains, témoignages habituels de la foi
donnée» (*Philippiques*, XI.II.5). Lorsqu'un peuple était battu
par Rome et se soumettait, les vaincus tendaient la main droite
vers le vainqueur. La poignée de main que nous connaissons,
bien sûr, hérite de cette coutume qui remonte à la Rome royale.

Le roi Numa lie la *fides* à la religion afin que les contrats
effectués sans témoins oculaires puissent tout de même disposer
de témoins en la personne, si je puis dire, d'un dieu. Dans ses
Antiquités romaines, Denys d'Halicarnasse écrit: «La bonne foi
fut dès lors considérée comme quelque chose de si respectable
et de si inviolable que le fait de jurer par sa foi devint le serment

le plus important, et plus sûr que la présence de n'importe quel témoin» (II.75). Si d'aventure un litige surgit entre deux personnes, il suffit à l'une d'entre elles d'en appeler à sa *fides* pour que toute récrimination devienne impossible.

Ce qui advient entre deux personnes qui contractent est donc moins une pure et simple affaire entre hommes qu'une affaire d'hommes vivant sous le regard du dieu. Si l'on faillit à la parole donnée, certes, c'est celui avec lequel on a contracté qu'on floue, mais le problème est bien plutôt le dieu qu'on trahit.

Toutefois, depuis Évhémère (vers 300 avant notre ère) et son *Écriture sacrée* qui nous est, hélas, parvenue sous forme fragmentaire, on sait que les dieux de la mythologie ont peut-être pour source la déification de grands rois ou de figures majeures. Selon l'évhémérisme, qui caractérise cette doctrine, renvoyer à Jupiter, ce serait en appeler à ce qui, dans un grand homme, fut digne d'être déifié et célébré de façon hypostasiée sous une forme divine. De sorte que prendre ce dieu romain à témoin pour gage de la *fides* serait en fait renvoyer à ce qui fut grand dans un homme et qui peut être sollicité pour obtenir la grandeur entre les autres hommes.

*

La *fides* concerne les contrats, la guerre, les relations internationales, la parole donnée, la république, la solidarité civique, la cité, l'hospitalité, mais aussi le mariage ou l'amitié. On sait qu'à Rome les épousailles et la relation amicale tiennent un rôle majeur.

Quelle fidélité l'épouse doit-elle à son mari? La fidélité du corps, bien sûr, mais aussi celle de l'âme: ne pas se donner à un autre homme, avec le risque d'une grossesse illégale qui perturberait gravement la transmission héréditaire, donc l'ordre social, mais aussi ne pas nuire à son époux en le volant, en dilapidant ses biens, en fomentant des intrigues contre lui, en ne l'assistant pas dans ses moments de faiblesse ou de détresse. Le mariage est le lieu et le moment de l'échange de cette promesse de fidélité. Au cours de la cérémonie, les époux ont les mains jointes.

Précisons tout de même que la société romaine n'est ni libertaire, ni égalitaire, ni féministe, ni matriarcale – quelle société l'est d'ailleurs à cette époque ? Ou même depuis ? Dès lors, ce contrat engage plus la femme que l'homme. L'homme doit la protection, qui est une vertu plus active ; la femme la fidélité, une vertu plus passive.

Or, Rome organise symboliquement nombre de dispositifs selon le couple actif *versus* passif. L'activité est positive, la passivité, négative. De ce fait, l'homosexualité n'est ni bonne ni mauvaise en soi, mais condamnable pour celui qui occupe le rôle passif et reçoit, puis défendable pour celui qui tient le rôle actif et donne. Quitus se trouve donc donné au sodomite mais pas au sodomisé, au pédiqueur mais pas au pédiqué, à l'irrimeur mais pas à l'irrumé.

La *fides* évolue avec le temps. L'austérité de l'époque royale laisse place à plus d'égalité avec la République. Au fur et à mesure, le mariage associe moins des noms, des fortunes et des familles que des personnes qui partagent des sentiments.

Cette sublime vertu qu'est la *fides* joue également un rôle majeur dans l'amitié. Elle suppose la loyauté. Un ami qui n'est pas loyal est dit perfide. Qu'est-ce que la loyauté ? Elle suppose des pratiques comme la constance dans la démonstration des preuves d'amitié, une exactitude dans l'acquittement des devoirs envers l'ami, une pratique scrupuleuse de cette amitié, le respect des intérêts de son ami, l'interdiction du rappel des bienfaits qu'on lui a prodigués, la sincérité dans les conseils, le soutien indéfectible, la protection de sa personne et de sa famille, une entraide permanente, la bienveillance mutuelle. Elle est au centre, donc, de l'amour et de l'amitié.

Intermède 4

La double vie de Sénèque

Sénèque écrivit pour être le contraire de ce qu'il fut. Avec ses textes, le philosophe taille dans le marbre une sculpture à laquelle l'homme n'était pas parvenu. Si d'aventure nous n'avions rien su de la vie de Sénèque et que nous ne le connaissions que par ses écrits, alors il aurait pu passer pour un saint. S'il n'était resté que les *Lettres à Lucilius*, il aurait sans coup férir été le prophète d'une grande et belle religion sans ciel et sans dieu.

Mais voilà, cet homme qui fut extrêmement riche et considérablement puissant, précepteur de l'enfant Néron et conseiller du même devenu empereur, qui fut au plus haut du pouvoir, voire plus haut que le pouvoir, puisqu'il manigança les intrigues impériales en n'hésitant pas à commanditer la mort en passant, cet homme a laissé des traces – et elles sont loin d'être celles d'un philosophe…

La vertu, pour le philosophe, fut plus une affaire de mots et de livres, de papier et d'enseignements que de pratique. Et, sans surprise, Sénèque qui fut un philosophe selon les mots fustigeait ceux qui ne l'étaient que par eux pour en réserver la qualité à ceux qui menaient une vie philosophique. La sienne fut celle d'un homme lié à toutes les perfidies du pouvoir, et la philosophie fut bien souvent dans son existence l'occasion d'exercer un talent pour la rhétorique qui ne visait que le texte mais aucunement la vie.

Sur le papier, Sénèque fut poète, dramaturge, tragédien, philosophe. Un homme de textes donc. Dans le registre philosophique, il n'y eut chez lui aucun manuscrit qui n'ait obéi à une intention d'écriture. S'il écrit sur la colère ou la clémence, les bienfaits ou la brièveté de la vie, ou encore sur la vie heureuse ou la tranquillité de l'âme, c'est toujours parce qu'une circonstance explique qu'il se soit mis à son écritoire. Sénèque écrit utile. Son œuvre est intimement liée à sa vie politique, à sa relation aux empereurs en général et à Néron en particulier.

Il est alors facile, comme le fit Pierre Grimal, en gaulliste qui avait idéalement le sens de l'État, d'expliquer sans relâche toutes les contradictions du philosophe par la cohérence d'un homme d'État qui avait plus que tout le sens de l'intérêt général, celui du bien public, un sens aigu de la raison d'État et de la nécessité d'empêcher le désordre, une passion pour la paix sociale qui fait qu'au nom de la conjuration de toute guerre civile on mène une politique dans laquelle le coup de main et l'intrigue, l'assassinat et l'instrumentalisation des coucheries, la nomination des amis à des postes stratégiques et l'enrichissement personnel sont monnaie courante, puis signature de l'Empire.

Vieux, écarté du pouvoir, mis sur la touche par Néron qu'il avait éduqué en tant que précepteur, puis conseillé comme prince, Sénèque feint d'organiser une retraite en provenance de laquelle, dans ses *Lettres à Lucilius*, il invite son disciple à faire le contraire de ce qu'il a fait pendant toute son existence. Il est vrai que, lui qui n'a pas mené une vie philosophique, il savait comment il fallait s'y prendre pour inviter autrui à faire ce qu'il n'avait su obtenir de lui-même : devenir un homme libre, autonome, souverain quand lui fut serf, asservi, assujetti – mais énormément riche et puissant. Ce fut le prix à payer.

Sénèque naît à Cordoue en l'an 1 avant notre ère. Son père est connu sous le nom de Sénèque le Rhéteur, il a publié des livres qu'on dirait aujourd'hui de casuistique ; sa mère aspire aux choses de l'esprit, mais son mari l'en dissuade ; sa tante, très présente, très affectueuse, lui fut une seconde mère.

Dans les deux ou trois premières années de sa vie, il arrive à Rome où, adolescent, il suit les cours du pythagoricien Sotion. Pendant une année, il refuse de manger de la viande et se convertit au végétarisme – un point de doctrine des disciples de Pythagore, on le sait, pour lesquels la réincarnation et la transmigration des âmes ne nous mettent pas à l'abri de dévorer notre grand-père en mangeant une côtelette de porc. Il renonce aux huîtres, aux champignons, aux parfums, au vin, aux bains romains – trop de luxe, trop de superflu, trop d'inutilité. Il en reviendra…

Sur l'insistance de son père qui déteste la philosophie, il renonce à cette discipline pour éviter d'être inquiété comme disciple sectaire de cultes orientaux que Rome pourchasse à cause de leur caractère communautaire, donc asocial. Pas question de passer pour un sectateur d'une communauté égyptienne ou juive, ce qui empêcherait toute carrière officielle et honorable dans Rome. Il fait des études de droit afin de devenir avocat.

Sénèque s'avère d'une petite santé. Il tousse, crache, connaît des épisodes fiévreux inexpliqués. À cela il ajoute vers l'âge de vingt ans ce que l'on pourrait diagnostiquer aujourd'hui comme une dépression nerveuse. Durant toute son existence, il connaît des crises d'étouffement qui peuvent durer une heure. Peut-être de l'asthme. Il est suicidaire. Sa famille l'envoie en Égypte où le climat passe pour guérir ce genre d'affection. Il y reste cinq années.

Ce séjour en Orient ne peut pas ne pas générer chez lui l'ouverture sur un monde qui n'est pas celui de Rome. Le judaïsme, par exemple, les cultes à mystères, l'hermétisme, l'occultisme, le culte solaire constituent autant d'alternatives à la rhétorique ou à la philosophie qu'on pratique dans la cité impériale. Il semble se remettre de ce moment dépressif et suicidaire, mais il devra composer toute son existence avec un corps qui est loin de respirer la grande santé.

De retour à Rome, il opte pour une vie mondaine. Il expérimente les succès qu'on peut avoir dans la capitale : il excelle en rhétorique, c'est un formidable orateur, il est désormais un avocat craint et apprécié. Il entre alors dans la carrière politique en devenant questeur à l'âge de vingt-cinq ans. Bien sûr, il parcourt la carrière des honneurs : tribunat, préture, consulat. En toute bonne logique, il est nommé sénateur.

Chaque soir, suivant le principe stoïcien, il effectue son examen de conscience. Parmi beaucoup d'autres, le christianisme récupéra cet exercice spirituel qui permettait, le soir venu, d'examiner la distance qui séparait l'idéal de la réalité. On dispose de principes, on se revendique d'une école, on adhère à une spiritualité : comment s'est-on comporté dans la journée en regard de la doctrine ? La pratique a-t-elle confirmé ou infirmé la théorie ?

On manque d'un manuscrit qui aurait consigné ces exercices ! Car le stoïcien qu'il veut être semble vivre loin des enseignements de l'école. Les disciples de Cléanthe devraient vivre dans l'ascèse et l'austérité, dans la pauvreté volontaire et le refus des honneurs ; Sénèque se pavane sous les ors de l'Empire, il est richissime, il mène une vie mondaine, il accumule les fonctions honorifiques, il intrigue et fomente de sales coups de politique politicienne auprès de l'empereur.

Les thuriféraires du philosophe comme Pierre Grimal en appellent à la doctrine stoïcienne pour justifier ce qui ne constituerait aucune contradiction mais qui montrerait en revanche une orthodoxie quant à la doctrine du Portique.

Ils convoquent en effet les *préférables*, des notions qui procèdent d'une évolution de la doctrine d'une trop grande rigueur vers une plus souple pratique. Dans l'absolu, il s'agit de soumettre sa volonté à l'ordre du monde, à savoir : la loi divine qui organise le cosmos. Le reste est donc indifférent, mais il y a des choses plus indifférentes que d'autres ! Il existe des indifférents absolus et des indifférents relatifs : ces indifférents relatifs, ce sont les préférables. L'idéal apparaissant comme trop élevé, les pragmatiques le revoient à la baisse : il y aurait donc l'idéal, le bien qui est conformité à la nature, et la réalité qui offre des préférables, autrement dit des choses découplées du bien, mais qu'il faudrait préférer parce qu'elles assurent la conformité à la nature et qu'elles favorisent la vertu. Ainsi la beauté, la santé, la richesse…

Autrement dit : l'idéal stoïcien invite à la pauvreté volontaire, mais la richesse est un préférable parce qu'elle permet de faire le Bien autour de soi ; il ne prévoit pas qu'on puisse tuer son semblable, mais le préférable justifie qu'on en finisse avec Agrippine qui a eu le mauvais goût de ne pas mourir dans un attentat que Néron et Sénèque avaient ourdi contre elle, parce que sa disparition permettait d'éviter une guerre civile que, sinon, elle n'aurait pas manqué de fomenter en mobilisant le Sénat contre l'empereur – donc contre Sénèque. Où l'on voit que le stoïcisme grec des origines prend des libertés avec l'idéal au profit d'un ajustement avec le réel.

S'il est condamné à huit années d'exil en Corse, c'est bien parce que Sénèque a trop préféré les préférables à la saine et sage doctrine stoïcienne ! L'empereur Caligula n'aime pas Sénèque : trop en vue, trop riche, trop célèbre, trop mondain, trop aimé des femmes. Jaloux de ses succès, Caligula avait le projet d'en finir avec lui, mais il décide de le laisser en vie, persuadé que sa mauvaise santé aura bien vite raison de lui. La mort cueille l'empereur avant le philosophe. Sénèque abandonne la carrière d'avocat. Peu de temps après, il perd son père. Il est marié, puis père de famille.

Claude prend la suite de Caligula et reprend les choses en main. Après la mort de l'empereur qui éleva son cheval à la dignité de consul, Sénèque écrit *De la colère*. Avec ce texte, il commence une carrière d'auteur doué pour gifler les cadavres de puissants qui ne sont plus dangereux. Il devient directeur de conscience de « jeunes gens charmants et sages », comme l'écrit Auguste Bailly dans sa *Vie de Sénèque*. Il perd alors son fils et deux neveux.

Avec l'aide de sa femme Messaline, Claude, qui lui aussi fera les frais de la vengeance littéraire *post mortem* de Sénèque, argue d'une affaire d'adultère entre le philosophe et l'une des sœurs de Caligula, Julie, avec laquelle il entretenait des relations « très assidues et très amicales », nous dit Bailly qui précise également, probablement pour tenter de dédouaner le philosophe d'une relation amoureuse, qu'elle était «admirablement belle», qu'elle avait vingt-trois ans et que lui était plus que quadragénaire – autant de raisons, en effet, de parier sur une relation chaste! D'autant que Julie ne s'embarrassait pas de morale et qu'elle avait aussi couché avec son frère Caligula! L'idée aurait également pu lui venir de mettre Claude dans son lit et Messaline ne l'entendait pas de cette oreille. Le Sénat envisage la peine de mort pour Sénèque; Claude tempère et décide un exil en Corse. Il durera huit années.

Un poème de lui témoigne: Sénèque a détesté la Corse. Il parle d'affreux rochers et de la fournaise des plages, de «l'horrible séjour», des torrents sans eau l'été, des printemps sans ombrage et des étés sans moisson, des automnes sans fruits et des hivers glacés, de l'absence de pain et de feu ou de fraîches fontaines. Et puis, on n'y parle pas latin mais une langue qu'il estime barbare – la langue composite de Grecs, de Ligures, d'Espagnols ou de colons romains...

L'homme qui fait l'éloge de la vie simple, frugale, dépouillée, austère, le philosophe qui fustige les richesses, les honneurs, les intrigues de cour, le penseur qui vante les mérites de la nature, du cosmos, de la vie indexée sur l'ordre des choses, cet être-là, donc, souffre des conditions que l'exil lui impose, alors que la philosophie à laquelle il souscrit en fait un idéal, un modèle. Sénèque qui feint de repousser la vie mondaine n'aspire qu'à la retrouver.

En Corse, il écrit deux textes: une *Consolation à Helvia*, sa mère, et une *Consolation à Polybe*, un personnage peu recommandable mais bien en cour qui vient de perdre son frère. Il truffe son premier texte d'allusions: éloge de deux sénateurs qui se sont opposés à la tyrannie, récupération stoïcienne de ces deux hommes dont l'un était aristotélicien et l'autre sceptique, utilisation de César comme d'un substitut de Claude auquel il peut prêter des sentiments utiles à sa requête. Il divinise l'empereur et s'adresse à lui comme s'il était un dieu en abusant du vocabulaire religieux. Sénèque ne supporte pas l'exil et voudrait que Claude comprenne qu'il ferait acte de justice en le rappelant près de lui. Le philosophe quête, quémande, sollicite – autrement dit il montre qu'il est loin de mériter la qualité de philosophe stoïcien… Tout à son rôle, Claude méprise.

Dans l'île, loin des mondanités et des intrigues, Sénèque écrit de la poésie et, assez probablement, quelques-unes de ses tragédies. Songeons que sa *Médée* aurait pu être une tragédie corse tant la vengeance et le sang versé sont affaires insulaires. Il travaille aussi probablement à la documentation de ce qui deviendra *Questions naturelles*.

Il agit pareillement avec la seconde consolation une bonne année plus tard : avec les mêmes ficelles il cherche à embobiner l'empereur dont il sollicite la clémence, un idéal stoïcien emblématique. Il utilise la flagornerie, célèbre les amis de Claude ; il efface toute référence à ceux qui pourraient déplaire au prince. Il feint de ne pas demander la pitié, mais le jugement qui le laverait d'une affaire d'adultère et révélerait qu'il y a eu condamnation de ce qui n'a été que fidélité politique de sa part. Toujours dans son rôle, Claude néglige.

Dion Cassius nous apprend que Sénèque fit tout ce qu'il put pendant le restant de sa vie pour que cette *Consolation à Polybe* soit oubliée. Il eut assez d'ennemis pour qu'il n'en fût rien. On peut encore, hélas pour lui, lire cet exercice de flagornerie comme un cas d'école…

Il faudra attendre la mort de Claude et l'avènement de Néron pour que, par l'intermédiaire d'Agrippine, il rentre de Corse afin de devenir précepteur du jeune empereur.

Claude a fort opportunément défunté le 13 octobre 54 après avoir mangé des champignons ; on s'accorde pour dire qu'Agrippine était aux fourneaux et qu'elle avait pris soin en amont de faire adopter son fils Néron par le désormais défunt Claude. Le philosophe put alors quitter la Corse et retrouver Rome et ses sommets qui étaient des bas-fonds. Il aura été exilé de l'année 41 à l'année 49.

Jamais en retard d'une vilenie, Sénèque, qui rampa devant Claude vivant afin d'obtenir de lui une remise de peine, cracha sur Claude mort dans son *Apocoloquintose* – qu'on pourrait traduire par la *Citrouillification*… Devenu ministre de Néron, le philosophe se fit donc fort de publier ce texte qui n'est pas non plus à son honneur.

Sénèque fait s'échapper l'âme de Claude comme un vulgaire pet suivi de diarrhée ; il se moque de son infirmité – l'empereur boitait et bégayait ; il ridiculise sa voix qu'il assimile au cri rauque d'animaux marins ; il raille sa façon barbare de s'exprimer ; il l'accuse de monstruosités – ce qui est assez peu dans l'esprit d'un homme vantant les bienfaits de *La tranquillité de l'âme*...

À cet assassinat d'un mort, le philosophe qu'on présente comme stoïcien ajoute le dithyrambe d'un vivant – un vivant puissant, puisqu'il s'agit de Néron. Sénèque en fait un éloge sans contraste ni subtilité : Claude était un monstre, Néron va être un dieu. Le philosophe écrit l'éloge de Claude... lu par Néron, son fils adoptif. Agrippine veille avec Sénèque : il s'agit de former cet empereur pour en faire un homme à leur main. Les défenseurs de Sénèque y voient la preuve de son sens aigu de l'État ; moins nigaud, on peut surtout y voir la suite de son trajet de courtisan.

Se souvenant qu'en Égypte le pharaon est assimilé au soleil, Sénèque, sur ce principe, cherche à faire de Néron une divinité solaire. On peut imaginer que le philosophe a cherché à restaurer la dyarchie de type augustéen en travaillant à équilibrer le pouvoir entre l'empereur et le Sénat ; ce projet solaire prouve clairement que Sénèque agissait plus en faveur du pouvoir personnel de l'empereur que d'un équilibre véritable. Avec Agrippine, le philosophe entreprend de diviniser l'empereur.

Sénèque écrit alors un texte d'une flagornerie sans nom. Qu'on en juge, il fait parler Apollon-Phébus, le soleil, de Néron : « Qu'il dépasse la durée d'une vie mortelle, lui qui me ressemble de visage, m'égale en beauté, me vaut par sa voix et ses chants ! Aux peuples éprouvés il va redonner des siècles de bonheur et mettra fin au silence des lois... Sitôt que l'aurore empourprée, chassant les ténèbres, a ramené le jour, c'est ainsi que le soleil rayonnant contemple l'univers, c'est ainsi qu'apparaît César, c'est ainsi que Rome va contempler Néron ! » (*Apocoloquintose*, IV.1.) Le pouvoir était à portée de la main ; Agrippine jubilait ; Sénèque aussi. La fricassée de champignons avait été efficace – pour commenter la confection d'un pareil repas, Pierre Grimal parle de raison d'État…

Néron a dix-huit ans. Sénèque feint de croire qu'il peut l'éduquer au stoïcisme et en faire un roi-philosophe ; ce projet lui permet en fait de se consacrer philosophe-roi. Il écrit *De la clémence* pour initier Néron à la sagesse du Portique tout en sachant que sa mère a tué son père afin qu'il occupe cette place. Sénèque transforme Néron en divinité solaire ; il entreprend de convertir le Sénat à cette religion si peu romaine. Il prépare ainsi sans le savoir le tapis rouge ontologique que foulera l'empereur Constantin.

En peu de temps, Néron s'avère moins un homme touché par la grâce stoïcienne qu'un dilettante qui chante accompagné d'une lyre et qui se produit sur scène comme acteur outrageusement maquillé, au grand dam des sénateurs qui n'en reviennent pas de pareille dégringolade.

Dans le théâtre où l'empereur s'exhibe et ridiculise la fonction, une clique de jeunes aristocrates a été payée pour applaudir le bouffon. Sénèque est dans la tribune ; il applaudit avec ceux qu'il a couverts d'argent pour crier des hourras et des bravos.

Pour toutes ces frasques, Sénèque reçoit des cadeaux mirifiques de l'empereur. Lui qui disposait déjà d'une fortune familiale se retrouve à la tête de l'une des plus grandes richesses de l'Empire. Les hagiographes légitiment ces avoirs en affirmant qu'ils relèvent eux aussi des préférables, parce qu'ils lui permettent de faire le bien autour de lui. Mais on cherche en vain dans sa vie quelle œuvre aurait été créée et nourrie par cette quantité d'argent accumulé. Il n'y a nulle largesse ni bienfaisance dans cette vie si peu philosophique du philosophe.

Sénèque intrigue dans les amours du jeune Néron. Pour des raisons politiques, l'empereur a été marié à la fille de Claude, son père adoptif, Octavie, qu'il n'aime pas. Il lui préfère Acté, une esclave affranchie. Sénèque fait le nécessaire pour être intime avec cette dernière pour l'influencer. Afin de cacher cette aventure à Agrippine, il manigance une histoire d'amant fictif entre l'un de ses amis et Acté pour détourner l'attention de la mère de Néron. Puis, à vingt-deux ans, Néron passe à Poppée, une rivale de sa mère Agrippine qui ne trouve rien de mieux à faire que de séduire son propre fils…

Agrippine prévoit de récupérer le pouvoir pour elle : elle intrigue en faveur de Britannicus, un fils de Claude et de Messaline, que Néron fait empoisonner. Sénèque récupère une partie des biens du mort et augmente sa fortune avec d'immenses propriétés en Égypte, qui s'ajoutent à celles qu'il possède déjà dans le Latium et en Campanie.

Accompagné par une troupe de fêtards, Néron se déguise en esclave, va dans les tripots, sort dans les bordels, boit dans les tavernes, pille les magasins, rosse les gens dans les quartiers sordides, se bat avec les portefaix ou les soldats, se fait prendre par des matelots.

Pendant ce temps, Sénèque gouverne tranquillement. Il nomme des hommes à lui partout dans de hauts postes de l'Empire. Dans son jardin romain, dans ses nombreuses villas luxueuses, il reçoit et philosophe ; on l'écoute ; on le flatte. Veuf, il s'est remarié avec Pauline, une jeune et belle fille de bon parti, évidemment.

Finalement, Néron assassine sa mère avec l'aide de Sénèque – qui devient consul. Impliqué dans ce meurtre, mis en accusation par les sénateurs, cerné par les critiques de la *vox populi*, détesté par les envieux et les jaloux, haï par ceux qui entourent Néron, Sénèque feint d'organiser ce qu'il ne peut éviter : il quitte la scène politique pour une retraite dans laquelle il écrit ses *Lettres à Lucilius*.

Il lui reste trois années à vivre. Il les consacre à sculpter sa propre statue. Voici ce qu'il enseigne : il faut mépriser la gloire, les honneurs et les richesses ; il faut se tenir éloigné des puissants, de la cour et du pouvoir ; il faut être sage et détaché des choses de ce monde ; il faut cultiver l'amitié ; il faut se détacher des passions – et tout ce qui relève du catéchisme stoïcien.

Or, Sénèque a passé sa vie à aimer la gloire et les honneurs ; il a accumulé les richesses sans jamais en faire un usage philosophique ; il a vécu sa vie en compagnie des puissants, de la cour et du pouvoir et, pour ce faire, il a tué et fait tuer, puis couvert nombre de crimes ; il a été guidé par les passions tristes jusqu'à écrire sous la dictée du ressentiment toute son *Apocoloquintose*, ou à rédiger sous le signe de la flagornerie le discours funèbre de Claude ; il n'a guère eu d'amis véritables, juste des protégés, des obligés, des courtisans qui, chaque matin, venaient lui faire des visites politiques ; il a flatté et on l'a flatté.

Pison est arrêté au motif d'une conjuration contre Néron ; l'un des conjurés laisse entendre que Sénèque en fait partie. Questionné par l'empereur, le philosophe nie. Néron donne à Sénèque l'ordre de mourir. Le philosophe obéit. Sa mort devient l'emblème de sa vie.

Avec ce suicide, l'homme qui fut impliqué dans les pires intrigues de l'Empire passe pour une victime de Néron que l'histoire a outré en le présentant comme un tyran responsable de l'incendie de Rome et du massacre des chrétiens, alors qu'il n'en fut rien. En Europe, on ne lutte pas contre la mythologie, surtout quand elle se trouve portée par l'industrie cinématographique du péplum. Par l'industrie du péplum, mais aussi par ce qui, avant elle, en tient lieu : autrement dit la peinture.

Avec *La Mort de Sénèque* David peint en effet une icône occidentale. C'est un pendant païen du Christ qui meurt en victime expiatoire d'un régime corrompu – comme si le philosophe n'en avait pas été l'âme damnée ! Ce philosophe qui a écrit en philosophe, parlé en stoïcien et vécu en satrape ami des satrapes sauve sa vie par cette image : il est la victime émissaire, l'agneau qu'on égorge, le pauvre philosophe victime du tyran qui meurt pour effacer les péchés de la Rome antique.

Au IVe siècle, on invente une correspondance avec saint Paul ; c'est une fiction, bien sûr. Mais cette pensée stoïcienne produite par un homme qui fut si peu stoïcien semble fixée pour l'éternité dans la mort du philosophe qui expierait d'avoir été philosophe auprès d'un tyran inaccessible à la philosophie et à la sagesse.

Tacite a rapporté sa fin ; son récit nourrit le peintre David, bien sûr. À l'annonce de sa mort décidée par Néron, Sénèque appelle son médecin. Sa femme Pauline souhaite l'accompagner dans ce dernier voyage. Dans ses *Annales*, Tacite rapporte la réaction du philosophe : « Je t'avais montré ce qui pouvait te gagner à la vie : tu préfères l'honneur de la mort ; je ne t'envierai pas le mérite d'un tel exemple. Ce courageux trépas, nous le subirons l'un et l'autre d'une constance égale ; mais plus d'admiration consacrera ta fin » (XV.LXIII.2). C'est beau comme l'antique…

Le médecin leur ouvre les veines à tous les deux. Sans surprise, nous sommes dans l'image pieuse, Pauline pleure ; sans surprise, donc, le stoïcien demande qu'on emporte sa femme dans la pièce voisine – il s'agit de fournir la bonne et belle image pieuse : Pauline est la Xanthippe de Socrate ou la Phyllis d'Aristote – une emmerdeuse de philosophe ; le sang ne coule pas assez abondamment, la mort tarde à venir ; Sénèque demande de la ciguë ; il en boit ; il ne meurt toujours pas ; il en profite pour poser pour l'éternité et parle avec ses amis ; il philosophe bien sûr, calme et serein, stoïque, il faut bien – il doit parler constance du sage ou sérénité devant la mort ; la lancette et la ciguë n'ayant pas obtenu que le philosophe trépasse, Sénèque demande un bain chaud pour accélérer la circulation de son vieux corps desséché. La mort finit par l'emporter. Il entre dans l'éternité comme le personnage métaphorique du suicide à la romaine. Une bonne opération qui lui vaut jusqu'à ce jour la réputation d'un philosophe *ayant vécu en* stoïcien.

Précisons également pour en finir avec ces postures que, dans l'arrière-boutique philosophique, Pauline se fit bander ses blessures et que la jeune femme riche survécut plusieurs années à son vieux mari. Tacite rapporte qu'elle obéissait ainsi à Néron qui lui aurait signifié qu'il n'avait rien contre elle. Elle se serait donc contentée d'obéir à l'empereur en renonçant au suicide, donc en manquant à la parole donnée à son époux… Pareille hypothèse suppose que, dans l'urgence du suicide, Néron eût disposé de l'équivalent d'un téléphone portable pour gérer les choses à distance et à la minute. Tacite est bien aimable, mais peu crédible. La sagesse est un dur métier…

3

AIMER

Le serpent mâle de Gracchus

Qu'est-ce qu'aimer d'amour ?

Pline l'Ancien raconte le geste sublime qu'un mari offrit un jour à sa femme comme preuve d'un amour véritable dans son *Histoire naturelle* (VII.XXXVI), Plutarque dans sa *Vie de Tiberius Gracchus* (I.4-5), Cicéron dans son *Traité sur la divination* (I.XVIII, et, pour se moquer de la divination : II.XXIX) et Valère Maxime dans ses *Actions et paroles mémorables* (IV.VI). Cette histoire raconte ce qu'est à mes yeux ce sentiment dont beaucoup parlent sans jamais l'avoir connu : préférer sa propre mort à celle de l'autre pour n'avoir pas à lui survivre, autrement dit pour éviter de vivre ce qu'il faudrait vivre sans lui ou sans elle.

Laissons parler Valère Maxime : « On avait pris dans la maison de Tiberius Gracchus deux serpents, un mâle et une femelle. Gracchus, en consultant un aruspice, apprit que la mise en liberté du mâle ou de la femelle serait suivie à bref délai, selon le cas, de la mort de sa femme ou de la sienne. Il ne tint compte que de la partie de cette prédiction qui assurait la conservation de sa femme, sans considérer la sienne, et fit tuer le mâle et lâcher la femelle. Il eut le courage de se voir frapper lui-même du coup qui ôtait la vie au serpent. Je ne saurais dire s'il y eut pour Cornelia plus de bonheur à posséder un tel époux que de malheur à le perdre » (IV.VI.1).

235

Cornelia, qui n'était rien de moins que la seconde fille de Scipion l'Africain, avait trente ans de moins que Tiberius Sempronius Gracchus, qui était fils de consul et deux fois consul lui-même. Pline précise que son époux fit savoir à l'aruspice que sa femme était jeune et qu'elle pourrait ainsi enfanter après sa mort – mais elle l'a suivi dans la tombe seulement quatre ans plus tard... Ils avaient douze enfants, nous dit Plutarque. Veuve, elle refusa la proposition de remariage que lui fit plus tard le roi Ptolémée. Elle vit mourir tous ses enfants, sauf une fille. Ceux que l'on connaît dans l'histoire comme étant les Gracques étaient ses fils. Les chiens ne font pas des chats...

Nul besoin d'en appeler comme Platon aux Idées pour expliquer ce qu'est l'Amour – qui plus est si l'on estime que l'Amour avec une majuscule peut très bien exister sans les gestes d'amour qui le constituent! Nous sommes à Rome et l'on ne s'embarrasse pas de fioritures conceptuelles, on ne joue pas aux idées comme les enfants avec des osselets, on raconte une histoire édifiante et sa morale fait comprendre à chacun, fût-il le plus simple, ce qu'est l'amour véritable. Je donnerai la totalité du *Banquet* de Platon, sous-titré *De l'amour*, rappelons-le, pour ces dix lignes de Valère Maxime! Que dis-je, je donne l'œuvre complète de l'auteur du *Parménide* pour cette seule histoire ramassée dans une phrase faite de quelques mots, les plus simples, taillés dans le marbre d'un latin qui serait celui de l'austère Aurelius Victor... Car l'idée d'Amour ne sert à rien, alors que le geste de Gracchus fonctionne en viatique d'une vie entière.

On ne sait rien du philosophe Lucrèce. Çà et là, au détour d'un vers, on aperçoit de quoi esquisser un portrait de cet homme sans visage... Avant que la mort ne l'emporte, mon ami Bernard Combeaud, qui a traduit Lucrèce pour la première fois en français en respectant la métrique des vers octosyllabiques, avait pour projet d'écrire une biographie de cet homme à partir de ce que l'œuvre laissait entrevoir de lui, parfois. Lors de notre dernière conversation, je lui avais parlé d'une forêt qui cache l'arbre – un arbre qui pourrait bien nous renseigner sur l'ombre chez lui d'une femme aimée selon les principes de Tiberius Sempronius Gracchus!

Cette forêt ce sont ces vers célèbres consacrés à ce que l'on appellerait aujourd'hui une déconstruction de l'amour. Certes, c'est une déconstruction. Rien à redire à cela tant il ne reste plus rien après le passage de cette intelligence décapante... Mais pas tant de l'amour que de la sexualité, du sexe, des tourments et des tracas de la chair, de ce qui fait rendre chèvres et ridicules ceux qu'on nomme des amoureux et qui ne sont alors, sous la plume de Lucrèce, que des machines désirantes parcourues par les flux d'énergie réduits à des agencements atomiques... Des atomes crochus, lisses, striés, ronds, longs, pointus, associés, accrochés, lancés dans une danse de simulacres qui virevolte dans l'air et embarque les victimes de Vénus dans d'incroyables histoires où l'on voit bien que, comme le dit la sagesse populaire : « l'amour rend aveugle ».

Est-ce cela l'amour ? Ou n'est-ce pas plutôt le nom du mécanisme de la libido ? Et quelle relation l'amour entretient-il avec la libido ? L'un est-il le tout de l'autre ? Et l'autre le tout de l'un ? Peut-il y avoir l'un sans l'autre ? Et l'autre sans l'un ?

Cette déconstruction procède des techniques stoïciennes ou épicuriennes qui consistent à décomposer le complexe en ses éléments les plus simples afin de pouvoir plus facilement détruire, casser, concasser, pulvériser ce contre quoi le sage veut lutter. Marc Aurèle agit de la sorte avec les désirs qui troublent celui qui souhaite parvenir à la quiétude du sage : aimer les tables chargées de mets précieux, de vins fins, en compagnie galante, par exemple. Les vulves de truie farcies arrosées d'un grand cru de Falerne aux côtés d'une créature de rêve conduisent sur des chemins où, normalement, on ne devrait pas trouver de philosophes, encore moins de sages...

Lisons ces lignes des *Pensées pour moi-même* : « De même que l'on peut se faire une représentation de ce que sont les mets et les autres aliments de ce genre, en se disant : ceci est le cadavre d'un poisson ; cela, le cadavre d'un oiseau ou d'un porc ; et encore, en disant du Falerne, qu'il est le jus d'un grappillon ; de la robe prétexte, qu'elle est du poil de brebis trempé dans le sang d'un coquillage ; de l'accouplement, qu'il est le frottement d'un boyau et l'éjaculation, avec un certain spasme, d'un peu de morve. De la même façon que ces représentations atteignent leurs objets, les pénètrent et font voir ce qu'ils sont, de même faut-il faire durant toute ta vie ; et, toutes les fois que les choses te semblent trop dignes de confiance, mets-les à nu, rends-toi compte de leur peu de valeur et dépouille-les de cette fiction qui les rend vénérables » (VI.13). Quiconque a encore faim de quoi que ce soit après la lecture de ces lignes n'est pas fait pour la philosophie…

Eh bien c'est ainsi que Lucrèce procède pour déconstruire l'amour : c'est une folie qui montre notre parenté avec les animaux ; autrement dit : qui nous installe loin, bien loin des terres sur lesquelles campent les philosophes qui cherchent la sagesse et les sages qui l'ont trouvée. C'est bien plutôt le terrain de jeu des chiens en chaleur et des ânes en rut, des étalons qui copulent et des rats qui forniquent… Qui dira que la chienne, l'ânesse, la jument, la rate sont amoureuses respectivement du chien, de l'âne, de l'étalon, du rat ?

Lucrèce mérite en effet de faire partie des cyniques romains, selon l'hypothèse de Pierre Vesperini, tant il fait le choix de la vérité qui inquiète plutôt que celui des illusions qui sécurisent. Pas question chez lui qui est romain d'emboucher la trompette angélique, de jeter des pétales de rose ou de parfumer l'air avec une rosée céleste quand il parle de l'amour… Pour son travail, il emprunte le scalpel du chirurgien, la hache du bûcheron et le marteau du forgeron – lui aussi philosophe au marteau… Après son passage, il ne reste pas grand-chose des farces habituellement servies sur le sujet ! Voyons voir…

Les pages de Lucrèce sur l'amour se trouvent dans le quatrième livre de son poème et il n'est pas étonnant que cette partie soit consacrée à combattre les superstitions… Lucrèce sait que nos malheurs accompagnent nos fictions : c'est parce que nous croyons, parce que nous préjugeons, parce que nous espérons, que le bonheur nous échappe. Nous vivons dans un monde de fictions et, quand le réel donne tort à nos fictions, nous avons la fâcheuse tendance à croire nos fictions plus vraies que le réel… Nos déceptions sont à la hauteur de nos désirs : il suffit d'agir sur nos désirs pour obtenir la sérénité à laquelle les philosophes aspirent et que les sages connaissent.

Pour commencer, il nous faut savoir que ce que nous prenons pour de l'amour n'est bien souvent que la libido, le désir, la voix de la nature en nous qui veut que nous copulions pour nous reproduire afin d'assurer la pérennité de l'espèce. Quand nous nous croyons libres d'aimer, nous sommes déterminés par le plan naturel qui nous prend en otages pour parvenir à ses fins : la volonté de l'espèce parasite l'individu qui n'en peut mais. Chacun se croit libre parce qu'il ignore la puissance naturelle qui le détermine – et depuis Schopenhauer, Nietzsche ou Darwin, ignorer que nous sommes d'abord des mammifères est une faute ontologique majeure : sur ce plan, nous sommes donc de la même famille que l'âne et l'ânesse, l'étalon et la jument, le rat et la rate...

Les grandes figures amoureuses de l'Occident, Tristan et Iseult, Roméo et Juliette, ne peuvent porter la fiction amoureuse que pour deux raisons. La première, c'est que leur histoire est impossible à cause de leurs situations familiales et que seule la mort rend possible l'éternité de leur amour, parce qu'il n'a pas pu se réaliser dans le temps – à défaut, le jeune homme aurait épousé la jeune fille avant de lui faire des enfants et tous deux auraient sombré dans la trivialité de la vie quotidienne qui produit de l'adultère et du divorce comme le chêne des glands. La seconde raison, liée à la première bien sûr, c'est justement qu'ils n'ont pas eu le temps d'engendrer, donc de porter eux-mêmes le feu dans l'édifice. Il n'y aurait donc d'amour que dans l'impossibilité de le vivre dans le temps et dans l'évitement génésique. Voilà qui réjouira le grand nombre qui a cru pouvoir construire en faisant comme tout le monde, tout en croyant se distinguer de la masse, ce que personne n'a pu réussir avec les vieilles recettes de la cohabitation, de la génération, de la fidélité, de la monogamie...

Lucrèce aborde donc la question du désir en atomiste – aujourd'hui, il parlerait de phéromones, d'ocytocine, de dopamine, de vasopressine, de sérotonine et autres substances associées à la biologie des passions... La testostérone et la progestérone auraient emballé le philosophe artiste et ces mots auraient été intégrés à son vocabulaire. Le désir amoureux est donc en premier lieu une affaire hormonale – les tenants de la théorie du genre qui nient la nature et affirment la toute-puissance de la culture en matière de sexe voient leur fiction s'effondrer devant l'évidence qu'une personne qui veut changer de sexe doit subir un traitement hormonal, car la lecture de Michel Foucault ne suffit pas à transformer un clitoris en pénis...

La théorie épicurienne des simulacres se trouve validée par la science : pour les matérialistes de l'Antiquité, les atomes, invisibles à l'œil nu, sont associés dans l'espace sous forme de simulacres qui circulent d'un être à l'autre, d'une intelligence à l'autre, et fournissent des renseignements atomiques décodés par le corps de l'autre, même si ce transfert et cet échange d'informations s'effectuent indépendamment de la raison, de la conscience et de la connaissance. Que sont les simulacres ?

> « Ce sont comme des peaux qui, de l'ultime entour des corps
> Distraites, vont deçà, delà voletant par la brise.
> C'est par eux que d'effroi le jour notre âme est prise,
> Ou la nuit lorsque, en songe, elle croise l'ombre des morts. »

Et plus loin :

> « Oui, des *moulages*, dis-je donc, d'impalpables *figures*,
> Émises du *cœur* des corps, les quittent à *fleur d'écorce* »
> (IV.31-34 et 42-43).

Lucrèce entretient de l'étrangeté de la réverbération des images sur les miroirs et des bizarreries de l'écho, des images inquiétantes qui nous viennent pendant les songes et des irisations de la réfraction de la lumière, des vacillements de vertige de l'enfant qui tourne sur lui-même et des bateaux en mouvement qu'on imagine immobiles, de même avec la course des étoiles dans le ciel, du soleil qui se couche et qu'on croit atteindre en tendant la main vers l'horizon, des images modifiées par la pression sur les yeux, du donjon rond que l'on croit carré vu de loin et de la façon que nous avons de basculer dans le sommeil – puis, dans la foulée, il entretient… de l'amour! Comment mieux dire qu'il inscrit cet état dans la liste des précédents qui relèvent de l'illusion, de la fiction, de l'erreur, de la méprise, de l'égarement?

Qu'est-ce que nous prenons pour de l'amour? L'empire de la libido. Lisons:

« Quand une fois l'adolescence, en son bouillonnement,
À la semence insinuée à l'heure qu'elle est mûre,
Affluent force *semblants* de notre charnelle nature,
Messagers de quelque visage au teint frais et charmant ;
Alors les garçons roidis par l'afflux de la semence,
Croyant l'affaire accomplir, soulageant leur turgescence,
Et la liqueur à larges flots souille leur vêtement.
Elle est en nous secrétée, oui, dis-je, cette substance,
Dès que le corps s'affermit lorsque point l'adolescence ;
Chaque race a son dard qui l'émeut et fait saillir :
Chez l'homme, humain minois seul fait l'humain sperme jaillir.
Sitôt hors du natal séjour cette liqueur traverse
Les chairs et la membrure, et, de tout le corps, se déverse
En des lieux précis où les nerfs auxquels elle commande
Éveillent le membre amoureux qui sitôt réagit.
La semence l'excite, il gonfle, et le désir surgit
D'inoculer l'être envers qui le vouloir fou se bande.
L'arc tend vers le tireur qui nous a l'âme blessée,
Car c'est du côté de la plaie où l'on tombe toujours :
Le sang jaillit sur qui nous a la poitrine percée,
Et de l'autre, corps à corps, le sang rougit les atours !
De même, qui des traits de Vénus est hameçonné,
Qu'il soit victime d'un éphèbe au tour efféminé,
Ou des rayons d'amour que darde une fière lionne,
Court sus au tireur : à tout prix, il faut qu'il le sillonne,
Pour épandre en ce corps l'humeur qui sourd du sien :
Son désir muet présageant d'un plaisir souverain »
(IV.1030-1057).

On ne peut mieux dire: ce que nous nommons « amour » n'est jamais qu'un flux atomique qui menace débordement et cherche un vase pour se répandre… Certes, la conception romantique de l'amour en prend un sacré coup, mais puisqu'il est ici question de chasser les illusions, le réel vaut mieux que la fiction : il en va de la sérénité de qui cherche la sagesse – et de l'amour véritable, qui existe ailleurs, on le verra, et vers lequel nous avançons…

Le texte mérite mieux que le commentaire que je pourrais en faire et la magnifique traduction en hexasyllabes de Bernard Combeaud perdrait tout son suc sous la glose. Reprenons donc la suite du poème que je ne crains pas de citer longuement tant le génie mérite qu'on ne l'interrompe pas :

« Telle est donc ma Vénus ! et cette humeur amour se nomme !
C'est donc douceur au début qui perle et filtre dans les cœurs,
La suite hélas, n'en est que peines et froides rigueurs,
Car, la belle est-elle loin, l'image de la merveille
Flotte encore à tes yeux… Son nom fredonne à ton oreille !
Tous songes bons à fuir ! garde-toi d'offrir à l'Amour
Sa becquée, et que ton penser se donne dans un autre tour !
Mieux vaut jeter ta liqueur à fille qui se présente
Que de la réserver à quelque unique amante,
Tu t'épargnes de la sorte un malheur presque certain ;
On ulcère un abcès quand sans cesse on y met la main,
La flamme chaque jour s'attise et la croix s'alourdit,
À moins qu'un nouveau trait du premier nous soulage,
Et qu'on soigne sa plaie auprès de la Vénus volage :
Dès qu'on regarde ailleurs, le premier émoi tiédit !
À quitter Amour, perd-on de Vénus la jouissance ?
N'est-ce point, sans la rançon, n'en garder que la plaisance ?
Le plaisir sain est plus pur pour qui fuit la passion
Que chez ces malheureux : au seuil de la possession,
La flamme des énamourés vague et flotte, incertaine :
Est-ce à la paupière, à la main qu'ira la prime aubaine ?
Ils étreignent le doux objet jusques à la douleur,
Mordant à la meurtrir la douce lèvre en fleur
Offerte à leurs baisers. Car leur jouissance est malsaine,
Quelque aiguillon secret les pousse à poindre l'être aimé,
Qui de cette fureur a fait en eux lever la graine.
Grâce au doux Amour Vénus a bientôt ce feu calmé ;
Et le baume des baisers vite apaise la brûlure !
C'est qu'un amant toujours se promet et s'assure
Que ses feux s'éteindront par l'objet qui les alluma.

242

AIMER

Jamais ce ne se voit, répond Nature à cette phrase,
L'amour est le seul cas où plus à suffisance on a,
Plus le manque se creuse et le désir de l'homme embrase!
Le boire et le manger sont, eux, par le corps conservés,
Il les loge à demeure, en des lieux réservés,
Et c'est donc bien aisément que soif ou faim l'on apaise;
Mais comment d'un frais minois pût-on jamais avoir aise?
De quoi le corps ici jouit, sinon du plumetis
Des images? espoirs pauvrets, au vent vite partis!
Tout comme l'assoiffé qui d'onde en son rêve ne trouve
Pour éteindre le feu qu'en ses membres il couve,
Et qui de mirage en mirage en vain guigne un courant,
Puis meurt de soif en croyant boire au milieu du torrent,
Ainsi Vénus dans l'amour de nos amants se rit-elle,
Qui ne peuvent s'assouvir du visage de leur belle,
Ni de ses tendres traits ne rien garder dans leurs mains,
Et restent à semer son corps de baisers incertains.

Quand enfin enlacés ils vont goûter la fleur de leur vie,
Quand, tout le corps, sentant monter sa joie épanouie,
Vénus est au bord de semer le féminin sillon,
Le désir cheville leur corps, leur salivation
De bouche flue en bouche; ils n'ont, lèvre à lèvre, qu'une haleine.
Hélas! Que mordre ici? c'est bien perdre leur peine!
Comment pénétrer dans l'autre et s'y perdre tout entiers?
Car à voir leur combat, c'est ce qu'ils fissent volontiers,
Tant Vénus presse avec feu le tenon dans la mortaise,
Jusqu'à ce que, pâmant, tout le corps mollisse et s'apaise!
Lorsqu'à l'aine collecté le désir enfin jaillit,
Cette violente ardeur brièvement se finit;
Puis leur fureur les reprend avec un regain de rage,
Car ils ne savent pas même où les conduit leur courage,
Ni ne peuvent trouver engin à juguler leur mal,
Ne sachant quel virus là les ronge au for animal.
En se consumant donc ils meurent à peine perdue,
Et passent une vie au sourcil de l'autre appendue!

Cependant, leur bel or fond en trésors de Babylone,
Ils oublient leurs devoirs, leur renom chancelle, aux abois,
À leurs pieds pommadés rient les bottes de Sicyone,

Et verdoie, en l'or sertie, une émeraude à leurs doigts,
Le pourpre marin tous les jours pâlit et s'use
À pomper la moiteur d'amour dont sans frein l'on abuse.
Et le bon argent de leur père en mitre, en diadème,
En chasuble de Cos ou d'Alindes se change même.
Ce ne sont que festins exquis, brillants apprêts, et jeux,
Coupes à flots, turbans, festons, parfums délicieux.
Hélas, du puits des plaisirs, je ne sais quelle amertume
Surgit, qui prend à la gorge, et des fleurs mêmes s'exhume.
De la conscience parfois s'élève le Remords :
Tu perds ta vie en plaisirs, le stupre détruit ton corps...
Ou bien c'est un mot ambigu qu'au partir eut la belle,
Et donc le cœur brûle en gardant sous cendre l'étincelle ;
Ou c'est ce regard appuyé que l'autre aura surpris,
Avec, au coin de l'œil, le pli deviné d'un souris...

L'amour le plus heureux connaît encore ces soucis.
Même aux passions sans espoir qui font des misérables,
L'on pût, les yeux fermés, trouver des maux semblables,
Et sans nombre ! Mieux vaut se tenir d'avance en éveil ;
Fais donc ce que je dis : échappe à ce traître appareil !
Car éviter les coups que d'Amour on peut prendre
Est plus aisé que de fuir les lacs qu'il sait trop bien tendre ;
On ne rompt pas ce rets quand Vénus l'a fermement tissé.
Et pourtant, même pris et dans le piège embarrassé,
L'on pût fuir le péril, si l'on ne s'empêtrait soi-même
En passant tous ses défauts aux doux objets que l'on aime,
Qu'ils soient fautes d'esprit, ou bien vices du corps.
Combien d'amants ne vont-ils, aveugles en leurs transports,
Trouver malgré ses travers à l'aimée un charme extrême !
Ainsi que d'horreurs ne voit-on, noire de déshonneurs
Charmer tous les regards et traîner après soi tous les cœurs !
Les amants s'en gaussent entre eux : "Bonne Vénus, apaise,
Crient-ils, ce mal, éteins ces feux honteux, ne t'en déplaise !"
Sans voir, les malheureux, où pêchent leurs propres amours :
Leur mauresque est "cachou", la souillon, "simple et sans atours" ;
La voici *Pallas aux yeux pers* pour si peu qu'elle louche,
Une "*Gazelle*", quand d'un cep elle semble la souche ;
La pygmée est "ma *Phyllis*", "ma *Fleur de sel*", "mon *Crystal*" ;
Est-ce une tour, c'est "ma *déesse*" ou "mon *haut Idéal*" ;

La bègue "fait des fredons" ; muette, c'est "une sage" !
Prend-elle flamme, aussitôt c'est *"mon volcan"*, *"mon Orage"*,
Et *"mon bébé d'amour"*, quand sa maigreur est à mourir,
"Ma *délicate"*, si sa toux ne parvient pas à guérir ;
La grasse, la mamelue, est Cérès portant Bacchus,
"Mon *Sylvain"*, "mon *doux biquet"*, dès qu'elle a le nez camus !
Long serait le catalogue à qui là voulût tout dire.

Mais, soit : les Grâces toutes trois enchantent son sourire,
Dans ses traits Vénus tout entière à nos yeux se révèle :
Est-elle donc la seule ? Et n'a-t-on su vivre sans elle ?
Eh ! ses ruses, on le sait, sont celles des laiderons :
De ses parfums l'infortunée enfume ses salons,
Ses femmes mêmes s'enfuient pour pouffer en cachette !
L'amant tout en pleurs à l'entrée par des fleurs se rachète,
Dont il jonche le seuil ; sur la porte hautaine,
Qu'il couvre de baisers, ce sot répand sa marjolaine !
S'il sût quelle odeur à son entrée il allait l'éventer,
Il forgerait aussitôt un prétexte à la quitter ;
Comptant pour rien son huile, il lâcherait là l'élégie
Si longtemps méditée, et maudirait la folie
d'avoir à mortelle passé plus qu'il n'est de raison.
Nos Vénus se gardent aussi d'oublier les leçons,
Qui de leurs boudoirs veillent bien à cacher les coulisses,
À ceux qu'elles veulent garder enchaînés à leurs lisses.
Las, quoi qu'elles sachent faire, on s'assure que l'esprit
Perce à jour tout leur art et de leurs grimaces sourit.
Mais, quand la belle en ses façons n'a rien d'une torture,
On passe, et l'on pardonne à l'humaine nature.

Mais d'une femme les soupirs ne sont pas toujours feints !
Quand, enlacés à l'amant dont elle a les flancs épreints,
Ses humides baisers boivent l'haleine aimée,
Elle est pure, elle transmet la flamme en elle allumée,
Elle est une invite à jouir des plaisirs de l'amour !
Sans quoi, lionne, oiselle ou génisse à l'entour,
Ni géline ou jument ne pussent leurs mâles admettre
Si les chaleurs du rut d'elles ne se rendissent maître,
Et qu'elles n'eussent plaisir au plaisir de leurs amants.
Ne vois-tu combien ceux qu'une volupté mutuelle

A liés dans des fers communs éprouvent de tourments,
Et combien souvent les chiens, au détour d'une ruelle,
Tirant chacun du sien, ahanent à se dégager,
Tant Vénus enfonce loin le tenon dans la mortaise?
Se fussent-ils unis si chacun n'eût trouvé son aise
En un guet-apens pareil, et si propre à le piéger?
Oui, le plaisir est bien chose qu'on aime à partager!»
(IV.1058-1208)

Arrivent alors les enfants procréés dans la foulée… La nature a bien fait son travail… Fermez le ban…

J'ai longuement cité; on me le pardonnera au vu du génie du texte, des idées, de la pensée, des vers – et de leur incroyable traduction… J'avais parlé d'une forêt qui cache l'arbre; voici donc la forêt: dense, touffue, vaste, riche, épaisse, luxuriante, étendue, ample, compacte, ramassée, drue… On y trouve des idées majeures qui fondent une lecture atomique et matérialiste de l'amour, loin des lectures idéalistes, spiritualistes, platoniciennes, romantiques, romanesques qui, toutes, cachent la violence et la brutalité coupante de la nature sous des rubans saint-sulpiciens, roses à souhait.

Que dit Lucrèce dans ce vortex d'idées, dans ce maelström de vers? Des choses vraies, humaines, très humaines: l'amour est une souffrance, une maladie, une pathologie qui témoigne de l'empire du mammifère en nous; il fait de nous des objets de son vouloir; il nous divise d'avec nous-même et nous fâche de n'être plus qu'une moitié d'être; il nous donne l'impression de posséder alors qu'on se trouve possédé; il relève du plus pur déterminisme atomique et se réduit à des flux d'atomes; en lui, la pulsion de vie libidinale se trouve intimement liée à la pulsion de mort qui affecte tout ce qui se met en travers d'elle; au moment où l'on croit être dans la plus grande intimité sexuelle, on se trouve dans la plus grande solitude, car tout plaisir est solipsiste: il est toujours solitaire; la résolution du désir en plaisir sexuel débouche sur une infinie tristesse, une grande déception, car le coût de ce faux plaisir se manifeste en vrais déplaisirs : le renoncement à sa tranquillité, à sa sagesse, à sa paix intérieure, l'épuisement du corps et de l'âme, la négligence de tout ce qui n'est pas l'amour : on effectue des dépenses excessives, on néglige sa fortune, on jette son honneur par-dessus bord, on n'a que faire des devoirs, on se moque de sa réputation, on dilapide son patrimoine, on effectue des surenchères dans le luxe ; avec l'amour triomphe également l'abolition de ce qui nous distingue des animaux : la conscience et la réflexion, la raison et la modération, la pondération et la morale ; la culpabilité et le remords de vivre une vie dans laquelle on n'est plus au centre de soi-même ; le tropisme qui nous conduit vers les vices : l'oisiveté, l'intempérance, la démesure, le relâchement, l'abus, l'excès, le luxe, la négligence ; on connaît alors une surenchère des passions tristes associées à cet état : jalousie, suspicion, soupçon, doute, méfiance, rivalité ; le ridicule dans lequel sombrent les amoureux quand ils parlent l'un de l'autre ; l'infantilisation et la régression induites ; l'évidence que l'amour est aveugle et qu'il rend stupide ; et, enfin : l'assujettissement obtenu par la procréation.

Y a-t-il une solution pour échapper à cette maladie ? Oui, il y en a même trois... La *première* consiste à ne pas vouloir sombrer quand on sait que le naufrage menace (IV.1046-1047) ; il est possible d'éviter cet état en n'y consentant pas ; il suffit de savoir ce que sont les affres de l'amour trivial pour ne pas se lancer la tête la première dans un pareil précipice – ce en quoi Lucrèce se montre philosophe au sens classique du terme : le savoir est propédeutique à la sagesse. Qui voudrait ce renoncement à soi en sachant que l'amour en est la condition ?

La *deuxième* consiste à traiter le problème en mécanicien des fluides : si l'amour selon les conceptions matérialistes et atomistes n'est qu'un effet de fluides qui menacent débordement, alors ouvrons les robinets, lâchons ce qui doit l'être, débordons, il y a des lieux et des professionnel.le.s pour ça (IV.1070-1071), puis repartons allégés des atomes qui nous engorgeaient et nous empêchaient de lire tranquillement les œuvres complètes d'Épicure... La maxime de cette option ? « Le plaisir sain est plus pur pour qui fuit la passion » (IV.1075).

Voilà donc le mot qui importe : « passion » – et il rime avec « possession » sinon « dépossession »… L'amour que déconstruit Lucrèce est en effet ce que nous nommons *la passion*, autrement dit un dérèglement généralisé de tout l'être, physique et psychique, corporel et mental, anatomique et spirituel, atomique et psychologique. C'est un trouble psychosomatique qui écarte toute volonté raisonnable au profit d'un vouloir irraisonné : nous ne voulons pas aimer, nous sommes voulus par l'amour qui est la volonté de la nature qui ne vise qu'à être et à persévérer dans son être en assurant l'immortalité de l'espèce.

Le prix de l'immortalité de l'espèce est la mort des individualités qui la composent. Ce que veut l'espèce ce sont des millions de nouveaux supports à sa ruse : des enfants. Pour ce faire, elle parasite un sujet porteur – comme le ver nématode qui entre dans le cerveau des grillons afin de pouvoir copuler, se reproduire et assurer non pas sa descendance, mais la descendance de l'espèce. Un amoureux obéit aux messages chimiques que le nématode envoie à son encéphale. Qu'il se braque et se cabre devant cette idée quand on la lui soumet un jour valide le dispositif : la dénégation assure que l'opération de captation du cerveau par plus fort que lui est avérée… L'enfant qui arrive un jour le lui rappellera sans forcément qu'il en comprenne la logique…

Et puis il existe une *troisième solution* pour échapper à l'amour et qui est : l'amour… J'entends : l'amour véritable, celui de Tiberius Simplicius Gracchus pour Cornelia. Autrement dit, non pas le prurit de l'espèce qui se joue de deux individus qu'elle assujettit à sa loi, mais la volonté de deux sujets qui lient leur vie jusqu'à la mort. Aimer c'est vouloir vivre, vieillir et mourir avec une personne.

Si j'ai pu définir l'amitié comme *l'amour moins le corps*, je dirai donc de l'amour authentique qu'il est *l'amitié avec le corps*. Il peut même être l'amitié sans le corps, alors qu'il ne saurait être le corps sans l'amitié. Le corps sans l'amitié c'est la damnation libertine de la chair, qui est pur et simple consentement au flux spermatique qui la traverse ; c'est la logique de la chair

248

sans âme, du corps sans l'esprit qui l'enveloppe, de l'acéphale qui jouit comme une étoile de mer – c'est Don Juan...

Cette *troisième solution*, c'est l'arbre caché par la forêt... *La Naissance des choses* est un vaste poème de 7 400 hexamètres ; les vers concernant l'amour sont à peu près cent cinquante ; ceux qui témoignent qu'il y a une autre alternative à l'amour que le refus de la passion (IV.1046-1047) ou les pratiques du bordel (IV.1070-1071) sont une petite poignée parmi lesquels un seul dit tout. Les voici tous :

> «Ce n'est ni les dieux ni Vénus de sa flèche traîtresse
> Qui font que malgré ses travers l'on aime sa maîtresse,
>   Car c'est le plus souvent par ses propres efforts,
>   Sa douce complaisance, et les soins donnés à son corps,
>   Qu'une femme nous fait supporter sa présence.
> Amour au reste n'est-il pas enfant d'accoutumance ?
> Rebattu sans relâche, un coup, fût-il le plus léger,
> De tout triomphe à la longue et parvient à tout ronger ;
> Oui, la goutte, ne le vois-tu, qui tombe sur les pierres,
> Dans le roc, à force de temps, creuse des fondrières»
>   (IV.1278-1287).

Et voici donc celui qui ramasse toute sa pensée en la matière ; c'est le fameux arbre caché par la forêt :

> «Amour au reste n'est-il pas enfant d'accoutumance ?»
>   (IV.1283)

L'amour qui n'est ni passion ni soumission, ni démission ni sujétion, ni captation ni subordination, ni démolition ni dévastation, ni désintégration ni désagrégation est construction. Il est vouloir et volonté ; il est décision et volition ; il est détermination et résolution. Il ne nous veut pas, car nous le voulons ; il ne nous soumet pas, parce que nous le soumettons.

Aimer c'est choisir les défauts de celui avec lequel on va s'engager à vivre parce qu'il est plus facile de choisir ses qualités bien que ce soit ontologiquement vain... Quels sont les défauts de qui l'on aime avec lesquels on est le plus capable de vivre ?

Voilà ce qui permet d'éviter d'avoir à les retrouver plus tard, quand l'amour ayant cessé de rendre aveugle, dessillé, comme ce qu'il était vraiment avant mais que la passion aura empêché de voir au moment.

L'amour véritable est un vouloir libre et non un déterminisme biologique comme ce qui est habituellement pris pour de l'amour ; c'est un acte de volonté et non un effet de la fatalité anatomique ; c'est une construction voulue et non un échafaudage improvisé ; c'est un processus culturel et non un prurit naturel. C'est une décision – la même que celle de Tiberius Gracchus qui souhaite le massacre du serpent qui entraînera sa propre mort et, de ce fait, sauvera son épouse. Aimer, c'est vouloir aimer et non être voulu par l'amour.

4

AIMER

Le cou tranché de Volumnius

Qu'est-ce qu'aimer d'amitié?

Dans ses *Actions et paroles mémorables*, Valère Maxime rapporte un geste d'amitié à nul autre pareil. Né d'une famille de chevaliers, Volumnius est un grand chef de guerre. Il est l'ami de Marcus Lucullus que Marc Antoine fait mettre à mort parce qu'il a pris le parti de Brutus et de Cassius contre César. Valère Maxime écrit: «Bien qu'il eût toutes facilités pour fuir, [il] resta attaché au corps inanimé de son ami, fondant en larmes et poussant des gémissements au point d'attirer sur lui, par l'excès de son affection, une mort semblable. En effet, la violence et la persistance de ses plaintes le firent amener devant Antoine» (IV.VII.4). Que lui dit alors Volumnius? «Général, fais-moi mourir tout de suite sur le corps de Lucullus; je ne dois pas lui survivre après l'avoir poussé à cette guerre malheureuse.» Valère Maxime commente: «Peut-on voir une affection plus fidèle? Il détourna de la mémoire de son ami la haine de l'ennemi, il abrégea sa propre vie en se donnant comme l'instigateur de son acte et, pour le rendre plus digne de sympathie, il s'appliqua à déplaire lui-même davantage. Il n'eut pas de peine à persuader Antoine. Conduit à l'endroit désiré, il baisa avec empressement la main de Lucullus, prit sa tête détachée du tronc et, gisant dans la poussière, l'appliqua sur sa poitrine, puis courba la tête pour la présenter au glaive du vainqueur» *(ibid.)*. Voilà à quoi ressemble l'amitié romaine...

Cette amitié, qui n'est jamais que *l'amour moins le corps*, je viens de le dire, n'a pas grand-chose à voir avec les petites passions de petites gens qui nomment aujourd'hui amitié ce qui n'est jamais que courte camaraderie, bref copinage ou vague compagnonnage. L'amitié romaine est morte avec le christianisme qui n'a pas toléré ce sentiment éminemment électif, aristocratique, sélectif en diable, parce qu'il contrevient gravement à l'amour du prochain, autrement dit à l'amour de tout le monde, indistinctement, pour l'amour de Dieu – entendez : pour l'amour de soi de celui qui prend Dieu et autrui en otages en espérant qu'avec pareille dévotion il s'ouvrira les portes du paradis. Or, quand on aime tout le monde, on n'aime personne.

Volumnius sait ce que signifie se suicider pour un Romain : il a en effet assisté au suicide de Brutus, justement… Alors qu'il a choisi la mort volontaire, et qu'on pleure autour de lui, Brutus se met à parler en grec à Volumnius, son ancien compagnon d'études philosophiques. Quand l'heure est grave, la preuve est faite qu'on en perd son latin…

Plus sérieusement, comme Caton d'Utique, le descendant de Caton l'Ancien, on se met à parler la langue du *Phédon* de Platon. C'est en effet ce texte que Caton lit pour se préparer à la mort. On y trouve les billevesées qui deviendront religion d'État avec le christianisme : l'âme qui se libère du corps, la chair qui périt au contraire de l'âme qui ne meurt pas, le destin infernal ou paradisiaque en relation avec la vie menée avant le trépas, la damnation dans des réincarnations dégradantes ou le salut dans des réincarnations valorisantes. On veut bien mourir, mais on prépare son âme à la vie éternelle. Voilà donc pourquoi Brutus parle grec avec Volumnius.

Le conjuré demande à Volumnius qu'il le tue ; refus de l'ami ; une tirade de Brutus pour la postérité, et en avant pour l'au-delà. Parlant de Straton qui fut son compagnon d'études en rhétorique, Plutarque écrit : «Brutus le fit avancer tout près de lui et, prenant appui de ses deux mains sur la garde de son épée nue, il se jeta sur elle et mourut. Selon certains ce ne fut pas Brutus, mais Straton qui, sur les nombreuses insistances de Brutus, tint l'épée sous lui, en détournant les yeux ; Brutus se jeta violemment dessus, se transperça la poitrine et mourut rapidement» (*Vie de Brutus*, LII.7-8). Toujours est-il que Volumnius déclina l'invitation qui lui fut faite par Brutus de l'aider à mourir.

C'est ce même Volumnius qui se suicide sans les chichis de Brutus, avec bravoure, courage, virilité – pour ne pas avoir à survivre à son ami. Toutefois, avant ce geste fatal, il pleure, mieux, ou pire, il se donne même en spectacle avec des vagissements entendus aux alentours – c'est dire si, pour un Romain, l'heure est grave et la chose importante!

Quelle est cette amitié romaine qui rend possible une situation pareille: un mélange d'effondrement à la vue du corps défunt de l'ami et de froide détermination à se supprimer la vie, une incapacité à maîtriser ses émotions et une volonté de fer d'en finir avec sa propre existence? Il souffre de la mort de son ami, par conséquent, pour ne pas avoir à vivre sans lui dans la vie, il décide de le rejoindre dans la mort.

Convenons qu'on ne meurt pas pour accompagner dans le néant un copain, un camarade, un compagnon! Il faut bien plus qu'un lien de circonstance pour qu'un être offre ce qui lui reste à vivre à un défunt aimé qui n'en peut mais! L'amitié romaine se comprend mal en régime judéo-chrétien. Elle est une vertu païenne et il a fallu Montaigne et La Boétie, les deux derniers païens en même temps qu'ils furent les deux premiers modernes, pour en donner une idée adéquate.

Cette amitié que je viens de définir comme de *l'amour moins le corps* n'a rien à voir avec l'homosexualité – qui, elle, est une variation sur le thème de l'amour avec le corps. Les Grecs avaient fait de la pédérastie une méthode pédagogique: elle impliquait un adulte qui sait, l'éraste, et un adolescent qui ne sait pas et n'a pas taillé sa première barbe, l'éromène. L'éraste initie l'éromène au savoir, à la sagesse et, *via* une pratique pédérastique corporelle, conduit le jeune garçon au savoir des choses essentielles. Où l'on voit que, chez les Grecs, le goût des idées ne va pas sans un intérêt pour des vagabondages moins ontologiques!

Je guette l'heure où, avertis par de plus cultivés qu'eux, ce qui ne sera guère difficile, les membres actifs des ligues de vertu postmodernes interdiront l'enseignement de Platon après avoir découvert que Socrate, qui était marié et père de famille (bien mal lui en prit, on le sait...), eut un certain nombre d'amants en la personne de jeunes garçons: Charmide, l'oncle de Platon, Euthydème, le fils de Dioclès, Phèdre, Alcibiade pour ceux qui ont donné leur nom à l'un des dialogues de Platon, Agathon qui fut l'un des personnages du *Banquet*, puis tant d'autres comme Autolycos, Critobule et autres jeunes Athéniens qui le mettaient dans des états bien loin de la sagesse... Revenons à nos moutons romains.

L'amitié romaine n'est donc pas l'une des modalités de l'homosexualité. Non pas qu'il n'y ait point d'amour grec chez les Romains, Virgile, Horace, Catulle en tâtèrent, et il y eut même une loi contre, la loi Scantinia, qui prouve que la pratique était répandue. Mais on ne trouvera pas d'éloge de la pédérastie ou de l'homosexualité sous la plume d'un Romain. Les catégories romaines ne sont pas du tout les mêmes que celles du judéo-christianisme. La question n'est pas: «Pour ou contre la pédérastie»? Mais: «Qui, dans cette relation, tient le rôle actif et qui le rôle passif?» Car l'indignité touche seulement celui qui subit, pas celui qui agit. Seuls subissent les esclaves et autres gens de condition inférieure. Seuls s'en sortent, si je puis dire, les citoyens actifs.

On ne s'étonnera donc pas que, chez Platon, l'amitié renvoie à une discussion sophistique sur le même et l'autre, le semblable et le dissemblable, le désir et le manque, l'amour et l'amitié, le bien et le mal, la bonté et la méchanceté, le relatif et l'absolu, au point que Socrate parle à un moment de «l'espèce d'ivresse où nous met la discussion» (*Lysis*, 222c). C'est dire combien la dialectique des Grecs peut plus facilement aider à se perdre qu'à se trouver – voire à se retrouver...

Les Romains, gens pragmatiques et existentiels, abordent la question de l'amitié non pas pour faire montre d'habileté sophistique ou de talent rhétorique, mais pour penser cette affection, ce sentiment, cette passion, cet affect dans la vie quotidienne. Ils questionnent et, surtout, ils répondent à des questions concrètes: qu'est-ce que l'amitié? L'amitié existe-t-elle en tant que telle ou n'existe-t-il que des preuves d'amitié ? Qu'exige-t-elle ? Peut-on être ami avec une personne d'une autre condition que la sienne ? Peut-il y avoir amitié entre des membres d'une même famille ? Est-il possible d'avoir plusieurs amis ? Si oui, faut-il partager ses amis ? Peut-on, voire doit-on commettre des fautes par amitié ? Comment conserver l'amitié ? Quels sont les devoirs de l'amitié ? Comment distinguer l'ami de l'opportuniste ? Peut-il y avoir amitié avec un méchant ou entre les méchants ? Entre amis, tout est-il commun ? L'amitié n'est-elle possible qu'entre sages ? Y a-t-il des degrés dans l'amitié ? Dans quelles conditions l'amitié peut-elle être rompue ? Faut-il d'ailleurs qu'elle le soit ?

Pour être honnête, il me faut ne pas mettre tous les Grecs dans le même sac et avouer qu'Aristote traite de la question presque... en Romain dans son *Éthique à Nicomaque* (VIII-IX) et dans son *Éthique à Eudème* (VII) ! C'est l'inverse qu'il faut dire, bien sûr... Car les Romains pensent assez probablement sur le sujet avec, non loin de leur écritoire, des exemplaires de ces livres fameux du Stagirite. Du moins, il n'y a pas chez Aristote ce que l'on trouve sous la plume de Platon : une ambiguïté dans l'incapacité à faire l'économie du corps dans l'amitié – même si l'on connaît au moins le nom de trois amants d'Aristote : Hermias, Théodecte de Phasélis et Palaiphatos, ce qui est moins que Platon dont on en connaît quatre...

Les Romains ont écrit sur l'amitié : Épictète dans ses *Entretiens*, Sénèque dans quelques lettres à Lucilius, Marc Aurèle en deux ou trois phrases de son unique livre, Themistius aussi dans son *Discours sur l'amitié* qui, hélas, nous est parvenu en loques ont abordé la question ; de même Musonius Rufus ; certes, Plutarque y a consacré deux petits traités qui nous sont conservés : *Comment distinguer le flatteur de l'ami* et *Sur le grand nombre d'amis* ; mais le seul traité complet qui aborde l'amitié dans sa totalité, et non sous l'un de ses angles, et qui nous reste sur ce sujet est encore une œuvre de Cicéron : *Lélius ou De l'amitié*. On y trouve, bien sûr, un parfum d'Aristote rectifié aux épices romaines.

L'intérêt de Cicéron c'est qu'il arrive après les Grecs Platon et Aristote, mais avant les Romains Plutarque, Sénèque, Musonius Rufus, Épictète, Marc Aurèle qui, tous, ont écrit sur l'amitié à partir de son *Lélius*.

Que dit Cicéron? Il met en scène l'amitié de Lélius avec Scipion l'Africain, bien qu'il fût plus jeune que lui. Pas question ici de s'enivrer de belles paroles sur l'amitié, comme avec les Grecs en général et Platon en particulier, car il s'agit d'examiner ce que fut cette amitié exemplaire pour obtenir des vérités pratiques et concrètes. Lélius dit: «On vante les paroles de Socrate; mais on loue les actions de Caton» (II.10) – et tout ce qui oppose la philosophie idéaliste grecque à la philosophie pragmatique romaine se trouve ramassé dans cette seule phrase: du côté d'Athènes, des rhéteurs, des verbeux, des dialecticiens, de beaux parleurs, des improvisateurs qui pérorent sans préparation sur tous les sujets, amitié comprise; du côté de Rome, des faits et gestes mémorables, des actions édifiantes, des exemples existentiels. Chez les Grecs, des philosophes, du verbe, des mots, des idées; chez les Romains, des hommes, des actes. Les premiers sont des «disputeurs subtils dont les définitions sont justes peut-être, mais sans utilité publique» (V.18); les seconds revendiquent «le gros bon sens» *(ibid.)* qui fait pousser des cris d'orfraie dans le camp hellénique qui deviendra dominant dans les deux millénaires suivants.

La première définition de l'amitié est simple: elle est accointance entre deux hommes – il n'est jamais question d'amitié entre hommes et femmes ou entre femmes chez les Latins... –, chez qui, de ce fait, tout est commun: les idées, les pensées, les idéaux, les visions du monde, y compris politiques et religieuses, les goûts, la volonté. Il est bien évident qu'une amitié ainsi définie est rare et qu'il s'en trouve seulement deux ou trois en plusieurs siècles – où l'on voit que, s'ils se distinguent des Athéniens qui en ont fait une dévotion, les Romains peuvent aussi faire fort en matière d'idéal... Bien sûr, l'amitié de Lélius et de Scipion en fait partie!

Pour quelle raison l'amitié romaine est-elle rare? Parce qu'elle ne concerne que «les gens de bien». Or, qu'est-ce qu'un homme de bien? Un sage et rien d'autre. Mais alors, qu'est-ce qu'un sage? Rien de ce que les Grecs nomment tel et qui s'avère inatteignable, donc inexistant : «Nous devons rechercher ce qui est dans l'usage et dans la vie ordinaire, et non des fictions ou de vains rêves» (V.18) – et hop! encore une pierre dans le jardin de Platon... Alors qui sont-ils? «Des hommes qui vivent et se conduisent de façon à ne montrer que bonne foi, intégrité, justice, libéralité; en qui on ne voit ni cupidité, ni passions honteuses ou violentes; dont la fermeté est inébranlable; des hommes enfin, tels que furent ceux que je viens de nommer, méritent ce nom d'hommes de bien qu'on leur donnait de leur vivant : car ils suivaient, autant que les hommes le peuvent, la nature, le meilleur guide pour bien vivre» (V.19). Rien d'impossible, on le voit, mais tout, on le constate, qui soit exigence et hauteur de vue, sinon hauteur de vie. Ne peuvent être amis que des gens de haute qualité morale, de grande tenue éthique. L'amitié n'est pas faite pour les médiocres.

Cicéron distingue donc clairement l'«amitié vulgaire» de l'«amitié véritable» (VI.22). La première est association que je dirais presque de malfaiteurs : elle met en effet aux prises des gens qui ne recherchent que leur intérêt et leur utilité. Quand Cicéron attaque la vision utilitariste de l'amitié, c'est Épicure qu'il cible, car le philosophe du Jardin estimait que seul le besoin d'aide conduisait les amis à le devenir, à l'être et à le rester.

L'amitié véritable est partage, échange, compagnonnage; elle permet de parler à un tiers comme s'il était nous-même; elle autorise à vivre pleinement la joie, le bonheur, la prospérité parce qu'on peut alors les vivre à deux; elle fait de telle sorte que l'adversité, les coups du sort, la méchanceté du monde nous soient moins rudes et moins cruels parce qu'on peut alléger son fardeau grâce aux épaules de son ami; elle empêche l'abattement et fait surgir l'espoir; elle rend possibles la piété et le souvenir avec lesquels les absents et les morts ne le sont jamais totalement; elle fonctionne en ciment social en montrant ce que peut la bienveillance.

Lélius, donc Cicéron, pense que l'origine de l'amitié se trouve dans la nature : elle est un sentiment naturel qui rapproche les humains. Mais elle n'est pas que cela. Car les animaux connaissent ce tropisme qui les conduit vers leurs semblables, de même les membres d'une même famille, mais cela ne suffit pas pour parler d'amitié entre chiens, sinon entre chiens et chats, pas plus qu'un fils ne saurait être l'ami de sa mère ou de son père, pas plus qu'une fille ne saurait être l'amie de son père ou de sa mère – même si notre époque cul par-dessus tête d'un point de vue éthique le croit... L'origine de l'amitié est donc potentiellement naturelle, mais sa réalité est culturelle : elle obéit à un vouloir, une volonté, une décision. Voilà pourquoi les animaux ne sauraient être amis entre eux, ni même des membres d'une famille – car on choisit ses amis mais nullement sa famille.

L'amitié est donc un bien qui dépend de nous. Au contraire d'un certain nombre de faux biens comme le pouvoir, l'argent, les honneurs, les richesses, les propriétés qui sont autant de gratifications incertaines et périssables qui dépendent de la fortune et de ses caprices. À quoi il faudrait ajouter la jeunesse et la santé, des biens périssables s'il s'en trouve...

En tant qu'elle est vouloir et volonté, l'amitié échappe donc autant que faire se peut aux péripéties qui affectent les faux biens. Mais elle reste toutefois soumise aux effets du temps, car elle n'est pas une idée inoxydable, une réalité intemporelle, une essence vaporeuse vibrant en dehors de l'histoire, comme le pense Platon.

Si l'amitié était une idée, voire si elle n'était qu'une idée, on pourrait en effet parler d'elle comme d'une formule mathématique. Mais elle est une réalité et, en tant que telle, soumise aux effets du temps, du changement, de l'entropie. Tout ce qui vit s'abîme, l'amitié est vivante, elle s'abîme donc.

D'où la difficulté de garder une amitié toute la vie – d'où également, bien sûr, la grandeur et la beauté d'une vieille amitié. Car, avec le temps, l'amitié de jeunesse peut n'être qu'une amitié de jeunesse... Autrement dit, une amitié qui ne passe pas le cap de la maturité. Quand on entre dans l'existence, conduit par l'idéal, donc rempli d'illusions, on rêve un futur qui n'est pas forcément celui qui s'écrit. L'intelligence voudrait qu'on cède sur l'idéal quand le réel lui donne tort, mais l'intelligence n'étant pas la chose du monde la mieux partagée, au contraire du déni qui, lui, triomphe dès qu'il le peut, c'est-à-dire dans la plupart des cas, nombre de ceux qui préfèrent vivre avec une illusion qui les sécurise plutôt qu'avec une certitude qui les angoisse optent pour l'idéal et donnent tort au réel. L'amitié qui ne se sera pas affinée avec le temps se brise au moindre souffle de l'histoire. Car on n'aborde pas le monde à vingt ans comme à deux fois, trois fois, quatre fois vingt ans. Si les passions violentes de l'amitié de jeunesse ne se transforment pas en sentiments doux d'une amitié de jeunesse devenue vieille, comme un grand vin sculpté par le temps, elles tournent au vinaigre.

Cicéron donne les détails : avec le temps, les intérêts se contrarient, les sentiments politiques diffèrent, le rapport à la religion aussi, les caractères se modifient au contact de la rudesse du monde, en bien ou en mal, l'âge adoucit et polit les choses, il arrondit les angles qui faisaient le bonheur des jeunes années coupantes, les familles de l'ami (aujourd'hui souvent plus décomposées que recomposées) rebattent les cartes, les rivalités apparaissent avec le grand jeu de la vie active : ambition, honneurs, richesse, réputation, gloire... – voilà « qui a changé souvent les amitiés les plus tendres en mortelles inimitiés » (X.33). Le philosophe sait donc que l'amitié n'est pas une idée pure mais un sentiment pris dans l'histoire et susceptible d'être abîmé par le temps – abîmé ou franchement détruit...

Voilà donc pour quelles raisons il existe des limites à l'amitié : une date de naissance, mais aussi une date de décès possible. Certains comportements se révèlent en effet franchement toxiques ou mortels pour l'amitié. Elle ne permet pas tout car elle est indexée sur une perspective : elle doit contribuer à la réalisation de la vertu, et, plus particulièrement, à la sagesse. L'amitié ne vise donc pas une relation utilitariste et intéressée, mais une éthique de l'entraide pour parvenir au plus haut qu'un homme puisse atteindre : la vie vertueuse, l'existence philosophique, la sagesse existentielle. L'amitié permet, à deux, d'obtenir ce que seul on n'atteint pas : un degré supérieur d'être.

Quels comportements sont en effet dangereux voire mortels pour l'amitié ? Tous ceux qui sont déshonorants. Tous ceux que la vertu interdit. Tous ceux qui conduisent à commettre une injustice. L'amitié n'est donc pas un blanc-seing qui permet aux amis de tout faire et de couvrir l'autre dans ses exactions. «L'amitié ne peut excuser en aucune manière les fautes que l'on commet pour elle: car, puisqu'elle est fondée sur l'estime, il est difficile qu'elle puisse subsister lorsqu'on cesse de mériter cette estime» (XI.36).

De sorte que, dans la fameuse casuistique de l'ami qui définirait celui vers lequel on se tourne quand, au beau milieu de la nuit, on se retrouve avec un cadavre qu'il faut enterrer discrètement au fond du jardin, on ne définit pas l'ami comme celui qui ajoute un forfait au forfait de son ami, mais comme celui qui, dans un hypothétique cas de figure, aurait dû assez édifier son ami pendant les années qui ont précédé pour qu'il n'ait pas à trucider un quidam après minuit ou qui, ayant failli sur ce terrain, n'accompagne pas le vice mais s'y soustrait en y substituant également son ami... L'ami doit donc empêcher son ami d'avoir à se comporter ainsi un jour; à défaut, il ne doit pas suivre son ami dans le vice, l'injustice, la malversation. L'amitié est entraide pour le bien – pas fraternité dans le mal... Solliciter un ami pour qu'il nous aide à commettre un acte déshonorant déshonore celui qui demande en même temps que celui qui accepte. Et demeurer l'ami d'un homme déshonoré c'est se déshonorer soi-même...

Il n'y a donc aucune excuse à prétendre qu'en faisant le mal pour un ami, on ne le commet pas pour soi. La circonstance du forfait pour autrui ne saurait être atténuante puisque, justement, valider ce forfait rend la circonstance deux fois aggravante en regard de cette loi de l'amitié qui exige simplement: «Ne demander et n'accorder rien de honteux» (XII.40). L'amitié ne saurait s'autoriser d'une extraterritorialité éthique et juridique.

Mais il existe un moment dans le texte de Cicéron qu'on aurait aimé plus explicite... Car, le philosophe nous le dit clairement, l'amitié interdit qu'on ne se comporte pas bien. Rappelons cette formule: «Que ce soit donc la première loi de l'amitié de ne demander à nos amis de ne faire pour eux que des choses honnêtes» (XIII.44). Pourquoi dès lors cette tirade concernant les amis: «Si, par malheur, l'un d'eux a besoin du secours de l'autre dans quelque entreprise d'une justice douteuse, mais d'où dépende sa vie ou son honneur, on peut, dans ce cas, dévier un peu du droit chemin, pourvu que le déshonneur ne s'ensuive pas. L'amitié, en effet, excuse jusqu'à un certain point. Il ne faut pas, toutefois, négliger le soin de sa réputation; l'estime publique n'est pas un médiocre instrument de succès pour la gestion des affaires. Il y a de la honte à l'obtenir par des caresses et de basses flatteries, mais *[sic]* on doit rechercher l'appui de la vertu, que suit toujours la bienveillance» (XVII.61).

Nous sommes donc, casuistique oblige, dans un cas de malheur, mais on ne saura pas lequel, ni de quel type, Cicéron nous privant d'un, de deux ou de trois exemples qui auraient éclairé notre lanterne; l'ami sollicite son ami pour une aventure «d'une justice douteuse» – sans non plus qu'on sache ce que cache cette formule mais, on connaît les Romains, imagine-t-on Caton engagé pour un ami dans une «entreprise d'une justice douteuse»? Nullement.

Dans un autre développement où il sollicite des grands noms de l'histoire romaine, Cicéron convoque Emilius Papus et Caius Luscinus, amis et collègues dans le consulat et la censure, pour affirmer que ces hommes de haute tenue morale ne se seraient pas demandé «quelque chose qui fût contraire à la bonne foi, au serment, ou à la République. Est-il nécessaire d'ajouter, lorsqu'il s'agit de tels hommes, que s'il l'eût demandé il ne l'aurait pas obtenu? car ils étaient tous incorruptibles, et il est aussi criminel d'accorder une telle demande que de la faire» (XI.39).

Comment Cicéron peut-il, même sous couvert de dialogue, tenir d'une même main philosophique la rigueur morale et la «justice douteuse»? Cette casuistique met le demandeur dans une situation grave puisqu'il s'agit rien de moins que de perdre son honneur ou bien encore sa vie dans un monde où l'on préfère perdre sa vie en se l'ôtant plutôt que de perdre son honneur! Le suicide est là pour éviter de se salir les mains dans de pareilles sanies morales. Et que peut bien signifier «dévier un peu *[sic]* du droit chemin» quand dévier, ça ne saurait être un peu puisque ce nouveau cap suppose franchement de changer de direction ? Être un peu immoral, c'est ne pas être moral du tout… Comment Cicéron peut-il faire sortir le serpent moral par la porte et le laisser entrer ainsi par la fenêtre ? Énigme…

Cicéron examine ensuite les cas dans lesquels il est difficile d'avoir des amis ; voire ceux dans lesquels c'est franchement impossible. Le tyran, par exemple, n'a pas d'amis. Et l'on comprend bien pourquoi sans trop d'explications : il est toujours dans le pouvoir de celui qui a tous les pouvoirs de mettre à mort l'imprudent qui aurait pu entendre ses secrets, accueillir ses confidences, être le familier de ses parts d'ombre, assister à l'un de ses moments de faiblesse, connaître les plus petits mouvements de son âme…

Parmi ceux avec lesquels l'amitié est difficile, le philosophe pointe les puissants – ils agissent un cran au-dessus du tyran, mais on sait qu'ils disposent de relations qui rendent problématique leur fréquentation intime. Le caprice de ce genre d'individu peut briser sans état d'âme un ami qui, parce qu'il est cet autre lui-même rendu possible par l'amitié, devient une victime émissaire adéquate quand la puissance pourrait se trouver entravée par une confidence malheureuse faite un jour de complicité sans réflexion.

Aux côtés des puissants, on trouve également les riches. Du moins les riches avec ceux qui ne le sont pas – ou qui le sont moins… Songeons aux nombreuses villas de Cicéron, à sa richesse considérable et au jour où César s'invitant chez lui à dîner arrive avec plus de deux mille soldats – un riche trouve toujours plus riche que lui…

Ceux qui ont ne peuvent éviter de sombrer dans un dilemme : s'ils donnent à ceux qui ont moins ou qui n'ont pas, ils passent pour de méchants hommes qui humilient ceux qu'ils gratifient ; s'ils ne donnent pas, ils ne peuvent échapper au même statut de méchant homme, mais cette fois-ci à cause de leur avarice. Avec un homme moins riche que lui, le riche n'a donc le choix qu'entre deux vices : l'humiliation ou l'avarice… Car, bien sûr, le riche ne saurait être qu'un méchant.

Puissance, richesse, il en va de même avec la réputation, la gloire, les honneurs. Quiconque est connu au-delà de ses proches n'a lui aussi le choix qu'entre deux vices : soit il fait sentir et savoir son statut, alors il passe pour un être infect, suffisant, prétentieux, arrogant ; soit il ne le fait pas, et on le condamnera pour fausse modestie et affectation de simplicité. Car la notoriété ne saurait qualifier qu'un méchant...

Dans l'amitié il faut savoir donner, certes ; mais il faut aussi savoir recevoir, ce qui s'avère plus compliqué. Car donner crée une dette chez celui à qui l'on donne quand il ne sait pas recevoir, même et surtout si on ne lui demande rien en retour. Faire le bien c'est, de quelque manière qu'on s'y prenne, instaurer une relation dans laquelle le bénéficiaire devient redevable, ce qui crée un déséquilibre. De sorte qu'on paie toujours un jour ou l'autre le bien qu'on fait. Le don est un plat qui finit par se manger froid...

La puissance, la richesse, les honneurs, la réputation créent des situations d'inégalité – d'infériorité et de supériorité donc. On n'y échappe pas, car aucune condition n'en égale une autre. Comment faire dès lors ? Cicéron donne le mode d'emploi : «A-t-on acquis quelque supériorité de vertu, d'esprit ou de fortune ? il faut la partager avec les siens, la communiquer à ses proches» (XIX.70). Et en cas d'inégalité ? «Les supérieurs doivent s'égaler les inférieurs» (XIX.69). Autrement dit : pas question pour le supérieur de faire sentir à l'autre qu'il lui serait inférieur.

Cicéron de poursuivre : «De même, les inférieurs ne doivent pas s'affliger de se voir surpassés par leurs amis en génie, en fortune ou en dignités. Cependant la plupart de ces derniers se plaignent toujours et vont même jusqu'aux reproches, surtout s'ils ont à citer quelque service rendu, où ils ont pu montrer leur dévouement et leur zèle. Odieuse espèce d'hommes que ceux qui reprochent leurs services : c'est à celui qui les a reçus de s'en souvenir, et non à celui qui les a rendus de les rappeler» (XIX.70). Mais celui qui a reçu, s'il ne veut pas avoir à le reprocher à celui qui aura donné, pourra toujours, s'il veut ne rien devoir alors qu'on ne lui aura présenté aucune facture, recourir à la dénégation, autrement dit affirmer d'abord que le réel n'a pas eu lieu, ensuite que ce qui a eu lieu c'est très exactement le contraire du réel... Dès lors, celui qui aura reçu niera le don perçu en prétendant, lui, avoir donné alors qu'il n'aura jamais rien offert... Il inventera ainsi des dons invisibles offerts au donneur, fictions de dons qu'il reprochera à celui qui ne l'aura pas remercié... d'offrandes inexistantes !

Si la nature a ainsi fait qu'il y ait des inférieurs et des supérieurs, la sagesse oblige celui qui possède à donner à celui qui n'a pas. L'amitié sert à élever ceux qui sont en dessous : « Il ne suffit pas, dans l'amitié, que les supérieurs s'abaissent, il faut qu'ils élèvent, pour ainsi dire, leurs inférieurs jusqu'à eux » (XX.71). De même : « Il faut donner à ses amis, d'abord selon la mesure de ses facultés, ensuite selon la capacité de celui qu'on aime et qu'on veut servir » (XX.73).

Mais on répondra à Cicéron que cette élévation est un don qui obéira lui aussi à la logique d'un contre-don impossible qui, de ce fait, engendrera chez celui qui ne sait pas recevoir des frustrations susceptibles de produire un jour les motifs d'une rupture.

Le dialogue philosophique envisage donc la possibilité de la fin volontaire de l'amitié. Quand l'ami se fait inamical, quand il ne donne pas les preuves d'amitié qui définissent et font l'amitié, quand il se montre loin de la vertu, quand il prend sans rendre, quand il ne sait pas donner, quand il demande, quête et reçoit, mais n'offre rien en retour, alors il faut en finir avec une relation qui n'a plus de sens. L'ami inamical n'est plus un ami. Cicéron l'écrit clairement : « Souvent il se présente de graves circonstances où il faut se séparer de ses amis » (XX.75) – sans que, là aussi, là non plus, on sache en quoi consistent ces « graves circonstances »... Ou bien encore ceci : « Quelquefois aussi c'est comme un malheur nécessaire que de renoncer à une amitié » (XXI.76). Quand ? On ne sait...

Cicéron parle de changement chez l'ami : quand il n'est plus le même, quand les avis, les opinions, les goûts, les points de vue se modifient, sont le contraire de ce qu'ils furent, faut-il tout de même continuer comme avant? Or, rester fidèle à un être qui n'existe plus, n'est-ce pas se tromper? Voire tromper son ami?

Comment faut-il alors s'y prendre? S'il y a scandale, la chose est simple: «rompre sur-le-champ» (XXI.76); mais, si tel n'est pas le cas, alors éviter la rupture franche et nette, et s'activer en «relâchant le lien peu à peu» *(ibid.)* – en d'autres termes: laisser pourrir... Citant Caton, Cicéron écrit: «Il faut découdre plutôt que déchirer» *(ibid.)*.

Dans tous les cas de figure, «il faut prendre garde en déposant l'amitié de la remplacer aussitôt par la haine. Rien de plus honteux en effet que d'être en guerre avec ceux qu'on a long-temps aimés» (XXI.77). Cicéron a raison, bien sûr. Mais comment réussir une rupture d'amitié quand on n'a pas réussi à empêcher le délitement de l'amitié elle-même? C'est parce que plus rien n'est possible que pas même la rupture ne l'est! Une rupture amicale serait moins rupture qu'amicale...

Pas d'aigreur, pas de reproches, pas de ressentiment, pas d'animosité, pas d'insultes, pas de querelles, pas d'injures, pas d'outrages. Si tout cela doit avoir lieu quand même, alors «supportons ces outrages tant qu'ils sont supportables, et rendons cet hommage à une ancienne amitié, que celui-là seul est en faute qui fait l'injure et non celui qui la souffre» (XXI.78).

Le mieux est de prévenir la fin de l'amitié avant même le commencement de l'amitié! Car la rupture montre que l'amitié n'était pas vraiment philosophique mais vulgaire, triviale. Elle n'était pas amitié entre des sages ou des gens de bien.

Avant de s'engager dans une amitié, il faut en effet choisir avec précaution celui dont on pense qu'il pourra devenir notre ami: «Le seul moyen d'éviter et de prévenir tous les désagréments, c'est de ne donner notre affection ni trop vite, ni à des gens qui n'en sont pas dignes» *(ibid.)*.

On doit même mettre à l'épreuve celui qu'on souhaite élire car «il faut connaître avant d'aimer, et non aimer avant de connaître» (XXII.85). Voilà pourquoi il faut retenir son premier mouvement et se méfier de l'inclination première. Ensuite, il faut le tester: est-il sensible à l'argent, aux honneurs, aux richesses, et autres choses avec lesquelles on peut trahir ? On peut lancer des ballons d'essai pour voir à qui on a affaire... Mieux vaut cet examen avant l'amitié que de devoir un jour y mettre fin parce qu'elle aura été fautive.

La véritable amitié est association de forces pour viser plus que soi : la vertu et la sagesse. Elle suppose la confiance ; or la confiance ne doit pas se donner sans précaution. On va se livrer, se donner, se raconter, se montrer à nu : est-on sûr que ce que l'on confiera à un ami ne deviendra pas un jour entre ses mains des armes contre nous ? Cicéron examine cette saillie de Bias, l'un des Sept Sages : « Aimez comme si vous deviez un jour haïr » (XVI.59). Cette invite est terrible car « comment, en effet, être l'ami d'un homme de qui l'on pense pouvoir devenir l'ennemi ? » *(ibid.)* ; mais la question est : est-ce vrai ou faux ? Si c'est vrai, alors cette relation n'est pas amitié... Si c'est faux, alors pourquoi tant d'amitiés déçoivent-elles ?

Quiconque a connu l'adversité ou le revers de fortune sait combien les épreuves dans une vie fonctionnent comme une assiette au beurre qui éjecte ceux qui ont confiné l'amitié dans le registre trivial et vulgaire, aux antipodes de l'amitié véritable qui se prouve et s'éprouve dans les souffrances. Cicéron écrit : « Deux choses accusent la faiblesse et la légèreté de presque tous les hommes : le dédain dans la prospérité et l'abandon du malheur » (XVIII.64). « Presque tous », écrit-il – presque tous en effet...

L'ami qui aura été ami dans l'épreuve, celui-là sera l'ami véritable : « Celui donc qui, dans l'une ou l'autre fortune, se sera montré ferme, constant, inébranlable, regardons-le comme un homme d'une espèce rare et presque divine » *(ibid.)*. Ce critère du compagnonnage augmenté dans les coups durs signe, signale et signifie l'amitié. Ceux qui, au contraire, auront mis la tête dans le sable pendant les misères ou qui auront regardé ailleurs, on saura qu'ils ne méritent pas le beau nom d'amis.

Dans l'exercice de l'amitié, Cicéron n'exclut pas un peu de rudesse – car dire la vérité est rudesse quand la flatterie, la dissimulation, le mensonge peuvent tromper si facilement... C'est un exercice classique chez les philosophes qui traitent de l'amitié de se demander comment faire la part des choses entre un ami véritable et une personne qui n'est là que pour son intérêt. Plutarque a, on le sait, consacré un court texte à ce sujet, intitulé : *Comment distinguer le flatteur de l'ami*. Sénèque y a réfléchi dans ses *Lettres à Lucilius* (V.XLV.6-7), Themistius en parle dans son *Discours sur l'amitié* (267b13-d5).

On pourrait donc imaginer qu'il y a amitié véritable quand on évite la flagornerie, l'adulation, le compliment : un ami ne flatte ni ne caresse dans le sens du poil son *alter ego* quand il y a matière à remarques. L'amitié semble d'autant plus vraie qu'elle contribue à l'édification de soi par l'autre et de l'autre par soi. Et, pour atteindre cet objectif, il faut faire un usage abrasif de la vérité.

À cet effet, Cicéron théorise un genre de correction fraternelle, pourvu que la correction ne manque pas de fraternité et que la fraternité accompagne la volonté de vérité. Puisque l'amitié est un dispositif d'édification morale et qu'elle vise à réaliser la vertu, alors ce qui empêche de parvenir à ce «sommet» (XXII.82) doit être critiqué, donc montré, dit, raconté, révélé. Pas question de laisser son ami se tromper, emprunter une mauvaise direction qui le détournerait de la sagesse. Dès lors, il faut l'affranchir de ce qui ne va pas. «Nous ne devons épargner à nos amis ni les avis ni même les réprimandes ; et nous-mêmes nous devons prendre les remontrances en bonne part, quand elles sont dictées par la bienveillance. Toutefois je suis forcé de l'avouer, comme le dit notre Térence dans son *Andrienne* : "La complaisance enfante l'amitié ; la vérité, la haine." Sans doute la vérité est fâcheuse si elle produit la haine, ce poison de l'amitié ; mais la complaisance l'est encore plus, lorsque par une indulgence coupable pour les fautes d'un ami, elle le laisse se précipiter à sa ruine» (XXIV.88-89). C'est donc par affection, par amitié, qu'on dira à son ami où, quand et comment on estime qu'il fait fausse route et qu'il risque de tomber dans le précipice éthique...

Qui est capable de supporter pareille potion ? À l'évidence ceux qui sont déjà sur le chemin de la sagesse à défaut d'être déjà sages. De toute façon, des hommes de bien qui savent que l'amitié est moins l'occasion de disposer de droits sur l'autre que de se reconnaître des devoirs à son endroit. Moins un investissement utilitaire qu'une chance de multiplier ses forces pour aller vers les sommets de la vertu. Cicéron a raison, l'amitié ne peut concerner qu'une infime poignée d'individus et elle n'existe que rarement dans un siècle… On sait du moins qu'elle est possible – c'est ce qui définit un idéal…

Intermède 5

Sainteté païenne de Plutarque

« C'est mon homme que Plutarque », écrit Montaigne dans les *Essais* (II.X.416). On mésestime aujourd'hui le rôle joué par les *Vies parallèles* du philosophe de Chéronée dans la désintoxication occidentale que la Renaissance rend possible afin de guérir les âmes de mille ans d'empoisonnement chrétien.

Plutarque (vers 45-47/vers 126) fut aussi le penseur des *Œuvres morales* qui témoignent qu'on pouvait être moral avant le christianisme et que, donc, on peut l'être aussi sans le christianisme – il suffit d'aller voir ce que les grands hommes de l'Antiquité grecque et romaine ont à nous dire. Que le monde pré-chrétien puisse servir à un monde postchrétien, voilà ce qui se joue de manière aveugle dans le mouvement renaissant de la civilisation judéo-chrétienne. Il faudrait écrire une vie parallèle qui opposerait Plutarque, le Grec romanisé, à Jésus, le Sémite déjudaïsé. Ou un Caton l'Ancien à Paul le Saint.

Natif de Béotie, une région de Grèce qu'on estimait incapable de subtilité et de pensée, Plutarque a incarné une façon de faire de la philosophie qui s'avère typiquement romaine. D'abord, parce qu'il est totalement imperméable aux questions de théorie pure ; ensuite, et conséquemment, parce que tout texte procède chez lui d'une occasion donnée par la vie ; enfin, parce que toute sa pensée ne vise qu'à servir à une édification existentielle.

On ne trouvera pas en effet sous la plume de celui que Renan nommait «le bonhomme Plutarque» des considérations métaphysiques ou ontologiques qui montreraient un habile rhéteur, un dialecticien affûté ou un sophiste retors. Il est un homme parmi les hommes qui n'écrit que pour répondre à une question qu'il se pose ou qu'on lui pose. Il écrit pour vivre et ne vit pas pour écrire.

Le platonicien libéré de Platon qu'il est pourrait, bien sûr, partir dans de grandes considérations sur les Idées dans le *Parménide*, la Science dans le *Théétète* ou le Nombre dans le *Timée*. Mais à quoi bon la glose quand la philosophie doit d'abord et surtout servir à vivre, à bien vivre, à mieux vivre ?

Plutarque ne fut pas un philosophe en chambre, de ceux dont Lucien de Samosate nous raconte dans *Les Sectes à l'encan* qu'ils enseignent une chose et pratiquent le contraire – des stoïciens se roulant par terre à cause d'une rage de dents, des épicuriens remplissant leurs cassettes, des cyniques flattant les puissants, des sceptiques très sûrs de leur doute. Il fut un praticien de la philosophie qui n'eut de cesse de penser sa vie et de vivre sa pensée.

Toute son œuvre morale procède de questions posées par ses proches, ses amis, ses disciples et tous ceux qui écoutaient ses propositions existentielles. En ce sens il invente l'*essai*, une forme littéraire qui ne prétend pas à la révolution spéculative mais à la révélation existentielle.

Quels sont en effet quelques-uns des titres de ce que l'on nomme souvent les *Traités de morale* ? *Comment distinguer le flatteur de l'ami, Moyen de connaître les progrès dans la vertu, Utilité qu'on peut retirer de ses ennemis, Sur le grand nombre d'amis, Préceptes de mariage, Moyens de réprimer la colère, De la tranquillité de l'âme, De l'amour fraternel, De l'amour des pères et des mères pour leurs enfants, Si le vice suffit pour rendre l'homme malheureux, Sur la démangeaison de parler, De l'amour des richesses, De la fausse honte, De l'envie et de la haine, Consolation à sa femme sur la mort de sa fille.*

Nul n'est besoin d'avoir fait des études de philosophie, d'avoir assisté à des cours *ex cathedra*, d'avoir été membre d'une école, d'avoir lu les grands auteurs pour se poser ces questions. Ce sont celles de tout un chacun, si d'aventure il lui vient l'envie de se demander ce qu'il fait au monde et ce qu'il doit y faire.

Car la fourberie des flatteurs, savoir ce qui définit un ami et si l'on peut en avoir beaucoup sans risquer de n'en avoir aucun, ce qu'il faut mettre en œuvre pour construire son existence et s'améliorer, comment on peut transformer un inconvénient en avantage, s'il faut se marier et ce que l'on doit en attendre, de quelle façon on doit composer avec son emportement, de quelle nature sont les liens noués entre les frères et les sœurs, les parents et les enfants, ce qui anime ceux qui parlent tout le temps pour ne rien dire, quels rapports on doit entretenir aux richesses afin de n'être pas possédé par ce qu'on possède, et autres questions comme celle, terrible, de la mort d'un enfant – voilà qui concerne tout individu qui, un jour, souhaite penser ce qui lui advient afin de se trouver mieux dans un monde qui ne fait rien pour qu'on s'y trouve bien naturellement.

Si Plutarque écrit une *Consolation à sa femme sur la mort de sa fille*, c'est parce que cette femme est son épouse, que cette fille était la sienne et qu'il a lui aussi perdu son enfant – et non pas pour faire des ronds conceptuels dans l'eau, ni pour montrer qu'il peut jongler en brodant sur le sujet un joli discours bien construit. Un père voit sa fille morte et sa femme effondrée, dès lors il pense à ce qui pourrait commencer à abîmer cette souffrance, pour la posséder afin qu'elle ne les possède pas.

Platon peut bien écrire un dialogue sur l'amitié, son *Lysis* ne se trouvera pas affecté par sa vie puisqu'il disserte sur une notion dont il peut n'avoir qu'une connaissance indirecte parce qu'intellectuelle. Il peut ne jamais avoir aimé de toute sa vie et écrire tout de même sur l'amour, son *Banquet* n'aura pas à en souffrir. Sa théorie des Idées lui permet de n'avoir ni corps ni passion et de théoriser ce que sont le corps et la passion. Cette variété de philosophes a toujours ses enfumeurs.

Plutarque vit d'abord et philosophe ensuite. Il philosophe sur sa vie, à partir de sa vie, en direction de sa vie : pour sculpter sa statue. Il connaît l'amitié, il la pratique, la célèbre, la fête, *alors* il la pense. Il se marie, a des enfants, en perd quelques-uns, vieillit avec son épouse, connaît les bonheurs de la vie conjugale, *alors* il écrit sur ces sujets. Il est un homme puissant à Chéronée, archonte, citoyen d'Athènes, de Rome et de sa petite ville, prêtre d'Apollon à Delphes, *alors* il tâche de distinguer ceux qui le flattent et les amis sincères. Il a deux frères, *alors* il analyse la nature du sentiment qui le lie à eux. Il est un riche propriétaire terrien, *alors* il pense la question des richesses afin de n'en être pas le serviteur. Il a eu quatre ou cinq fils et une fille qui, comme deux autres de ses enfants, est morte en bas âge, *alors* il écrit un texte pour apaiser la douleur de son épouse. Il voit ses enfants mourir, puis ses proches, puis ses amis, il se voit vieillir et se diriger vers l'âge vénérable de quatre-vingts ans, *alors* il s'interroge sur l'âme, son rapport au corps, son destin après la mort. D'abord il est ; ensuite il pense. On imagine qu'il aurait pu écrire : je suis, donc je pense.

Ces textes qu'on croit disparates au point de souvent faire à Plutarque une réputation de polygraphe disposent tous un fil rouge : ce sont tous des exercices existentiels qui lui permettent de penser ce qu'il a vécu pour bien le vivre, mieux le vivre, le vivre philosophiquement.

Plutarque a le sens des réceptions, il sait recevoir, il manifeste une grande politesse et excelle dans l'art du savoir-vivre, il invite et reçoit. À sa table, on mange bien, sans luxe, et raffiné, sans ostentation. Le dîner est l'occasion d'un banquet philosophique qui permet de construire, autour de la table, une microsociété politique équilibrée.

Ses *Propos de table* en font la théorie : il faut placer les convives de façon que les proximités ne soient pas des occasions de conflits mais d'harmonie et d'équilibre, de sérénité et de bienveillance, de courtoisie et d'affection. On n'apparie pas deux sanguins, deux agressifs, deux bavards, mais on tempère, on modère, on arrondit les angles. Se retrouver autour d'une table est donc une affaire philosophique et politique. Il dit pourquoi et comment.

En plus des 78 traités qui nous sont parvenus, sur 235 écrits, Plutarque est également connu pour ses *Vies parallèles*. Dans un premier temps, cet opus majeur procède lui aussi de nécessités amicales. Il commence ce chantier, sans savoir qu'il le conduira si loin, d'abord pour répondre à une demande de ses amis qui, dans le cercle de Trajan, estiment qu'il faut établir un contrepoint entre Rome et Athènes afin de légitimer spirituellement l'enracinement des provinces grecques dans l'Empire romain.

Des Romains et des Grecs emblématiques de l'histoire des deux pays sont donc présentés comme des figures de complémentarité. Plutarque résout la contradiction qui pouvait séparer le Grec colonisé et vaincu du Romain colonisateur et vainqueur. Depuis 146 avant notre ère, date de la romanisation de la Grèce, la chose est historiquement entendue. Plutarque formule une figure de virilité qui, au-delà de la Grèce ou de Rome, met en avant des hommes tout entiers tendus vers la réalisation de leur passion. Ce que racontent les *Vies parallèles*, ce sont les aventures de héros, peu importent leurs origines helléniques ou romaines, qui ont consacré leur vie à réaliser un projet plus grand qu'eux en incarnant une grande passion.

Au fur et à mesure qu'il écrit ces *Vies*, Plutarque perd de vue la commande originaire et il continue son œuvre pendant quinze années pour sa gouverne. L'écriture retrouve sa fonction première chez lui : il travaille à sa propre édification. Dans les pages qui précèdent sa *Vie de Timoléon*, il écrit : «Lorsque j'ai entrepris d'écrire ces Vies, c'était pour autrui ; mais si je persévère et me complais dans cette tâche, c'est à présent pour moi-même. L'histoire est à mes yeux comme un miroir, à l'aide duquel j'essaie, en quelque sorte, d'embellir ma vie, et de la conformer aux vertus de ces grands hommes. J'ai vraiment l'impression d'habiter et de vivre avec eux : grâce à l'histoire, j'offre l'hospitalité, si l'on peut dire, à chacun d'entre eux tour à tour, l'accueillant et le gardant près de moi ; je contemple "Comme il fut grand et beau" [c'est une citation de l'*Iliade*, XXIV.630], et je choisis les plus nobles et les plus belles de ses actions afin de les faire connaître» (*Vie de Timoléon*, Préface 1).

Autrement dit, le travail et l'écriture de ces *Vies parallèles* relèvent de l'exercice spirituel : de la même manière qu'Épicure, qu'il n'aimait pas et contre lequel il a écrit plusieurs textes, invitait à disposer d'un portrait de son maître, une intaille montée sur une bague ou une petite figurine par exemple, afin de toujours vivre sous l'œil d'un maître qui permette l'édification, ses grands hommes lui servent à être grand lui-même – grand dans la vertu, dans la sérénité, dans la paix de l'âme, dans la sagesse.

Plutarque a aimé sa province grecque, sa région, la Béotie, qui passe traditionnellement pour lourde, épaisse et grossière. De nos jours, l'épithète ironique *béotien* en a conservé la trace. Alors qu'il a été reçu dans les endroits les plus huppés de Rome, qu'il a côtoyé la fine fleur politique de la cité impériale, qu'il a connu le brillant de la Ville lumière, vers la trentaine, il revient dans ses terres et peut alors confier dans sa *Vie de Démosthène* : «Nous qui habitons une petite cité et qui aimons y rester, afin qu'elle ne devienne pas plus petite encore» (II.2).

L'homme qu'il fut a célébré et pratiqué la douceur en politique, la tendresse dans son couple, la fidélité dans l'amitié, l'attachement à sa ville. Il est partout dans son œuvre, mais il n'y apparaît presque nulle part – discrétion, modestie, humilité.

L'œuvre de Plutarque semble préparer les vertus évangéliques chrétiennes – sagesse et douceur, paix et sérénité, bienveillance et simplicité. De ce fait, elle n'a pas disparu quand les moines copistes, une fois le christianisme devenu religion officielle, ont effacé les œuvres antiques afin de disposer de peaux sur lesquelles ils écrivaient les textes évangéliques. Ses *Œuvres morales* et ses *Vies parallèles* ont donc traversé les siècles sans grand dommage.

Elles présentent pourtant et toutefois de bout en bout un homme alternatif à l'homme chrétien : une virilité sans dolorisme, une vertu sans moraline, une grandeur sans ostentation, un orgueil sans vanité, une droiture sans raideur, une sexualité sans péché, un corps sans fautes, une mort sans crainte, autrement dit une vie sans haine de la vie, soit un genre de sainteté sans Dieu. Il était normal qu'au cours des siècles où Dieu avait fini par fatiguer son monde Plutarque devienne le modèle d'une morale sans moralisme.

5

VENGER

Le suicide de Lucrèce

Qu'est-ce qu'une morale de l'honneur ?

Il est écrit par Aurelius Victor, Eutrope, Florus, Dion Cassius et Plutarque que le viol de Lucrèce par Sextus Tarquin, dit Tarquin l'Outrancier, le fils de Tarquin le Superbe, est l'élément fondateur de la République romaine : comment l'abus sexuel d'une femme peut-il être pensé puis présenté comme généalogique d'un régime politique bien connu pour sa passion de la vertu ? Que d'un mal puisse sortir un bien, voilà qui ne cesse d'interroger...

D'origine étrusque, Tarquin dit le Superbe fut un roi de Rome qui n'eut ni l'onction du peuple ni celle du Sénat et qui régnait par la terreur. Il fut donc superbe dans la cruauté. Il fait exiler, torturer, tuer, confisquer les biens de tels ou tels en fonction de son pur caprice. Ses ennemis, ses opposants, ses adversaires, mais aussi ceux dont il est jaloux, envieux, ceux qui lui font de l'ombre ou qui pourraient bien lui en faire, ceux dont il convoite l'or et les biens, tous faisaient l'objet de sa vindicte.

Il décide seul de la paix et de la guerre, des traités de bonnes relations mais aussi de leurs ruptures. Le mariage de sa fille est contracté pour les alliances politiques qu'il permet et pour aucune autre raison. Il convoque au matin les notables latins venus de tout le pays dans un bois sacré, mais il se permet, pour les humilier, d'arriver peu de temps avant la fin du jour.

Turnus l'Aricien lui demande des comptes sur son retard; Tarquin le Superbe lui répond qu'il lui a fallu régler un différend entre un père et son fils. À quoi Turnus, nullement convaincu, répond que «rien n'était plus vite fait que de mettre d'accord un père et un fils. Il n'y avait qu'à dire: "Malheur à celui qui désobéit à son père"» (Tite-Live, *Histoire romaine*, I.L). En guise de réponse à cette vérité proférée par un homme lucide, Tarquin ourdit un complot contre lui, fait placer des épées dans son hôtel, organise leur découverte, crie au projet d'un attentat qui aurait été empêché par son propre retard, ce qui serait donc susceptible d'avoir provoqué la remarque de Turnus qu'il fait précipiter dans une source sur laquelle il fait placer une claie chargée de pierres afin qu'il se noie en essayant de surnager. Quand Tarquin propose à ces peuples latins de se ranger sous la bannière de Rome, il obtient l'unanimité...

Chef de guerre, il est brutal et sanguinaire. Il ne recule pas devant l'usage de la ruse et de la fourberie – «moyens peu dignes de Rome», écrit Tite-Live (I.LIII)... Lui et son fils Sextus ourdissent un stratagème: le jeune homme s'enfuit de Rome sous prétexte que son père voudrait le tuer et obtient l'hospitalité des Gabiens. Après avoir feint d'obéir aux conseils des anciens pour obtenir leurs faveurs, puis d'affecter l'humilité au service de ses hôtes, il parvient à diriger les armées gabiennes et prétend les préparer à un combat contre Rome. Le fils envoie un messager à son père – qui ne répond pas mais se contente d'emmener avec lui ledit messager dans les jardins où, tout en se promenant, il fouette rageusement les coquelicots. Le messager rapporte le mutisme de Tarquin mais aussi cette anecdote concernant les fleurs. Sextus comprend le message et fait alors mettre à mort les hauts personnages de Gabies, il confisque leurs biens et les distribue au peuple pour s'en assurer les faveurs – Rome peut alors soumettre un peuple ainsi saigné au préalable...

Tarquin fait construire un immense temple à Jupiter: il consacre des sommes folles à ce projet; il désaffecte les terrains sacrés; il fait en sorte qu'en creusant les fondations la plèbe trouve une tête d'homme intacte, ce qui lui permet d'annoncer que Rome est appelée à dominer le monde, à en prendre la tête ; il persuade les travailleurs du site qu'ils sont mieux à construire la demeure d'un dieu plutôt qu'à travailler aux autres grands chantiers romains alors en cours – les gradins du cirque pour les distractions du peuple ou le creusement du grand égout destiné à rendre la ville viable.

Un serpent apparaît lors du retournement d'une pelletée de terre. Tarquin envoie ses deux fils consulter l'oracle de Delphes. Lucius Junus Brutus, le neveu de Tarquin, les accompagne. Pour éviter les ennuis – il connaît son oncle et sait de quoi il est capable –, le jeune homme se fait passer pour un demeuré. Il porte avec lui un bâton d'or, celui du commandement, enfermé dans un bâton de cornouiller, un vulgaire bout de bois. Les deux fils du roi demandent à l'oracle lequel deviendra roi après la mort de leur père ; réponse du devin : celui qui, le premier, embrassera sa mère. Pas si sot que cela, le faux crétin simule une chute pour se jeter au sol afin d'embrasser la terre – leur vraie mère…

À Rome on prépare une nouvelle guerre contre les Rutules, une nation riche dont Tarquin convoite le trésor. Jupiter a des besoins… Le roi étrusque essaie l'assaut, qui échoue ; il tente le siège, il s'installe dans le temps… Les chefs de guerre bénéficient des congés qu'on leur donne ; la troupe patiente ; les jeunes princes boivent, mangent, banquettent.

Le vin aidant, la testostérone se trouve démultipliée par l'alcool. Il est question des femmes dans leurs conversations. Chacun parle de la sienne pour en vanter les mérites et la grandeur. Le ton monte. La surenchère fait la loi. Tarquin Collatin, fils d'Egerius, fait l'éloge de son épouse : « "Point n'est besoin de tant de paroles. En quelques heures on peut se convaincre combien ma Lucrèce l'emporte sur toutes les autres. Ne sommes-nous pas jeunes et vigoureux ? Pourquoi ne pas monter à cheval et ne pas aller reconnaître nous-mêmes la conduite de nos femmes ? Le meilleur moyen de s'en rendre compte c'est de les surprendre à l'improviste." Ils étaient échauffés par le vin. "Partons", s'écrient-ils tous, et ils volent à Rome, à toute bride. Ils y arrivent à la tombée de la nuit » (I.LVII). Que vont-ils trouver ?

Ils arrivent à Collatia, à une quinzaine de kilomètres de Rome, c'est le domicile de Tarquin Collatin ; ils se rendent chez Lucrèce. Autant les autres épouses ont été surprises dans des festins somptueux et des jeux, autant Lucrèce irradie dans sa vérité, dans sa simplicité, dans sa vertu : malgré l'heure tardive, elle se trouve en effet avec ses servantes au beau milieu d'une pièce, en train de filer la laine... Ni cratères débordant de vins, ni danseuses ou danseurs à demi nus, ni vulves de truie farcies entassées dans des plats somptueux, ni danseurs lascifs ou courtisans épilés et parfumés : elle apparaît dans la splendeur de l'activité noble et primitive par excellence.

Sextus Tarquin convoite alors violemment la femme de Tarquin Collatin : « Le jeune prince s'enflamme d'une passion furieuse, un amour aveugle le ravit et l'égare. Il aime sa beauté, son teint de neige et ses cheveux d'or, et cette grâce qui ne doit rien à l'artifice ; il aime ses paroles, sa voix et sa vertu incorruptible ; moins il a d'espoir, plus il la désire » (Ovide, *Fastes*, II.761-766). Il échafaude un plan pour en obtenir les faveurs : « L'issue est douteuse, dit-il, mais nous ne reculerons devant rien. Le reste la regarde ! La fortune et la divinité favorisent les audacieux » (II.781-782).

Quelques jours plus tard, Sextus Tarquin revient accompagné par un des siens au domicile de Lucrèce qu'il sait seule. Les lois de l'hospitalité étant ce qu'elles sont, elle offre le souper et les fait conduire à leurs chambres. Lisons Tite-Live : « Consumé d'amour, quand il a vu que tout était tranquille et que la maison était plongée dans le sommeil, Tarquin s'introduit, l'épée à la main, chez Lucrèce endormie et, pressant de la main gauche les seins de la femme, il lui dit : "Tais-toi, Lucrèce, je suis Sextus Tarquin. Le fer est dans ma main. Tu es morte si tu dis un mot." Tirée si brutalement de son sommeil, la femme, saisie de terreur, se voit sans secours et exposée à une mort imminente. Alors Tarquin avoue son amour, supplie, mêle les prières aux menaces, cherche à exciter par tous les moyens les sens de la femme. La voyant irréductible, ne cédant même pas à la crainte de la mort, il joint à ses autres menaces celle du déshonneur : une fois tuée, elle serait placée à côté du cadavre d'un esclave nu pour qu'on dise qu'elle a été mise à mort après avoir été surprise par un vil adultère. Ainsi fut vaincue par la terreur une vertu inébranlable ; et Tarquin put assouvir son désir » (Tite-Live, I.LVIII).

C'est un viol sous la contrainte avec menace de mort que Tite-Live décrit... Il semble alors tout particulièrement mal venu que d'aucuns aient estimé que Lucrèce, qui est la victime, soit coupable – coupable d'avoir laissé entrer cet homme chez elle. C'est méconnaître la puissance des lois de l'hospitalité qui obligeaient alors à se comporter comme elle le fit en offrant le gîte et le couvert, mais non l'alcôve, à cet homme qui la sollicitait. « L'ennemi entre en hôte au foyer de Collatin ; on le reçoit de bonne grâce : n'est-ce pas un parent ? » écrit Ovide (*Fastes*, II.787-788). L'austère Aurelius Victor, qui n'aurait pas manqué de souligner la faute si elle avait eu lieu, le précise : elle obéit au « droit de parenté » (*Hommes illustres de la ville de Rome*, IX) puisque, par son mari, elle est apparentée aux Tarquin.

Sextus Tarquin est armé ; il promet de l'argent, il supplie, il menace, elle refuse, il prend son sein et, face à sa résistance, il lui assène ceci : « "Tu n'y gagneras rien ; je te ferai perdre la vie par mes accusations ; moi, l'adultère, je serai le faux témoin de ton adultère : je tuerai un de tes serviteurs et tu passeras pour avoir été surprise avec lui." Vaincue par la crainte du déshonneur, la jeune femme succomba » (Ovide, *Fastes*, II.807-810).

Après avoir commis son crime, Sextus Tarquin s'en va, « tout fier d'avoir privé une femme de son honneur » (II.811). Lucrèce envoie un messager chez son père, puis chez son mari. Elle leur annonce une terrible nouvelle et demande que son géniteur et son époux viennent accompagnés de témoins. Ils arrivent : « Ils trouvent Lucrèce dans sa chambre, plongée dans la plus grande détresse. En les voyant entrer elle fond en larmes » (Tite-Live, I.LVIII). Ovide nous dit que, remplie de honte, elle cache son visage dans son vêtement. Elle pleure. Elle ne parvient pas à parler (II.819-823). « Son mari lui demande : "Tu vas bien ?" Elle répond : "Pas du tout. Comment peut se porter bien une femme qu'on a privée de son honneur ? Les traces d'un autre homme, Collatin, marquent ton lit. Mais seul le corps est coupable, le cœur est innocent. Ma mort te le prouvera.

Donne-moi ta main comme gage que l'adultère ne demeurera pas impuni. C'est Sextus Tarquin, un hôte mué en ennemi, qui, cette nuit, est venu ici pour jouir, à la main armée, d'un plaisir qui m'a été funeste et qui le sera à lui aussi si vous êtes des hommes." Tous, l'un après l'autre, le jurent et essaient de la consoler: "Celui-là est coupable qui commet l'attentat et non celui qui en devient la victime. On ne pèche que par intention. Le corps n'est pas responsable. Il n'y a pas de faute là où il n'y a pas de mauvaise volonté." Elle dit: "À vous de voir ce qui lui est dû. Quant à moi, si je m'absous de la faute, je ne me libère pas du châtiment. Qu'aucune femme déshonorée ne puisse invoquer l'exemple de Lucrèce pour conserver la vie!" (Tite-Live, I.LVIII). Elle avait, caché sous ses vêtements, un couteau. Elle s'en perce le cœur. Ovide nous dit que, au dernier moment, pour éviter qu'en tombant, morte, elle ne découvre par inadvertance une partie de son corps, «elle veille à tomber avec décence: tel était le souci qui la préoccupait dans la chute» (II.833-834). Mortellement blessée, elle tombe expirante. «Le mari et le père poussent des cris déchirants» (Tite-Live, I.LVIII). Il est donc clairement dit qu'il s'agit d'honneur perdu et qu'il faut le laver: pour Lucrèce qui a été violée, par le suicide; pour son père et son mari, par la vengeance.

Notons les motifs de la consolation chez Tite-Live, ils permettent de concevoir la façon qu'avaient les Romains de penser leur morale à partir de l'intention et de la volonté et non en regard des faits ou des gestes: certes, il y eut acte sexuel d'une femme avec un homme qui n'était pas son mari, l'acte, le fait, le geste sont incontestables, mais puisque cette relation n'était pas volontaire et qu'elle était même refusée, c'est la résolution qui importe en matière de morale: Lucrèce fut une pure victime.

«Pendant qu'ils font éclater leur douleur, Brutus retire de la plaie de Lucrèce le couteau ensanglanté et s'écrie en le brandissant: "Par ce sang si pur avant d'être souillé par un prince, je jure, et vous, dieux, soyez témoins de mon serment, de poursuivre Lucius Tarquin le Superbe, son infâme épouse, et tous ses enfants, par le fer, par le feu, par tous les moyens qui seront en mon pouvoir, et de ne plus laisser personne régner à Rome ni eux ni qui que ce soit!" Il passe ensuite le couteau à Collatin, puis à Lucretius et à Valerius, tous stupéfaits de cette transformation subite qui leur révèle un Brutus nouveau et inconnu. Ils répètent son serment et, leur douleur faisant place à la colère, se déclarent prêts à le suivre pour abattre la royauté» (I.LIX). Ovide dit que, dans son dernier souffle, Lucrèce sembla faire un mouvement d'approbation avec la tête : ses longs cheveux blonds défaits frémirent (II.845-846).

Cette affaire qui, à l'origine, intéresse deux personnes concerne désormais deux familles, mais aussi deux façons de faire de la politique : le caractère absolutiste, dictatorial, tyrannique de cette monarchie étrusque devient le régime honni, abominé – et ce pendant un long temps. Ce serment effectué en présence du corps d'une femme qui vient de se donner la mort pour avoir été violentée par un prince destiné au trône de roi est l'acte généalogique de la Rome républicaine. Ovide écrit dans les *Fastes* : «Ce fut le dernier jour de la monarchie» (II.852).

On porte le corps de la défunte sur la place publique ; le peuple est stupéfait, puis scandalisé. Brutus en appelle à cette foule pour qu'elle le suive dans sa décision d'honorer sa promesse de venger sa parente Lucrèce : «Il exhorte les Romains à agir en Romains» (Tite-Live, I.LIX). Elle se range derrière lui comme un seul homme : Brutus et le peuple marchent sur Rome. En ville, on découvre la ferveur et la fureur du peuple armé. Informé des agissements de Sextus Tarquin, les Romains arrivent en masse. Un homme prend la parole et invite à se grouper derrière la parole et la figure de Brutus. Brutus qui simulait l'imbécillité cesse son jeu et apparaît tel qu'il est. Lui qui a baisé la terre devant l'oracle de Delphes sait qu'il est le premier à avoir embrassé sa mère et que de ce fait la couronne lui revient.

À la foule rassemblée, Brutus raconte ce qui s'est passé dans la chambre de Lucrèce, il parle de la douleur du père, du suicide de sa fille, puis, son heure étant venue, il passe à la vitesse supérieure : «Il dénonça la tyrannie du roi, la misère du peuple condamné à croupir dans les égouts qu'on le force à nettoyer : de guerriers qu'ils étaient, les Romains, ces vainqueurs de tous les peuples qui les entourent, sont devenus des manœuvres et des maçons» *(ibid.)*. Enflammé par cette rhétorique, le peuple décrète la déchéance et l'exil des Tarquin. Le roi en exil se réfugie à Gabies où d'aucuns, se souvenant de ses exactions, lui donnent la mort.

La royauté avait vécu : elle était contemporaine de la fondation de Rome en 753 avant notre ère et elle s'effondrait ce jour, en 509 – elle avait duré deux cent quarante-quatre ans. Les comices réunis élirent deux consuls, Lucius Junius Brutus et Lucius Tarquin Collatin. La République romaine voyait ainsi le jour – dans le viol de Lucrèce et la vengeance qui s'ensuivit.

À plusieurs reprises, le récit de Tite-Live renvoie à l'honneur : par ce viol, Lucrèce a été déshonorée – Lucrèce, certes, mais pas seulement elle, sa famille, son nom aussi, ses ascendants et ses descendants donc... Voilà pourquoi elle lave ce crime avec un suicide qui restaure un honneur perdu. Et cet honneur restauré, de la même manière qu'il est celui du lignage en cas de perte, est tout autant celui du lignage en cas de recouvrement. Le viol salit tout le monde ; le suicide réhabilite tout le monde. Mais pourquoi ça ?

À Rome, l'honneur d'une femme n'est pas l'honneur d'un homme. Il est attaché à sa nature dont l'accomplissement réside dans la maternité, autrement dit dans la production d'enfants qui assurent la pérennité du lignage. Ce viol est problématique parce qu'il abolit la pureté du nom, donc sa vérité. Avec un pareil trouble dans le lignage, nous ne savons plus qui est qui, qui vient d'où et vers quoi nous allons. Comment dès lors une identité est-elle possible ? Identité d'une famille, identité d'un village, identité d'une région, identité d'une nation, identité d'un peuple, identité d'une race : ce que veut Rome et ce que voudra l'Occident pendant deux fois mille ans, c'est la lisibilité de l'identité.

Tant que dure cette volonté d'identité, l'honneur est le sentiment avec lequel on fait respecter cet ordre. Voilà pourquoi le viol de Lucrèce est fondateur : en acceptant le mélange des sangs, Lucrèce aurait aboli le règne des identités avec lesquelles se constitue le dispositif romain – du couple à la cité, de la famille à la communauté, du foyer aux frontières de la terre d'un peuple, c'est une même identité qui s'affirme par la pureté et la lisibilité des descendances, donc des ascendances. L'honneur fonctionne en ciment ontologique de la communauté.

Voilà pourquoi, même si certains historiens vont jusqu'à douter de l'existence historique des protagonistes de cette histoire, pour qu'un peuple soit puis dure dans le temps et dans l'histoire, il a besoin, *via* les femmes, d'un arbre généalogique dont on connaisse les racines, le tronc, les branches, pour que les fruits soient clairement identifiés comme étant ceux de l'arbre.

De même, pour que la société romaine soit, il ne suffit pas que les femmes effectuent leur devoir de mères en donnant au mari une descendance à qui seront transmis les patrimoines familiaux et les valeurs de la civilisation. Avec le ventre des femmes, Rome fabrique des enfants. Les filles seront des épouses, des mères et des matrones ; les garçons donneront des soldats et des sénateurs, des paysans et des marins, des légionnaires et des commerçants, des colons et des prêtres, des rhéteurs et des avocats, des écrivains et des maîtres d'école, des gladiateurs et des sportifs. On ne demande pas aux petites filles ce que l'on exige des petits mâles.

Si la femme perd son honneur avec sa pureté, l'homme perd le sien par manque de vertu, dont le courage. Pour l'être et le devenir de la cité, la femme doit procréer et l'homme se battre ; elle fait des soldats qu'il conduit sur les champs de bataille. C'est ainsi que Rome est, mais surtout que Rome est grande…

Lucrèce lave l'affront qu'est son viol par la mort qu'elle s'inflige. Il en va de même avec les hommes qui ont perdu leur honneur et qui peuvent se racheter avec un suicide. On trouve ainsi dans les *Actions et paroles mémorables* de Valère Maxime un chapitre consacré à ce sujet. Il est intitulé « De la sévérité des pères envers leurs enfants ». L'historien donne des exemples de fils qui n'ont pas été à la hauteur des valeurs de la république : le sens de la parole donnée, la fidélité, l'honnêteté, la loyauté, le dévouement, le courage. De même qu'il faut la chair que donnent les femmes à Rome, de même il faut de l'âme, autrement dit des vertus. Et c'est le rôle des hommes.

Valère Maxime ouvre son chapitre avec... Brutus! Ce même Brutus auquel on doit l'abolition de la monarchie et la création de la république après le viol de Lucrèce fait face aux comportements de «ses fils [qui] essayaient de ramener le despotisme de Tarquin qu'il avait chassé. Comme il détenait le pouvoir suprême, il les fit saisir, battre de verges devant son tribunal, attacher au poteau et frapper de la hache. Il dépouilla les sentiments d'un père pour remplir son rôle de consul et il aima mieux vivre privé de ses enfants que de manquer à la défense de la république» (V.VIII.1). En république, c'est manquer à l'honneur que de préférer la tyrannie, la dictature, le pouvoir personnel à la liberté; ce manquement justifie donc la plus grande sévérité; à défaut, être le père de pareils fils déshonorait celui qui portait un nom et devait assurer la pureté éthique d'un lignage. Brutus lave le déshonneur infligé par ses fils à son nom, à son lignage, à sa famille, par le meurtre de ses propres enfants. Pas question que les fils dilapident l'héritage moral acquis par le père et ses ancêtres. Plutôt la mort que le déshonneur...

Cassius fit de même avec son fils Spurius, coupable quant à lui d'avoir agi avec démagogie auprès de la plèbe en se faisant le tribun de la redistribution des terres. «À sa sortie de charge, Cassius, dans un conseil formé de ses proches et de ses amis et réuni dans sa maison, le condamna comme coupable d'avoir aspiré à la royauté, le fit battre de verges et mettre à mort et consacra à Cérès ses biens particuliers» (V.VIII.2). On ne plaisante pas avec la république : revenir à la royauté était le pire crime qu'alors on puisse envisager...

Un troisième père fut lui aussi déshonoré quand il apprit que son fils s'était enrichi en devenant gouverneur de Macédoine. Manlius Torquatus, c'est son nom, était un personnage honorable de la République à laquelle il avait donné nombre de preuves de son attachement. La province ayant porté plainte contre son fils, il demande à examiner lui-même le dossier avant que la justice ne fasse son travail. Il instruit le dossier chez lui, reçoit toutes les parties, écoute les dépositions de chacun pendant trois jours, avant de conclure que son fils a bel et bien reçu de l'argent. De sorte qu'il prononce cette sentence : «Je le déclare indigne de la République et de ma maison et je lui ordonne de disparaître sur-le-champ de ma présence» (V.VIII.3). Le fils se pend le lendemain. Tout aurait pu en rester là. Or, ce ne fut pas le cas. Valère Maxime poursuit : «Le suicide où le sentiment de l'honneur avait poussé le fils aurait pu désarmer la rigueur du père ; mais Torquatus n'assista pas aux funérailles de son fils et dans le temps même où on lui rendait les derniers devoirs, il écouta sans autre préoccupation ceux qui voulurent le consulter» *(ibid.)*. Même pas mal…

Un quatrième père, Marcus Scaurus, découvre que son fils n'a pas montré de courage et de bravoure au combat puisqu'il a fait partie de ces cavaliers romains qui ont été battus par les Cimbres puis ont abandonné le consul en rase campagne. Penauds, ils «regagnaient Rome tout tremblants» (V.VIII.4). Le père envoie un émissaire pour faire savoir à son rejeton que l'honneur lui commande de disparaître, ce qu'il fait en se suicidant.

Enfin, cinquième et dernier père convoqué par Valère Maxime : le sénateur A. Fulvius ne supporte pas que son fils qui brille par son intelligence, sa beauté, son esprit et ses connaissances puisse prendre le parti de Catilina.

On sait, grâce aux détails donnés dans ses *Catilinaires* par Cicéron, ce qu'il en est de cette histoire : Catilina est un mauvais garçon, un débauché, sans foi ni loi ; certes, il est un fils de bonne famille patricienne, mais ruinée ; il cherche à réussir par tous les moyens, y compris et surtout les moins recommandables ; il ne respecte aucune des valeurs sacrées de la cité : par exemple, il débauche une vestale, en sachant que toute prêtresse de ce culte qui ne respecte pas la virginité est enterrée vivante – il se fait en passant que cette vestale était la belle-sœur de Cicéron ; il obtient par protection, de Sylla en l'occurrence, de devenir préteur ; il gouverne la province d'Afrique où il se rend coupable d'un grand nombre d'exactions – vols, pillages, violences et autres pratiques de soudard ; il est traîné une seconde fois devant les tribunaux où il sauve sa peau mais se voit désormais privé d'une carrière de sénateur ; il est alors pris la main dans le sac à préparer une conspiration – on en ignore les détails, mais les faits sont avérés; il se présente aux élections consulaires contre Cicéron après avoir déjà échoué contre lui l'année précédente; il perd à nouveau et, pour se venger, il crée des incidents en instrumentalisant les couches les plus défavorisées: il entre dans une surenchère démagogique afin de s'assurer du soutien des *populares*; sa détermination et les bandes qui opèrent pour son compte mettent Rome à feu et à sang; il entre au Sénat où se trouve Cicéron – c'est à cette occasion que le philosophe profère cette phrase célèbre qui fit le malheur de générations de latinistes: «Jusqu'à quand, Catilina, abuseras-tu de notre patience?»; la rhétorique cicéronienne stoppe le démagogue qui se réfugie en Étrurie. Sur simple décision du Sénat, ce qui n'est guère légal, ses complices sont arrêtés, jugés, condamnés à mort et exécutés. L'avocat Cicéron défend cette façon expéditive de s'affranchir des lois et du droit... Catilina envisage de se rendre en Espagne afin de lever des troupes pour marcher sur Rome, qui prévient la chose, envoie ses légions et massacre trois mille hommes déjà rassemblés derrière Catilina.

C'est donc cet homme de sac et de corde, sans foi ni loi, qui bafoue la religion civique de la cité en couchant avec une religieuse, qui tape dans le Trésor public, qui, par opportunisme, fédère les pauvres, les exclus, les laissés-pour-compte de la République, que soutient le fils du sénateur A. Fulvius en partant rejoindre ses armées. Valère Maxime raconte la suite: «Son père le fit arrêter en route et le mit à mort, en disant qu'il avait engendré son fils pour qu'il servît non pas Catilina contre la patrie, mais la patrie contre Catilina» (V.VIII.5).

À la lecture de ces pages des *Actions et paroles mémorables*, on voit que les femmes ont à produire des enfants qui soient les fils de leurs pères, les héritiers de leurs noms, les dignes descendants de leurs ancêtres et les hommes des citoyens honnêtes dans leurs magistratures, des soldats valeureux sur les champs de bataille, des défenseurs de la République romaine et de ses valeurs. À défaut, l'honneur étant perdu, il ne reste que le suicide ou l'assassinat pour laver dans le sang répandu une faute qui mérite le mépris.

Il n'y a donc pas à proprement parler un Bien et un Mal absolus construits sur le principe de l'idéalisme platonicien, mais un Bon et un Mauvais : bonne est l'obéissance aux lois du *mos majorum* qui confère l'honneur et la dignité – rappelons ces valeurs : courage, audace, droiture, loyauté, fermeté, austérité, frugalité, vérité, rectitude, probité, honnêteté, intégrité ; mauvaise est la désobéissance à ces vertus qui s'associe au déshonneur et à l'indignité, qui sont méprisables – autrement dit : lâcheté, couardise, improbité, déloyauté, faiblesse, mollesse, débauche, mensonge, malhonnêteté, tromperie. Dans une morale de l'honneur, il n'y a que des individus qui ont montré par leur valeur qu'ils méritaient de faire partie d'un clan, d'une famille, d'une tribu – ou pas. S'ils ont failli, il ne leur reste qu'une porte de sortie honorable : quitter cette vie dans laquelle ils n'ont pas été à la hauteur.

La morale de l'honneur n'exige pas la même chose des hommes et des femmes. Elle suppose donc une franche et claire séparation des sexes. Aux femmes qui peuvent physiologiquement concevoir et porter des enfants revient la tâche démographique de la production des futurs soldats et des citoyens à venir ; aux hommes qui, par la chasse, assurent la pitance depuis la nuit des temps pendant que les femmes sont au foyer pour s'occuper des enfants, il échoit de former des guerriers pour assurer la défense du territoire et la conquête de nouvelles terres. La femme est par son corps vouée à la sédentarité du foyer, l'homme au nomadisme de la chasse, dans les temps reculés d'avant l'agriculture, et de la guerre, qui est à sa manière une modalité de la chasse...

Ce que l'on demande à Lucrèce n'est pas le courage sur un champ de bataille, pas plus qu'on exige des fils de Brutus, de Cassius, de Manlius Torquatus, de Marcus Scaurus ou d'A. Fulvius qu'ils aient été chastes et les seuls époux de leurs épouses... Lucrèce reculant sur un champ de bataille n'aurait pas été déshonorée : d'abord on ne l'y aurait pas envoyée, ensuite, s'y trouvant pour je ne sais quelle raison, elle n'aurait pas eu à y faire preuve de vaillance et de bravoure, de courage ou de hardiesse!

De la même manière, on n'attend pas de Fulvius junior, qui fut le compagnon de route des frasques de Catilina, qu'il se soit contenté de n'honorer, le mot s'impose ici, qu'une seule femme, la sienne.

À Rome, on est monogame... sauf quand on ne l'est pas. La loi, les rites, la religion, le droit, la morale, tout cela va dans le sens d'un mariage hétérosexuel monogame avec pour objectif la constitution d'une famille, afin de permettre aux patriciens de porter un nom et de transmettre un héritage. On imagine mal que, dans cette configuration politique, les gladiateurs et les comédiens, les esclaves et les prostituées, les affranchis et les danseuses, les mignons et les poètes, les cuisiniers et autres professions qui, parce qu'elles sont au service d'autrui, donc passives, ne soient pas déconsidérées. Dès lors, les unions légitimes peuvent se faire avec n'importe qui! Quand on idéalise la mère, pas question de tolérer la profession ou le statut déshonorant.

En revanche, si elles n'ont pas prétention à devenir légitimes, alors beaucoup de choses deviennent possibles! L'austère vieux Romain Caton a donné la règle du jeu: «Si tu surprenais ta femme en adultère, tu pourrais la tuer sans jugement, et cela impunément; mais elle, si c'était toi qui commettais l'adultère [...] elle n'oserait pas te toucher du bout du doigt, et d'ailleurs elle n'en aurait pas le droit» (Aulu-Gelle, *Nuits attiques*, X.23.5) – avant, veuf, octogénaire, hébergeant encore son fils et sa belle-fille, de se glisser dans les draps d'une des esclaves de sa maison.

Ces femmes dont la société a décrété qu'elles ne pouvaient devenir mères sous prétexte d'impureté ne s'empêchent pas d'être des femmes libres au lit et, pour ce faire, il leur faut bien des hommes pour partager leurs jeux amoureux, et tous ne sont pas au masculin ce qu'elles sont au féminin! Avec ces femmes, tout est possible à l'homme libre; il lui suffit d'éviter de compromettre une femme libre elle aussi.

L'homme ne perd son honneur qu'en devenant homosexuel si et seulement si, dans cette relation, il occupe une position passive ; en revanche, s'il occupe une position active, il ne craint rien de la société. Celui qui prend est sauf ; celui qui est pris est vil.

Valère Maxime rapporte ainsi une histoire édifiante sur ce sujet : un jeune esclave eut un jour envie de manger de la viande ; son maître énamouré fit abattre un bœuf de labour ; le mignon eut son rôti ; le maître, son giton ; mais il fut traîné au tribunal... Non pour avoir usé d'un jeune garçon, mais pour avoir tué un animal de travail – ce qui était alors interdit ! (VIII.I.8).

Les Romains punissaient très sévèrement l'adultère pour une femme de condition libre. À l'origine, c'était la mort... Plus tard, on répudie l'épouse discrètement en conservant sa dot. La répudiation oblige l'homme qui, sinon, devient un entremetteur...

En même temps, les Romains sont d'une grande tolérance pour les relations entre un homme de condition libre et une femme qui ne l'est pas. Le même Caton rencontra un jour un jeune homme qui sortait honteusement du bordel et reconnut l'austère censeur. Il prit peur. « Bravo, courage, lui cria la divine sagesse de Caton ; oui, lorsqu'un désir furieux vient gonfler leurs veines, c'est là que les jeunes gens doivent descendre, plutôt que de pilonner les femmes d'autrui » (Horace, *Satires*, I.II.31-35). Le lendemain, fort du conseil reçu la veille, il retourna au même endroit. Le même Caton le surprit une fois de plus sortant du lupanar et lui dit, comme Diogène aurait pu le faire : « Je t'ai loué d'aller chez les filles, c'est vrai, mais pas d'habiter chez elles » (Porphyrion, *Commentaire à Horace*, I.II.31). En finir avec un désir qui tenaille en prenant le chemin du boxon, oui ; y prendre pension, non. Lucrèce ne dit rien d'autre...

À Rome, on admet la polygamie tant qu'elle ne met pas en péril la monogamie de papier. À l'origine, autrement dit à l'époque royale de Rome, on accepte que l'homme marié entretienne des concubines sous son toit.

Scipion l'Africain eut de ces tendresses pour une de ses jeunes servantes. Bien qu'il y eût sous son toit son épouse, la grand-mère des Gracques, la relation fut consommée. Quand Scipion mourut en exil, son épouse eut l'élégance d'affranchir cette femme et de la marier avec l'un de ses affranchis. Il y eut même un moment à Rome où la loi prévoyait ce cas de figure et conférait à l'ancienne concubine privée de son compagnon par la mort le statut d'affranchie.

Quand le mariage servait à unir des noms et des familles, des possessions et des terres, des richesses et des biens, à assurer la descendance avec des enfants mâles à marier eux aussi à de bons partis issus des bonnes familles, le concubinat offrait la possibilité d'une relation dans laquelle ce n'était plus l'argent qui faisait la loi mais, sinon l'amour, du moins une complicité amoureuse.

Où l'on voit que, pour une femme en général, et pour Lucrèce en particulier, il ne pouvait être question qu'un autre corps salisse le sien ; seul le suicide effaçait la souillure.

On pourrait imaginer que le suicide suffise. Or, les hommes promettent la vengeance en plus de cette mort volontaire. Pour quelle raison ? Parce que la morale de l'honneur est une morale de guerrier. Et que le guerrier ne craint ni la mort qu'il encourt ni celle qu'il inflige.

L'étymologie d'« honneur », dit-on parfois, renvoie à Honos, un dieu très antique de la guerre que les combattants invoquaient avant d'aller au contact, afin qu'il leur donne le courage et la vaillance, le cœur et la force, la détermination et la volonté. Cet honneur rendu au dieu de la guerre devient lui-même un genre de divinité qui ira se laïcisant.

Un Romain doit donc montrer du courage. Sur le champ de bataille, mais aussi dans sa vie la plus triviale. Mentir, par exemple, n'est pas interdit parce que ce serait une offense à dieu, à des dieux, à un arrière-monde ou à une quelconque transcendance ; pas plus parce que, sur le plan de l'immanence, le mensonge disqualifierait la source du droit en rendant impossible la vie entre les hommes. Non. Le mensonge est condamné parce qu'il prouve que le menteur n'a pas le courage de dire la vérité et d'en assumer les conséquences. Ni Jupiter ni le césar ne sont les juges du menteur, mais ceux qui, informés par le fourbe lui-même, constatent de ce fait qu'il est couard, lâche, craintif – donc déshonoré…

La morale de l'honneur suppose donc le jugement de tiers qui constatent que telle ou telle conduite a été déshonorante eu égard aux usages qui veulent qu'une femme montre de la vertu en étant mariée et fidèle, prude et chaste, pudique et décente, réservée à son mari dans le cadre de la famille qui doit se montrer digne du nom qu'elle porte.

Les mêmes usages qui attendent de Lucrèce qu'elle soit chaste veulent que son mari manifeste quant à lui du courage. Sur le champ de bataille, bien évidemment, mais aussi partout ailleurs : sur les bancs du Sénat et devant les autels du temple, au cimetière sur la tombe des ancêtres et sous son toit avec ses enfants.

Dès lors, si l'épouse est déshonorée, il n'y a qu'une seule solution : pour elle, se donner la mort qui montre qu'elle préfère trépasser dans une pureté recouvrée plutôt que vivre dans l'impureté ; pour le mari, la venger en tuant le coupable et ceux qui gravitent autour de lui. La vengeance est donc le juste châtiment de la faute morale. Le règlement de la faute réside dans l'immanence païenne. C'est ici et maintenant que se règlent les problèmes terrestres du déshonneur. Si les dieux ont leur mot à dire, c'est après que les hommes ont dit et fait le nécessaire.

Faut-il se venger ? Oui bien sûr… Comment ? Non pas par le crime ou le meurtre, ni même par la mort volontaire ou toute autre solution qui ferait couler le sang, le sien ou celui des autres. Tuer le tueur ne va guère plus loin que ce que l'éthologie nous apprend de notre part animale : la vendetta sanglante est un résidu bestial d'une époque où le cerveau reptilien faisait totalement la loi avec les postures de rut, le marquage de territoire, les logiques de mâles dominants, les combats pour posséder les femelles, les blessures d'un sang versé afin d'obtenir la fuite du mâle dominé.

On se venge en gardant la mémoire de l'offense et en se souvenant de ce qu'est vraiment le fond du personnage en question : celui qui s'est déshonoré ne mérite pas qu'on le frappe mais qu'on se souvienne de son déshonneur et que, dans son for intérieur, on sache qu'il fait partie d'un autre monde – celui des êtres sans vertu. Perdre son honneur : quelle punition plus grande pour qui, comme moi, croit encore en la puissance de cette vertu ?

6

CONSOLER

La lettre à son épouse de Cicéron

Peut-on porter la peine d'un autre?

On pourrait presque affirmer que toute la philosophie romaine propose une vaste consolation : contre le chagrin et la douleur, la souffrance et la peine, la tristesse et les revers de fortune, la maladie et la mort, l'exil et la vieillesse, l'affliction et la solitude, l'angoisse et la mélancolie, la rupture et la déception, il existe toujours un texte, une page, une lettre, un poème, une fable, un paragraphe, une ligne, une citation d'un philosophe romain qui agit en cordial. On chercherait en vain pareil secours dans la philosophie idéaliste grecque qui évolue dans le ciel des idées sans grand souci de la réalité du monde concret.

Or la vie ici-bas est une succession de déconvenues, de déceptions, de désillusions tangibles. Certes, le plaisir existe, mais il est dans sa nature d'être aussi fugace que le parfum d'une rose ; bien sûr, il y a le plaisir pris au souvenir du plaisir qui fut, ou le plaisir pris au projet ou à l'espoir d'un plaisir à prendre. Mais ce sont autant de fragrances pour une même rose dont la senteur reste précaire.

Ce qui est bien plus sûr ? Le corps qui fatigue et lâche, l'accumulation des années pénibles à la chair et à l'esprit, la trahison de ceux à qui l'on a donné et qui nous le reprochent un jour, la maladie qui attaque la chair ou l'âme, la nôtre ou celle des gens qu'on aime, l'ingratitude proportionnée aux dons qui la déclenchent, la disparition des ancêtres, des grands-parents puis des parents, mais aussi des époux et des épouses, parfois des enfants.

Ce sont aussi avec les revers de fortune de l'époque dans laquelle on vit qu'il nous faut compter: les guerres perpétuelles et les nouvelles épidémies, les violences dans la cité et les défaites militaires, les servitudes qui changent de visages à chaque siècle mais demeurent, la soumission aux tyrans et aux démagogues, aux dictateurs et aux fourbes.

Ce n'est pas être pessimiste que de lister ce qui fait l'histoire de chacun et celle de tous. Celle des individus et des peuples, des subjectivités et des totalités, des singularités et des nations. C'est être tragique: autrement dit, c'est voir le réel tel qu'il est, tel que l'histoire nous l'enseigne pour ce qui fut et la psychologie la plus élémentaire pour ce qui est.

Voilà pourquoi la lecture des historiens ou des mémorialistes, Tacite et Tite-Live, Valère Maxime ou Aulu-Gelle, celle des moralistes, Plutarque par exemple, ou des philosophes, Lucrèce, Cicéron, Sénèque, Marc Aurèle, mais aussi des auteurs de comédies, Plaute et Térence, des poètes également, Catulle, Horace, Tibulle, Properce, Martial, Juvénal, Ovide, Perse, Virgile bien sûr, d'un fabuliste comme Phèdre, nous renseigne sur ce qu'a été l'homme, sur ce qu'il est et sur ce qu'il sera.

Les animaux des *Fables* de Phèdre offrent une leçon de sagesse indépassable. Qu'on se souvienne que « Le loup et l'agneau », « Le loup et le chien », « Le corbeau et le renard », « La grenouille qui veut se faire aussi grosse que le bœuf », « Le renard et la cigogne », le sublime « Le renard et les raisins », parmi tant d'autres œuvres bien connues par le truchement de La Fontaine, c'est lui... Que la raison du plus fort soit toujours la meilleure, qu'il faille préférer la rudesse de la liberté aux facilités de la domesticité, que le flatteur vit aux dépens de celui qui l'écoute, qu'il ne sert à rien de vouloir toujours être socialement plus gros que son voisin, qu'une offense ne reste jamais sans vengeance, que la dénégation mène le monde des impuissants, et tant d'autres vérités sur la nature humaine sont d'authentiques leçons de lucidité sur ce qu'est l'homme et ce qu'il peut infliger à son semblable. Tout fabuliste est un moraliste qui emboîte le pas des philosophes cyniques en dénudant nos chimères.

Que faire dans un monde pareil? Les philosophes romains répondent avec un genre littéraire: la consolation. Certes, elle peut prendre la forme d'une lettre adressée à tel ou tel qu'on veut aider à supporter la mort d'un enfant, d'une épouse ou d'un mari; mais ce peut être aussi un poème. Ainsi Catulle console Licinius Calvus lors du décès de sa femme Quintilia (96) ou Horace offre une ode à Caius Valgius Rufus pour la mort de son fils (II.IX). Ce peut être aussi une lettre, telle celle que Pline le Jeune envoie à Colonus sur la mort de leur ami commun Pompeius Quintianus (IX.9) ou Cicéron à Titius (*Lettres aux familiers*, V.16, lettre 437).

Et puis il y a les textes spécifiquement rédigés par les philosophes à cet effet – Cicéron, Sénèque, Plutarque nous en ont laissé qui témoignent de ce qui fut d'abord la conclusion de l'exercice rhétorique qu'était l'oraison funèbre avant qu'elle ne devienne une œuvre à part entière destinée à apaiser le chagrin de son lecteur dédié.

Chaque fois, il s'agit pour le philosophe d'affirmer la puissance du verbe sur les coups du destin, la prééminence de la raison sur le fatum, le rôle déterminant de la réflexion sur l'affliction, la puissance thérapeutique de la philosophie sur les maux du monde.

Derrière cet exercice romain, on trouve encore et toujours cette idée stoïcienne que le réel n'est que la représentation qu'on en a et que, si l'on ne peut rien sur ce qui advient, du moins dispose-t-on d'un pouvoir sur *l'idée que l'on a* de ce qui advient – ce qui est tout. Je ne peux rien contre la mort d'un fils, mais je peux agir sur les sentiments et les émotions qui me submergent à l'occasion de ce trépas.

Dans toutes les consolations on trouve les mêmes arguments – il n'y en a pas trente-six. Mais on peut au moins séparer celles qui tentent de résoudre le problème de façon immanente, autrement dit en n'ayant recours qu'à des arguments qui renvoient à l'ici et maintenant (relativisation, contextualisation, minoration, positivation, mélioration...) et non à l'au-delà – ainsi avec Plutarque.

Certaines consolations en effet, plus grecques que romaines, s'appuient sur le *Phédon* de Platon qui, on le sait, plaide en faveur d'un monde bipolaire recyclé dans la construction de l'univers judéo-chrétien : un ici-bas matériel et dévalorisé face à un au-delà immatériel et valorisé.

On se souvient qu'avant de se suicider Caton d'Utique, l'arrière-petit-fils de Caton l'Ancien, passe sa dernière nuit à lire, relire et méditer ce dialogue du philosophe grec dans lequel il est dit que la mort n'est rien, voire qu'elle est plutôt un bien puisqu'elle permet à l'âme immatérielle de se défaire enfin du corps putrescible, peccamineux diront les chrétiens, donc d'en finir avec les désirs et les passions, les pulsions et les envies, de mettre derrière soi la misère du monde et la méchanceté des hommes au profit d'une vie de pur esprit jubilant d'avoir enfin recouvré son milieu d'origine : celui des Idées pures... En deux mots : quitter ce monde-ci n'est rien puisqu'on retrouve un arrière-monde qui est le vrai monde parce qu'il donne son sens à l'inframonde dans lequel nous croupissons.

Dans sa *Consolation à Apollonios*, un père qui vient de perdre son fils, Plutarque cite Platon et renvoie au *Phédon*, bien sûr, mais aussi à la *République*, au *Ménon*, au *Gorgias*. Le plus grec des penseurs romains vante cet auteur canonique pour les idéalistes qui «fixe aux âmes vertueuses un séjour particulier, où, après la mort, elles jouissent des honneurs et des récompenses dues à leur piété» (34.120 B) – ne dirait-on pas, sous Titus, le sermon d'un prédicateur du Grand Siècle ?

Il en va de même dans sa *Consolation à sa femme sur la mort de sa fille*, une lettre envoyée à son épouse alors qu'il est en voyage, loin d'elle, et que l'un et l'autre viennent de perdre un enfant. Certes, Plutarque utilise les arguments traditionnels de la consolation : la peine est juste mais il est injuste de la faire durer ; le chagrin est défendable pourvu qu'il soit modéré ; l'enfant, qui s'appelait Timoxène et avait deux ans, était douce et admirable, de bonne nature et d'âme parfaite, généreuse et partageuse, mais ces qualités doivent réjouir plutôt qu'affliger ; la légitime peine des parents ne doit pas empêcher la plus légitime exigence qu'est la maîtrise de soi qui oblige à ne pas porter le deuil, à ne pas pleurer, à ne pas s'affliger, à ne pas se donner en spectacle, à rester digne, à ne pas se lamenter ni gémir, à ne pas porter de vêtements noirs ou se couper les cheveux, à ne pas se négliger physiquement, à ne pas solliciter le chœur des pleureuses professionnelles et tout ce qui relève des «deuils immodérés» qui empêchent les survivants de vivre normalement; le lieu où est Timoxène depuis son trépas est le même que celui où elle se trouvait avant d'être: dès lors, qu'elle ne soit plus ne devrait guère être autre chose que de n'être pas encore – il n'y a pas plus de motif de s'offusquer de ce qui fut avant la vie que de ce qui est après elle; certes, les deux années de sa courte existence ont été des motifs de réjouissance, ce dont il faut, une fois de plus, se réjouir plutôt que de s'attrister; le mauvais moment qu'est le deuil ne doit pas affecter la totalité de la vie quand elle se montre globalement heureuse – ce qui est le cas chez les Plutarque, écrit ce dernier à son épouse; la mort fait échapper au mal et à la souffrance, cette enfant ne connaîtra donc plus jamais ces motifs d'affliction, ce dont il faut se réjouir; à son âge elle n'a connu que de petites joies, comment pourrait-on se morfondre qu'elle soit privée de ce qu'elle n'a pas eu en plus? Mais le plus décisif de ces arguments se trouve dans la péroraison, autrement dit dans la conclusion dont Quintilien nous dit dans son *Institution oratoire* qu'elle s'avère déterminante pour emporter l'adhésion.

Que trouve-t-on, donc, dans les dernières lignes de cette *Consolation*? Il ne faut pas s'en étonner: un laïus platonicien sur la joie à voir l'âme immatérielle enfin délivrée par la mort de sa prison matérielle. Lisons: «L'âme qui a su bientôt se dégager des affections terrestres qu'elle a dû partager quelque temps avec le corps s'attache facilement à un état plus parfait. Le pli qu'elle avait pris d'abord se change sans peine en une disposition plus conforme à sa nature. Un feu qu'on ne vient que d'éteindre se rallume très promptement et reprend une nouvelle ardeur: de même Dieu se hâte de forcer une âme nouvellement habitante des corps "à passer promptement par la porte des enfers" avant qu'elle ait conçu une affection trop vive pour la terre, et que l'amour du corps, tel qu'un charme magique, l'ait énervée et amollie» (10). Autrement dit : heureuse l'enfant de deux ans dont la mort permet à l'âme restée pure de ne pas se compromettre plus longtemps avec la terre, donc à risquer de mériter l'enfer, puisque, de ce fait, elle se voit destinée à une vie *post mortem* heureuse. Tout cela sent son *Phédon* à plein nez…

Je m'étonne que ce seul argument ne suffise pas : si vraiment la mort est un bien parce qu'elle libère l'âme immatérielle de la prison de son corps matériel et qu'ainsi elle se dirige vers une vie définitivement heureuse, alors à quoi bon s'embêter avec des arguments immanents ? Face au paradis, disons plutôt face à la certitude de l'empyrée, à quoi riment les démonstrations triviales et communes, immanentes et philosophiques ? La promesse d'une existence de pure spiritualité ignorant les maux du monde terrestre devrait suffire à combler les survivants. En toute bonne congruence, il leur faudrait alors se réjouir, danser, chanter, manger, boire, faire la fête pour les défunts fondus dans la béatitude des âmes… Il faut bien que les fictions religieuses ne suffisent pas vraiment puisque la philosophie constitue le noyau dur de la *Consolation* et qu'on laisse à la péroraison le soin de conclure sur ce qui aurait dû constituer l'épicentre nucléaire de la démonstration. Dieu peut tout, certes, mais la philosophie fait mieux…

Cicéron a pratiquement expérimenté la souffrance afférente à la mort d'un proche et il a théoriquement pratiqué l'écriture d'une consolation. Le philosophe a en effet perdu sa fille Tullia et il a rédigé une consolation, hélas perdue, à sa femme. Il en existe une mais qu'on pourrait nommer du Pseudo-Cicéron car il est avéré qu'elle n'est pas de lui, bien qu'elle soit construite selon les règles de l'art de cet exercice de style codifié.

Après la mort de Tullia, Cicéron se réfugie dans sa villa de Tusculum où il rédige ses fameuses *Tusculanes*. Ce livre moral parmi les plus grands de la philosophie antique comporte une série de cinq réflexions. Chacune répond à une question majeure : la mort est-elle un mal ? La douleur est-elle le plus grand des maux? Le sage est-il accessible au chagrin? Est-il à l'abri des passions? La philosophie suffit-elle pour assurer le bonheur?

C'est bien sûr la troisième des *Tusculanes* qui concerne notre sujet même si toutes rayonnent en étoile autour d'un même centre: comment mener une vie philosophique dans un monde qui ne retient ni les malheurs, ni les misères, ni les tourments, ni les douleurs, ni les peines, ni les souffrances? Parmi ces épreuves, la mort d'un être cher n'est pas la moindre des occasions.

L'intérêt de cette méditation est que Cicéron y critique les thèses de ses adversaires philosophiques: les épicuriens, les cyrénaïques, les platoniciens, en l'occurrence Crantor et Carnéade, les péripatéticiens. Cette façon de procéder constitue donc un genre d'encyclopédie des arguments offerts par Épicure, Aristippe, Platon et Aristote ainsi que leurs disciples en matière de consolation. Cicéron intervient personnellement lui aussi au moment de la péroraison et conclut par un éloge de la volonté qui installe sa réflexion dans le camp stoïcien.

Que dit ce texte? Cicéron affirme que le chagrin est l'une des passions les plus violentes qu'il soit donné de vivre aux hommes; que le souci du corps est grand en même temps qu'est petit le souci des âmes; qu'une âme peut toujours juger d'un corps malade alors que l'inverse n'est pas vrai: une âme malade ne saura jamais juger d'un corps malade; qu'en nous écartant de la nature, les poètes nous ont conduits sur de mauvaises voies car c'est elle qu'il faut solliciter pour trouver un sens à tout ce qui advient dans l'univers – joies et peines; que ces mêmes poètes font l'éloge de fausses vertus: le désir d'honneur ou la soif de gloire, l'envie de réputation ou l'aspiration à la reconnaissance, pendant que sont négligées les vraies vertus que sont la connaissance des choses et celle du vrai, le pouvoir de la volonté et la maîtrise de soi; que la maladie de l'âme est manque de sagesse, que la possession de la sagesse est donc bonne santé; que cette possession s'obtient grâce à la pratique de la philosophie; que la santé est équilibre, égalité, tranquillité, et la maladie folie, insanité, déraison et démesure.

Cicéron effectue une généalogie du chagrin. Pour ce faire, il propose une typologie des passions. Elles sont de deux types dont chacun se divise en deux temps. Premier type : les passions qui naissent de l'idée du Bien et qui se divisent en *Joie*, qui est passion de quelque grand bien, et en *Cupidité*, qui est désir immodéré d'un bien espéré ; second type : les passions qui naissent de l'idée du Mal et qui se séparent en *Crainte*, qui est opinion d'un grand mal qui menace, et en *Tristesse*, qui est opinion d'un grand mal présent. Dans cet ordre d'idées, le chagrin est « l'idée qu'on se fait d'un mal récent » (III.XII.26).

En tant qu'il apporte langueur et angoisse, consternation et désespoir, le chagrin doit être absolument combattu par le sage qui ne saurait l'être ou le demeurer sans terrasser les passions. La sagesse n'est pas une affaire de sage professionnel, mais d'édification personnelle de tout un chacun. Ce que Cicéron veut, ce n'est pas ajouter un philosophe à la liste des salariés de la discipline, sophistes ou rhéteurs, professeurs ou précepteurs, mais fournir à chacun qui rencontre une peine de disposer des moyens de se faire maître et possesseur de sa nature.

« Il y a du chagrin, affirme Cicéron, quand un événement nous paraît tel qu'un grand mal semble être là et peser sur nous » (III.XIII.28). Toute l'argumentation du philosophe réside dans le seul mot « semble ». En effet, Cicéron n'écrit pas : tant qu'un événement *pèse* sur nous mais *semble peser* sur nous… Autrement dit : tant que nous nous *imaginons qu'il pèse* sur nous. De sorte que le chagrin n'a pas d'existence objective, *il n'est pas*, mais subjective, *il nous semble*. Il ne dispose d'aucune existence en dehors de sa semblance. C'est donc l'opinion qui est la cause de la souffrance : autrement dit, l'idée qu'on s'en fait. Le stoïcisme est une affaire de volonté, de pure volonté : il n'est que ce que l'on veut qui soit. Le chagrin n'est donc et ne dure que tant qu'on veut qu'il soit et dure – du moins : tant qu'on ne veut pas qu'il ne soit pas ou ne soit plus, qu'il ne dure pas ou ne dure plus.

Quelles consolations apportent les épicuriens ? Cicéron cogne fort contre Épicure et ses disciples. Pour utiliser un mot qui fera les belles heures du Grand Siècle, il refuse que le divertissement puisse être une solution au chagrin. Épicure pense qu'il ne sert à rien de présentifier un mal passé ou un mal futur en faisant que celui qui fut dans le passé soit réactivé dans le présent ou qu'un mal que l'on craint de voir arriver soit activé dans le présent. Rien ne sert d'infecter l'ici et maintenant par le souvenir ou la futurition de maux ayant été ou qui pourraient être. Le mal qui a eu lieu suffit bien, il n'est pas sage de lui donner une durée qu'il n'a que parce qu'on la lui donne. Il faut donc détourner de sa pensée le souvenir ou la crainte du mal. Et, pour ce faire, écarter le chagrin de soi en se concentrant sur d'autres objets. En d'autres termes : en se divertissant – au sens pascalien. On peut également viser le plaisir, soit en réactivant des plaisirs passés, soit en présentifiant des plaisirs à venir. Car, de la même manière qu'une souffrance ancienne reprend vie avec un souvenir ou qu'une souffrance imaginée devient souffrance réelle avec la crainte, un plaisir ancien reprend vie avec son souvenir et un plaisir escompté devient vivant avec son désir. Il s'agit donc de faire un sage usage du présent en le vivant pleinement après l'avoir nettoyé de la double menace du passé et du futur.

Cicéron s'oppose à ce refus de penser l'avenir, car prévoir c'est prévenir. Ne pas songer au fait que nous allons souffrir n'empêche pas la souffrance d'advenir si elle le doit et ne la fait pas venir quand elle surgit. Mieux : se préparer au pire c'est l'attendre afin de mieux le combattre quand il arrive. Savoir que tout est possible n'est pas désespérant mais fortifiant. C'est être sage que de se préparer à ce qui ne manquera pas de venir un jour : la souffrance et le deuil, la vieillesse et la peine, la misère et le dénuement... Savoir qu'il y a des choses contre lesquelles on ne peut rien, qui sont donc inévitables, et qu'il ne sert à rien de s'en formaliser avant qu'elles n'arrivent mais aussi et surtout quand elles arrivent, c'est sagesse et rien d'autre. Par ailleurs, refuser de voir la souffrance en face, c'est empêcher que le travail de la volonté ne se fasse. Le déni du mal interdit la lutte contre ce qu'on refuse, récuse et nie. Épicure invite à détourner le regard : comment dès lors fixer ce qu'il nous faut combattre ? Il veut ainsi ne pas nourrir le déplaisir parce qu'il faut du plaisir, qui est absence de souffrance, ce qui définit le souverain bien.

Le stoïcien Cicéron ne saurait accepter que le plaisir soit le souverain bien... Il croit en effet à la vertu, au courage, à la tempérance, à la probité, à la modération, à la prudence, à l'honnêteté et affirme qu'un épicurien est... un « pervers », un être « vil », un « homme efféminé » (III.XVII.36)!

Précisons en passant que Cicéron a beaucoup fait pour la mauvaise réputation des épicuriens dont il ne pouvait ignorer qu'ils n'étaient pas la caricature qu'il ne cesse d'en faire... Épicure qui fut, c'est une vérité de La Palice, le premier épicurien ne fut en rien un homme pervers, vil, efféminé, sinon vicieux, lâche, couard, intempérant, excessif, malhonnête! Et rien dans la doctrine du Jardin ne justifie le comportement que Cicéron incrimine. Rappelons que l'épicurisme fut une pensée aimée par César, et que Cicéron, qui faisait une carrière politique, détestait l'homme poignardé par Brutus...

Cicéron cite l'épicurien Zénon de Sidon, dont il a suivi les cours à Athènes, pour prouver que les plaisirs épicuriens sont les plaisirs corporels. Mais Cicéron manque de probité lui-même lorsqu'il écrit : « Supposez que le souverain bien consiste à ne pas souffrir (bien que la non-souffrance ne soit pas le plaisir; mais il n'est pas nécessaire de tout dire maintenant); est-ce là ce qu'il nous propose pour soulager notre chagrin? » (III.XVIII.40). Car il n'y a pas à supposer ce qui est posé : Épicure le dit lui-même dans la *Lettre à Ménécée* (128), le plaisir ne se définit pas autrement que par l'ataraxie, qui n'est rien de moins et rien de plus que l'absence de souffrance de l'âme, et par l'aponie, qui est également absence de souffrance, mais du corps! Qu'il ne soit « pas nécessaire de tout dire maintenant » est un artifice de sophiste, car c'est le moment ou jamais – mais si tel était le cas, une pareille démonstration à charge n'était plus possible...

Dès lors, nonobstant le noyau dur de la doctrine, Cicéron cite à nouveau Zénon qui affirme qu'il n'existe que des plaisirs corporels. Et comment serait-ce possible autrement chez un philosophe pour qui tout est corporel puisque tout est composé d'atomes agencés dans le vide? Quand il n'y a que de la matière, tout est matière, y compris le plaisir, la vertu, le souverain bien. Quoi d'autre sinon?

Et Cicéron d'enfiler les perles sophistiques en ridiculisant l'épicurisme : « Si tu vois quelqu'un des tiens dans l'affliction, lui donneras-tu un esturgeon plutôt qu'un livre socratique ? Lui conseilleras-tu d'écouter les sons d'un orgue plutôt que la voix de Platon ? Lui présenteras-tu pour qu'il les regarde des fleurs variées ? Approcheras-tu le bouquet de son nez ? Feras-tu brûler des parfums ? L'inviteras-tu à se couronner de guirlandes et de roses ? Et si tu lui proposes encore quelque chose de mieux, tu auras alors fait disparaître entièrement son chagrin » (*Tusculanes*, III.XVIII.43). Aucun texte épicurien ne permet de justifier pareilles bêtises... Épicure qui enseignait à boire de l'eau pour étancher la soif, qui est une souffrance, et à manger un quignon de pain pour supprimer la faim, qui est une autre souffrance, et qui faisait résider le plaisir dans la seule cessation de ces deux souffrances, qui fit un jour bombance avec un petit pot de fromage offert par un disciple, *ce que Cicéron savait*, n'aurait jamais pu prescrire l'esturgeon, autrement dit le caviar, comme remède à une souffrance ! C'est caricaturer l'épicurisme d'argumenter d'une façon aussi grotesque et malveillante. *Idem* en invoquant les sons d'un orgue quand on sait comme lui qu'Épicure condamnait la musique...

Nullement gêné par sa mauvaise foi qui lui fait présenter Épicure comme un sybarite vautré dans la luxure et les parfums, la goinfrerie au caviar et les musiques émollientes, les guirlandes de fleurs et les parfums capiteux, Cicéron remet le couvert. Que répond selon lui l'épicurien à la douleur d'Andromaque ? « Mettons-la sur un matelas de plumes ; faisons venir une joueuse de cithare ; brûlons de l'onguent parfumé sur une coupe ; songeons à préparer des aliments et des breuvages assez doux. Voilà finalement les biens avec lesquels on retire les chagrins les plus pesants ! » (III.XIX.46).

Il est drôle de lire cette critique d'un hédonisme vulgaire sous la plume de Cicéron qui le prête à ses adversaires épicuriens, alors que le portrait qu'il fait de ces jouisseurs assez veules est le sien pour quiconque connaît un peu sa vie... Le vieil adage qui enseigne : « Faites ce que je dis mais pas ce que je fais » n'a pas d'âge...

Cicéron finit son attaque en disant que, certes, Épicure affirme que «le souverain plaisir, c'est de ne pas souffrir» (III. XX.47), mais que cette théorie débouche obligatoirement sur la jouissance sans conscience et que, dès lors, il se contredit. Le stoïcien affirme que le plaisir du corps ne saurait être une fin en soi et qu'il est, lui, un partisan du plaisir de l'âme – mais Épicure aussi, pour lequel l'âme est corporelle... Cessons là.

Cicéron ne veut pas soutenir et défendre l'épicurisme car ce serait politiquement se couper de ses soutiens de carrière et prendre le parti philosophique de ses adversaires au Sénat... L'amour de la vérité ne fait pas toujours la loi chez certains qui affectent d'être philosophes et donnent des leçons sur la façon dont il faut l'être: l'épicurisme ne fut pas la caricature qu'en fit Cicéron...

La leçon d'Épicure et des siens sur l'art de vivre présentement le présent comme une consolation possible et de se satisfaire du moment donné à remplir d'occasions de souvenirs de plaisirs passés ou de présentification de plaisirs à venir pour ne pas laisser la place aux souvenirs de ce qui nous met en peine n'est pas une technique existentielle aussi vaine que Cicéron veut bien le dire. Nul besoin pour cela d'en appeler aux fleurs et aux parfums, au caviar et au falerne, aux danseuses et à la musique – des plaisirs particulièrement goûtés lors des rencontres entre amis dans les luxueuses villas du sénateur romain...

Quelles consolations apportent les cyrénaïques? Parce qu'eux aussi sont des philosophes hédonistes, Cicéron les réfute. Mais il le fait légèrement, en passant, car leur pensée est évidemment plus élaborée que ce qu'il veut bien dire. Il ne retient en effet qu'une seule idée chez les disciples d'Aristippe de Cyrène: celle qui voudrait qu'«un événement ne cause de chagrin que s'il est inattendu» (III.XXII.52).

Les cyrénaïques penseraient donc que ce qui n'a pas été prévu et surgit soudain commet plus de dégâts que ce à quoi on s'est préparé; que l'on manque de temps et de recul pour relativiser ce qui advient; que l'on aurait pu se garder du chagrin si l'on avait été au courant de sa venue ou bien s'y préparer, donc être moins affecté ; que le malheur nous paraît dès lors un effet de notre impéritie puisqu'on s'en veut de n'avoir pas anticipé.

Et puis cette idée plus intéressante, mais qui ne semble pas provenir des cyrénaïques : « À mesure que le temps s'éloigne, le chagrin diminue, et même se passe quelquefois entièrement, quoique l'objet qui l'avait fait naître subsiste toujours » (III. XXII.53). L'entropie qui use tout abîme aussi l'usure ; elle use la mort ; elle use le chagrin, les souffrances ; elle use ce qui use. Et, l'expérience le démontre par exemple dans le cas du deuil, ce qui était insupportable à l'annonce de la mort l'est encore dans les jours et les semaines qui suivent, un peu moins dans les mois et les années qui suivent, avant qu'un jour une photo qui faisait éclater en sanglots puisse être regardée avec tendresse et affection sans arracher de larmes.

Le temps est donc l'allié de qui souffre : nul chagrin ne dure sans fin. Ce qui donnerait raison aux épicuriens : tout ce qui divertit de la douleur est du temps gagné contre elle. À chaque jour suffit sa peine : remplissons chaque journée par ce qui la vide de la tristesse. Un jour venu, le feu brûle et consume moins sans jamais cesser de chauffer : « Le chagrin, par un décroisse-ment insensible et imperceptible, s'affaiblit de lui-même en vieillissant : non qu'il arrive aucun changement à la chose qui en a fait le sujet : mais ce que la raison aurait dû nous apprendre, l'expérience nous l'enseigne, que les malheurs de la vie sont en effet beaucoup moins grands qu'ils ne le paraissent d'abord » (III.XXII.54).

Quelle est donc la solution de Cicéron ? Qu'en pense-t-il, lui, puisque ni Épicure, ni Aristippe, ni leurs disciples ne trouvent grâce à ses yeux ? Pas plus Carnéade ou Crantor, deux philo-sophes se réclamant de l'Académie de Platon, n'emportent les suffrages de Cicéron. Leurs cas sont réglés en quelques lignes.

Cicéron croit aux pouvoirs de la volonté. Il faut vouloir ne pas souffrir pour ne plus souffrir. Pour ce faire, on commencera par se souvenir de la grandeur qu'il y eut pour beaucoup à subir les coups du sort sans broncher, sans s'affliger, sans montrer sa peine, sans attirer l'attention sur eux par des manifestations incongrues – s'arracher les cheveux, crier, pleurer, gémir, etc. Ils ont été grands ceux qui sont restés calmes et sages dans l'œil du cyclone.

Cicéron écrit : « Une vie honnête et glorieuse apporte à ceux qui ont vécu ainsi une telle consolation que le chagrin ne les atteint pas ou que la douleur ne produit dans leur âme qu'une légère piqûre » (III.XXV.61). De la grandeur avant toute chose ; de la dignité aussi ; de l'élégance dans la pratique rigoureuse d'une vertu qui interdit le laisser-aller, le relâchement, l'effondrement ; du ressaisissement. L'exemple de la tenue aide à tenir tout autant que celui de l'avachissement avachit.

Dans le cas du deuil, en s'abandonnant au chagrin, on croit être agréable au mort et aux dieux. Or le défunt s'en moque tout autant que les divinités. Le chagrin est une affaire entre soi et soi – rien d'autre.

On a tort de s'imaginer coupable quand, au beau milieu d'un deuil, on se surprend à sourire ou à rire, à prendre goût à ce que l'on fait ou à connaître de la joie : on se sent coupable et l'on s'afflige alors de ne pas s'affliger – ou de ne pas faire durer l'affliction, de la suspendre. « Lorsque l'apaisement a suivi le deuil, lorsqu'on a compris qu'il ne sert à rien de s'affliger, les faits eux-mêmes ne montrent-ils pas que toute cette attitude était voulue ? » (III.XXVII.64). Cicéron tient donc que le chagrin est et dure tant que nous avons décidé qu'il soit et persiste. Son être et sa durée dépendent de notre vouloir, sa disparition tout autant. Le chagrin n'a pas d'existence propre ; il est le produit de notre incapacité à bander notre volonté comme un arc contre lui.

Si les consolations ne consolent point, ce n'est pas à cause d'elles, mais de leurs lecteurs qui ne veulent pas être consolés. Car toutes expliquent qu'il est déraisonnable de laisser la voie libre aux passions tristes en nous ; que le sage ne se laisse pas atteindre par les coups du sort ; que la déconstruction des raisons de souffrir met en pièces ce qui produit le trouble en nous ; que la philosophie désamorce toute logique mortifère avec l'aide d'une raison bien conduite. Dès lors, si elles ne produisent pas leurs effets, c'est que l'affligé nourrit en lui l'affliction comme une fleur du mal.

Vers la fin de ce troisième livre des *Tusculanes*, Cicéron confesse qu'il a examiné les modalités de la consolation chez nombre de philosophes afin d'en expérimenter la validité au moment où il se trouvait dans le deuil de sa fille: «J'avais en effet le cœur gros de chagrin, et j'essayais toutes les manières de le guérir» (III.XXXI.76). Certes, il a plus ferraillé, et longuement, contre Épicure que contre Carnéade, Crantor ou les péripatéticiens dont il expédie le cas en une poignée de phrases. Normal. Lui qui dans sa vie était épicurien, au sens vulgaire du terme, il fallait bien que, sur le papier, il fût stoïcien.

Pour finir, il avoue qu'il a en effet pas mal déraillé et qu'il n'a pas forcément traité le sujet comme il aurait dû le faire! Cicéron se souvient qu'il a commencé un dialogue qui s'est avéré un monologue: «Je ne sais comment, voilà mon discours qui s'est beaucoup éloigné du sujet proposé par toi» (III.XXXIII.80). En effet... La rigueur, la composition, l'équilibre laissent à désirer – mais n'est-ce pas le propre de ce genre d'échanges fictionnés dans les *Tusculanes* que de ne pas obéir à des plans qui sentent trop l'écritoire?

Revenant à la question de départ – «Le sage est-il accessible au chagrin?» – la réponse est: non, bien sûr... «Chez lui, l'opinion ne vient pas ajouter ses fictions au chagrin; il ne pense pas qu'il est raisonnable de s'infliger les pires tourments et de s'accabler de tristesse; il croit que rien ne peut être plus contraire au bon sens. [...] La doctrine stoïcienne nous a appris à voir que tout ce qu'il y avait de mal dans le chagrin ne dépendait pas de la nature mais était le produit du jugement volontaire et d'une opinion erronée» (III.XXXIII.80-XXXIV.84).

Cicéron convient que le chagrin couvre nombre de problèmes dans une vie: le deuil et la souffrance bien sûr, mais aussi la misère, la pauvreté, l'exil, la perte de la patrie, les déconvenues, l'esclavage, la maladie, la cécité et tant d'autres mauvais coups du sort.

Le philosophe reprend sa thèse une fois de plus: «Le chagrin n'existe pas chez le sage; car le chagrin est vain et inutile;

il ne vient pas de la nature, mais du jugement, de l'opinion, de ce que nous le provoquons en le rendant indispensable. En supprimant ce qu'il y a d'entièrement volontaire, on supprime l'affliction » (III.XXXIV.83) – ici, c'est le philosophe qui parle : il est martial et droit, raide même, il porte beau et lève un peu le menton, il a le regard fier, comme après une bonne et belle plaidoirie destinée à sauver son client. Le traité se termine, tel un point final de l'avocat.

Mais dans la foulée, à peine séparées par un point-virgule, Cicéron poursuit avec quelques confidences qui trahissent le fond de sa pensée ; il vient de faire l'éloge du pouvoir de la volonté, mais il enchaîne : « Il restera pourtant la morsure de l'âme et le serrement de cœur ; qu'on dise que ce sont là des faits naturels pourvu qu'on ne les désigne pas de ce nom de chagrin, avec tout ce qu'il y a en lui de pesant, d'affreux, de funeste ; rien de pareil ne peut accompagner la sagesse et, pour ainsi dire, cohabiter avec elle » *(ibid.)*.

Eh quoi, Cicéron ! Si le chagrin n'a rien à voir avec « la morsure de l'âme » ou bien encore avec « le serrement de cœur », qu'est-ce donc ? C'est ici l'homme qui parle ; ou plutôt non : c'est le père de famille dont la mort a emporté la fille et qui, tout en ayant beau faire des effets de manche dans son prétoire contre le chagrin, ne peut s'empêcher, une fois son discours prononcé, d'avoir appris à son corps défendant qu'il *reste pourtant* la peine. C'était le sujet…

Lors du deuil de sa fille, Cicéron ne fut pas cicéronien ; il fut plutôt… « épicurien » dans l'exacte acception de la caricature qu'il en fit ! L'homme fut riche, aima l'argent, fut attaché aux choses, affectionnait les parfums et les vins fins, les banquets luxueux et les objets d'art, les livres coûteux et les villas qu'il collectionnait, les pièces d'art grec et les vêtements chics, il avait cette table désormais célèbre, dont le coût faramineux lui avait valu d'être connue au-delà de Rome, il fut peu scrupuleux quand il s'agissait d'obtenir des héritages qui augmentaient sa fortune ou quand il fallait pratiquer ce qu'aujourd'hui on nommerait des délits d'initié. C'est ce même homme qui, écrivant contre Épicure et les épicuriens, affirmait que le plaisir ne saurait être le souverain bien...

On ne sache pas que, pendant cette période de deuil, il ait vécu en ascète, qu'il ait renoncé à la vie mondaine, aux facilités de sa grande vie, à sa domesticité et à ses nombreux esclaves. Ce que l'on sait, en revanche, en lisant sa correspondance avec son ami Atticus, c'est qu'il s'est mis très vite à travailler à une consolation. Concernant ce travail, il écrit à Atticus: «J'ai [ainsi] empêché ma douleur d'outrepasser les bornes qui sont prescrites par les grands philosophes. Non seulement j'ai parcouru tout ce qu'ils ont produit en cet ordre d'idées, et c'était déjà une preuve de courage, mais je l'ai assimilé au point de fondre leur pensée dans mon œuvre, ce qui n'était pas d'un esprit affaibli et abattu» (XII.21.5).

Autrement dit, Cicéron ne parle pas de ce qui l'a aidé à s'en sortir véritablement, à savoir penser, réfléchir, lire les philosophes ayant écrit sur le sujet et écrire lui-même. Ce qui est proprement divertir son esprit en l'occupant au plaisir – ici au plaisir de penser et d'écrire, de méditer et de réfléchir, de mettre en mots ce qui nous trouble, de produire de l'ordre philosophique dans le désordre et le chaos existentiel. Ce plaisir est une occasion de *faire passer le temps* qui, la chose a bien été dite par lui-même, accomplit des merveilles en adoucissant le chagrin. Les épicuriens avaient donc bien raison : il faut remplir son présent avec des choses agréables afin de permettre au temps de faire son œuvre d'usure de la peine.

Soit des souvenirs agréables, soit des futuritions agréables, soit une activité agréable : philosopher c'est abraser le chagrin qui n'aura pas manqué en retour de nous abîmer aussi. Qu'on se souvienne de «la morsure de l'âme» et du «serrement de cœur» : une âme mordue et un cœur serré n'auront pas pu, pour la première, n'être pas mordue, pour le second, n'être pas serré. Quel que soit le chagriné, philosophe ou non...

Intermède 6

La jambe d'Épictète le boiteux

La grande geste de la philosophie antique est pleine d'histoires souvent moins historiquement vraies que métaphoriquement signifiantes. Ces histoires racontent des histoires ; des histoires édifiantes. Elles peuvent ne pas avoir eu lieu véritablement, réellement, historiquement, factuellement, mais elles sont tout de même vraies parce qu'elles ramassent la totalité de la philosophie du protagoniste dans une fable, une allégorie destinées à éduquer et édifier celui à qui on la raconte.

Ainsi Diogène de Sinope. Si l'on en croit les *Vies et doctrines des philosophes illustres* de l'historien Diogène Laërce, il serait mort après avoir mangé un poulpe cru ; une autre version nous apprend qu'il a passé l'arme à gauche volontairement en se retenant de respirer ; une troisième nous dit qu'il a été mordu par un chien auquel il chipotait le poulpe – or les trois versions sont vraies…

Non pas vraies selon l'histoire, car c'est ou bien, ou bien : s'il meurt de colique après avoir mangé le poulpe, il ne peut trépasser d'une morsure d'un chien à qui il aurait disputé le céphalopode. À moins, diraient un sophiste ou un rhéteur, qu'il ait succombé en vertu des deux causes : il a bataillé avec le chien ce genre de fruit de mer, il l'a obtenu de haute lutte sur l'animal qui, pour se venger, l'a mordu au tendon, ce qui a doublement entraîné la colique et la rage… Mais alors que faire de la respiration retenue? Un troisième sophiste ajouterait qu'il a mangé le poulpe, que le chien l'a mordu et qu'il a retenu sa respiration. Un quatrième, positiviste et disciple de Monsieur Homais, expliquerait que l'ingestion du poulpe cru a généré une réaction allergique qui a suspendu le mécanisme de la respiration, l'asphyxie rendant possible l'attaque du chien à cause de la sidération respiratoire du philosophe…

Or, il se peut que Diogène soit mort dans son lit – ou dans son amphore si l'on préfère, mais pas dans son tonneau, une invention qui devra attendre les Gaulois quelques siècles plus tard –, entouré des siens, pestant que la vie lui soit retirée à la méchante faveur d'un cancer du rectum qui l'embrenait… Qui sait!

L'historiographie a retenu ces trois morts, le poulpe, le chien, le suicide, parce que toutes trois concentrent la vie donc l'œuvre, la pensée, la sagesse, la philosophie de Diogène. Soit il meurt d'avoir mangé un poulpe cru – et c'est normal, car il a passé sa vie à faire l'éloge du naturel contre le culturel, de l'ensauvagement contre la civilité, de la simplicité et de la sobriété contre l'apprêt et la sophistication. Mourir d'un ragoût de poulpe au gratin de lentilles et bettes au garum aurait été une contradiction – et le grand homme ne souffre pas la contradiction.

De même, mourir à cause d'un poulpe, mais parce qu'un chien le lui aurait disputé et lui aurait planté ses crocs dans le pied lors de leur combat, c'est quitter le monde au comble du paradoxe et de la cohérence, puisque Diogène avait fait du Chien son animal emblématique – celui qui mord les grands et les puissants, les fourbes et les malappris, celui qui pisse et chie dans la rue, qui copule sur la place publique et n'a aucun souci des convenances, comme lui. Platon réunissait ses disciples à l'Académie, Aristote au Lycée, Épicure au Jardin, lui avait choisi *cyniquement* le Cynosarge – le cimetière pour chiens. Avec cette version, sa philosophie triomphe en apothéose: le chien reste maître de toutes choses, y compris du philosophe qui dit que le chien est le maître de toutes choses.

Si, enfin, Diogène meurt de retenir sa respiration, c'est aussi par cohérence : l'homme qui a fait de la maîtrise de soi, de l'autonomie et de l'indépendance les absolus de son existence philosophique quitte le monde par sa volonté, par l'effet de sa décision souveraine. Il en a assez, il s'en va, il s'arrête de respirer, il meurt, l'affaire est réglée : il est mort comme il a vécu – en athlète de son vouloir.

Où l'on voit que ces morts édifiantes sont racontées pour... édifier ! Elles constituent des fables, des histoires, des mythes, des allégories, des paraboles, qui sont autant de moyens mnémotechniques. Quand Jésus ressuscitera Lazare, multipliera les pains, reviendra des morts, son histoire obéira aux mêmes logiques. Mais c'est une autre affaire...

Voilà pour quelles raisons l'anecdote la plus connue rattachée au souvenir d'Épictète peut très bien avoir été historiquement fausse, elle n'en demeure pas moins philosophiquement vraie. De même que le suicide de Sénèque, qui n'en fut pas un, incarne pour l'éternité la virilité romaine devant la mort, et non la fin d'un apprenti sorcier sans scrupules rattrapé par sa créature, Néron, de même l'anecdote de la jambe cassée d'Épictète synthétise le stoïcisme, notamment dans cette idée que la souffrance n'est pas un mal, seulement une représentation, et que nous avons du pouvoir sur nos représentations, donc sur notre douleur – nous pouvons faire qu'elle ne soit pas ou ne soit plus. C'est l'anecdote qui permet qu'on passe du mot *stoïcisme*, pour nommer une école philosophique de l'Antiquité, à l'adjectif *stoïque*, et non *stoïcien*, pour caractériser aux yeux du plus grand nombre la personne qui supporte et endure sans broncher les épreuves que lui envoie l'existence.

Rapportons cette anecdote. On la trouve sous la plume de Celse dans *Contre les chrétiens. Discours véritable*. Elle tient en une poignée de mots : « Comme son maître lui tordait la jambe, lui calme et souriant : "Vous allez la casser", disait-il ; et la jambe en effet s'étant brisée : "Je vous le disais bien que vous alliez la casser" » (III.93). Voilà, c'est tout. C'est tout ? Oui : c'est *Tout*. Car cet apologue concentre en une image toute la pensée et la vie philosophique d'Épictète en même temps que ce que l'on a retenu des effets du stoïcisme dans la vie : elle est la sagesse qui nous rend vraiment sages, pourvu qu'on ne se contente pas, comme Cicéron ou Sénèque, de la pratiquer seulement sur le papier.

Épictète n'eut pas besoin que son maître se comporte en brute épaisse, en tortionnaire sadique, en sale type pour avoir la jambe en mauvais état : il souffrait naturellement de boiterie... Suidas dit qu'elle procédait d'un rhumatisme. À plusieurs reprises Épictète en parle dans son œuvre. Dans les *Entretiens*, il dit même de lui qu'il est « un vieux boiteux » (I.XVI.20). Où l'on voit qu'un fait avéré peut être mis en scène pour produire un effet philosophique.

Sa vie ne fut pas, comme celles de Cicéron et de Sénèque qui furent gens d'intrigues et richissimes courtisans, une imposture construite sur une légende héroïque qui masquait une existence pitoyable et très peu philosophique. Car Épictète fut esclave et n'eut jamais envie de sortir de cette condition dont il fit un fait, comme son infirmité, avec lequel il fallait vivre. C'est ainsi que le stoïcisme est grand : en invitant à, disons-le dans cette formule devenue banale et convenue, faire de nécessité vertu.

Certes, comme pour Lucrèce qui a caché sa vie, l'absence de détails permettant de savoir ce que fut celle d'Épictète dispense de découvrir des vilenies et des impostures, des intrigues et des malversations. Mais le peu que nous savons suffit pour conclure qu'il a mené une vie philosophique : en n'ayant pas d'autre condition que celle d'esclave, ce qui lui suffit, même une fois affranchi. Son statut de philosophe écouté lui aurait permis de monnayer son savoir, d'échanger sa science, de devenir le directeur spirituel d'un riche ou très riche disciple – ce ne fut jamais le cas. Dans ce qu'il refusa, Épictète fut plus grand que Sénèque dans ce qu'il accepta – Sénèque ou Cicéron, ces poseurs...

Épictète naît à Hiérapolis, aujourd'hui Tambouk-Kalessi en Turquie, vers 50 ; c'était alors une ville connue pour son culte des Mystères de Cybèle et pour sa communauté de premiers chrétiens auxquels il fait souvent songer, qu'il nomme Galiléens et n'apprécie pas. Il meurt en Épire vers 125/130. Mais ces dates ne sont pas sûres… Ce que l'on sait avec certitude, c'est qu'il se trouvait à Rome pendant la période des Flaviens entre 69 et 96.

Loin des conseils donnés au prince ou de l'affairisme du ministère près de l'empereur, tels Cicéron ou Sénèque, Épictète a été esclave, probablement né d'une mère esclave elle-même, un statut social en même temps qu'ontologique qui diminue les probabilités de corruption avec les puissants, donc d'enrichissement, de concussion, de corruption. Son maître Épaphrodite a pu lui-même avoir été esclave, voire garde du corps de Néron.

À Rome, où il est arrivé sans qu'on sache quand il a quitté son Asie natale, il a assisté aux cours de Musonius Rufus qui passe pour avoir été le plus grand philosophe stoïcien de son temps. Musonius a repéré le talent de son élève. Épictète devient alors philosophe et, rempli d'admiration pour la figure de Socrate et celle des philosophes cyniques, il enseigne dans les rues de Rome.

Plus tard, Épictète est affranchi, puis, en 90 de notre ère, il est exilé par l'empereur Domitien qui expulse les philosophes de Rome parce qu'ils forment des citoyens libres, souverains et autonomes et qu'un Prince n'aime jamais disposer de sujets éclairés.

De ce fait, il se rend à Nicopolis, en Épire, où il crée une école philosophique à son domicile. Il a choisi cet endroit pour la raison qu'il est proche de l'Italie. C'est un lieu dont il nous dit que les tremblements de terre y sont fréquents.

Son école était fameuse et courue. L'empereur Hadrien appréciait son travail. C'est là que son disciple Arrien assiste à ses cours et qu'il retranscrit ce que nous connaissons depuis sous le titre *Entretiens*. De même avec son *Manuel*. Le philosophe cynique Démonax, qui fera l'objet d'un texte élogieux de la part de Lucien de Samosate qui admirait si peu, fut également l'un de ses élèves.

On ne lui connaît pas d'épouse. Il est vrai que, boiteux, esclave, persécuté, exilé, pauvre, Épictète n'a rien qui puisse donner envie à une femme de lier son destin à lui… Il croyait cependant que le célibat et le refus des enfants étaient deux conditions nécessaires à la pratique philosophique. Car le souci du ménage et de l'éducation d'une progéniture se mettent en travers du chemin de qui aspire à l'autonomie, à l'indépendance – les biens les plus précieux d'une vie philosophique.

Toutefois, bien dans son rôle de directeur de conscience stoïcien qui forme aussi des citoyens, et pas seulement des sages, Épictète invite son disciple Démonax à prendre une femme ; celui-ci lui répond qu'il veut bien, pourvu que le philosophe soit son beau-père... Comme le sage était sans femme et sans enfants, Démonax est resté célibataire, la voie de la sagesse lui restait grande ouverte !

À Rome, sa maison n'avait pas de porte : il n'avait rien à voler, sauf une lampe en fer qu'il remplaça un jour, convaincu d'avoir jadis cédé au luxe, par une lampe en terre, plus simple, plus sobre, donc plus vraie... Dans *Contre un bibliomane ignorant* (13), Lucien de Samosate rapporte qu'un homme acquit un jour cet objet pour trois mille drachmes, une fortune, mais que sa lumière n'a pas dû infuser son propriétaire. Épictète avait une paillasse, une natte de jonc qui lui servait de lit. Rien d'autre.

À la fin de sa vie, peu suspect d'obéir à un retour de libido dommageable pour le sage, il fait entrer une femme chez lui, mais seulement pour qu'elle devienne la nourrice d'un enfant qu'il avait recueilli de l'un de ses amis trop pauvre pour s'en occuper. Épictète adopta l'enfant, il accueillit donc la nounou.

Il portait la barbe blanche, le manteau de philosophe et, au contraire de l'affectation cynique, il s'est toujours montré propre et soigné. Épictète ne fait pas partie des faiseurs et des diseurs : son existence témoigne pour lui. Il a vécu une vie philosophique authentiquement stoïcienne sans se croire obligé de théoriser sur le papier une vie qu'il aurait vécue trop loin de la sagesse. Il n'a jamais écrit aucune ligne. On ne sait ni quand, ni où, ni à quel âge il mourut. Ce fut une belle personne.

Troisième partie

LE MONDE

UNE ÉCOSOPHIE DES CHOSES

1

Posséder

L'écuelle en bois de Dentatus

Comment posséder sans être possédé?

Marcus Curius Dentatus se nommait ainsi parce que, Pline nous le raconte, il est né avec les dents formées (*Histoire naturelle*, VII.XVI.68) – chez les femmes, pareille bizarre-rie était de mauvais augure… Mais ce grand homme n'a pas laissé son nom dans l'histoire pour cette seule raison. Non. Il figure dans la galerie des *Hommes illustres de la ville de Rome* de l'austère Aurelius Victor parce qu'il incarne la sobriété radicale, la frugalité absolue, le détachement à l'en-droit des biens de ce monde porté à son point d'incan-descence.

Dentatus a brillé dans les guerres et les faits d'armes : il a triomphé des Samnites qu'il a entièrement soumis ; il a éga-lement réglé leur compte aux Sabins ; de même avec les Lucaniens ; il a bouté enfin hors de l'Italie Pyrrhus, le roi d'Épire. Autant dire qu'il a grandement contribué à la construc-tion de Rome par son expansion militaire.

Son nom est attaché à l'histoire par sa politique de redistri-bution d'un arpent de terre afin que le citoyen-soldat puisse vivre, quand la période de guerre s'arrête, de la culture de son champ. Il s'attribue la même parcelle, ni plus ni moins, que le *vulgum pecus*. Il rend donc possible la figure du paysan citoyen sans laquelle Rome n'aurait pas été.

Pour ces raisons, Rome lui offre pas moins de trois triomphes. Or, il faut imaginer ce qu'est un triomphe militaire à cette époque dans la Ville éternelle. C'est le sommet de la reconnaissance offerte par l'État à un citoyen l'ayant rendu possible, défendu, honoré, porté haut et fort. C'est une communion proposée au peuple avec ses grands hommes – ou aux grands hommes avec le peuple.

Mais cet homme qui fut trois fois consul entre dans l'histoire plus profondément à mes yeux pour cette geste héroïque qui est moins romaine – même si elle l'est, bien sûr – qu'universelle : « Marcus Curius [...] fut le modèle le plus accompli de la frugalité romaine et aussi le plus parfait exemple de la bravoure, offrit aux ambassadeurs des Samnites le spectacle d'un consulaire assis sur un banc rustique auprès de son feu et mangeant dans une écuelle de bois ; quant à la qualité des mets, elle se laisse deviner à l'apparence du service. Il ne témoigna que du mépris pour les richesses des Samnites ; eux par contre s'étonnèrent de sa pauvreté. Ils avaient apporté une grande quantité d'or comme présent offert par leur république et ils l'invitèrent en termes aimables à l'accepter. Curius se mit à rire : "Vous êtes chargés, leur dit-il aussitôt, d'une mission bien vaine, pour ne pas dire ridicule. Allez dire aux Samnites que Marcus Curius aime mieux commander à des hommes riches que de devenir riche lui-même. Remportez votre présent : si précieux qu'il soit, l'or n'a été trouvé que pour le malheur des hommes. Souvenez-vous qu'on ne put ni me vaincre sur le champ de bataille, ni me corrompre par de l'argent" (An de R. 463) » (Valère Maxime, *Actions et paroles mémorables*, IV.III.5).

Plutarque rapporte que Caton l'Ancien visitait Curius Dentatus dans ses jeunes années car leurs terres étaient contiguës. Caton est impressionné par la simplicité, l'austérité et la frugalité de cet homme qui, couvert d'honneurs et de gloire, fêté et célébré par Rome, aurait pu en profiter pour s'adonner à la vie facile qui sera celle d'un Cicéron par exemple. Au lieu de cela, non, rien, le contraire : une petite maison réduite à sa fonctionnalité – abriter des intempéries et des animaux sauvages, offrir l'hospitalité aux rares amis et disposer d'un toit pour y réparer ses forces en paix.

Caton connaît l'épisode de la visite des ambassadeurs samnites et la noblesse de l'attitude du vieux Romain. C'est fort de cet exemple que n'accompagne aucune théorie, comme le feraient les Grecs qui décideraient d'écrire un *Traité sur l'idée de frugalité*, que Caton se construit en Romain.

Il existe un autre moment de la vie de Curius Dentatus rapporté cette fois-ci par Aurelius Victor dans ses *Hommes illustres de la ville de Rome*. Lisons : « Accusé d'avoir détourné de l'argent à son profit, il montre à tous les yeux un vase de bois dont il se servait d'ordinaire dans les sacrifices, et jure que, de tout le butin ennemi, il n'a rien emporté de plus dans sa maison. Avec les dépouilles des vaincus, il fit construire un aqueduc qui conduisit à Rome les eaux de l'Anio. Élu tribun du peuple, il obligea les sénateurs à ratifier d'avance l'élection des magistrats plébéiens nommés dans les comices » (XXXIII).

Première leçon de ce bref texte : la grandeur génère toujours la haine des petits et des médiocres. Deuxième leçon : quand on est grand, c'est en tout, toujours et tout le temps, dans toutes les occasions. Troisième leçon : non content de ne pas donner dans ce que nous nommons aujourd'hui l'enrichissement personnel, l'abus de biens sociaux, la prise illégale d'intérêt, le triple consul utilise le trésor de guerre à des fins d'intérêt général et de bien public : la création d'un aqueduc. Quatrième leçon : le tribun de la plèbe n'est pas celui qui parle au nom de la plèbe tout en agissant pour lui, mais celui qui parle pour la plèbe, qui agit pour elle et, surtout, qui le montre concrètement. Cinquième et dernière leçon : on a beau être un grand homme d'État ou de l'État, il n'en reste pas moins qu'on sacrifie aux dieux de la cité avec la piété nécessaire. Aurelius Victor exprime un maximum de choses avec un minimum de mots !

Créer un aqueduc est une entreprise populaire, au sens noble du terme. À l'époque romaine, l'eau est publique. L'aqueduc conduit de quoi alimenter les fontaines publiques et non les maisons privées. Seules les eaux de débordement sont accordées à des particuliers, mais sous des conditions drastiques : qu'elles soient donc en surplus et passent par-dessus les vasques ; que seuls en soient gratifiés, sous condition d'achat, des professionnels comme les laveurs de linge ou les patrons de bains publics. Cette vente rapportait de l'argent au Trésor public qui pouvait ainsi financer des chantiers d'intérêt général. L'eau républicaine est donc un bien commun partagé, payé par l'argent de l'État. On dirait aujourd'hui : un service public. Et c'est à ce service public que Curius Dentatus se montre attaché. Des particuliers pouvaient en disposer, mais après que le Sénat eut voté son accord. Sous l'Empire, bien sûr, la distribution d'eau devient le fait du prince – elle permet au césar de désigner ses courtisans, qui rivalisent alors à l'aide de jeux d'eau très élaborés dans leurs jardins extravagants.

Rome est multiple : la Rome monarchique en sépia et pointillés n'est pas l'austère Rome républicaine qui n'est pas la Rome impériale bachique. On l'aura probablement remarqué, c'est la Rome républicaine qui a ma faveur. Cette Rome-là est celle des paysans qui font la guerre et qui, quand la saison les y oblige, remisent le glaive pour le soc de la charrue, avant de reprendre les armes quand l'heure est venue de retourner au combat. Cette Rome-là est donc frugale et austère, sobre et dépouillée, ascétique et rude ; elle est morale aussi.

Rome ne peut pas vivre coupée du monde. La ville conquiert d'ailleurs de quoi faire un empire et il est normal que la vision du monde des Romains unifiés par les rois étrusques ne soit pas du tout la même que celle des Romains soumis au joug impérial.

De sorte que le rapport à l'avoir, à la possession, aux choses et aux objets n'est pas du tout le même sous Tarquin ou sous Néron, avec Caton l'Ancien, un modèle de simplicité, ou avec Pétrone dont les héros du *Satiricon* ont beaucoup fait pour la mauvaise réputation des Romains, assimilés à des fêtards avinés, à des noceurs invétérés, à des bâfreurs qui vomissaient afin de pouvoir ingurgiter à nouveau des plats extravagants.

Si Tibulle écrit dans ses *Élégies* : « Nos aïeux se nourrissaient de glands » (II.3.74), Tite-Live affirme quant à lui à propos des années 180 avant l'ère commune : « Les banquets ont sans cesse

322

été plus compliqués et plus coûteux. Les cuisiniers, qu'on tenait jadis pour des esclaves de dernière catégorie et que l'on traitait en conséquence, ont commencé à se vendre à prix d'or, et la cuisine est passée du statut d'occupation subalterne à celui de discipline artistique. Ce qui était alors un luxe n'était pourtant que le premier symptôme de la décadence à venir» (*Histoire romaine*, XXXIX.VI). Dans une *Lettre à Lucilius*, Sénèque écrit : «Quand nous sommes allongés pour le banquet, un esclave balaie les vomissures, tandis qu'un autre s'accroupit sous les tables pour ramasser les restes des ivrognes» (V.XLVII.5). Suétone rapporte dans sa *Vie* quelle fut celle de l'empereur Vitellius : «Il se ménageait toujours trois repas par jour, parfois quatre : petit déjeuner, déjeuner, dîner, orgie, en faisant honneur à chacun d'eux sans difficulté, grâce à son habitude de se faire vomir. Par ailleurs, il s'invitait le même jour chez les uns et chez les autres, et jamais les apprêts d'un seul repas ne coûtèrent moins de quatre cent mille sesterces à son hôte. Le plus fameux de tous fut le repas de bienvenue à Rome que lui donna son frère : on y servit, dit-on, deux mille poissons de tout premier choix et sept mille oiseaux. Lui-même surpassa encore ce record en inaugurant un plat, qu'il appelait, en raison de ses dimensions exceptionnelles, "le bouclier de Minerve protectrice de la ville". Il y faisait accommoder ensemble des foies de scares, des cervelles de faisans et de paons, des langues de flamants, des laitances de murènes, qu'étaient allés lui chercher ses capitaines de navires et leurs trirèmes depuis le pays des Parthes jusqu'au détroit d'Hispanie» (XIII.1-6). Pline l'Ancien nous apprend que, pour fabriquer un tel plat qui avait coûté «un million de sesterces», il avait fallu confectionner «un four en plein champ» (*Histoire naturelle*, XXXV.XLVI.163). Les glands de Tibulle sont loin ; le «navet» (ou les «raves», c'est selon la traduction ; disons : les «racines»...) de Curius Dentatus aussi ! Tite-Live avait vu juste.

Entre les simples glands grillés ou bouillis que les héros fondateurs de Rome partagent avec les porcs sous la République et mangent dans des assiettes en terre ou des écuelles en bois, et le bouclier de Minerve offert au césar de la Rome impériale et présentée dans des vaisselles d'or et d'argent, que s'est-il passé ?

Rien d'autre que des victoires contre les Carthaginois et autres peuples, dont les Grecs. La Rome simple, austère, frugale, sobre s'est en effet retrouvée riche de considérables trésors de guerre prélevés sur les vaincus.

Avec la deuxième guerre punique, Rome pille Tarente qui est passée dans le camp d'Hannibal, puis Syracuse, vidée de ses œuvres d'art. Les campagnes de Grèce et d'Asie mettent Rome en contact avec l'hellénisme et l'Orient. Tite-Live confirme : « Les premières manifestations du luxe étranger ont été introduites dans la cité par l'Armée d'Asie. Ce furent ces soldats qui, les premiers, rapportèrent à Rome des lits décorés de bronze, des tapis précieux, textures et autres étoffes, et ces objets alors considérés comme les éléments d'un ameublement de luxe : les tables à un pied et les dessertes. C'est alors qu'on associa aux repas les joueuses de cithare et de sambuques, et autres spectacles pour le divertissement des convives. Et les repas eux-mêmes commencèrent à être préparés avec plus de soin et de somptuosité. (XXXIX.VI.7-9) [...] Cnaeus Manlius transporta dans son triomphe des couronnes d'or d'un poids de deux cent douze livres, deux cent vingt mille livres d'argent, deux mille cent trois livres d'or, cent vingt-sept mille tétradrachmes attiques, deux cent cinquante [mille ?] cistophores, seize mille trois cent vingt philippes d'or ; de nombreuses armes et dépouilles gauloises furent transportées sur des chars de guerre et cinquante-deux chefs ennemis conduits devant le char du triomphateur. Il distribua aux soldats quarante-deux deniers pour chacun, le double aux centurions, le triple aux cavaliers, et il doubla la solde » (*ibid.*, XXXIX.VII.1-2).

Rome voit arriver un grand nombre d'otages et d'esclaves : parmi eux, des rhéteurs, des médecins, mais aussi des philosophes ou des historiens. Ainsi Polybe. On confie aux pédagogues grecs, une corporation reconnue pour ses compétences, la charge de l'éducation de la jeunesse romaine. La pédérastie grecque fait des émules. L'orientalisme fascine. Les cultes orientaux sont à la mode et suppléent les vieilles pratiques religieuses romaines. La paupérisation est foudroyante. Le luxe est ostentatoire. Les richesses fascinent. Désormais, et c'est un paradoxe, à Rome, on parle grec – la langue des vaincus...

La philosophie entre à Rome avec les Grecs. Elle fait partie du luxe et procède de l'hellénophilie galopante. Sur la place publique, le philosophe grec Carnéade sidère les vieux Romains en défendant une thèse et immédiatement après son opposée. La philosophie montre alors son pouvoir de nuisance : elle est capable de démontrer avec autant d'efficacité et d'aplomb le vrai et le faux, le bien et le mal. C'est une arme de guerre nihiliste. Rome est en péril. Caton l'Ancien résiste. C'est tout le sens de son combat : il ne fut pas un réactionnaire ou un conservateur, juste un homme fidèle aux valeurs de la Rome républicaine.

« Il est difficile de sauver une cité où un poisson se vend plus cher qu'un bœuf », affirmait Caton (Plutarque, *Vie de Caton*, VIII.2). En effet. Mais comment faire ? Les philosophes ne sont pas tous des sophistes. Les Grecs le sont, bien sûr, ils inventent cette discipline, la sophistique, et se font même payer pour montrer comment argumenter, quelle que soit la cause – bonne ou mauvaise. Mais on peut être philosophe et ne pas être sophiste. C'est le cas des moralistes.

La question : « Comment posséder sans être possédé ? » passe par une *diététique des désirs*. Cornelia, qui était la fille de Scipion l'Africain, la femme de Tiberius Sempronius Gracchus et la mère des Gracques, excusez du peu, résout cette énigme en disant : « C'est avoir tout que de ne désirer rien » (Valère Maxime, *Actions et paroles mémorables*, IV.IV). Elle affirme que tout est affaire de sain rapport entre soi et soi, soi et les choses, soi et les autres, soi et le monde. Dès lors, il s'agit de construire un rapport au corps dans lequel c'est nous qui possédons nos désirs et non nos désirs qui nous possèdent.

Désirer, au sens étymologique, c'est descendre d'une étoile – *de sidere*. C'est donc se retrouver sur la terre ferme, à la façon des animaux qui y sont ontologiquement attachés. Si le porc a été associé aux épicuriens – qu'on se souvienne des fameux « pourceaux d'Épicure » –, c'est parce que leur conformation anatomique leur interdit de lever la tête vers le ciel, dans lequel se trouvent les idées et les divinités qui sont constituées d'une même matière immatérielle. Dès lors, incapable de lever la tête, l'animal est contraint de se contenter du sol, de la terre, de la boue, de la fange qu'il remue sans cesse avec son groin. Dans l'esprit des idéalistes, le cochon est un animal matérialiste, donc haïssable. Précisons en passant que les deux religions monothéistes les plus cérébrales héritent du tabou de cet animal et que ce n'est pas étonnant.

La philosophie romaine, qui est essentiellement existentielle, tourne autour de cette question des usages de soi et plus particulièrement des usages de son désir. Que faire de ce qui nous veut? De ce qui, en nous, veut? Il n'est pas surprenant que, sous l'Empire qui est le temps d'acmé de la débauche romaine (lire et relire la *Vie des douze Césars* de Suétone et le *Satiricon* de Pétrone…), le stoïcisme et l'épicurisme brillent au firmament des sagesses antiques qui se proposent de chercher et de trouver la bonne distance entre soi et les choses du monde. Ni trop, ce serait luxe, ni trop peu, ce serait ascèse, car les philosophes romains n'ont ni le goût de l'orgie ni celui de la cellule. Ils préfèrent habiter ici et maintenant une chaumière romaine modeste plutôt qu'un château conceptuel grec bâti dans les nuages.

Le stoïcisme propose de construire sa vie en regard d'un souverain bien totalement indépendant des choses matérielles, de la possession ou de la propriété, des choses et de l'avoir. Il tourne le dos à ce qui fait désormais la loi dans Rome après la deuxième guerre punique (fin du IIIe-début du IIe siècle avant l'ère commune): le triomphe du luxe et de l'argent, de la mode et de l'ostentation, la manie grecque. Parmi ces stoïciens, Musonius Rufus.

Que sait-on de ce philosophe? Originaire d'Étrurie, la Toscane contemporaine, Caius Musonius Rufus (vers 20/30-fin du Ier siècle de notre ère) fait partie de l'ordre équestre et fut le maître d'Épictète. En stoïcien marqué par le cynisme, il propose une diététique des désirs et des plaisirs qui oppose la sobriété des mœurs aux délires ostentatoires des Romains contaminés par les Grecs. Il effectue un voyage en Asie, rentre à Rome, et, après la conjuration de Pison, en 65-66, il est envoyé en exil sur une petite île grecque. Dans cet exil cycladique, il parle et enseigne; on vient le voir de partout. Il s'oppose au pouvoir de Néron. Après la mort de ce dernier et l'accession au pouvoir de Galba, il rentre d'exil. Galba meurt, Vespasien le remplace.

Musonius Rufus est en cour auprès de ce nouvel empereur car, en 69, alors qu'il doit faire face aux menaces d'Antonius qui se trouve aux portes de Rome, il fait partie de l'ambassade qui négocie la paix. Cette négociation est un échec, Tacite la raconte: «Il se mettait, parmi les manipules, à instruire ces hommes en armes en discourant sur les biens de la paix et les périls de la guerre. Ce qui en amusa quelques-uns, mais ennuya la plupart; il n'eut pas manqué même de soldats pour le bousculer et le piétiner si, sur les conseils des plus modérés et devant les menaces des autres, il n'avait mis un terme à son intempestive sagesse» (*Histoires*, III.LXXXI.1-2). Du ridicule des philosophes quand ils veulent peser sur le cours des guerres...

Vespasien au pouvoir, il intente un procès au philosophe stoïcien P. Egnatius Celer, coupable présumé d'une déposition mensongère au procès de Barea Soranus qui faisait partie d'un groupe de stoïciens ayant dénoncé la tyrannie de Néron et qui fut pour ce fait condamné à mort. Bien que stoïcien, Musonius Rufus accuse Celer, un compagnon du Portique. La défense du même Celer est assurée par Demetrius... un philosophe cynique! Lorsque en 71 Vespasien chasse tous les philosophes de Rome, il en excepte Musonius! Ce qui n'empêche pas que le même Musonius se retrouve en exil. Loin de Rome, il rencontre Pline le Jeune alors tribun militaire en Syrie. Le nouvel empereur Titus le rappelle. On le voit donc à la fois proche du pouvoir, probablement pour faire avancer ses thèses, et maltraité par ce pouvoir, probablement parce qu'il y fait avancer ses thèses!

On sait par une diatribe intitulée: «Les rois, eux aussi, doivent philosopher» (VIII) que Musonius Rufus estime ce que sont les devoirs des rois: savoir distinguer bien et mal, vice et vertu, bon et mauvais; ne rien ignorer de ce qu'est la sagesse et des moyens d'y parvenir ; connaître ce qu'il convient de faire pour les individus, les sujets, la cité et la société ; être courageux sur le champ de bataille en même temps qu'invincibles par la raison et le raisonnement ; connaître ce qu'ils doivent faire triompher : la justice, la concorde, l'ordre, la loi et la justice – et que, pour ce faire, il leur faut se mettre à l'école de la philosophie. Au prince qui lui demande ce qu'il lui faut faire, le philosophe répond : te mettre à l'école de la sagesse qui est l'école de la vertu. Musonius Rufus réactive à la mode impériale et romaine l'ancienne proposition platonicienne du philosophe-roi ou du roi-philosophe. Voilà pour quelles raisons il fut si proche de différents empereurs. Et si souvent exilé, rappelé, inquiété par les puissants !

Comme Socrate, Musonius Rufus n'a rien écrit ; comme Socrate, son enseignement est constitué de paroles et d'actions exemplaires ; comme Socrate, ses propos sont rapportés par des disciples ; comme Socrate, personne n'a jamais trouvé aucune contradiction entre ses discours et sa vie – dès lors, d'aucuns parlent de lui comme d'un « Socrate romain ».

Pour ma part, j'en ferai volontiers le plus spartiate des philosophes romains. C'est en ce sens qu'il me plaît tout particulièrement. Son stoïcisme s'avère d'une grande piété morale, d'une immense rigueur ascétique, d'une belle hauteur de vue éthique, et surtout d'une grande exigence de congruence – ce qui en fait un personnage rare dans l'histoire des hommes, donc encore plus rare dans la corporation des philosophes.

Musonius Rufus est un trait d'union idéal entre le paganisme romain et le judéo-christianisme des premières années. Quelques Pères de l'Église qui en font l'éloge et le pillent, ainsi Clément d'Alexandrie, ne s'y trompent d'ailleurs pas. Qu'on en juge : Musonius écrit contre le luxe, la mollesse, l'avachissement, le plaisir considéré comme souverain bien, l'avilissement moral, l'empire des passions, la coquetterie, la mode, le chagrin, les femmes savantes, les villes, la séduction, la gourmandise, la licence, la boisson, les philosophes de salon ou d'apparat, la sexualité dissociée du mariage et de la procréation, le recours aux courtisanes, l'usage des gitons, l'homosexualité et l'adultère, la contraception et l'avortement, l'infanticide et l'abandon des enfants. Conséquemment, il écrit pour la vertu, la justice et la justesse, l'austérité, la frugalité, l'ascèse, l'honnêteté, la tempérance, le travail manuel, la congruence, la vie en campagne, le courage, l'équité, la fortification des corps et des âmes, la philosophie comme pratique existentielle, le détachement des biens de ce monde, le refus de la vengeance et du ressentiment, le pardon, le mariage, la famille, la fidélité, le civisme. Quel austère disciple de Jésus, avant que ses leçons ne deviennent doctrine d'État au début du IVe siècle, n'y retrouverait pas l'un des siens?

C'est en regard de ce dispositif moral qu'il faut écouter ce que Musonius Rufus nous apprend sur la frugalité, le nécessaire détachement des choses de ce monde et la juste relation que le sage doit entretenir avec l'argent, les objets, les biens matériels, les richesses. Il théorise l'écuelle de Dentatus.

Il consacre en effet quelques *Diatribes* (au sens étymologique de conversation, dialogue, échange à des fins d'édification morale et non au sens contemporain d'attaque violente) à la nourriture, au vêtement, à l'ameublement et même à la façon de se coiffer ou de porter la barbe – ou d'être glabre. Ce ne sont pas choses légères et futiles pour lui car le philosophe n'est pas celui qui semble l'être, affecte de l'être, paraît l'être, joue à l'être, mais celui qui l'est véritablement dans ses faits et gestes, dans ses choix et ses options de vie quotidienne. Voilà pour quelles raisons l'histoire de la philosophie officielle décide que, comme la philosophie romaine est pauvre en concepts, et c'est tant mieux, elle n'est pas digne de ce nom quand on la compare à celle des Grecs, bien qu'elle soit beaucoup plus riche en prescriptions de vie, ce en quoi, à mes yeux, elle s'avère nettement supérieure aux jeux de mots de la rhétorique et de la sophistique hellénistiques qu'on nomme habituellement la philosophie grecque.

S'il avait à aborder la question de la nourriture, un philosophe grec commencerait par affirmer qu'il ne s'agit pas d'une question philosophique, alors qu'il n'y a pas de question spécifiquement philosophique, mais seulement des traitements philosophiques de toutes les questions possibles – régime alimentaire compris. Ensuite, s'il s'exécutait tout de même, il effectuerait nombre de variations savantes et fumeuses sur la définition de « manger », ce qui peut en être dit, ce que l'on ne pourrait en dire, comment il pourrait en être dit, comment il pourrait ne pas en être dit, ce qui pourrait en être dit par un autre philosophe, ce que l'on pourrait critiquer de ce qu'en aurait dit cet autre philosophe – le tout nous laissant sur notre faim…

Musonius Rufus, lui, dit clairement, directement, sans ambages, qu'il existe une façon philosophique de se nourrir, de s'habiller, de s'apprêter, de se meubler, de se loger. Et il dit laquelle. Que Cicéron ait beaucoup disserté sur la frugalité, l'ascèse, l'austérité en les recommandant alors qu'il menait une vie de luxe, de dépense, de débauche montre quelle part grecque et mondaine subsistait chez lui…

Il faut demander aux historiens ou aux annalistes romains ces fameuses histoires édifiantes qui constituent autant de leçons de sagesse offertes au lecteur. L'histoire de Dentatus racontée avec la sobriété d'un Aurelius Victor s'avère un alcool fort en matière de philosophie existentielle. Musonius Rufus explicite cette façon de faire, donc d'être, avec la même sobriété – et la même efficacité.

Lisons : « À propos de la nourriture, il avait pour coutume de dire fréquemment et avec beaucoup de force qu'il ne s'agissait pas d'une petite affaire ni d'une affaire aux petites conséquences. Il pensait, en effet, que la maîtrise dans le boire et le manger était le commencement et le fondement de la sagesse. Une fois qu'il avait abandonné les autres entretiens qu'en toute occasion il poursuivait jusqu'au bout, il dit à peu près ceci : de même qu'il fallait préférer une nourriture qui coûte peu à une nourriture qui coûte cher et une nourriture facile à se procurer à celle qui est difficile à se procurer, de même il fallait préférer une nourriture qui convient à l'homme à celle qui ne lui convient pas. La nourriture qui nous convient est celle qui provient des produits de la terre, tout ce qui étant du genre céréales ou non peut nourrir comme il faut l'homme. C'est encore la nourriture qui provient des animaux vivants, de ceux qui sont domestiqués. Parmi ces aliments, les plus convenables sont ceux qu'on peut prendre sur place sans les cuire, car ils sont aussi tout prêts ; ce sont par exemple les fruits de saison, et quelques légumes, le lait, le fromage et le miel. Cependant tous les aliments, genre céréales ou légumes qui ont besoin de cuisson, ceux-là ne sont pas non plus impropres, mais conviennent à tous les hommes. Cependant il déclarait que la nourriture carnée était trop sauvage et convenait plutôt aux animaux sauvages. Elle était, disait-il, trop lourde et constituait un obstacle à la pensée et au jugement. Les odeurs plus épaisses qui s'en dégagent obscurcissent l'âme. C'est pourquoi ceux qui abusent d'une telle nourriture paraissent aussi avoir une intelligence plus lourde. L'homme qui, des êtres qui vivent sur terre, est le plus apparenté aux dieux doit également se nourrir de la manière la plus semblable aux dieux. Or ceux-ci se contentent des vapeurs qui s'élèvent de la terre et de l'eau ; pour nous, la nourriture qui présente le plus d'analogie est celle qui est la plus légère et la plus pure. Aussi notre âme pourra-t-elle être pure et sèche, de façon à être la meilleure et la plus sage » (XVIII.A.145-152).

Autrement dit : la frugalité est le début de la sagesse ; boire et manger relèvent d'une diététique philosophique. Comment y parvenir ? Avec cette liste impérative : consommer des aliments bon marché et produits non loin de l'endroit où ils seront consommés ; manger sain, des céréales et du lait, du miel et du fromage, des fruits et des légumes ; choisir des produits issus des animaux domestiques, mais rien qui soit issu de la vie sauvage ; ne pas manger de chair animale car elle alourdit le corps donc l'âme, elle paralyse la réflexion et l'intelligence. Dans le vocabulaire d'aujourd'hui, on dirait de Musonius Rufus qu'il est décroissant, qu'il privilégie les circuits courts, qu'il conseille les produits de saison, qu'il invite à consommer des aliments sains, qu'il est végétarien. Manger léger et frais, sain et bio…

Musonius Rufus critique les goinfres mus par le désir de manger et qui se jettent sur la nourriture comme des animaux ; il fustige ce que l'on nomme depuis plusieurs siècles la *gastronomie*, autrement dit l'injection de la culture dans la nourriture, de l'artifice dans la nature – ou de la culture dans la nature, de l'artifice dans la nourriture. Il affirme : « Nous en sommes venus à un tel degré de gourmandise et de raffinement qu'à la manière des traités de musique et de médecine, certains ont écrit des traités de cuisine, qui augmentent et même beaucoup le plaisir du gosier, mais ruinent la santé» (XVIII.A.155-156). Le philosophe stoïcien songe probablement à Apicius, ce millionnaire ayant vécu sous l'Empire et dont le nom est associé à des recettes de cuisine compilées après sa mort et à des repas extravagants commandités par ses soins dans lesquels on servait des talons de chameau, des crêtes coupées à des volailles vivantes, des langues de paon, de flamant, de rossignol, des oies engraissées à la figue sèche étouffées au vin miellé, des foies de surmulets tués dans le garum, une sauce confectionnée avec des intestins de poissons pourris et vinaigrés, le tout payé des fortunes... Les Grecs ont écrit nombre de traités de cuisine : Dorion, Chrysippe de Tyane, Iatroclès, Mendès, ou des ouvrages consacrés à la diététique par des médecins : Acron d'Agrigente, Euthydème. Apicius dépensa des sommes folles pour ses festins ; il affrétait des bateaux pour aller chercher de grosses crevettes sur les côtes libyennes et, déçu par la grosseur des produits, faisait retour sans rien acheter. Quand il vit un jour sa fortune fondre, estimant qu'il ne pourrait plus faire bombance selon ses souhaits, il s'empoisonna...

Quiconque met le doigt dans l'engrenage de la gastronomie, nous dit Musonius Rufus, y passera le bras tout entier... On s'habitue au luxe, à la mollesse, et l'on ne veut plus rien d'autre car l'âme efféminée ne demande plus autre chose que ce qui l'effémine plus encore. Comment faire pour ne pas être l'esclave de son ventre ? Car c'est vraiment le problème : «l'absence de maîtrise de soi en ce qui concerne la nourriture» (XVIII.B.159). Qu'est-ce en effet que la gourmandise? «La démesure dans l'usage des mets» (XVIII.B.160). De quelle façon peut-on se maîtriser et se modérer? Autrement que comme des chiens ou des porcs, c'est-à-dire en humains. Il faut donc «manger avec décence et mesure et faire preuve alors de tempérance, chose qui n'est point facile, mais exige beaucoup de soin et d'entraînement» (XVIII.B.165). Soin et entraînement? C'est donc une *diététique* que Musonius Rufus propose : une éthique de la diète, une morale de l'alimentation, une philosophie de la nourriture – une nourriture philosophique.

À quoi ressemble-t-elle? D'abord, elle se révèle difficile car l'occasion de déroger est multiple dans une journée qui rend possibles plusieurs repas... Des Pères du désert qui classent les différentes modalités du péché de gourmandise se contentent d'effectuer des variations sur le thème de ce que Musonius Rufus nomme une « faute » – le pape Grégoire établira en cinq rubriques une typologie des péchés de gourmandise au VIᵉ siècle. Quelles sont ces cinq fautes – que seront donc ces futurs péchés chrétiens? « Celui qui mange plus qu'il ne convient commet une faute; celui qui se hâte dans l'action de manger en commet une également; de même celui qui se gorge de quelque plat plus qu'il ne faut; celui qui préfère les mets les plus agréables au goût à ceux qui sont les plus sains et celui qui ne fait pas les parts égales pour les convives. Il y a encore une autre faute à propos de la nourriture: c'est de la prendre à contretemps et alors qu'il faudrait faire une autre chose, nous l'omettons pour manger » (XVIII.B.166). Voici donc les fautes; pratiquer à l'inverse, voilà les vertus: manger ce qui convient; manger sans précipitation; manger juste ce qu'il faut; manger pour la santé plus que pour le raffinement; manger une part égale à celle des commensaux; manger aux heures des repas et non en dehors des heures prévues à cet effet.

À quoi peuvent bien ressembler ces exercices proposés par le philosophe? Il faut que l'impétrant « s'entraîne et s'habitue » *(ibid.)* à mettre en pratique les invitations théoriques. Il ne faut pas manger afin d'avoir du plaisir mais pour se nourrir, se sustenter, restaurer des forces perdues – « non pour flatter le gosier mais pour fortifier le corps » *(ibid.)*. Cette proposition a donné une formule de sagesse pratique – que m'enseignait mon père: « Voilà pourquoi il convient que nous mangions pour vivre et non pour éprouver du plaisir, si du moins nous voulons nous conformer à l'excellent précepte de Socrate qui disait que la plupart des hommes vivaient pour manger, tandis que lui mangeait pour vivre » (XVIII.B.168). C'est pour cette raison que, lors de la visite des ambassadeurs samnites, Dentatus mange des raves – que la peinture occidentale transforme en navets.

Musonius Rufus constate que les gens ayant une alimentation saine, austère, frugale se trouvent en meilleure santé que ceux qui s'adonnent aux jouissances de la table : « Ceux qui ont la nourriture la plus frugale sont les plus forts ; on peut voir combien les domestiques vis-à-vis de leurs maîtres, les habitants de la campagne vis-à-vis de ceux des villes, les pauvres vis-à-vis des riches sont généralement plus robustes et plus résistants, se fatiguent moins au travail, sont souvent moins malades, supportent mieux le froid, la chaleur, les veilles, et autres inconvénients de cette sorte » (XVIII.B.173). Sparte disais-je...

Dans la perspective de la frugalité, Musonius Rufus englobe l'habillement. L'anecdote concernant Dentatus ne parle pas de son vêtement. Mais on se souvient que, lorsque les sénateurs viennent solliciter Cincinnatus, ils le voient derrière sa charrue : nu. L'habillement obéit aux mêmes exigences que la nourriture : utilité, simplicité, sobriété. Il sert à se protéger des intempéries et rien d'autre. Une tunique, un manteau, marcher pieds nus quand c'est possible, voilà le programme.

Même chose pour la maison : elle doit mettre à l'abri. Nul besoin dès lors de cour avec colonnades, de fresques colorées, d'abondance de pierres de parement qui viennent de loin et qui coûtent cher. « En général ce que procurerait une grotte naturelle en assurant un abri suffisant à un homme, nos maisons doivent le fournir, en y ajoutant, si l'on veut, ce qu'il faut pour mettre en réserve la nourriture de l'homme » (XIX.B.183). Musonius estime que l'argent mis dans une maison luxueuse est inutile et serait bien plus utile s'il était utilisé à « faire du bien à beaucoup de gens. [...] Comment comparer le profit que l'on tire d'une grande et belle maison à celui que l'on tirerait en faisant profiter sa cité et ses concitoyens de ses propres richesses ? » (XIX.B.185-186).

Et l'écuelle en bois de Dentatus ? J'y arrive... Musonius Rufus consacre une diatribe à la question ; elle est intitulée *Du mobilier*. Il y est question de vaisselle, de plats et d'écuelles en terre. On ne s'étonnera pas que, sur ce sujet aussi, le philosophe stoïcien défende la même ligne : simplicité, utilité, sobriété, efficacité.

Il affirme : «On trouve des lits en ivoire, en argent, voire même en or, des tables en même matière, des couvertures de pourpre et d'autres coloris aussi difficiles à se procurer, des coupes en or et en argent, certaines en pierres précieuses ou imitation de pierre précieuse et qui, pour le prix, rivalisent avec celles en or et en argent. Tous ces objets sont recherchés avec avidité, alors qu'une simple couchette est aussi confortable qu'un lit en or ou en ivoire, et qu'une peau suffit tout à fait pour se couvrir sans que nous ayons besoin d'une étoffe pourpre ou écarlate. Nous pouvons manger sainement à une table en bois sans regretter de n'en posséder une en argent. Nous pouvons assurément boire à des coupes en terre, qui sont aussi aptes à désaltérer que des coupes en or et qui ne corrompent pas le vin qu'on y verse, qui bien au contraire en rendent l'arôme plus agréable que ne le font les coupes en or et en argent» (XX.188).

Et Musonius Rufus de donner les critères qui, ici comme ailleurs, permettent de juger de ce qui est bon, bel et bien. Il faut regarder trois critères : «L'acquisition, l'usage, la conservation. Tout ce dont l'acquisition est difficile, tout ce dont l'usage n'est pas avantageux, tout ce dont la conservation n'est pas facile, tout cela vaut moins ; mais ce que nous acquérons sans difficulté, que nous louons parce que nous les utilisons avec satisfaction et que nous conservons facilement, tout cela vaut mieux. Voilà pourquoi les objets en terre, en fer ou en matières semblables, sont bien préférables aux objets en or et en argent : c'est qu'il est plus facile de les acquérir, étant donné qu'ils coûtent peu cher, que leur usage est plus grand, étant donné que nous les exposons facilement au feu (ce que nous ne pouvons faire avec les autres) et que leur conservation demande moins de tracas ; en effet les objets de peu de valeur sont moins convoités que ceux de grande valeur. De plus, le nettoyage fait partie de la conservation et les objets de grande valeur en exigent un plus fréquent» (XX.189).

Pourquoi donc préférer ce qui coûte cher, qui exige de l'argent, donc du travail, qui sollicite de la jalousie, qui s'accompagne de passions tristes, l'envie et la convoitise, qui nécessite d'être âpre au gain, donc qu'on commette des injustices?

Réponse: parce que nous sommes fous et que «les insensés ignorent ce qui est beau et ce qui est bon et s'attachent de préférence au paraître qu'à l'être» *(ibid.). Ite missa est...*

L'alternative est-elle entre les navets de Marcus Curius Dentatus, les bouillies et les gâteaux de fromage sec pulvérisé de Caton l'Ancien et les loirs saupoudrés de miel et de pavots grillés sur un gril d'argent de Pétrone? Faut-il choisir entre l'ascèse et l'orgie ou y a-t-il une autre façon de n'être pas possédé tout en possédant?

Souvent, posséder c'est être possédé, avoir c'est ne pas être, détenir c'est être tenu. Faut-il se comporter en cynique et affecter de ne pas posséder, ce qui est montrer qu'on est possédé par la possession, puisqu'on tient absolument à ne rien avoir et qu'on est obsédé par l'avoir dans le dessein avoué de ne pas avoir? Ou doit-on bien plutôt agir en cyrénaïque qui, parce qu'il ne veut pas être l'esclave de la possession, a quand il a, n'a pas quand il n'a pas, et n'est pas plus affecté que cela par le fait de devenir riche ou bien par celui de devenir pauvre?

Les disciples de Diogène tenaient absolument à paraître pauvres: ils affectaient le dénuement, tenaient à porter le manteau troué, la besace avachie et les reliefs de leurs repas dans leurs barbes hirsutes. Ils devaient sentir mauvais, traînant derrière eux les puanteurs des harengs qu'ils tiraient au bout d'une ficelle, le vin ou l'huile rance de la grosse amphore dans laquelle ils vivaient, le sang coagulé de la chair qu'ils mangeaient crue, y compris, disaient-ils, la chair humaine, sans parler des pets qu'ils lâchaient pour marquer leur territoire, d'autant plus qu'outre les lupins et les graines de vesce, les baies de cornouiller et les pommes, ils mangeaient des marrons rôtis sur la braise... Eux qui crachaient sur autrui, se masturbaient sur l'agora, pissaient sur des gens qui leur jetaient des os, déféquaient en public, ils devaient porter un peu de toutes ces déjections et excrétions sur leurs manteaux. Les cyniques? On devait les sentir venir de loin...

Les partisans d'Aristippe de Cyrène, eux, peuvent mener grand train, porter des manteaux de pourpre, se parfumer, manger dans des banquets en compagnie de femmes invitées,

se faire critiquer pour cette raison par Polyxène, un philosophe sophiste, qui accepte *illico* de venir les rejoindre au
moment même où il se fait inviter, mais rester un homme libre
qui peut tout aussi bien faire jeter l'or que Denys vient de lui
offrir par-dessus bord pour alléger le bateau pris dans la tempête (Horace, *Satires*, II.III.100-102) que de dire à ses porteurs
trop lourdement chargés de richesses qu'ils les envoient au fossé
afin d'alléger leur fardeau (Porphyrion, *Commentaire à Horace*,
II.III.100)! On ne peut mieux faire savoir qu'*on possède philosophiquement ce que l'on a*, puisqu'on est capable de faire sans, et
que, dès lors, on n'est pas possédé trivialement par ce que l'on a.

Il y a parfois dans l'affectation d'austérité et dans la posture
du dépouillement une grande débauche d'orgueil, une morgue
très suffisante, alors que, dans un hédonisme que je dirai lucrétien – consentir à tous les plaisirs, pourvu qu'ils ne nous aliènent
pas –, on peut expérimenter une ascèse subtile et élégante.

Posséder sans être possédé ne suppose pas ne pas posséder
mais, comme y invite Musonius Rufus, « vivre avec méthode »
(XVII.131). C'est-à-dire? Avoir en sachant qu'on n'a jamais, et
ce en vertu d'une leçon puissante donnée par le philosophe stoïcien lui-même : « Impossible de vivre honnêtement le jour présent, si nous ne le considérons pas comme notre dernier jour »
(XXII.201). Seule la présence perpétuelle de ce savoir à l'esprit permet d'avoir en toute liberté. Il faut posséder les choses
comme un crépuscule ou une aurore, un matin du premier
monde ou une dernière nuit : nu devant le néant des choses.

2

AGIR

La cervelle en plomb de Caius Gracchus

Faut-il s'occuper de politique?

On s'en souvient[1], Tiberius Sempronius Gracchus est le consul à qui l'aruspice fit savoir un jour, en présence d'un couple de serpents découvert chez lui, un mâle et une femelle, qu'il lui faudrait choisir entre l'un ou l'autre reptile et que sacrifier le mâle ce serait pour lui mourir, et tuer la femelle, condamner à mort son épouse Cornelia. En Romain emblématique, le chef de famille sauve sa femme en faisant massacrer le serpent mâle, donc en payant ce geste du prix de sa propre vie.

Cornelia fut une femme remarquable qui ne connut pas d'homme après la disparition de son mari et qui éleva ses enfants avec le souci d'en faire, eux aussi, des Romains accomplis – autrement dit des êtres valeureux, courageux, honorables, donc honorés. Elle y parvint au point que Tiberius et Caius Gracchus, comme leurs parents, ont donné au cours de leur vie matière à édification philosophique. Car, on le sait désormais, les Romains ne philosophent pas avec des idées ou des mots, des discours ou des arguments, des sophismes ou de la rhétorique, mais avec des faits et gestes silencieux mais éclatants, susceptibles d'être imités.

---

1. Dans le chapitre intitulé «Aimer. Le serpent mâle de Gracchus. Qu'est-ce qu'aimer d'amour?».

Le sacrifice de Tiberius Sempronius enseigne ce qu'est l'amour véritable : protéger et donner sa vie pour l'autre, se sacrifier pour éviter de l'exposer, passer au second plan, le porter comme une puissance qui nous rend puissant, vouloir vivre, vieillir, souffrir et mourir avec lui, mais aspirer à vieillir, souffrir ou mourir à sa place afin de lui épargner la peine. Que fut l'enseignement de Cornelia ? Elle a consacré sa vie à ses enfants dans la perspective de donner à Rome des figures emblématiques. Elle qui fut la fille de Scipion l'Africain a connu une éducation haut de gamme qui lui a permis de côtoyer le poète Ennius, l'historien Polybe, l'auteur de théâtre Plaute.

Dans son *Dialogue des orateurs*, Tacite raconte quelle mère elle fut : « Autrefois chaque fils, né d'une mère aux mœurs pures, était élevé non dans la petite chambre d'une nourrice esclave, mais sur les genoux et dans les bras de sa mère, dont la gloire la plus grande était de rester à la maison et de se dévouer à ses enfants. Puis on choisissait une parente déjà âgée, d'une moralité éprouvée et généralement reconnue, pour lui confier toute la jeunesse d'une même maison. En sa présence il n'était pas permis de prononcer une parole inconvenante ou de rien faire qui semblât honteux. Elle réglait aussi non seulement les études et les devoirs mais les récréations et les jeux des enfants en leur conférant un caractère de pureté et de réserve. [...] Cette discipline sévère avait pour but de faire que la nature de chacun, encore pure et intacte, avant toute déformation, embrasse aussitôt de tout leur être les activités de l'esprit et, que leur goût les portât à l'art militaire, ou à la science du droit, ou à l'éloquence, ils s'y donnent entièrement et s'en imprègnent totalement » (XXVIII.4-7). Ceux que l'Histoire connaît sous le nom des Gracques, Tiberius et Caius, ont porté à leur point d'incandescence l'art militaire, la science du droit et l'éloquence.

Valère Maxime rapporte une anecdote concernant Cornelia : « Les plus beaux ornements d'une mère de famille, ce sont ses enfants, comme on peut le lire dans le recueil de Pomponius Rufus. Une mère de famille campanienne que recevait Cornelia, mère des Gracques, lui montrait ses bijoux qui étaient les plus beaux de cette époque. Cornelia la retint en prolongeant l'entretien jusqu'au retour des enfants de l'école. "Voici, dit-elle, mes bijoux à moi" » (IV.IV). Elle fit en effet de ses deux fils des figures emblématiques de la plèbe romaine.

*

Cornelia est la fille de Scipion, dit l'Africain depuis qu'il a maté les Carthaginois. Elle a épousé Tiberius Sempronius Gracchus qui, certes, est une grande figure de Rome, mais qui est originaire d'une famille plébéienne et, qui plus est, d'une noblesse récente.

La société romaine du temps de la République n'est pas démocratique au sens que nous donnons aujourd'hui à ce terme. Elle est bien plutôt aristocratique, car c'est une poignée de sénateurs issus des grandes familles descendant des rois étrusques fondateurs de la ville qui détiennent le pouvoir. Au Ve siècle avant notre ère, on connaît une cinquantaine de familles patriciennes ; entre les deux guerres puniques, au IIIe siècle, trois ou quatre familles seulement détiennent les plus hautes charges depuis des générations... Les mariages entre patriciens et plébéiens sont interdits. Les magistratures sont réservées au patriciat qui, lui-même, s'est scindé en familles majeures et en familles mineures, autrement dit en noblesse des origines et en noblesse d'acquisition... Rien de neuf sous le soleil !

Dans son *Histoire romaine*, Tite-Live fournit la généalogie du patriciat : Romulus attira à ce qui deviendrait Rome une foule de gens venus de partout et de toutes conditions, puis, en prélevant dans cette population, il «créa cent sénateurs, soit que ce nombre lui parût suffisant, soit qu'il ne se trouvât que cent citoyens estimés dignes de cet honneur. On leur donna le nom de Pères, et leurs descendants furent appelés Patriciens» (I.VIII).

En face des patriciens, les gens qui descendent du père Romulus, on trouve les plébéiens, les gens du peuple. Ce couple inaugural de la lutte des classes en Occident est en perpétuelle tension politique : d'un côté le pouvoir aristocratique issu d'un seul, Romulus, qui s'appuie sur la religion, consulte les auspices et crée le pouvoir politique à partir de sa volonté adossée à celle des prêtres – c'est le principe théocratique ; de l'autre, ceux sur lesquels s'exerce le pouvoir, la plèbe, le plus grand nombre qui subit la loi des premiers.

Un système de clientélisme équilibre cette tension dans une dynamique politique constitutive de la «République» romaine : les quelques familles qui détiennent le pouvoir disposent donc des magistratures, des réseaux, de l'argent. Elles composent des clans qui assurent la protection de leurs clients, pourvu qu'ils se montrent dociles, obéissants, soumis, serviles – c'est le sens de la *fides*, la fidélité, promue valeur morale majeure, et l'on comprend bien politiquement pourquoi ! Le patron offre son assistance à ses sujets. Cette relation de pouvoir est héréditaire.

Il est bien évident que les mariages obéissent à ces logiques de pouvoir et que les familles associent plutôt des puissances efficientes que des singularités amoureuses. À Rome, les individus n'existent pas ; il n'y a que des membres d'une famille elle-même dirigée par un *paterfamilias* disposant des pleins pouvoirs sur son épouse et sa progéniture. La cité est dirigée par des magistrats élus ; ils le sont par ces grandes familles.

Pareil régime de castes ne saurait durer sans que les laissés-pour-compte du pouvoir se révoltent un jour. En 494 avant l'ère commune, les plébéiens se rebellent. Ils se réunissent sur l'une des sept collines de Rome, l'Aventin, le mont Sacré, et exigent de disposer eux aussi de leurs représentants. Ce seront les tribuns de la plèbe. Le patricien Menenius Agrippa Lanatus est envoyé pour négocier avec la plèbe lassée de la pression fiscale, de la conscription qui l'obligeait à un service militaire de plusieurs années, de ses dettes sans fond. Agrippa s'adresse au peuple par ces mots : «Un jour les membres du corps humain, voyant que l'estomac restait oisif, séparèrent leur cause de la sienne, et lui refusèrent leur office. Mais cette conspiration les fit bientôt tomber eux-mêmes en langueur ; ils comprirent alors que l'estomac distribuait à chacun d'eux la nourriture qu'il avait reçue, et rentrèrent en grâce avec lui. Ainsi le Sénat et le peuple, qui sont comme un seul corps, périssent par la désunion et vivent pleins de force par la concorde» (Aurelius Victor, *Hommes illustres de la ville de Rome*, XVIII). Ces mots eurent le don de calmer la plèbe qui obtint ses élus : les tribuns de la plèbe. Leur fonction fut de « défendre sa liberté contre l'orgueil des nobles ». Aurelius Victor précise que Menenius Agrippa « mourut dans une si grande pauvreté que les citoyens contribuèrent, chacun pour un quadrant, aux frais de sa sépulture, et que le Sénat fournit, aux dépens de la république, un lieu pour son tombeau » *(ibid.).*

Les tribuns de la plèbe disposent d'un pouvoir sacré. Ils peuvent opposer leur veto à tous les magistrats. Il leur suffit de clamer : « *Veto* », « J'interdis », pour que leur parole devienne performative… De la sorte, ils peuvent contrecarrer les élections ou les lois du Sénat. Leur personne est inviolable. On mesure donc leur puissance.

Fils d'un père et d'une mère héroïques chacun dans leur genre, il fallait que les Gracques fussent héroïques eux aussi : le père fut un mari emblématique en plus d'être un magistrat haut de gamme, il fut préteur, deux fois consul, censeur, vainqueur des Celtibères et des Sardes chez lesquels il fut proconsul ; sa femme, fille du vainqueur d'Hannibal, fut une mère idéale en même temps qu'une épouse parfaite et une veuve irréprochable qui refusa les prétendants, dont le roi d'Égypte ; les enfants furent des tribuns de la plèbe magnifiques, portant haut les couleurs de leur famille maternelle qui n'était pas patricienne.

Avoir une pareille mère ne dut pas forcément être de tout repos pour les deux frères. Plutarque rapporte en effet qu'elle tançait ainsi sa progéniture : « Les Romains m'appellent encore "belle-mère de Scipion", et pas encore "mère des Gracques" » (*Vie de Tiberius Gracchus*, VIII.7). Preuve qu'un enfant roi ne saurait être roi que pendant son enfance et encore : pour sa seule mère ; preuve également qu'un enfant qui devient roi aura eu à le devenir…

Plutarque propose un genre de vie parallèle des deux frères : l'un et l'autre avaient en commun courage, sagesse, générosité, habileté, rhétorique, bravoure, sens de la justice, tempérance et grandeur d'âme ; mais Tiberius était doux, posé, il haranguait la foule avec calme, sans mouvements, immobile, en sollicitant la pitié de son auditoire ; Caius était tendu, violent, il faisait des effets de manche et cherchait à lever la crainte de la foule. Tiberius avait une expression pure et travaillée ; Caius était persuasif et brillant. Le premier était simple et sobre ; le second, prétentieux et délicat. Tiberius était retenu et doux dans son langage ; Caius, vif et emporté, colérique. Tiberius avait neuf ans de plus que son frère Caius. C'était trop pour qu'ils aient pu agir politiquement ensemble et unir leurs forces.

*

Tiberius Gracchus a très tôt remplacé son père comme augure – il ne devait guère avoir plus de dix-sept ans ; alors qu'il est tribun militaire dans la guerre contre Carthage, il se montre particulièrement entreprenant et courageux en allant au combat contre l'ennemi avec Scipion Émilien qui, après avoir détruit la ville en 146 avant notre ère, deviendra Scipion l'Africain ; pour avoir montré de la bravoure pendant la troisième guerre punique, il est nommé questeur en 137 ; il a alors vingt-sept ans ; il participe à la guerre de Numance, en Espagne, sous le commandement du général Mancinus ; les Romains sont défaits dans des combats à plusieurs reprises ; le général envisage de battre en retraite de nuit ; les Espagnols empêchent la manœuvre et contraignent les Romains à se rendre – ce qu'ils font ; Tiberius est mandaté pour négocier le traité de paix, mais le Sénat lui reproche une paix honteuse et refuse de la ratifier ; certes, sa négociation a sauvé vingt mille soldats romains de la mort, quelques satellites aussi de ce peuple-là, des prostituées, des marchands, des vivandiers, mais elle a plongé Rome dans le déshonneur – dans les *Periochae* de Tite-Live, on peut lire : «Quarante mille Romains avaient été vaincus par quatre mille Numantins» (LV), on imagine quelle blessure d'amour-propre ce fut pour ce peuple de citoyens-soldats ! De retour à Rome, la honte s'abat sur le général qui a failli pendant que Tiberius Gracchus passe pour celui qui a sauvé la vie d'un grand nombre de Romains ; pour avoir démérité, le peuple envoie le seul Mancinus nu et les mains entravées dans le dos à ses ennemis qui refusent qu'un seul homme porte la responsabilité d'une erreur collective ; mais le même peuple épargne Tiberius parce qu'il a sauvé quantité de gens modestes – de là date la passion de la plèbe pour Tiberius ; de là date aussi la haine que le Sénat lui vouera toute sa vie...

Alors qu'il traverse la Toscane pour rejoindre l'Espagne, Tiberius Gracchus découvre combien les campagnes sont désertées par des paysans transformés en soldats par les guerres puniques. Ceux qui les ont remplacés dans les champs sont des esclaves venus d'ailleurs ou des barbares. Pendant leur absence, les parcelles cultivables ont été abandonnées, confisquées, cultivées par d'autres, annexées par certains qui s'en sont déclarés propriétaires. Ces déclassés privés de leurs moyens de subsistance constituent un prolétariat qui vient à Rome en quête de travail et de citoyenneté.

À cette époque, Rome est en crise : l'économie, la démographie, la monnaie, la citoyenneté, l'armée sont désorganisées. Les dévaluations déprécient la monnaie ; les guerres ont créé des dettes que les butins ne couvrent pas ; la concurrence des marchés des pays conquis met les commerçants à genoux ; les dépenses publiques baissent.

L'État fait appel aux particuliers pour renflouer les caisses. En remboursement de ces prêts, il distribue les terres confisquées aux Carthaginois. Les riches achètent ce que vend l'État. De grandes propriétés se constituent en même temps que de petits paysans ou des bergers se trouvant ruinés deviennent les employés des riches aux côtés des esclaves. La corruption, l'injustice, la prévarication, la violence sont le quotidien des riches. Les pauvres refusent la conscription aux armées ; ils cessent de faire des enfants : Rome n'a plus ni soldats ni relève démographique...

Les riches s'enrichissent, deviennent de plus en plus riches et de moins en moins nombreux ; les pauvres s'appauvrissent, deviennent de plus en plus pauvres et de plus en plus nombreux. C'est le principe de la paupérisation qui réjouit les patriciens et désespère les plébéiens. C'est aussi la loi de la lutte des classes. C'est enfin celle des révolutions !

C'est à ce moment que les tribuns de la plèbe prennent le taureau par les cornes et proposent des lois : limitation de la surface des terres exploitables ainsi que celle des têtes de bétail autorisées à l'élevage sur ces parcelles ; obligation pour les propriétaires d'employer des hommes libres pour cultiver ces terres ; pénalisation des contrevenants ; redistribution des domaines en sus aux pauvres par petits lots.

Tiberius Gracchus se présente aux élections afin de devenir tribun de la plèbe. Il est élu en 133 avant notre ère. Il propose la *lex Sempronia*, une loi qui permet la réorganisation du domaine public avec confiscation des terres en excès, indemnisation des propriétaires, quel qu'ait été leur mode d'acquisition de ces biens, et redistribution aux plus pauvres. C'est purement et simplement une déclaration de guerre aux patriciens en faveur des plébéiens. On se doute que les sénateurs, les grandes familles, les riches, les puissants, la classe au pouvoir vont entrer en guerre contre Tiberius Gracchus. Chez les « gros de la ville », comme Amyot traduit Plutarque, la pilule passe mal…

Tiberius Gracchus défend sa loi avec un formidable discours : « Même les bêtes sauvages qui vivent en Italie ont chacune une tanière, un gîte, un refuge, tandis que ceux qui combattent et meurent pour l'Italie n'ont que l'air et la lumière, et rien d'autre ; sans maison, sans résidence, ils errent avec leurs enfants et leurs femmes. Et les généraux en chef mentent aux soldats quand ils les engagent dans les batailles à repousser les ennemis pour défendre tombeaux et sanctuaires, car aucun, parmi tant de Romains, n'a d'autel familial ni de lieu de culte des ancêtres : ils font la guerre et périssent uniquement pour le luxe et l'opulence d'autrui ; ces maîtres du monde, comme on les appelle, n'ont pas même une motte de terre à eux » (Plutarque, *Vie de Tiberius Gracchus*, IX.5-6). Poursuivons avec Appien dans ses *Guerres civiles* : « N'est-il pas juste de mettre en commun ce qui appartient à la communauté ? Un citoyen n'est-il pas toujours mieux né qu'un esclave ? Un soldat n'est-il pas plus utile qu'un homme incapable de se battre ? L'homme le plus dévoué aux affaires publiques n'est-il pas celui qui y participe ? » (I.11). Bien dit…

Dans cette loi, Tiberius promet la citoyenneté à l'Italie tout entière. Le peuple accueille la parole de Tiberius Gracchus avec enthousiasme. Le Sénat mandate le tribun de la plèbe Marcus Octavius pour défendre les intérêts des propriétaires et s'opposer aux décisions de Tiberius : il est en effet dans le pouvoir du tribun d'opposer son droit de veto et d'empêcher ainsi qu'un projet de loi soit mis aux voix. Appien l'écrit franchement : « Marcus Octavius avait été circonvenu par les riches pour interposer son veto » (*Guerres civiles*, I.12). Les riches se paient donc un pauvre pour défendre leurs intérêts contre ceux des pauvres…

Au Sénat où Tiberius veut faire entendre sa voix et tonner contre ce tribun de la plèbe acheté, il est accueilli par des huées… La guerre est ouverte entre Tiberius et Octavius. Sur les modalités de leur opposition, Dion Cassius écrit : « Dans cette lutte, chacun cherchant à supplanter son rival plutôt qu'à servir la patrie, ils se portèrent souvent à des actes de violence plus dignes d'un gouvernement despotique que d'un gouvernement démocratique, et ils eurent autant à souffrir que si l'on avait été en guerre, et non en pleine paix. Les citoyens, tantôt combattant l'un contre l'autre, tantôt réunis en groupes séditieux, excitèrent des rixes affligeantes et des combats, non seulement dans les divers quartiers de la ville, mais jusque dans le Sénat et dans l'assemblée du peuple. La loi tribunitienne servait de prétexte ; mais en réalité, chacun faisait tous ses efforts pour ne pas être du parti contraire » (*Histoire romaine*, Fragment 256) – autrement dit : c'est le début d'une guerre civile…

Désavoué, Tiberius Gracchus fait état de son statut de tribun de la plèbe pour suspendre les magistratures, interdire l'accès au temple de Saturne dans lequel se trouve le Trésor public, donc paralyser Rome. Comment réagissent les patriciens ? Plutarque nous l'apprend : « Aussitôt les propriétaires revêtirent des habits de deuil et parcoururent le forum, dans une attitude humble et pitoyable. Mais en secret, ils conspiraient contre Tiberius et recrutaient des hommes pour l'assassiner. Aussi portait-il sous sa ceinture, au su et au vu de tout le monde, un poignard de brigand que les Romains appelaient *dolon* » (X.9) – un bâton creux armé d'une pointe. Tiberius n'a donc pour s'opposer aux riches propriétaires, à l'aristocratie des grandes familles, au pouvoir des patriciens que ce petit poignard et son verbe.

Le jour du vote, les riches enlèvent les urnes… Le peuple se rassemble autour de Tiberius. Deux consuls se jettent à ses genoux, lui prennent les mains, pleurent et l'implorent pour qu'il renonce. Tiberius leur demande ce qu'ils souhaitent ; ils veulent qu'il en réfère au Sénat ; il sollicite les sénateurs qui, bien sûr, campent sur leurs positions conservatrices. Retour à la case départ…

À son tour, Tiberius supplie Octavius d'accéder à cette demande du peuple, des gens les plus démunis. Refus d'Octavius – qui par ailleurs est lui aussi un riche propriétaire auquel Tiberius avait en amont proposé de lui rembourser largement ses investissements effectués sur ses terres confiscables.

Tiberius propose d'affronter Octavius devant le peuple et appelle au vote. Il affirme que, s'il est désavoué, il descendra immédiatement de la tribune pour redevenir un simple citoyen. Octavius refuse.

Le lendemain, Tiberius lui propose le même marché, qui est accueilli par un même refus… Devant ces blocages, fort de l'une de ses prérogatives de tribun de la plèbe, Tiberius dépose Octavius de sa charge. Pour ce faire, il appelle les citoyens à voter. Pendant la consultation, alors que le vote est à une voix de sortir Octavius et qu'il reste dix-sept votes à venir, il essaie une nouvelle médiation : il arrête le processus électoral, sollicite à nouveau Octavius pour qu'il change d'avis. Plutarque raconte la scène entre Tiberius et Octavius : « Il le serrait dans les bras et lui donnait des baisers sous les yeux du peuple, en le suppliant, en le conjurant de ne pas se laisser imposer à lui-même une telle humiliation et de ne pas le charger, lui, Tiberius, de la responsabilité d'une mesure si pénible et si mortifiante. On dit qu'Octavius ne resta pas tout à fait impassible et insensible à ces prières, que ses yeux se remplirent de larmes et qu'il garda longtemps le silence ; mais, ses regards s'étant portés du côté des riches et des propriétaires qui s'étaient groupés, il parut avoir honte et, craignant d'être décrié par eux, il s'exposa au pire, non sans noblesse, en disant à Tiberius : "fais ce qui te semble bon" » (XII.2-4). Le vote reprend, Octavius perd sa magistrature. Tiberius envoie alors l'un de ses hommes chercher Octavius pour le sortir sans ménagement de son siège. Le peuple se jette sur lui. Les riches font barrage avec leur corps. Un esclave qui protégeait Octavius se fait crever les yeux. Tiberius descend de la tribune et arrête la rixe. Le peuple le reconduit chez lui et le porte en triomphe.

La loi est votée. Un triumvir est chargé de l'appliquer, donc de répartir les terres : il s'agit de Tiberius, de son frère Caius et du beau-père de Tiberius, Appius Claudius. Le peuple retourne dans ses campagnes, heureux de cette loi en sa faveur ; pendant ce temps, les riches, en ville, fomentent une riposte violente. Les familles les plus riches de Rome veulent la mort du tribun de la plèbe qui œuvre pour les plus modestes. Le petit poignard (dont Plutarque nous dit qu'il était « une arme de brigand »...) que Tiberius porte sur lui ne pèse pas lourd contre la totalité du pouvoir de la République aux mains des patriciens.

*

D'où viennent les idées de Tiberius Gracchus ? Si l'on en croit Plutarque, de quelques penseurs, rhéteurs et philosophes : il cite le rhéteur Diophanès et le stoïcien Blossius de Cumes (VIII.6). Les stoïciens tiennent en effet en haute estime philosophique la notion et la réalité de justice. Non pas comme une idée pure, un concept éthéré, un bibelot d'inanité sonore grec, mais comme un principe destiné à produire des effets dans le réel.

Voilà pourquoi, concernant le projet révolutionnaire des Gracques, l'historien Florus a raison d'écrire : « Il y avait dans toutes ces propositions une apparence d'équité. Quoi de plus juste, en effet, que le fait que la plèbe voie reconnaître ses droits par les sénateurs, afin que le peuple vainqueur de toutes les nations et possesseurs du monde ne fût pas dépouillé de ses demeures et de ses foyers ? Quoi de plus équitable que le fait qu'un peuple sans ressources trouve un moyen de subsistance dans son Trésor public ? Quoi de plus propice au droit, à la liberté, et à l'égalité que le fait que, alors que le Sénat gouverne les provinces, l'autorité de l'ordre équestre s'appuie sur la domination des tribunaux ? » (*Histoire romaine*, III.14).

Mais il y a un « mais », car l'historien consent sans difficulté à ce que l'équité et la justice constituent le soubassement philosophique et moral de cette réforme des Gracques ; cependant, en conservateur pragmatique, il estime que ces mesures coûteront cher au Trésor public et qu'elles spolient les propriétaires qui constituent également une partie du peuple... Faisons remarquer *post mortem* à l'ami Florus que ne pas choisir la plèbe sous prétexte que cela engendrait des injustices à venir, c'était opter pour les patriciens qui activaient les injustices présentes ! Ne pas spolier les uns est louable, sauf quand ce refus avalise la spoliation manifeste des autres...

Florus oppose l'équité (de la demande plébéienne) à la justice (de la demande patricienne) en tranchant en faveur de la seconde, contre la première. Certes, le combat de Tiberius est équitable d'un point de vue moral, mais il n'est pas juste d'un point de vue juridique. Cette façon de penser suppose que la morale est une bonne chose, pourvu qu'elle ne fasse pas la loi, et que l'ordre est meilleur qu'elle, même s'il contrevient à l'équité. Plutôt un ordre patricien injuste qu'une équité plébéienne juste...

Bien plus tard, Cicéron lui aussi met son talent rhétorique dans la balance en faveur des riches, des propriétaires, des puissants, des patriciens, des grandes familles et, nonobstant ses perpétuelles leçons de morale et de vertu, il préfère un ordre injuste à un désordre juste, un conservatisme immoral à une révolution morale – car les Gracques étaient des Romains emblématiques en ne se contentant pas d'une morale idéale, parfaite tant qu'elle évoluait dans le ciel des Idées et les nuages de la sophistique grecque, mais en voulant incarner dans le réel le plus trivial, le plus concret, la justice qui manquait aux uns par la faute de l'injustice des autres.

En matière de généalogie de la pensée éthique et politique des Gracques, il faut bien sûr convoquer également le désir qu'a Caius de réaliser le projet maternel d'une grandeur héroïque, d'une réputation qui emporterait le nom au-delà de son seul siècle, d'inscrire son souvenir dans la légende romaine de ses grands faits et gestes, puis, outre tout cela, qui pèse aussi, de venger la mémoire de son frère – sa mémoire et son honneur, sa mort sans sépulture.

*

Revenons à Rome. Tiberius Gracchus est devenu l'ennemi des sénateurs, des riches, des puissants, des patriciens ; la plèbe l'adore. Bien sûr, pour détruire un homme, il faut le salir. On suppose alors qu'en utilisant les institutions au service de sa mission, qui est de servir et de représenter la plèbe, il est moins soucieux du peuple que de son pouvoir personnel.

Mais Tiberius n'a aucun intérêt financier personnel à cette loi. Elle ne l'enrichira pas, ni lui, ni sa famille, ni ses amis. Car, s'il est plébéien, il fait partie d'une plèbe qui n'est pas totalement pauvre. Au contraire, ses ennemis ont, eux, des intérêts personnels à ce que sa loi ne passe pas : ils ont beaucoup à perdre et rien à gagner, sinon sur le terrain de la morale, ce qui est le cadet de leurs soucis, l'or faisant la plupart du temps mauvais ménage avec la vertu – ou avec le civisme auquel font appel tant de gens doués pour l'incivisme…

Le Sénat torpille les projets de Tiberius. Il demande des tentes afin de pouvoir travailler à la répartition concrète des terres sur place ; on les lui refuse. Il sollicite un budget pour mener à bien ces opérations ; on l'en prive. Il assiste impuissant à la mort d'un de ses amis, probablement par empoisonnement – en faveur de cette thèse, Plutarque raconte que « le corps éclata, et il en jaillit une si grande quantité d'humeurs fétides qu'elles éteignirent la flamme ; on en approcha une autre, qui ne brûla pas davantage avant qu'on eût transféré le corps à un autre endroit, et ce ne fut qu'à grand-peine et après beaucoup d'efforts qu'on put enfin faire prendre le feu » (XIII.5).

À la mort du roi de Pergame, la richesse du royaume, dont des mines d'argent, va par testament au peuple romain. Tiberius souhaite que cette manne finance l'application de la *lex Sempronia*. Il affirme que le Sénat n'a pas à l'affecter selon son caprice mais qu'il doit revenir au peuple héritier de décider de l'usage qu'il souhaite en faire.

On lui reproche d'avoir fait destituer Octavius et d'avoir mésusé des droits attribués au tribun de la plèbe. Il aurait transgressé le caractère sacré de la fonction. Tiberius s'en explique dans une plaidoirie rapportée par Plutarque : « Le tribun est sacré et inviolable, parce qu'il est consacré au peuple et le défend. Si donc, ayant changé de conduite, il lèse le peuple, amoindrit sa puissance et l'empêche de voter, il se prive lui-même de sa charge en ne faisant pas ce pour quoi il l'a reçue. Il faudra le laisser, étant tribun, saper le Capitole et incendier l'arsenal : s'il agit ainsi, certes, il est un mauvais tribun, mais, s'il détruit l'autorité du peuple, il n'est plus tribun du tout. Comment ne serait-il pas exorbitant qu'un tribun puisse arrêter un consul et que le peuple ne puisse ôter au tribun sa fonction, quand il en use contre celui qui la lui a confiée ? » (XV.2-4).

Loin de manquer à la loi ou au droit, aux règles ou aux principes, Tiberius y obéit scrupuleusement et invente du même coup le mandat impératif qui permet aux électeurs de se défaire de leur élu s'il a failli, soit en ne les représentant pas, soit en ne les défendant pas, soit, pire, s'il a trahi et trompé ceux qui lui ont accordé leurs suffrages. Le tribun de la plèbe est la voix du peuple ; s'il parle une autre langue que lui, voire une langue contraire à lui, il faut la lui couper en le destituant... C'est ce que Tiberius fait avec Octavius.

Pour l'heure, Tiberius voit son mandat se terminer ; il voudrait être reconduit afin de mener à bien ses réformes ; il en sollicite donc un second. Le voilà en campagne... Parmi ses propositions : le raccourcissement de la durée du service militaire qui exigeait dix années de la vie d'un homme entre dix-sept et quarante-cinq ans s'il était versé dans la cavalerie et seize s'il était dans l'infanterie... Quand on connaît la durée de vie moyenne d'un homme à cette époque, ce sont les plus belles années de sa vie qui se trouvent englouties sous l'uniforme. Deuxième proposition : la possibilité, pour le peuple, d'en appeler aux jugements édictés par les magistrats. Nous entrons dans le cadre d'une justice vraiment populaire. Troisième proposition : l'ajout aux sénateurs qui rendaient la justice de membres de la classe équestre en quantité égale, ce qui était purement et simplement diviser par deux le pouvoir sénatorial.

À l'heure du vote, le peuple n'est pas présent; l'élection tourne en faveur des ennemis de Tiberius; les amis du tribun de la plèbe font diversion en attendant la venue potentielle des électeurs du parti populaire; ils parviennent à remettre la séance au lendemain.

Tout à sa campagne, Tiberius arrive sur le Forum « le visage abattu et les yeux pleins de larmes, il suppliait le peuple. Puis il dit qu'il craignait que ses ennemis ne vinssent forcer sa maison pendant la nuit pour le tuer » (XVI.3) – car on a beau être un soldat romain, un guerrier valeureux, un tribun de la plèbe, on n'en a pas moins la larme facile, qui plus est quand il s'agit d'emporter les suffrages du populo... Tiberius est venu avec son fils pour augmenter le pathos. Il prend bien soin de confier au peuple sa progéniture au cas où il lui arriverait malheur. Émus, attendris, convaincus, des supporters viennent camper au pied de sa maison afin d'empêcher qu'on lui nuise. Si les pleurs étaient en trop pour l'Histoire, la crainte qu'on ne le trucide n'était pas vaine.

Le vote a lieu. La plèbe des champs est au labeur, car c'est la belle saison; la plèbe des villes est sollicitée par le candidat et son équipe. Les patriciens cherchent par tous les moyens à ramener Tiberius à son statut de simple citoyen. Il serait alors facile de s'en débarrasser politiquement – sinon physiquement. Ils trouvent une argutie procédurale à lui opposer: il n'aurait pas le droit de se présenter deux fois de suite à cette magistrature. Tiberius est mal parti. Il s'habille en noir et rejoue l'affliction au Forum. Toute campagne électorale contraint à des bassesses morales, à du théâtre et à des poses grotesques. C'est le lot de toute élection de passer par la séduction et l'obligation de la séduction d'exiger la posture, sinon l'imposture.

Les choses se présentent mal. Les augures sont consultés et les nouvelles franchement mauvaises: les poulets de la divination repoussent leur pitance; le prêtre secoue la cage, ils refusent de sortir; un seul se risque au-dehors, mais il lève l'aile gauche, mauvais présage, il étend la patte, bon présage, mais il rentre dans la cage, mauvais présage. Rempli de crainte, le tribun de la plèbe, qui pleure et frémit devant le caprice d'une basse-cour sacrée, se rappelle qu'il fit un rêve lui aussi de mauvais augure : il a vu dans ce songe son magnifique casque de combat orné rempli d'œufs de serpent couvés par des reptiles. Tiberius sort de chez lui, son pied heurte le seuil de la porte et son gros orteil, fendu, saigne à travers sa sandale. Il fait quelques pas en dehors de chez lui et voit sur sa gauche (le côté sinistre, donc mauvais...) des corbeaux qui se battent sur le toit. L'un d'entre eux fait rouler une pierre du faîtage qui lui tombe à deux doigts de l'orteil – si je puis dire. Des poulets rétifs, des serpents menaçants, un doigt de pied ensanglanté, des chicayas de corbeaux, des pierres qui tombent du ciel – les sondages ne sont pas bons...

Lisons les *Actions et paroles mémorables* de Valère Maxime : « Tiberius Gracchus, au cours de son tribunat, répandait les largesses qui lui avaient procuré la faveur de la foule et il tenait l'État en son pouvoir, répétant ouvertement qu'une fois le Sénat anéanti, tout devrait se faire par les moyens de la plèbe : les sénateurs, réunis au temple de Fides par le consul Mucius Scaevola, délibéraient sur les mesures à prendre devant de tels troubles et tous étaient d'avis que le consul devait recourir aux armes pour protéger l'État » (III.II.17). Mucius Scaevola fit savoir qu'il refusait d'employer la force ; Scipion Nasica, lui, s'offrit pour incarner cette violence. Bien sûr, il ne s'agit pas de protéger la richesse des riches et d'empêcher qu'on entame un peu la pauvreté des pauvres, il s'agit rien de moins que de « protéger l'État » sinon de « sauver l'État », pour reprendre les expressions de Valère Maxime ! Quand l'État couvre et protège les privilèges, les défendre c'est sauver les privilèges. Nasica sera l'homme des riches, son bras armé. Les sénateurs, les riches, les patriciens, les *optimates*, les propriétaires, les grandes familles romaines ont décidé d'assassiner un tribun de la plèbe – pour sauver l'État et la République bien sûr...

Se sachant menacé de mort, Tiberius convient avec ses amis que, s'il porte la main à sa tête, ce sera un signe que sa vie est en danger et qu'il faudra intervenir pour le sauver. Il arrive au

Capitole. Un brouhaha l'accompagne. Alors qu'on vient ⟨
faire savoir que les sénateurs veulent attenter à sa vie, il ⟨
tue le geste convenu. Ses amis s'emparent des piques des appa-
riteurs qu'ils brisent pour en faire des armes. Au Sénat, on a
rapporté que Tiberius avait porté la main à sa tête et que ce
geste signifiait donc clairement qu'il demandait qu'on le coiffe
d'un diadème...

Nasica demande au consul qu'on tue Tiberius ; le consul renvoie à la loi et refuse de recourir à la violence ; si le fils aîné de
Cornelia est coupable, dit le consul, qu'il soit conduit devant
un tribunal et jugé. Nasica décide alors de tuer Tiberius de ses
propres mains. Son haut statut lui ouvre la foule qui n'ose pas
s'opposer à son passage. Il parvient jusqu'à l'aîné des Gracques.
Des sénateurs et leurs partisans, armés de massues, de bâtons,
de bouts de bois effilés arrachés aux bancs, frappent les gracquiens. Ils en jettent un grand nombre du haut de l'escarpe-
ment du Capitole. Tiberius prend la fuite, il trébuche sur des
morts, il tombe ; Publius Satureius le frappe à la tête avec un
pied de banc, Lucius Rufus l'achève en frappant comme un
sourd : Tiberius Gracchus meurt sans un mot, sans un cri, sans
un signe, sans un geste – il avait vingt-neuf ans.

Les riches ne se sont pas contentés d'avoir tué le tribun de
la plèbe, ils ont refusé à son frère qu'il lui prépare une sépulture, puis ils l'ont jeté dans les eaux du Tibre avec ses partisans qui avaient été recherchés, trouvés, torturés, suppliciés (on
enfermait dans des sacs remplis de vipères des gracquiens que
l'on jetait à l'eau), massacrés – ils étaient au nombre de trois
cents. Dans l'une de ses *Philippiques* (VIII.IV), Cicéron jus-
tifiera cette boucherie en affirmant qu'il en allait du salut de
la République... De la République ou des riches pour qui la
République était douce ?

Le Sénat envoya Nasica en Asie pour lui éviter une mort que la
plèbe lui aurait sans nul doute réservée. Il mourut semble-t-il de
sa belle mort peu de temps après, à Pergame. Publius Cornelius
Scipio Nasica Serapio était le cousin de Tiberius Gracchus...

La plèbe est en colère. Contre toute attente, les patriciens,
qui voient quelle guerre civile pourrait se déclencher alors que

les *optimates* et les *populares* s'opposent de plus en plus rude-
ment, accèdent aux demandes jadis formulées par Tiberius! Le
Sénat propose alors que l'assemblée du peuple se choisisse un
commissaire pour remplacer Tiberius. Tout ça pour ça...

La répartition des terres est un véritable casse-tête. En l'absence de relevés d'arpenteurs, de contrats de vente en bonne
et due forme, de rigueur dans l'établissement des parcelles, en
présence des malversations de ceux qui vendent, troquent des
terrains, les abîment ou les modifient, échangent du marécage
contre une terre arable, des friches contre des parcelles cultivées,
les procès abondent...

Scipion Émilien qui doit s'occuper de résoudre ces problèmes
est découvert mort chez lui sans blessure ni raison apparente. À
son chevet, on retrouve les tablettes sur lesquelles il devait écrire
son discours au peuple. Dans ses *Guerres civiles*, Appien émet
plusieurs hypothèses : un crime fomenté par Cornelia pour venger son fils et empêcher l'abolition de sa loi ? Un suicide par
incapacité à se sortir de cette situation ? Un crime crapuleux
effectué par des étrangers ignorant l'identité de la personne
qu'ils assassinaient ? Un empoisonnement concocté par sa
propre femme parce qu'elle était la sœur des Gracques ? On
ne sait. Dans les *Hommes illustres de la ville de Rome*, Aurelius
Victor raconte qu'« on l'ensevelit la tête voilée, pour que l'on ne
vît point sur son visage les traces livides du crime » (LVIII).

*

Vient alors le tour de Caius Gracchus, le jeune frère de
Tiberius. Plutarque rapporte un propos tenu par Cicéron dans
De la divination. Lors d'un songe, Tiberius s'adresse à son frère
en ces mots : « Pourquoi, Caius, tardes-tu donc ? dit-il. Tu ne
peux t'y soustraire : il n'y a pour nous deux qu'une seule vie et
une seule mort, que le destin nous impose pour la défense du
peuple par notre politique » (I.XXVI.56). Comment dire non à
une parole venue d'un frère qui nous parle de l'au-delà ?

Caius effectue un trajet politique impeccable : soldat obéissant et dévoué à ses supérieurs ; questeur à vingt-huit ans ; envoyé

en Sardaigne pour pacifier l'île conquise jadis par son père. Comme il est proche de ses soldats, le Sénat, prévisible, cherche à le salir pour éviter de voir réapparaître le deuxième des Gracques dans les affaires romaines. On lui prête d'avoir fomenté des défaites, conspiré, mené une vie dissolue et s'être enrichi – autant de calomnies auxquelles il répond point par point.

À son retour à Rome, il se présente au tribunat de la plèbe. À lire Plutarque on imagine sans peine la ferveur populaire qui l'accompagne à cette occasion : « Les notables se liguèrent tous ensemble contre lui, mais la foule afflua d'Italie en si grand nombre dans la ville pour soutenir sa candidature que beaucoup de gens ne trouvèrent pas à se loger et que le Champ de Mars ne put contenir cette multitude, en sorte que certains faisaient entendre leurs voix du haut des toits, parmi les tuiles » (XXIV.2). Tiberius aurait été heureux de constater combien sa ferveur enflammait encore la plèbe. Son frère parle de lui, de son exécution sans jugement, de sa privation de sépulture, de la mort de ses compagnons, de leur fin dans le Tibre. En août 124, Caius est élu tribun de la plèbe. Il a trente ans.

Sans surprise, ses premières lois sont en faveur du peuple : il confirme la loi Sempronia qui prévoyait le partage des terres publiques en faveur des pauvres ; il demande que les soldats soient habillés non plus à leurs frais, ce qui grevait leur misérable solde, mais à ceux de l'État ; il interdit qu'on mobilise les jeunes hommes dans les armées avant l'âge de dix-sept ans ; il intervient sur les prix afin que les plus démunis puissent acheter du blé ; il accorde le droit de cité à tous les Italiens ; il limite les surfaces des propriétés ; il crée de nouveaux droits de circulation ; il fonde des colonies dans les provinces ; il distribue de la nourriture au peuple. On imagine Cicéron pinçant du bec quand, parlant du peuple, il écrit dans *Pour Sestius* : « Des aliments lui étaient fournis en abondance sans aucun travail » (XLVIII) – il invente un genre de revenu universel... pour la plèbe ! Le très riche et très puissant Cicéron estime que pareille mesure vide les caisses de l'État. On le voit, l'argument est ancien...

En permettant aux plus pauvres de manger, en leur donnant cette dignité, Caius Gracchus éloigne tout risque de sédition, bien sûr, mais il réalise en même temps une véritable révolution car il abolit le système clientéliste qui soumettait le plébéien au bon vouloir et à la protection du patricien. Le prolétaire n'est plus soumis au bourgeois qui lui assure sa maigre pitance, mais à l'État qui assure sa subsistance.

La loi la plus révolutionnaire en matière institutionnelle, la loi Calpurnia, prévoit que les sénateurs ne sont plus les seuls maîtres à bord en matière de justice : « Caius adjoignit aux trois cents membres du Sénat trois cents chevaliers, et désormais les procès furent jugés en commun par les six cents. En proposant cette loi, il prit, dit-on, toutes dispositions d'une façon remarquable, et, notamment, tandis qu'avant lui tous les orateurs regardaient vers le Sénat et ce qu'on appelle le Comitium, il fut le premier à parler en se tournant au-dehors vers le Forum, et c'est ce qui fut toujours fait depuis. Par cette petite déviation et modification d'attitude, il opéra une grande révolution : il fit en quelque sorte passer le régime politique de l'aristocratie à la démocratie, en montrant que les orateurs devaient avoir en vue le peuple, et non pas le Sénat » (Plutarque, *Vie de Caius Gracchus*, XXVI.3-4).

À Rome, l'ordre équestre rassemble les citoyens fortunés. Ils sont hommes d'affaires, marchands, avocats, banquiers et constituent une classe intermédiaire entre les patriciens et les plébéiens. Ce sont les publicains. Les patriciens sont les aristocrates, les publicains les bourgeois, les plébéiens les prolétaires. Caius propose rien de moins que de briser la lutte des classes entre *optimates* et *populares* en intercalant les *equitis*, les chevaliers. Appien écrit : « Faisant cause commune avec les tribuns pour les élections et recevant de ceux-ci, en contrepartie, tout ce qu'ils désiraient, les chevaliers en vinrent à inspirer aux sénateurs un grand effroi. Et le résultat en fut rapidement le bouleversement des pouvoirs dans l'État, le Sénat n'ayant plus que la considération alors que les chevaliers détenaient la puissance. Car, poussant leur avantage, ils ne se contentaient plus de dominer les sénateurs, mais ils les humiliaient même ostensiblement durant les procès » (*Guerres civiles*, I.22). Caius Gracchus casse l'ordre aristocratique ancien, c'est une révolution réussie qui n'a pas fait couler de sang... Quand la loi Calpurnia est votée, Caius dit : « Je viens d'enterrer le Sénat » *(ibid.)*. C'était vrai ; il fallait donc s'attendre à une contre-révolution.

Caius Gracchus se montre un homme d'action hors pair en même temps qu'un être soucieux de justice. Il tient dans une même main l'éthique de conviction d'un défenseur de la plèbe et l'éthique de responsabilité d'un bâtisseur. Pour ce faire, il légifère sur tous les fronts et bien au-delà des limites de Rome : il construit des routes et des ponts pour favoriser les échanges, donc le commerce et ses avantages ; il établit un cadastre qui permet des impôts, donc des répartitions en faveur des plus démunis ; il restitue au peuple de la province espagnole un blé réquisitionné de manière inique, donc il calme les provinces de façon pacifique ; il crée une colonie sur la terre de Carthage, Junonia, même si la capitale punique a été maudite par Scipion ; il établit des greniers à blé pour fournir à manger au peuple ; il heurte de front les patriciens en faisant démonter une tribune qui leur aurait permis d'assister à un combat de gladiateurs mais en reléguant la plèbe qui, de ce fait, aurait été privée du spectacle – mais, à la fin de son second mandat de tribun de la plèbe, il perd tout de même les élections de juillet 122 avant notre ère. Il invoque des bourrages d'urnes. Déjà...

Le Sénat en profite immédiatement pour révoquer plusieurs de ses lois et revenir à ses fondamentaux : gouverner pour les privilégiés au détriment du plus grand nombre, assurer la mainmise des grandes familles patriciennes contre le peuple de Rome, confisquer le pouvoir pour ses seules affaires. Les colonies de Carthage sont arrêtées.

La contre-révolution se profile. Le Sénat demande à Caius des comptes sur ce qu'il a fait en Afrique du Nord. Les partisans de Caius arrivent armés au Capitole. Lors d'une échauffourée sans réelle raison, ils tuent Antyllius, un plébéien par ailleurs licteur du consul. Caius comprend que cet engrenage va le conduire à sa fin. Le cadavre gît au sol et tous les gracquiens s'enfuient. Le Sénat décide de tuer Caius Gracchus.

Dès lors, Caius va vers son destin. Licinia, sa femme, tient leur jeune enfant dans ses bras et lui dit: «Ce n'est point pour monter à la tribune, Caius, que je te vois partir comme naguère en tribun et en législateur, ni pour aller faire une guerre glorieuse, où, s'il t'arrivait un malheur commun à tous les hommes, tu me laisserais du moins un deuil entouré d'honneurs. Non, tu te livres toi-même aux assassins de Tiberius, sans armes, ce qui est beau, afin de subir le mal plutôt que de le commettre, mais tu mourras sans aucun profit pour l'État. Déjà le pire triomphe: c'est par la violence et par le fer que se règlent les procès. Si ton frère était tombé à Numance, une trêve nous aurait rendu son corps. Peut-être irai-je moi aussi supplier un fleuve ou la mer pour qu'ils me montrent où ils gardent le tien. Car comment se fier encore aux lois ou aux dieux, après le meurtre de Tiberius?» (Plutarque, *Vie de Caius Gracchus*, XXXVI.3-4). Il part sans mot dire; son épouse s'accroche à son vêtement; elle tombe, puis perd connaissance. À partir de ce moment, Caius Gracchus effectue sa montée au Golgotha: il va se sacrifier pour le salut moral de la plèbe. Il en sera la victime émissaire, l'agneau païen.

Caius fait envoyer un jeune et bel homme avec un caducée de paix au Sénat afin de proposer une solution pacifique. Refus des sénateurs qui demandent Caius. Le tribun accède à leur demande, mais pas ses partisans, qui craignent avec raison pour sa vie. Le jeune homme est renvoyé avec la même demande: le rameau d'olivier couronné de feuilles qu'il porte à la main témoigne de ses intentions.

Les sénateurs lancent l'attaque. Le peuple a changé de camp. Il ne suit plus le second des Gracques. Caius se réfugie dans le sanctuaire de Diane. Il sort alors son poignard pour se suicider. Deux de ses amis l'en empêchent. Plutarque rapporte la suite: «Caius se mit à genoux et, tendant les mains vers la déesse, il la pria de maintenir le peuple romain dans un esclavage éternel pour le punir de son ingratitude et de sa trahison; en effet, dès que l'amnistie avait été proclamée, la plupart des citoyens avaient changé de camp ouvertement» (XXXVII.7). L'*ingratitude* et la *trahison*, voilà donc ce que fut la petite monnaie versée à Caius par le peuple pour lequel lui et son frère avaient tant fait...

Le jeu en méritait-il la chandelle? Pour l'histoire et la morale, la grandeur du combat et la beauté du geste, la justesse et la justice de l'engagement, le bien-fondé de la cause de la plèbe, malgré elle: j'en suis sûr; pour le peuple aussi, quoi qu'il ait pu faire de ces cadeaux que les deux Gracques lui avaient offerts au prix même de toute leur vie et de leur mort. Mais la trahison et l'ingratitude dont parle Plutarque sont une conclusion amère...

Seul, abandonné par la plèbe, lâché par ses amis qui s'enfuient avec les partisans des *optimates* aux trousses, Caius Gracchus se suicide. Du moins, il sollicite son esclave Philocratès à qui il demande de lui porter le coup fatal. D'aucuns, Valère Maxime (*Actions et paroles mémorables*, VI.VIII.3) pour ne pas le nommer, estiment que cette incapacité à se donner lui-même la mort n'était pas à son honneur. Or la grandeur n'est pas dans le fait de se porter à soi-même le coup, mais dans celui d'avoir décidé que ce coup fatal serait porté, peu importe la main qui tient le poignard, pourvu qu'il soit dirigé par celui en qui s'enfonce la lame. Caius fut grand s'il ne fut pas ici héroïque. Mais l'héroïsme fut pour l'esclave qui, plébéien, a tué son maître puis, dans la foulée, s'est aussi donné la mort sur son cadavre. Pareil geste venu d'un plébéien justifiait le magistère des Gracques.

L'histoire pourrait s'arrêter là, elle porte avec elle assez de passions tristes et d'abjection – l'ingratitude et la trahison ayant joué un rôle plus souvent qu'à leur tour dans cette affaire... Or elle continue, et dans le même esprit...

La tête de Caius Gracchus avait en effet été mise à prix. Elle fut donc découpée par les couteaux d'un ancien ami de Caius: Lucius Septimuleius effectua la besogne, puis il enfila son trophée au bout d'une lance et le porta dans Rome – pareil geste était appelé à durer... Le consul Opimius avait annoncé que quiconque lui apporterait la tête du tribun de la plèbe serait payé au poids de l'or. Lisons Plutarque: «On mit la tête de Caius Gracchus sur une balance et l'on trouva qu'elle pesait dix-sept livres et demie; Septimuleius avait ajouté la fraude au crime: il avait retiré la cervelle et coulé du plomb à la place» (XXXVIII.5).

Fidèles à leurs méthodes, les patriciens ont passé trois mille partisans du second des Gracques au fil de l'épée. Puis ils ont jeté ces cadavres dans le Tibre comme cela avait été le cas, on s'en souvient, pour Tiberius. La dot de la veuve de Caius fut confisquée. Les patriciens lui ont interdit de porter le deuil, à elle comme à toutes les épouses des combattants ; ils ont vendu leurs biens pour des sommes reversées au Trésor public ; ils sont allés chercher ce jeune homme venu proposer la paix avec son caducée afin de consciencieusement le mettre à mort ; ils eurent même le cynisme d'édifier ensuite un bâtiment pour fêter ce massacre et de le dédier... à la Concorde ! Plébéiens de tous les pays, unissez-vous !

Intermède 7

La douceur cynique de Lucien

Lucien de Samosate, aujourd'hui Samsat en Turquie, invente cette idée que c'est proprement philosopher que de se moquer de la philosophie. Non pas s'en moquer dans l'absolu, tout le temps, quoi qu'elle fasse, quoi qu'elle dise, mais quand elle se propose des tâches impossibles à réaliser et qu'elle met le philosophe dans la situation d'être le bouffon de sa propre discipline.

Il part du principe que nul n'est obligé d'adopter le mode de vie des cyniques, des stoïciens, des pyrrhoniens ou des épicuriens, mais qu'après avoir choisi plutôt le Cynosarge que le Portique ou le Jardin, on se doit de vivre selon l'ordre qu'on s'est choisi. Question de cohérence, de congruence, de crédibilité…

Les professeurs et les chercheurs, les universitaires et les docteurs qui n'aiment rien tant que ranger dans les tiroirs d'un beau meuble les philosophes étiquetés ont du mal avec lui. Est-il sophiste? Non, il ne se fait pas payer. Est-il platonicien? Non, il ne se paie pas de mots, ni de belles idées. Est-il aristotélicien? Non, il n'y a chez lui nulle trace d'encyclopédie. Est-il stoïcien? Non, il ne se propose pas d'avaler un charbon ardent sans ciller. Est-il épicurien? Non, s'il s'agit d'être le disciple d'une École; oui, s'il s'agit de trouver du plaisir aux petits bonheurs simples et modestes que la vie offre parfois. Est-il pythagoricien? Non, se priver de viandes et de fèves, s'habiller en lin et croire que, peut-être, son ancêtre fut un chacal, très peu pour lui. Est-il sceptique ? Non, le doute ne fait pas partie de ses certitudes. Est-il cynique ? Non, s'il faut, là encore, adhérer aux principes du Cynosarge, mais c'est sans conteste de ce côté-là qu'il faut aller chercher pour trouver l'habit qui lui convient le mieux.

Il n'y a pas dans sa vie de frasques à la Diogène ou ses disciples : il ne se masturbe pas sur l'agora, il ne pète pas en public, il ne chevauche pas de femme dans la rue, il ne traite pas ses disciples à coups de bâton, il ne vit pas dans une amphore, il n'insulte pas l'empereur, il n'arbore pas le manteau crasseux comme un signe vaniteux de son humilité, il ne déplume pas de poulet pour montrer que Platon a tort de définir l'homme comme un bipède sans plumes, il ne demande pas de leçon de sagesse au poisson qui se masturbe, il ne mange pas de chair humaine, il n'a pas souhaité qu'on abandonne son cadavre aux chiens et aux oiseaux de proie.

Mais il partage avec les cyniques la franchise simple et le goût de la vérité, le refus des concessions et l'ironie débridée, l'humour vachard et la ligne claire du moraliste – non pas celui qui fait la morale, mais celui qui a sondé le cœur des hommes et raconte l'ordure qui s'y trouve…

Voilà pourquoi, en quoi et comment il est philosophe. Non pas en homme de secte, en disciple d'un maître, en dévot d'une cause, mais en franc-tireur qui, comme Diogène et Aristippe, a appris de Socrate que la tâche du philosophe est, pour utiliser une formule de Nietzsche, de « nuire à la bêtise ».

Il n'a pas mené une vie philosophique parce qu'il a trop vu combien les philosophes encartés étaient loin d'en mener une… Il a ri de ces beaux systèmes avec de belles idées et de grands et généreux projets enseignés par des gens qui se disaient philosophes mais vivaient une vie aux antipodes de ce qu'ils professaient. Il fut un spectateur des sectateurs et conclut que toute école est une prison, puis que la philosophie ne saurait être dogme et catéchisme, mais un art de rire des postures et des faux-semblants, des mythes et des fables, des légendes et des fictions, des dieux et des religions.

Lucien est né probablement syrien au IIe siècle de l'ère commune. Il a gardé toute sa vie un accent qui l'a désigné comme tel. Sa famille, modeste, a tout de même pu lui offrir les moyens d'une ascension sociale. Vers l'âge de quatorze ans, ses parents le destinent à la profession de sculpteur. Il pourra apprendre le métier chez son oncle maternel et ainsi gagner rapidement sa vie. Le premier jour, Lucien brise accidentellement une plaque de marbre et s'enfuit pour éviter les représailles. Il rentre chez ses parents, son père le console. Il va se coucher.

Pendant son sommeil, il rêve que deux femmes se disputent son destin : l'une, la Sculpture, semble rude et salissante, l'autre, l'Éducation, lui apparaît élégante et fort bien vêtue. S'ensuit un échange d'arguments entre les deux femmes qui souhaitent obtenir le suffrage du dormeur. L'Éducation se montre la plus convaincante. Lucien entre alors dans la carrière intellectuelle et tourne le dos au destin qu'on avait eu pour lui d'une profession manuelle.

Il part en Ionie pour se former à la rhétorique à l'école des sophistes dans laquelle on apprend l'art de parler, un art avec lequel on peut aussi bien faire une carrière politique que se découvrir une vocation pour la philosophie. Au départ, les disciplines ne sont pas aussi franchement séparées.

Pour l'heure, sa formation le conduit au métier d'avocat. Il a environ vingt-huit ans et ne brille pas particulièrement au prétoire. La ville d'Antioche dans laquelle il exerce est à l'époque un centre culturel important dans lequel se croisent les païens et les chrétiens. L'ancien monde qui ne sait pas qu'il sera bientôt caduc côtoie le nouveau monde qui ignore qu'il le sera.

C'est probablement le droit qui ne lui convenait pas plutôt que l'art de parler car, en abandonnant le métier, Lucien ne rompt pas avec le magistère de la parole. Il devient en effet conférencier. Il voyage alors en Gaule cisalpine et en Italie. Il se fait une belle réputation et gagne de l'argent. En Gaule, il obtient une chaire municipale bien payée dans laquelle il enseigne la rhétorique. Son art oratoire est sobre et relève de ce que l'on nomme la « seconde Sophistique » – un atticisme sobre contre les excès de l'asianisme.

À Rome, écrit-il dans *Nigrinus ou les mœurs d'un philosophe*, il rencontre le philosophe platonicien Nigrinus. Chez un oculiste, dit-il. Souvenons-nous que l'anecdote n'est pas forcément vraie d'un point de vue historique, mais qu'elle l'est toujours d'un point de vue allégorique et symbolique. Il faut comprendre de cette rencontre, qui n'eut pas forcément lieu chez un authentique homme de l'œil, que Lucien était affecté d'une pathologie métaphorique qui l'empêchait de voir ce qu'il y avait à voir et que la rencontre lui a ouvert les yeux sur ce qu'il fallait voir et comment il fallait le voir! Il s'est fait déciller...

Qu'est-ce qui a produit cette conversion? Nigrinus lui a parlé de ce dont il faut s'affranchir pour parvenir au bonheur: les honneurs, l'argent, le pouvoir, le luxe, la mollesse. Il lui présente la Grèce comme le lieu de la vertu et de la vie honnête, de la coïncidence entre les paroles et les actes; il accable en revanche Rome, qu'il décrit comme le lieu des vices, de la corruption, de la calomnie, de l'orgueil, des festins, de l'adulation intéressée, des meurtres et de la fausse amitié.

Lucien s'installe alors à Athènes qu'il admire pour sa vie intellectuelle. Il rompt ainsi avec sa vie ancienne et entre en philosophie. Il y passe une vingtaine d'années.

En 165, à Olympie, il assiste au suicide du philosophe Pérégrinus de Parion. Il consacre un dialogue à cet événement. Pérégrinus avait décidé de faire de son suicide un spectacle: il choisit le moment des Jeux olympiques pour se jeter dans un bûcher préparé à cet effet. Lucien moque cette prétention à la mise en scène de soi-même de cet homme qui fut païen, puis chrétien, puis cynique, puis plus rien, voire quelque chose qui s'apparente au brahmanisme...

S'il n'aime pas Pérégrinus pour ses postures, en revanche, il apprécie le philosophe cynique Démonax auquel il consacre un dialogue, *La Vie de Démonax*, dans lequel la biographie de son héros ressemble par plus d'un trait à une autobiographie.

Démonax est un Chypriote de grande famille qui a suivi différentes écoles sans jamais s'arrêter à une seule. Il a méprisé les biens tenus pour souhaitables par le vulgaire et il chérit plus que tout la liberté ; il a été franc et droit, pur dans ses mœurs et irréprochable dans sa conduite, cultivé et bon orateur, sain de corps et d'âme, doué d'une raison puissante. Il semblait un disciple de Socrate ; en fait il l'était bien plus de Diogène, sans pour autant adopter les conduites extravagantes de ce dernier, ni se faire remarquer par ses frasques. De même, il n'eut pas l'orgueil mal placé qui accompagne si souvent le cynique emblématique.

Au contraire de Diogène qui frappait ceux qui souhaitaient être ses disciples, Démonax manifestait de la douceur à l'endroit de ses interlocuteurs. Une douceur cynique, voilà ce qui le caractérisait. Il avait compris qu'affecter une posture, que ce soit comme Nigrinus qui s'immole ou comme Diogène qui tient à ce que son manteau soit percé, c'est être encore trop prisonnier des apparences.

Lucien de Samosate met donc au jour deux rapports à la philosophie qui traversent l'histoire de la philosophie. Elle oppose ceux qui, comme Nigrinus, jouent à l'être et qui, du fait du jeu, ne le sont pas, et ceux qui, tel Démonax, ne croient pas nécessaire de paraître philosophes quand il faut l'être et, de ce fait, le sont véritablement.

Dans la constellation cynique, la tradition a retenu les mises en scène foutraques, la masturbation sur la place publique, la vie dans un tonneau, la copulation dans les rues et l'insulte à Alexandre, mais ce fut parfois au détriment d'une pensée réellement vécue et au profit d'un théâtre spectaculaire. De même que le véritable dandysme économise la posture et l'affectation pour se cantonner à un dandysme de l'être et non du paraître, de même le véritable cynisme, celui de Démonax aussi bien que celui de Lucien, consiste en un cynisme de l'être et non du paraître. Celui qui ne semble pas l'être l'est le plus, là où celui qui paraît l'être l'est le moins. Ce cynisme en douceur est d'une radicalité plus grande parce qu'il fait moins de bruit, qu'il évite tumulte et tintamarre, mais fore profond pour y déposer la charge du rire qui pulvérise.

Personne n'a jamais vu Démonax en colère, criant, éructant, insultant, méprisant, agressant. Il reprenait les vices des vicieux, mais leur pardonnait dans la seconde qui suivait. Il estimait que, de même qu'un médecin soigne une maladie sans s'emporter contre le malade, de même le philosophe devait guérir l'âme malade sans accabler la personne atteinte. Il ramenait à la raison les gens fortunés, sans haine ni mépris. Il n'y avait chez lui ni dédain ni arrogance. Il aimait la paix, le calme, la modération.

L'amitié étant pour lui le plus grand bien, les seules choses qui pouvaient l'affecter et lui causer de la peine étaient la maladie ou la mort de ses amis. Il n'avait pas l'amitié sélective et étroite, mais l'offrait au plus grand nombre en estimant que seuls les irrécupérables devaient être écartés.

Comme nombre de philosophes qui aimaient plus la liberté que l'obéissance, il a dû faire face à des procès en incroyance. On lui reprochait de ne pas faire de sacrifice et de n'être initié dans aucun des cultes qui sévissaient en son temps. Il a défendu sa position avec éloquence et sévérité. Il est parvenu à sauver sa tête.

Il ne supportait pas que les philosophes ne soient pas à la hauteur de leurs enseignements – ce qui était placer haut la discipline et exiger que la théorie soit suivie d'une pratique existentielle. Comment ne pas trouver dans cette thèse une matrice à la douce pensée cynique et ironique de Lucien?

À ceux qui doutent que Lucien de Samosate ait été autre chose qu'un satiriste, un comique, un ironiste, un amuseur, un pamphlétaire, on peut répondre que critiquer les philosophes parce qu'ils ne sont pas philosophes suffit à fonder une philosophie : celle qui exige qu'on ne s'amuse pas avec elle mais qu'on l'honore.

Dans *Les Sectes à l'encan*, il se joue d'un épicurien amateur de sucreries, alors qu'il vante les mérites de l'austérité et de la sobriété alimentaire du sage invité à se contenter de pain et d'eau et de rien d'autre ; il moque un stoïcien triste et mal rasé soucieux de ce qui dépend de lui et qui, dans un langage abscons et formel, brille dans les syllogismes avec lesquels il transforme son acheteur potentiel en pierre, qu'il retransforme en homme ; il ridiculise le sceptique qui ne sait rien sur rien mais qui est sûr et certain qu'il ne sait rien. Lucien oppose à ces philosophes qui jouent à l'être le bon sens des gens du peuple, «la vie des gens simples, d'ouvriers et d'hommes de la rue».

Il remet le couvert dans *Le Banquet d'Alciphron* où l'on voit un stoïcien qui ronfle sous l'effet de l'âge et de la réplétion ; un épicurien qui serre amoureusement la joueuse de lyre ; un pythagoricien qui chantonne les vers du maître ; un cynique qui cherche à violer la chanteuse. Ailleurs dans son œuvre, les philosophes dînent en ville lors de somptueux repas, ils se battent dans les rues de la cité, ils fréquentent les lupanars, ils se font payer leurs leçons.

Dans une période décadente comme la sienne, la pratique philosophique est également décadente… Comment la discipline pourrait-elle échapper à l'effondrement des choses du temps ? Que les stoïciens ne soient pas philosophes ou plus, les épicuriens, les sophistes, les sceptiques pas ou plus, ou mal, c'est une option philosophique. La métaphilosophie est l'une des modalités de la philosophie.

Il existe une philosophie positive de Lucien, dans le fait qu'il a pour tropisme de démasquer les impostures et les imposteurs, les charlatans et les vendeurs d'illusion. Dans *Sur la manière d'écrire l'histoire*, il fustige les historiens moins soucieux des faits et de la vérité, qu'ils falsifient parfois, que de plaire aux puissants.

Il attaque également les orateurs soucieux de ne faire que de beaux discours de manière formelle sans prêter attention à ce qui se trouve dit. Ceux-là aussi méprisent la vérité et n'escomptent que l'efficacité oratoire.

Il blâme aussi les philosophes atteints du même mal. Ceux pour lesquels la philosophie est un jeu d'enfant qui permet l'exhibition narcissique de contorsions rhétoriques, de péroraisons fumeuses, de pitreries sophistiques, d'enfumages à la manière des magiciens qui sortent des lapins conceptuels de chapeaux percés.

On le trouve enfin, bien sûr, critique des religions, des cultes, des superstitions. Il nie la Providence. Il n'épargne rien : magie, théosophie, mysticisme, démonologie, cultes à mystères, syncrétisme, mais aussi christianisme. Il attaque les sacrifices dans la liturgie païenne, les croyances en l'au-delà, les pratiques funéraires habituelles, les guérisons surnaturelles, la foi dans les miracles.

On le voit critique du mensonge et des menteurs dans *L'ami du mensonge ou l'incrédule*, mais aussi, dans cet ordre d'idées, de ceux qui annoncent des prodiges et profèrent des oracles, puis qui profitent de la crédulité d'adultes se comportant comme des enfants.

Dans *Alexandre ou le faux prophète*, il met en scène un charlatan qui use de magie afin d'abuser de la crédulité des gens et leur soutirer de l'argent. Alexandre prépare des objets destinés à faire croire qu'il dispose de pouvoirs surnaturels. Il les cache, feint de les découvrir, et passe pour doué de pouvoirs extraordinaires. On vient de loin pour le voir, il organise un culte de sa personne, il s'enrichit. «Bientôt la ville fut remplie d'une foule de gens à qui depuis longtemps on avait ôté le cœur et la cervelle, et qui, ne ressemblant en rien aux hommes qui se nourrissent de pain, ne différaient des moutons que par la forme» (15). Lucien affirme qu'il aurait fallu un Démocrite, un Métrodore ou un Épicure pour démonter ces supercheries et confondre cet imposteur. Il n'a pas choisi par hasard ses philosophes.

Lucien a connu des chrétiens. Il ridiculise leur secte également: il s'agit de sottises comme il y en a beaucoup. Nous sommes au IIe siècle de ce qui deviendra l'ère chrétienne, il ne peut imaginer que cette secte qui, pour l'heure, manifeste son hostilité à l'autorité romaine, deviendra une religion tout à sa joie de disposer un jour, avec Constantin, de l'autorité impériale. Il la trouve alors inoffensive…

Celse qui fut son ami a écrit un *Contre les chrétiens* d'une violente efficacité: il dit de Jésus qu'il fut une fiction élaborée à partir d'un personnage historique chef de secte; il ajoute que la morale chrétienne est un collage des principes de la sagesse païenne; il affirme qu'elle séduit des simples d'esprit, des incultes, des rustres; il attire l'attention de son lecteur sur le fait que les chrétiens sont un ferment de destruction de l'Empire par leur refus de souscrire à la religion civique impériale; il a également vu qu'ils disposaient des moyens de faire tomber le pouvoir ou de le circonscrire. Son livre fut détruit. Mais le chrétien Origène qui l'avait tellement cité dans un ouvrage destiné à le critiquer *(Contre Celse)* a paradoxalement sauvé la presque totalité de l'ouvrage…

Vers la soixantaine, infirme, pauvre, Lucien accepte un poste important dans l'administration de l'Égypte – non sans avoir jadis fustigé cette façon de faire dans un dialogue intitulé *Sur ceux qui sont aux gages des grands...* Il rétorque à ceux qui lui retournent ses coups de bâton qu'il est au service de l'État et non d'un riche particulier. Il y travaillera environ cinq ans.

Vers 175, il retourne à Athènes et reprend son activité de conférencier itinérant. Bien qu'il se soit présenté comme affligé par les ans, on le découvre père de famille – un garçon.

On ne sait comment ni quand il mourut. On dit qu'il fut dévoré par des chiens – mais, là encore, l'anecdote renseigne qu'il aurait péri par où il aurait péché : un cynique mangé par des chiens, les animaux de la secte, voilà qui sent bon la conscience professionnelle. Il n'aurait plus manqué que l'ingestion d'un poulpe mi-cuit pour parfaire le tableau du cynique doux...

S'il faut le dire dans un vocabulaire moderne, Lucien s'avère un rationaliste et ne souscrit à aucune fiction qui implique des arrière-mondes – ce qui a fait dire à des universitaires que sa pensée théologique était pauvre. Elle ne saurait être pauvre puisqu'elle n'existe pas. Lucien se moque de ceux qui ont besoin de fables pour exister – ce qui ne signe pas une pensée pauvre, mais une pensée forte...

Contre Héraclite qui pleure, Lucien de Samosate a pris le parti de Démocrite qui rit. Cette opposition structure deux visions du monde et deux façons de l'occuper : l'une qui invite à prendre le parti de l'humour et de l'ironie, de la plaisanterie et de la moquerie, de la raillerie et de la dérision pour répondre au tragique du monde ; l'autre qui lui préfère la déploration, la plainte, le gémissement. Or, le trait d'esprit va plus loin que l'esprit de sérieux.

En son temps décadent, le cynisme doux de Lucien de Samosate décompose mieux les chimères et les fictions, les légendes et les mythes, les fables et les histoires pour les enfants que le platonisme qui, à toutes les époques, les nourrit comme autant de plantes vénéneuses. Lucien fut un soleil noir dans un monde qui s'assombrissait.

3

RÉFLÉCHIR

Le miroir de Sextius le Père

Comment se penser dans le monde?

Dans sa réflexion sur les moyens de ne pas succomber à la colère afin de rester maître de soi, Sénèque rapporte une anecdote concernant Sextius: « La journée écoulée, une fois retiré dans sa chambre pour le repos de la nuit, il interrogeait son âme: "De quel mal t'es-tu guérie aujourd'hui? Quel vice as-tu combattu? En quoi es-tu meilleure?" La colère cessera et se modérera, si elle sait qu'il lui faudra venir chaque jour devant le juge. Est-il rien de plus beau que cette coutume de scruter toute une journée? Quel sommeil suit cet examen de soi-même, qu'il est tranquille, profond et libre quand l'esprit a été loué ou averti, quand il s'est fait l'espion, le censeur secret de ses propres mœurs! J'use de cette faculté et chaque jour je plaide ma cause devant moi. Quand on a enlevé le flambeau et que ma femme, déjà habituée à ma manière d'agir, s'est tue, j'examine toute ma journée et je mesure mes faits et dits; je ne me cache rien, je ne passe rien. Pourquoi craindrais-je quelqu'un de mes égarements, puisque je puis dire: "Prends garde de ne pas recommencer. Pour cette fois je te pardonne. Tu as mis trop de vivacité dans cette discussion; n'entre plus en lutte désormais avec des ignorants; ils ne veulent pas apprendre, ceux qui n'ont jamais appris. Tu as réprimandé celui-là plus vertement que tu ne devais; aussi tu ne l'as pas corrigé, mais choqué; vois à l'avenir non seulement si ce que tu dis est vrai, mais si celui à qui tu le dis est capable d'entendre la vérité. L'homme vertueux aime les avertissements, les vicieux souffrent difficilement un directeur" » (*De la colère*, III.XXXVI.1-4). Beau texte...

Il y aurait beaucoup à dire sur cette page très dense d'un point de vue existentiel : quand la colère nous possède, nous ne nous possédons plus, or un philosophe, qui plus est un sage, veut plus que tout se posséder, donc il ne se met pas en colère ; il ne faut pas mettre de la vivacité dans un échange parce qu'elle braque l'interlocuteur qu'on ne peut dès lors plus convaincre ; il faut s'assurer que la vérité est bien telle quand on cherche à la faire triompher ; mais aussi, et surtout, que d'aucuns peuvent être amendés alors que d'autres ne le seront jamais parce qu'ils sont d'une complexion morale défaillante.

Mais ce que je retiens de cette page, c'est le détail donné par Sénèque de cette pratique philosophique qu'il est convenu d'appeler un « examen de conscience[1] ». Dans le noir de la chambre, quand sa femme fait silence, j'imagine le philosophe *réfléchissant*, autrement dit, au sens étymologique, fléchissant sur lui-même pour y revenir, se pencher sur lui-même, se regarder, non pas pour s'aimer et jouir de soi, comme Narcisse embrassant le miroir de l'eau parce qu'il s'y trouve tellement beau et qui, de ce fait, s'y noie, non, mais pour se connaître et s'améliorer, comme un philosophe qui cherche à devenir sage.

Cette *intro-spection*, toujours selon l'étymologie – entrer en soi pour s'y regarder –, renvoie à l'usage du miroir. Quelques-uns d'entre ces objets traînent dans la littérature romaine et

---

1. En matière de philosophie antique, la vulgate associe cette expression ainsi que celle d'« exercice spirituel » à Pierre Hadot ; or, elle se trouve *dès 1865* chez Constant Martha (1820-1895), alors professeur suppléant à la Faculté des Lettres de Paris, dans *Les Moralistes sous l'Empire romain*, Paris, Hachette, 1865, p. 137 : « L'examen de conscience *[sic]* n'était pas une coutume nouvelle, et depuis longtemps la philosophie recommandait cet exercice spirituel *[sic]*, qui semble n'avoir été pratiqué avec ferveur que sous l'Empire romain. » Martha deviendra membre de l'Académie des sciences morales et politiques et professeur au Collège de France. Pierre Hadot semble ne le citer nulle part.

servent à l'édification morale de soi : ainsi, dans une fable de Phèdre intitulée « Le frère et la sœur » (III.VIII), le fabuliste met en scène une fille très laide et un très joli garçon qui, s'emparant du miroir de leur mère, se regardent ; la laide se trouve laide, et le beau se trouve beau ; l'infortunée, bien sûr, se fâche, en appelle à son père, essaie de flétrir son frère parce qu'il a touché un objet féminin ; le père prend ses deux enfants dans ses bras et les invite à faire un sage usage du miroir : pour le beau, afin que le vice ne le rende pas laid ; pour la laide, dans l'espoir qu'elle s'embellisse avec un caractère vertueux.

On trouve un autre exemple dans une pièce de Plaute intitulée *Epidicus* : « Ce n'est pas seulement pour y mirer leur visage que les hommes devraient avoir un miroir, ils devraient en avoir un où ils pourraient voir leur esprit et prendre la mesure de leur sagesse ; quand ils y auraient regardé, ils réfléchiraient *[sic]*, ensuite, à la vie qu'ils ont menée autrefois dans leur jeunesse. Et cela leur rendrait grand service, du moins je le pense » (III.4). Ou bien encore chez son compagnon de lettres, Térence, dans *Les Adelphes*, qui écrit d'un personnage : « Je ne lui passe rien ; je lui donne de bonnes habitudes ; enfin, je l'invite à regarder comme dans un miroir la vie des autres et à tirer d'autrui des leçons pour lui-même » (III.III.415).

Il existe un long éloge du miroir dans l'*Apologie* qu'Apulée consacre à la défense de sa propre personne alors qu'il faisait face à quantité d'accusations – parmi elles, celle de disposer d'un miroir et d'aimer s'y regarder ! Passons sur le détail et retenons cette citation (XV.4-7) qui permet de faire remonter l'usage du miroir philosophique à Socrate – avant une plus ancienne généalogie encore : « Mais le sage Socrate, nous dit-on, était le premier à conseiller à ses disciples de se regarder fréquemment au miroir : il voulait que celui qui était content de sa beauté veillât attentivement à ne pas gâter ces avantages corporels par de mauvaises mœurs, et qu'au contraire celui qui se croirait peu favorisé sous le rapport de l'extérieur s'appliquât sérieusement à cacher cette laideur par la beauté de sa vertu. Homme vraiment sage, qui faisait d'un miroir un précepteur de morale ! » – où l'on découvre en même temps la source de Phèdre.

Le miroir «précepteur de morale», voilà une idée qui remonte aux Grecs et plus particulièrement aux pythagoriciens. On trouve en effet dans les *Vers d'or*, un manuel à l'usage des disciples de Pythagore, cette claire invitation :

«Ne laisse jamais tes paupières céder au sommeil avant
d'avoir soumis à ta raison tes actions de la journée.
En quoi ai-je manqué ? Qu'ai-je fait ? Qu'ai-je omis de faire
de ce qui est ordonné ?
Ayant jugé la première de tes actions, prends-les toutes
ainsi l'une après l'autre.
Si tu as commis des fautes, sois-en mortifié ; si tu as bien fait, réjouis-toi»
(vers 21-23).

Avant le stoïcisme romain, cet exercice est donc pythagoricien – probablement avant Pythagore faut-il même aller chercher une source orientale à cette pratique existentielle. On sait que le philosophe présocratique a effectué un long voyage en Orient – Égypte, Phénicie, Chaldée – au cours duquel il a fait le plein d'idées qui deviendront gréco-latines puis européennes.

Mais c'est à Varron qu'on doit une étymologie intéressante. On lit dans *De la langue latine* : «*Spectare* (regarder) vient de l'ancien mot *specio*, qui se trouve dans Ennius : après que l'hôte vous eut regardé *(spexit)*. On le retrouve aussi dans *spectio*, terme employé dans les auspices, où l'on distingue les augures qui ont ce qu'on appelle *spectio* (inspection), et ceux qui ne l'ont pas. *Avem specere* est encore aujourd'hui un terme d'augure. L'usage a conservé cet ancien mot dans les verbes composés *aspicio*, *conspicio*, *respicio*, *suspicio*, *despicio*, etc., au nombre desquels est *expecto* (j'attends), c'est-à-dire *spectare volo* (je veux regarder). De là *specula* (lieu élevé d'où l'on voit ce qui se passe au loin) ; *speculum* (miroir) ; *speculator* (éclaireur, qui va à la découverte) ; *specillum*, petit instrument à distiller dans les yeux, par lesquels nous voyons *(quibus specimus)*» (VI.VIII.82). Chacun peut finir la liste et comprendre que spéculer procède également de cette famille de mots.

Regarder dans le miroir, c'est donc *spéculer*, ce que le français rend bien avec ce mot à double sens : *réfléchir*. Il existe en effet une acception optique qui désigne la capacité à renvoyer une image avec l'instrument en question ; mais également une définition philosophique qui procède de cette étymologie et suppose qu'à l'aide de cette opération de flexion sur soi-même on obtienne une perspective de soi sur soi, qui est également image de soi à partir de laquelle un travail existentiel s'avère possible.

Comme souvent, cette pensée gréco-orientale réalise son acclimatation latine avec Cicéron. Dans un passage de *La vieillesse*, le philosophe fait dire à Caton l'Ancien : « À la manière des pythagoriciens, pour exercer ma mémoire, je me remémore le soir ce que j'ai dit, entendu et fait chaque jour » (XI.38). C'est, semble-t-il, la première occurrence latine de cette technique. Nous sommes au Ier siècle avant l'ère commune.

Il ne reste aucun texte de Pythagore, dont l'enseignement était oral et, qui plus est, ésotérique. Il n'existe donc que des sentences isolées, des fragments arrachés aux textes, des morceaux éparpillés, des commentaires qui constituent un immense manteau troué dans lequel un grand nombre d'historiens ou de philosophes se sont enroulés bien souvent mal à propos. Ainsi Diodore de Sicile, Jamblique, Porphyre, Aristoxène estiment que l'exercice spirituel de l'examen de conscience ne vise qu'à fortifier la mémoire !

Or, pour ce que l'on en sait, l'invite pythagoricienne fonctionne en deux temps : d'abord, elle suppose *un travail de mémoire théorique* par lequel on présentifie les principes de la secte philosophique avant de juger ; ensuite, à la lumière de ces doctrines, elle propose *une pratique de l'examen de conscience*. Il en va donc ici d'une dialectique entre la théorie et la pratique, les principes et les actions, la philosophie et la vie, ce qu'il faut faire et ce qui a été fait.

Cet exercice spirituel traverse les siècles, en étant pensé comme un pur et simple travail destiné à fortifier la mémoire, alors qu'il est un éclairage du réel par l'idée dans la perspective d'une édification de soi qui suppose plusieurs moments : établir une liste ; l'examiner ; mettre en perspective la pratique et la théorie ; mesurer l'écart entre les deux mondes ; juger de ce qui reste à accomplir pour approcher la sagesse; se donner un cap pour l'action le jour suivant.

Il n'y a donc aucune visée mnémotechnique chez les pythagoriciens, qui n'ont pas voulu cultiver la mémoire afin d'accéder plus facilement à la connaissance des vies antérieures, puisqu'ils croyaient à la réincarnation, mais une méthode qui sollicite la mémoire afin de convoquer les principes pour juger la vie quotidienne la plus triviale dans la perspective d'une amélioration de soi.

Après Cicéron, au Ier siècle de l'ère commune, Sénèque reprend cette idée ancienne afin de lui donner un souffle nouveau. On l'a vu, il la tient de Sextius. Qui était ce philosophe? Quintus Sextius Père est le fondateur de l'école des Sextiens à Rome. Dans ses *Questions naturelles*, Sénèque écrit: «La secte récente des Sextiens, dont l'énergie était bien romaine, après avoir commencé avec un magnifique élan, s'est éteinte à ses débuts mêmes» (VII.32.3). On peste de n'en pas savoir plus...

Que sait-on de l'homme? Il refusait les honneurs. Très concrètement, on lui a proposé le laticlave qui distingue la classe sénatoriale, et il a décliné en estimant que sa vie devait être consacrée à la quête de la sagesse. Plutarque écrit: «Le Romain Sextius avait renoncé pour la philosophie aux honneurs et aux magistratures de sa cité; mais, comme d'un autre côté il trouvait pénible de philosopher et avait du mal, au début, à raisonner, il s'en fallut de peu qu'il ne se précipitât du premier étage d'une maison» (*Moyen de connaître les progrès dans la vertu*, 5.77 D-E). Du premier étage, on risque plus l'entorse que la mort...

Sénèque précise qu'après un repas des invités ont lu un livre de Quintus Sextius Père – une précision qui suppose qu'il avait un fils répondant au même nom. Concernant ce philosophe, il dit à son interlocuteur qu'il s'agit d'«un grand homme, je te prie de le croire, et, quoi qu'il s'en défende, vrai stoïcien» (*Lettres à Lucilius*, V.LXIV.2-3) – en fait: un stoïcien à l'insu de son plein gré... Il dit encore: «Dieux bons! Quelle vigueur et que d'âme! C'est ce que tu ne rencontreras pas chez tous les philosophes.

Les écrits de tel ou tel, porteurs d'un nom illustre, sont sans vie. Ils dressent des arguments, disputent, chicanent, incapables de donner du cœur, n'en ayant plus. Tu diras au contraire, si tu lis Sextius : "Vivant, riche de sève, possédant la liberté, dépassant l'homme, il me laisse un sentiment d'ardente confiance qui m'emplit l'âme" » *(ibid.).*

Sextius fut le maître de Sénèque. Qu'enseignait-il ? Le végétarisme. Non pas avec l'argumentaire des pythagoriciens attentifs à la transmigration des âmes dans différents corps vivants qu'il faut donc respecter, mais parce que consommer la chair animale suppose des passions incompatibles avec la sagesse : la cruauté qui fait tuer la bête, l'épaississement du sang et la génération de sensualité qui s'ensuivent, l'incapacité à se nourrir des fruits et des légumes, des laitages et des fromages, du pain et de l'eau que la nature donne simplement pour sustenter les hommes. Il défendait l'idée d'une âme immatérielle et insaisissable qui l'installe effectivement dans une autre catégorie que celle des stoïciens orthodoxes. D'aucuns, s'appuyant sur cette dernière information, en font un néopythagoricien. On sait aussi que Sextius est peut-être allé à Athènes dans ses jeunes années, qu'il écrivait en grec, qu'il était apprécié de César et que son école eut quatre disciples, dont son fils – rien d'autre.

Après Cicéron et Sénèque, l'examen de conscience comme exercice spirituel réapparaît chez Épictète – mais sous forme parodique. Il donne un portrait d'opportuniste universel, intemporel, intempestif, contemporain de tous les siècles : « Voici un homme qui se lève dès l'aube et se met à la recherche de quelqu'un du palais à saluer, de quelqu'un à qui adresser un mot aimable, de quelqu'un à qui envoyer un cadeau, de la façon de plaire au danseur, du moyen de dénigrer l'un pour être agréable à l'autre. Quand il prie, c'est pour cela qu'il prie ; quand il offre un sacrifice, c'est pour cela qu'il l'offre. La sentence de Pythagore "Ne laisse pas le sommeil gagner tes yeux fatigués", c'est à cela qu'il l'applique. *"En quoi ai-je failli ?"* En matière de flatterie. *"Qu'ai-je fait ?"* Aurais-tu par hasard agi en homme libre, avec noblesse ? Et s'il découvre qu'il a accompli un acte de ce genre, il se le reproche et s'accuse : "Qu'avais-tu à parler ainsi ? N'était-il pas possible de mentir ? Les philosophes eux aussi disent que rien n'empêche de proférer un mensonge." Mais toi, puisqu'en vérité ton seul souci est d'user comme il faut de tes représentations, lève-toi dès l'aurore et aussitôt pense à ceci : "Que me manque-t-il pour être exempt de passions ? Pour être sans trouble ? Qui suis-je ? Un misérable corps, des biens, une réputation ? Je ne suis rien de tout cela ? Quoi alors ? Je suis un être vivant doué de raison." Et qu'exige-t-on d'un tel être ? Repasse tes actions dans ton esprit : "*En quoi ai-je failli* dans les actions qui assurent à la vie un cours heureux. *Qu'ai-je fait* de contraire à l'amitié, à la sociabilité, à l'humanité ? *Qu'ai-je omis de ce que je devrais faire* en ces matières ?" » (*Entretiens*, IV.VI.31-35). Cette méthode est une technique : elle peut servir au mal chez le flatteur ou le courtisan, mais elle peut aussi viser le bien chez le philosophe ou le sage. Dans tous les cas, elle est une machine de guerre réflexive, elle invite à l'introspection qui permet de répondre à la question : *comment peut-on se connaître soi-même ?* Voilà qui constitue l'ouverture d'un sentier vers la sagesse.

À l'origine, le miroir ne sert pas qu'aux femmes pour ajuster leurs coiffures et vérifier l'état de leurs parures. C'est également un instrument utile pour observer les étoiles, donc connaître le cosmos. À cette époque où l'astronomie est moins une science qu'une poétique, l'astrologie est utilisée pour la divination. Le miroir interroge le ciel et obtient une image du cosmos. Dans la *Cité de Dieu* (VII.34), Augustin rapporte que, selon Varron, Pythagore, encore lui, possédait un miroir qu'il orientait en direction de la lune afin d'obtenir les informations avec lesquelles il racontait l'avenir. Ce procédé avait un nom, la catoptromancie, et un lieu d'origine, la Perse. On se doute qu'Augustin critique cette façon païenne d'interroger le ciel – qu'il estime plus judicieux de remplir d'Anges, d'Archanges, de Trônes et de Séraphins…

Le rôle du philosophe consiste à indiquer la place adéquate tenue par l'homme dans la vastitude de l'univers ainsi que le type de relation qu'il doit entretenir avec ce grand Tout : la partie qu'est chacun s'avère en effet être un fragment intimement uni à la Totalité. D'où la nécessité de connaître le fonctionnement du ciel.

Quand l'usage du miroir devient métaphorique avec le passage de l'astrologie à la philosophie, le glissement de registre n'empêche pas la conservation du principe : cet objet, qui sert à interroger le ciel dans la main de l'astrologue, permet au philosophe de proposer ses conclusions sur la place que l'homme y occupe.

Dès lors, le miroir probablement utilisé par les astronomes romains (Hygin, Manilius, Firmicus Maternus, par exemple) est le même que ceux de Phèdre et Apulée, Plaute et Térence, Cicéron et Sénèque, Épictète et... Marc Aurèle. Car s'il est un homme qui, plus qu'aucun autre, a pratiqué l'introspection, l'exercice spirituel et l'examen de conscience, c'est bel et bien l'empereur stoïcien, ce dont témoignent les *Pensées pour moi-même*.

Marc Aurèle ne fut pas un philosophe de profession, et c'est tant mieux, mais un homme parmi les hommes qui essaya d'être à la hauteur du métier d'homme – et non de sa fonction politique. Il ne fut pas un grand empereur, il n'eut pas un règne qu'on pourrait dire philosophique, il eut des faiblesses qu'un stoïcien n'eût dû pas connaître, certes, mais il fut grand dans son essai d'être romain. La plus belle phrase de son soliloque est à mes yeux : « Songe à toute heure qu'il faut agir en Romain, en homme » (II.5). Comment fit-il pour approcher de cet idéal ?

On comprend que cet homme, dont Dion Cassius nous dit dans son *Histoire romaine* qu'il était « faible de tempérament » (LXXI.1), ait pu demander au stoïcisme matière à une force qui lui faisait défaut. Son idiosyncrasie seule se trouve donc à l'origine de cette transformation du stoïcisme agressif de Sénèque en stoïcisme de la douceur qu'il incarne à la perfection. Marc Aurèle fut l'homme qui fit édifier à Rome un temple à la Bonté – ce qui témoigne d'une grande et belle âme, mais n'augure pas d'un grand empereur... N'importe, il vaut mieux mener une belle vie en ratant l'Empire qu'une vie laide en le réussissant. Le mieux étant bien sûr une belle vie en le réussissant. Mais à la sainteté païenne nul n'est tenu !

Lisons ces *Pensées pour moi-même*. On imagine Marc Aurèle aux confins de l'Empire, sous son campement impérial, tout-puissant sur ses armées mais seul au monde, monarque absolu dans les limites de l'*imperium* mais singularité fragile, malade, souffrante. Le chef d'État est au sommet, l'homme souvent au plus bas. Le philosophe essaie de remonter celui qui flanche et de rabaisser celui qui pourrait se prendre pour un empereur – «[se] césariser», écrit-il (VI.30)… L'homme, le philosophe, le prince sont dans ces *Pensées* trois instances en tension : l'écriture permet à chacun des trois de trouver sa place en visant l'obtention d'un équilibre.

Dans la campagne froide de ce qui est aujourd'hui la Slovaquie, sur les bords du Danube, en Autriche, Marc Aurèle soliloque. Il pense, donc il écrit ; il écrit, donc il est. C'est ainsi qu'il se construit et bâtit pierre par pierre ce qui devient une «citadelle intérieure», un édifice fait de force et de volonté duquel il devient inexpugnable.

Marc Aurèle écrit : «On se cherche des retraites à la campagne, sur les plages, dans les montagnes. Et toi-même, tu as coutume de désirer ardemment ces lieux d'isolement. Mais tout cela est de la plus vulgaire opinion, puisque tu peux, à l'heure que tu veux, te retirer en toi-même. Nulle part, en effet, l'homme ne se trouve de plus tranquille et de plus calme retraite que dans son âme, surtout s'il possède, en son for intérieur, ces notions sur lesquelles il suffit de se pencher pour acquérir aussitôt une quiétude absolue, et par quiétude, je n'entends rien d'autre qu'un ordre parfait. Accorde-toi donc sans cesse cette retraite, et renouvelle-toi» (IV.3).

Le travail de réflexion auquel il s'adonne s'ouvre sur l'examen de ses dettes : que doit-il et à qui (livre I) ? Et le philosophe d'en appeler à tous ceux qui l'ont rendu possible – père, mère, grand-père, bisaïeul, précepteur, enseignants, philosophes, grammairien, frère ; mais aussi ce qu'il doit, au milieu d'une liste d'humains… aux dieux !

Cet exercice d'introspection le conduit à… rejeter les livres – tout en en écrivant un (II.2-3) ! Il s'agit en effet d'écarter le savoir livresque qui s'interpose entre soi et soi et trouble l'image que doit renvoyer le miroir ontologique. Pas de médiation entre deux instances de soi, nulle présence inopportune d'un penseur ou d'une pensée, d'un livre ou d'une idée, d'une référence qui soit une révérence entre la partie de soi qui en examine une autre : Marc Aurèle se veut seul avec lui-même.

La philosophie n'est donc pas pour lui un exercice de rhétorique ou de sophistique – il hait ces deux façons d'être, de faire et de parler qu'aiment tant les Grecs –, mais une proposition existentielle romaine qui n'a nul besoin d'une bibliothèque. Le champ d'action de la philosophie n'est pas une salle de lecture mais le champ de bataille de la vie quotidienne. Il écrit : « Il ne s'agit plus du tout de discourir sur ce que doit être l'homme de bien, mais de l'être » (X.16).

Dans ce livre qui rejette les livres, Marc Aurèle consigne sur plusieurs pages des phrases à méditer – Platon, Antisthène, Euripide, Homère, Hésiode, Ésope, Sophocle et un seul Romain : Épictète… Peut-être faut-il imaginer qu'il dispose d'une bibliothèque qui le suit dans ses nombreux déplacements et qu'il écrit au fil de la plume en lisant des auteurs grecs qui lui fournissent matière à méditation et à exercice spirituel.

Où l'on comprend que réfléchir c'est prendre le temps de se chercher, de se trouver, donc de se retrouver ; c'est entretenir une conversation silencieuse entre soi et soi, mais sous le signe de l'écriture ; c'est écarter les livres dans sa quête introspective, mais les élire pour les méditer s'ils constituent des voies d'accès à soi – chez Marc Aurèle, qui pourrait citer Cicéron et Lucrèce, Sénèque et Musonius Rufus, les auteurs de référence sont grecs.

Reste que lire et écrire semblent indissociables de cet exercice de réflexion : nous ne naissons pas de rien ; de la même manière que nous avons une parentèle charnelle à laquelle le philosophe rend hommage, nous disposons d'une parentèle spirituelle à l'endroit de laquelle, par ses citations, il reconnaît sa dette.

Mais que trouve-t-on quand on est allé chercher au fin fond de soi-même ? Les vérités essentielles à la connaissance de soi, des autres et du monde, mais aussi, et surtout, à la connaissance de ce qui lie le soi aux autres et au monde. C'est par ce savoir qu'on obtient des certitudes : se connaître pour se diriger dans la vie.

Qui suis-je? Un fragment du grand Tout soumis à la mort qui est dilution du souffle qui nous constitue dans le grand souffle du monde, alors que le reste du corps, une partie boueuse et corruptible, retrouve la terre où il se dissout à son tour, le semblable retrouvant son semblable. Lisons: «Le temps de la vie de l'homme, un instant; sa substance, fluente; ses sensations, indistinctes; l'assemblage de tout son corps, une facile décomposition; son âme, un tourbillon; son destin, difficilement conjecturable; sa renommée, une vague opinion. Pour le dire en un mot, tout ce qui est de son corps est eau courante; tout ce qui est de son âme, songe et fumée. Sa vie est une guerre, un séjour sur une terre étrangère; sa renommée posthume, un oubli. Qu'est-ce donc qui peut nous guider? Une seule et unique chose: la philosophie. Et la philosophie consiste en ceci: à veiller à ce que le génie qui est en nous reste sans outrage et sans dommage, et soit au-dessus des plaisirs et des peines; à ce qu'il ne fasse rien au hasard, ni par mensonge ni par faux-semblant; à ce qu'il ne s'attache point à ce que les autres font ou ne font pas. Et, en outre, à accepter ce qui arrive et ce qui lui est dévolu, comme venant de là même d'où lui-même est venu. Et surtout, à attendre la mort avec une âme sereine sans y voir autre chose que la dissolution des éléments dont est composé chaque être vivant. Si donc pour ces éléments eux-mêmes il n'y a rien de redoutable à ce que chacun se transforme continuellement en un autre, pourquoi craindrait-on la transformation de leur ensemble et sa dissolution? C'est selon la nature; et rien n'est mal de ce qui se fait selon la nature» (II.17). Il faut donc savoir ce qui nous veut et vouloir ce qui nous veut afin de jouir d'être au monde en conformité avec la Nature.

Que sont les autres? Souvent des poids existentiels inertes, comme des bouts de bois qui descendent le fleuve sans aucune conscience de leur existence. Or la bêtise et la sottise, la méchanceté et la jalousie, l'envie et la malveillance, la colère et l'agressivité, l'antipathie et le ressentiment règnent chez ceux qui ne se soucient pas de se construire comme des hommes et se contentent de vivre au jour le jour, en jouets de leurs passions. Marc Aurèle conclut: il serait bien vain de s'affliger que des sots le soient puisqu'ils n'ont pas eu l'occasion de cesser de l'être. Il faut donc apprendre à les supporter. Pardonnons-les car ils ne savent pas ce qu'ils font et ce qu'ils font n'est rien dès que l'on sait pourquoi et comment ils sont ce qu'ils sont.

Qu'est-ce que le monde ? L'occasion d'une immense foire aux vanités dans laquelle la plupart des gens désirent et recherchent de fausses valeurs : le pouvoir, les honneurs, les richesses, l'argent, l'apparence, la reconnaissance d'autrui, les festins, les vins rares, le grand train, la réputation, la célébrité, la gloire, la notoriété, la puissance sur autrui, les conquêtes d'alcôves, le plaisir, la volupté, le tout dans la précipitation de qui craint la mort et se rue dans ces impasses comme si jouir du monde de façon désordonnée était la solution.

Que puis-je faire ? Agir comme si je devais mourir dans la journée... En d'autres termes : *présentifier la mort*, me savoir mortel. Dans les mots de Marc Aurèle : « Tout faire, tout dire et tout penser en homme qui peut sortir à l'instant de la vie » (II.11). Ou bien ceci : « Il faut t'habituer à n'avoir que les seules idées à propos desquelles, si on te demandait soudain : "À quoi penses-tu maintenant ?" tu puisses incontinent répondre avec franchise : "À ceci et à cela." De cette façon, on pourrait voir aussitôt et avec évidence, que tout en toi est simple, bienveillant, digne d'un être sociable, indifférent aux idées de volupté ou, pour tout dire en un mot, de jouissances, insensible encore à la haine, à l'envie, à la défiance et à toute autre passion dont tu rougirais, s'il fallait avouer que ton esprit la possède » (III.4). Et avec autrui ? La chose est simple : ne se faire « ni le tyran ni l'esclave d'aucun des hommes » (IV.31). Un viatique existentiel !

Dans ce monde, avec lui et avec autrui, surtout avec autrui, il faut disposer du point de vue de Sirius et considérer les choses comme si nous étions sur une autre planète, autrement dit : *relativiser les points de vue*. Dès lors, tout ce qui semble important, essentiel, majeur ici-bas n'est plus rien du tout vu avec la distance de qui sait que rien de tout cela n'est grave : la relativisation de ce qui paraît insupportable aide à supporter ce qui soudain devient péripétie, anecdote. Marc Aurèle écrit : « Suppose que, subitement élevé dans les airs, de là-haut tu contemples les choses humaines et leur mobilité, comme tu les mépriserais en voyant en même temps l'immense étendue où demeurent les habitants de l'air et des régions éthérées! Et chaque fois que tu t'élèverais, tu reverrais les mêmes choses, leur uniformité, leur courte durée. Est-ce là un sujet d'orgueil?» (XII.24). Et puis cet autre passage: «Contemple de haut ces milliers de troupeaux, ces milliers de cérémonies, ces traversées de toute sorte dans la tempête ou dans le calme, ces variétés d'êtres qui naissent, vivent ensemble et disparaissent. Songe aussi à la vie que d'autres menaient autrefois, à celle qui sera vécue après toi, et à celle qui se vit présentement chez les peuples barbares. Combien d'hommes ne savent pas ton nom; combien l'auront vite oublié; combien qui te louent peut-être maintenant bientôt te vilipenderont! Et comme le souvenir, et comme la gloire, et comme enfin toute autre chose ne valent pas la peine d'en parler!» (IX.30). Relativiser est un exercice spirituel qui peut être effectué après l'examen de conscience pour abolir les troubles et les affects. Relativiser les points de vue, donc, mais aussi *décomposer les fictions*.

La conclusion de toute cette quête existentielle de l'empereur stoïcien? «Il faut donc être droit et non pas redressé» (III.5). Autrement dit, il faut avoir été construit par autrui, ses familles de sang et d'esprit, puis par soi-même, grâce à l'usage du miroir ontologique, comme un être qui très tôt aura compris que nous ne sommes que ce que nous nous faisons être, car il n'y a aucune grandeur à vivre comme des porcs qui obéissent à leur ventre en oubliant que nous disposons également d'un supplément d'être qui s'avère un avantage sur eux: un cœur et une âme, un esprit et une volonté. Une volonté surtout et non un désir aveugle, car la volonté est un désir qui sait où il va. Et la volonté se réfléchit puis se capture dans le miroir de l'être.

4

CROIRE

Les poulets sacrés de Pulcher

Qu'y aurait-il à croire ?

À Rome, on ne rit pas avec Carthage. Les guerres puniques constituent en effet l'identité de la cité d'abord et de l'Empire ensuite. On sait que les batailles ont beaucoup opposé les Romains et les Africains sur la mer. Avant de lancer un assaut, de commencer un combat, de décider d'une guerre même, les Romains interrogent les haruspices. Les fonctionnaires du ciel questionnent le vol des oiseaux : viennent-ils de gauche, mauvais présage, ou de droite, bon augure ? Quand on éviscère un poulet, on va chercher dans ses boyaux les réponses aux questions politiques sérieuses que se pose la cité : faut-il exterminer ce peuple ? Peut-être bien. Mais avant le génocide, que disent les intestins de la poule ? Ou le cœur du pigeon ? Sinon le rectum de l'oie ? Un filet de sang dans le croupion, et voilà le destin de l'Empire en rade. La chose nous fait rire aujourd'hui, mais les croyances font toujours s'esclaffer à un millénaire de distance. Le sage est d'abord celui qui, sur ce sujet mais aussi sur d'autres, dispose de ces mille ans d'avance.

La religion romaine, les dieux des Romains, voilà qui coule entre les doigts contemporains comme du sable ou de l'eau dans la main. Il est difficile d'envisager les croyances d'une civilisation à partir des arrière-mondes d'une autre culture. Aborder un rivage polythéiste et païen avec un bateau qui a l'habitude des contrées monothéistes et judéo-chrétiennes se révèle risqué. Le dieu des uns empêche de voir les dieux des autres. L'ombre abrahamique, qui lui est pourtant postérieure, trouble la lumière immanente dans laquelle Jupiter et les siens irradient leur monde.

À la faveur de l'une de ces batailles navales qui opposent Romains et Carthaginois, Pulcher, un amiral de la flotte romaine, envisage une manœuvre en mer. Pour que les procédures citoyennes soient respectées, la consultation des auspices s'avère indispensable. Le politiquement correct est de toutes les époques. Dans *Actions et paroles mémorables*, Valère Maxime rapporte ce fait : « Dans la première guerre punique, Pulcher Claudius se disposait à livrer un combat naval et avait demandé, selon l'ancien usage, qu'on prît les auspices. Informé par le pullaire que les poulets sacrés ne sortaient pas de leur cage, il les fit jeter à la mer en disant : "Puisqu'ils ne veulent pas manger, qu'ils boivent" » (I.IV.3). Ce général de la République romaine m'est sympathique.

Comment penser les dieux chez les Romains ? Qui sont-ils ? À quoi ressemblent-ils ? Peut-on vraiment les penser sans l'encombrement de notre bagage judéo-chrétien ? Quelles relations entretiennent-ils avec les humains ? De quelle façon sont-ils au monde ? Peut-on les voir, les sentir, leur parler ? Nous écoutent-ils ? Qu'entendent-ils ? Sont-ils capables de sentiments, d'émotions, de passions ?

Car le problème avec les dieux ou avec Dieu n'est pas tant qu'ils soient ou non, mais ce à quoi ils obligent les humains. Peu importent les dieux totémiques, animistes, les dieux divers et multiples du polythéisme, les dieux du paganisme et des panthéons de peuples oubliés ou perdus pourvu qu'ils n'invitent pas les hommes à mourir de leur vivant, à haïr la vie et le désir, à mépriser les femmes et le plaisir, à torturer le corps et la chair sous prétexte qu'avec un pareil holocauste on s'ouvre les portes d'une vie éternelle – quand on sera mort…

On ne sait pas grand-chose d'Évhémère, mais ce penseur affirme des choses essentielles en se faisant le premier déconstructeur de divinités. Il ne dit pas que les dieux n'existent pas, mais qu'ils sont construits et fabriqués par les hommes à l'image d'un idéal vers lequel ils dirigent leurs efforts. Et cet idéal est rien de moins que la divinisation d'un grand homme ayant réellement existé. Un dieu, c'est donc un homme hypostasié comme un idéal après qu'il a marqué son temps terrestre avec des faits et gestes notables, des actions mémorables.

Évhémère de Messine, en Sicile, ou, moins probablement, de Messène dans le Péloponnèse (vers 340-260 avant notre ère), a publié un *Récit sacré*, hélas perdu, qui fut un genre d'utopie dans laquelle il racontait la généalogie des dieux. Comme souvent dans l'Antiquité, on ne connaît ses idées que par tel ou tel, Ennius, Diodore de Sicile, Eusèbe de Césarée, Lactance, qui, *via* des traductions, puis des adaptations ou des citations, nous en ont rapporté des bribes : mais, à la vue des ruines, on imagine combien l'édifice fut grand !

Le récit est une fiction, un roman pourrait-on dire dans le vocabulaire d'aujourd'hui. Évhémère décrit l'île de Panchaia dans l'océan Indien, à quelques jours de navigation de l'Arabie Heureuse ; dans cet endroit, la société est séparée en trois classes : les prêtres et les artisans, puis les cultivateurs, enfin les soldats et les pasteurs. Les prêtres disent avoir été des Crétois installés là par Zeus en personne quand il régnait sur le monde habité. À l'époque, Zeus était encore un homme et il avait fait graver une inscription sur une stèle d'or. Diodore de Sicile affirme que ces inscriptions étaient rédigées en hiéroglyphes. Sur ce support, Zeus relatait la grande geste d'Ouranos, de Cronos, d'Artémis, d'Apollon et de lui-même qui étaient alors… des rois orientaux ! Évhémère raconte également la généalogie d'autres figures : Cadmos, par exemple, était le cuisinier d'un roi qui s'est enfui avec une joueuse de flûte répondant au nom d'Harmonia. Vénus, quant à elle, aurait été la première prostituée ayant initié les femmes de Chypre à ses techniques.

Pourquoi et comment passe-t-on de l'état d'homme à celui de divinité ? D'abord, quand on a fait de grandes et belles choses dans sa vie : des rois, des chefs de guerre, de grands marins, des amiraux, des fondateurs de cité, mais aussi, on vient de le voir, des femmes qui donnent du plaisir aux hommes et l'apprennent aux autres femmes ; ou bien : des humains qui en ont appelé au ciel pour motiver les leurs dans une aventure (construire une ville, combattre des ennemis, fonder une cité) et dont les succès ont laissé croire au petit peuple qu'ils entretenaient une relation avec le monde céleste dans lequel on les gratifiait après les avoir entendus ; ou bien encore : de généreux personnages qui, dans la logique de l'évergétisme (la générosité privée avec laquelle des travaux publics ou des jeux sont possibles dans une cité), ont montré leur magnificence et leur munificence.

Évhémère raconte la vie humaine des dieux : leur lieu de naissance, leur vie, leur carrière, leurs exploits, leur mariage, leurs enfants, leur descendance, leur mort, l'endroit où se trouve leur sépulture – de quoi renseigner et retracer le trajet d'un humain entre son apparition et sa disparition.

Évhémère est-il athée ? Au regard de ce qui nous reste de lui, rien ne permet de l'affirmer. Mais le mot est piégé. Il a long-temps servi à jeter l'infamie non pas sur celui qui niait l'existence de Dieu, ce qui définit l'athéisme, mais sur le philosophe qui en donnait une formule qui n'entrait pas dans le carcan de l'ortho-doxie du moment. L'athée fut longtemps non pas celui qui affir-mait l'inexistence des dieux, ou de Dieu, mais celui qui y croyait librement, sans l'appareil religieux contraignant qui les accom-pagne. Quand les épicuriens affirment l'existence d'un très grand nombre de dieux, mais matériels et composés d'atomes subtils, ils ne sont pas négateurs des dieux, mais négateurs de la formule habituellement cristallisée dans la religion du moment.

De sorte qu'Évhémère ne dit pas : « les dieux n'existent pas » ; ou bien : « le grand Pan est mort » ; ou bien encore : « les dieux sont morts » ; sinon : « les dieux n'ont jamais existé » – mais : « les dieux existent bel et bien, ils ne sont pas morts, ils sont vivants, mais ils ne sont que des formes vénérées de vivants ayant eu une existence hors pair ». En révélant leur généalogie, Évhémère ne les nie pas, bien au contraire, mais il les descend du ciel pour les examiner avant de les renvoyer au ciel où rien ne nous interdit de tout faire pour les imiter.

Ce sont une fois de plus les épicuriens qui proposent aux hommes la bonne formule religieuse en les invitant à devenir semblables aux dieux. C'est le principe d'Épicure, c'est celui des épicuriens romains qui souscrivent à ce point de doctrine. Toute leur philosophie vise à obtenir cet unique résultat : devenir des dieux en imitant leur impassibilité.

Le dieu épicurien ne fait pas souffrir, il ne souffre pas ; il est impassible et n'a aucunement le souci d'agir sur les hommes, pas plus qu'il ne se soucie de ce que les hommes pensent de lui ou lui demandent par des prières.

Lucrèce critique en effet les humains qui prient les dieux, autrement dit : qui leur demandent d'intercéder en leur faveur ! Il y voit clairement de la « superstition ». De toute façon : une manière inappropriée de concevoir les dieux et d'entretenir avec eux une relation digne de ce nom – autrement dit philosophique.

Qu'est-ce qu'entretenir une relation philosophique avec les dieux ? D'abord, afin de pouvoir avancer, tâchons de résoudre cette question simple : qu'est-ce qu'un dieu pour un épicurien ? Voire, plus précisément : qu'est-ce qu'un dieu chez Lucrèce ? Ou pour Lucrèce ?

La question de la religion ouvre *La Naissance des choses* ; ça n'est pas un hasard. Le projet épicurien consiste dans un premier temps : à vivre débarrassé de la crainte des dieux ; dans un deuxième temps : à vivre avec en tête l'idée d'une autre définition du dieu que celle qui sévit pour le plus grand nombre ; dans un troisième temps : à vivre avec le projet non pas de prier, d'adorer ou de vénérer les dieux, mais de devenir soi-même l'un d'entre eux.

S'il existe donc bel et bien une religion épicurienne romaine, elle est proprement philosophique et tourne le dos aux pratiques qui supposent auspices et haruspices, rites et sacrifices, divination et consultation d'oracles, pontifes et flamines, fétiaux et vestales.

Un disciple romain d'Épicure aurait très bien pu balancer lui aussi les poulets sacrés par-dessus bord pour dire dans quelle estime il tenait ces pratiques superstitieuses. Qu'un boyau ou le cœur d'un volatile puisse décider d'une expédition contre les

Carthaginois, voilà qui aurait arraché un grand éclat de rire au philosophe romain.

Premier temps : *se débarrasser de la crainte des dieux*. Quelque quarante vers après le début de son poème, après l'invocation à Vénus, la déesse de l'amour, et la dédicace à Memmius, le commanditaire de l'œuvre, deux passages obligés pour une pareille œuvre à l'époque, Lucrèce entre dans le vif du sujet : les dieux ne sont pas à craindre, ils ne régissent pas la terre à partir du ciel, ils n'ont aucun souci des hommes, ils ne les punissent ni ne les récompensent.

Depuis toujours, la religion a engendré des crimes et des meurtres, des sacrifices et du sang inutilement versé. Et Lucrèce de donner des exemples de ces pratiques funestes, dont Iphigénie – le passage a fait souffrir plus d'un élève en classe de latin.

Elle apporte avec elle des angoisses et des craintes : qu'advient-il de l'âme immortelle après que le corps mortel a effectué son temps ? Est-elle libérée des tourments de la chair ? Connaît-elle les souffrances d'une damnation dans les enfers ? Doit-elle se réincarner à nouveau jusqu'à ce qu'une vie parfaite la libère de cette punition de la métensomatose ? Entre-t-elle dans un paradis où le bonheur et la félicité récompensent celui dont la vie aura été exemplaire ?

La religion ne vit que de donner des réponses à ces questions en exigeant dans la vie terrestre un comportement qui déterminerait ce qu'il en serait dans la vie céleste. Mais cette prédiction porte avec elle mille motifs d'inquiétude et de frayeur, d'appréhension et d'épouvante. Si d'aventure on a commis une faute un jour, devra-t-on la payer toujours dans le feu des enfers ? Et si l'on a été bon une fois, sera-ce suffisant pour gagner son paradis pour toujours ? Qu'en pensent les dieux qui ne disent rien ? *Quid* de cette géographie infernale dont on sait peu de choses, sinon par l'imagination des poètes, et dont personne n'est jamais revenu ? *Idem* avec la géographie céleste !

Lucrèce résout le problème à l'aide des atomes : son matérialisme est un hédonisme aux effets puissants, un baume ontologique, une joie philosophique, une béatitude terrestre et concrète. Jugez-en. Tout est composé de matière, il faut examiner toute crainte en regard de cette certitude : l'effroi qu'entraîne la mort se calme dès qu'on sait qu'elle n'est qu'une représentation sur laquelle nous pouvons agir. On connaît l'argument : si la mort est là, je n'y suis plus ; si je suis là, elle n'y est pas encore ; dans les deux cas, elle ne concerne pas mon présent. Or le présent, voilà justement la seule dimension dans laquelle nous vivons. La mort n'est donc que l'idée de la mort que nous présentifions à tort puisque c'est cette seule actualisation qui nous fait souffrir. Le motif de la crainte est dans notre vouloir : la rejeter là où elle est, dans un futur qui n'est pas mon présent, voilà de quoi me libérer l'esprit et l'âme.

Or la crainte de la mort crée la religion, donc les dieux. C'est parce qu'on ne veut pas mourir qu'on s'invente des figures immortelles auxquelles on aimerait ressembler. Dès lors, on les imite, on les prie même pour obtenir d'elles des faveurs, des aides, du secours, des soutiens. Erreur ! affirment les épicuriens. Solliciter les dieux c'est se vautrer dans la superstition qui est prostitution de la religion véritable. C'est cette altération qui se révèle condamnable, pas la religion véritable.

Deuxième temps : *vivre avec une définition adéquate des dieux*. Ils existent, sont matériels, constitués d'atomes subtils et vivent dans les intermondes. Les intermondes et non les arrière-mondes. La physique épicurienne défend l'idée d'une pluralité des mondes – ce que la physique contemporaine nomme les «plurivers», en confirmant par là même l'hypothèse antique... Entre ces mondes, dans les espaces entre ces mondes, se trouve la demeure des dieux :

«Du nirvana divin paraît le calme nonchaloir,
Que ne bat nul aquilon, que nulle averse n'inonde,
Et que d'abats brutaux la neige durcie à frimas
Jamais ne va blêmir : sur eux, l'air pur de ces climats
Verse une lumière riante, à foison procurée !
Oui, Nature en tout est prodigue envers ces bienheureux :

Chez eux la paix de l'âme en rien jamais n'est altérée ;
Par contre, du noir Achéron, nulle trace en ces lieux,
Tandis que la terre qui s'ouvre à mes pieds laisse voir
Dans le vide, sous moi, le monde aller et se mouvoir !
Alors la joie et le frisson, que ressentent les dieux
Me pénètrent, tant Nature, à l'appel de ton génie,
Découvre à nu de partout son étendue infinie »
(III.18-30).

Ces intermondes font partie du monde : ils sont des espaces entre les mondes, mais *dans l'univers*. En revanche, l'arrière-monde monothéiste est quant à lui un au-delà du monde, un par-delà le monde, un *après l'univers* qui n'est plus l'univers. Les intermondes relèvent de la physique épicurienne ; les arrière-mondes de la métaphysique, de l'après-physique, d'un antimonde dans lequel tout est possible – y compris des dieux jaloux et méchants, vengeurs et vindicatifs, omnipotents et omniscients, juges et bourreaux.

Dans la doctrine épicurienne, les dieux sont impassibles, vivants, immortels, bienheureux ; ils n'ont aucun souci des hommes et des affaires de l'univers ; ils sont sans désirs, sans passions, sans affects, sans émotions ; ils ne connaissent pour eux-mêmes aucun tracas, ils n'en causent aucun aux humains, car faire le mal n'est jamais qu'une réponse à un mal reçu ; ils ont pour seul souci de s'adonner à leurs vertus et n'admettent que ce qui fortifie leur béatitude pendant qu'ils écartent tout ce qui la contrarie ; ils sont indestructibles parce qu'inaccessibles à ce qui détruit, ils sont donc immortels – ils connaissent l'ataraxie, l'absence de trouble, qui est très exactement ce que le philosophe doit chercher et obtenir s'il veut être un sage :

« [...] Tout ce qui tient des dieux de soi se voit obliger
De jouir de l'éternité dans une paix profonde,
Et le complet détachement des choses de ce monde :
Leur âme, exempte de souffrance, exempte de danger,
Forte de ses pouvoirs, à notre sort indifférente,
De mérites n'a cure et de courroux point ne fomente ! »
(I.44-49, mêmes vers en II.646-651).

Plus loin Lucrèce écrit aussi ceci concernant la demeure des dieux :

« De même, comment croirais-tu qu'en ce monde les dieux
Eussent quelque part fixé leurs séjours et leurs saints lieux ?
Des dieux subtile est la substance ; elle fuit la portée
De nos sens, et, pour l'esprit, à peine est-elle attestée...
Et, puisqu'elle fuit le toucher et la caresse des mains,
Rien elle ne palpe qui soit palpable aux doigts humains,
Car comment pût toucher ce que l'on ne peut toucher point ?
Leurs séjours doivent donc être différents à l'extrême
Des nôtres, et subtils, autant que leur substance même.
Plus tard avec quelque ampleur nous reviendrons sur ce point »
(V.146-155).

Mais il ne reviendra pas sur ce point... Aux yeux de ceux qui pensent que *La Naissance des choses* est une œuvre inachevée, ce vers témoigne : Lucrèce annoncerait ce qu'il a tenu soit dans la partie perdue, soit dans la partie qu'il n'aurait pas manqué d'écrire mais que la mort, présupposée pesteuse parce que l'ouvrage se termine sur une description de peste, l'a empêché de versifier. D'autres estiment que Lucrèce n'avait que faire de s'étendre sur la théologie épicurienne puisque son projet était purement scientifique ; mais, alors, pourquoi annoncer ce que l'on aurait l'intention de ne pas tenir ? Je tiens pour un poème inachevé ou tronqué par le temps. Une conclusion selon l'ordre de l'exercice rhétorique n'aurait pas manqué à pareil poème – or, elle manque.

Troisième temps : *vivre de façon à devenir soi-même un dieu.* Voilà le projet épicurien, c'est peu ou prou celui de toute la philosophie antique. Comment réaliser un pareil projet ?

Lucrèce a probablement lu ou entendu parler de la théorie d'Évhémère. Car comment comprendre, sinon, sa généalogie matérialiste et historique des dieux ?

« Mais quelle cause épandit au sein d'amples nations
La puissance des dieux, encombra les villes d'autels,
Et fit qu'on instaura ces rites solennels

Encore accomplis partout aux grandes occasions ?
Oui, d'où vient cet effroi qui toujours étreint les mortels,
Et, de temples nouveaux leur faisant recouvrir la Terre,
Pousse la multitude aux jours de fête à les emplir ?
Ces questions s'expliquent assez et ne m'encombrent guère.
Oui, car des dieux, dès lors, les mortels ont vu venir
Les visages prodigieux les hanter dans leurs veilles,
Et le rêve leur donnait des statures sans pareilles.
L'on prêta des sentiments à ces visions soudaines,
Qu'on voyait se mouvoir et s'exprimer à voix hautaines,
À proportion de leur taille et de leur majesté ;
On les para de la vie et de l'immortalité :
Toujours reparaissant, leurs traits restaient toujours les mêmes,
Et n'importe quel assaut, grâce à leurs forces suprêmes,
Semblait pouvoir être en tout temps d'évidence évité.
Bien plus heureux, se disait-on, sans doute était leur sort,
Puisqu'aucun d'eux jamais n'avait à redouter la mort,
Et que le rêveur endormi les voyait parmi l'ombre
Sans fatigue accomplir leurs prodiges sans nombre ;
De plus, l'ordre réglé du ciel apparaissait aux yeux,
Et, voyant le retour régulier des saisons
Sans pouvoir en percer nullement les raisons,
Ils en étaient réduits à s'en remettre aux dieux,
Sûrs que d'un signe du chef ils pussent fléchir les cieux.
Du ciel on jugea, pour des dieux, la demeure opportune,
Car au ciel ne voit-on rouler et la Nuit et la Lune,
La Lune et le Soleil, la Nuit et les Astres glaçants,
Les flambeaux errants du soir, les aériennes fusées,
Et neige, et pluies, et vents, soleils, grêle, éclairs et nuées,
Et les murmures soudains des orages menaçants ? »
(V.1161-1193).

Or, si les dieux ont été ainsi construits par les hommes *dans le passé*, pourquoi diable ne pourrait-on pas en construire de semblables *dans le futur* ? Ce qui a été pourrait bien être encore, et la loi qui présidait au passage des grands humains remarquables à la production de divinités reste la même.

C'est dans cet esprit qu'il faut songer à ce que fut l'épicurisme vécu pendant près de dix siècles dans des communautés philosophiques au bord de la Méditerranée – songeons à Philodème de Gadara (ancienne Syrie au Ier siècle avant notre ère) ou à Diogène d'Œnoanda (ancienne Asie Mineure au IIe siècle de notre ère). L'étymologie de « religion » nous enseigne la reliance, la liaison à nouveau – le *re ligare*. Une erreur de parallaxe fait ajouter que cette reliance lie les hommes entre eux – c'est une méprise de postmoderne qui a oublié la Nature ou s'évertue à la mépriser, à la nier, à la conjurer.

Car cette religion lie les hommes *avec la Nature*, donc le Cosmos, et non pas *entre eux* dans les limites étroites de la Cité. Elle n'est pas une invite locale à l'amour du prochain, mais une pratique universelle issue de la connaissance de la nature et de l'ordre des choses afin d'y trouver sa place en congruence. La religion épicurienne n'est pas une morale humaniste et anthropocentrique (comme notre époque incapable de spiritualité le croit…), mais une physique matérialiste et cosmogonique.

Voilà pour quelles raisons le projet lucrécien, en tant qu'il est scientifique, physique, atomiste, matérialiste, ne congédie pas la religion dans l'absolu, mais la mauvaise religion – celle qu'il nomme la « superstition », autrement dit le mauvais usage des dieux, l'usage de qui renonce, prie, demande et s'agenouille.

Des siècles d'interprétations de cette pensée atomiste ont empêché de lire et de comprendre ce que l'épicurisme propose véritablement : des Pères de l'Église à la vulgate marxiste en passant par la philosophie des Lumières, de ses racines Renaissantes à ses surgeons socialistes, on a fait de la pensée épicurienne une arme de guerre contre le christianisme, une philosophie rationaliste opposée à l'obscurantisme judéo-chrétien. Certes, les textes ont pu rendre possible cet usage.

Mais c'est oublier l'indéniable dimension religieuse de cette sagesse matérialiste passée sous silence pendant plus de deux millénaires car une *spiritualité matérialiste*, sinon une *religion athée*, voilà qui n'entre pas dans les cadres mentaux de la philosophie occidentale dominante.

Or cette religion athée, en tant qu'elle lie les hommes avec le cosmos, l'ordre matérialiste de l'univers, fait partie de ce que l'on sait de l'épicurisme grec puis romain. Il suffit d'en revenir aux *Vies et doctrines des philosophes illustres* de Diogène Laërce qui fournit tous les renseignements nous permettant de savoir que le Jardin fonctionne comme un monastère[1].

On sait en effet que le Jardin obéit à la monarchie éclairée du philosophe qui le conduit. Le souvenir d'Épicure est entretenu lors de banquets par des commémorations de dates anniversaires : sa naissance et sa mort ; on célèbre également d'autres dates qui concernent sa famille, ses amis. Son portrait apparaît sur des statues ou gravé dans des intailles portées en bague, de façon à vivre comme si l'on était sans cesse sous le regard du philosophe, qui semble ainsi toujours prêt à nous demander si l'on mène bien une vie philosophique dans l'esprit de l'école.

Diogène Laërce rapporte dans la rubrique «Les malveillances» (X.1-8) que le Jardin était une secte dans laquelle Épicure se comportait comme un gourou ; qu'il était violent avec quiconque s'opposait à ses théories ou à sa personne ; qu'il a diligenté des attaques contre ceux qui quittaient la communauté ; qu'il était un bâfreur qui dépensait des fortunes dans la nourriture et qui vomissait afin de pouvoir manger à nouveau ; qu'il fut un grossier personnage, un atrabilaire, un jaloux de ses confrères, un maquereau de son propre frère, un voleur des théories d'autrui, un genre de bedeau de la religion traditionnelle qui allait avec sa mère de maison en maison afin d'y vendre des purifications, un débauché amateur de courtisanes, un courtisan des puissants – ce qui, avouons-le, est beaucoup pour un seul homme…

Or, cette école philosophique avait du succès en son temps mais elle en eut aussi plus tard, pendant de longs siècles ; il n'est donc pas étonnant qu'en présence d'une aventure philo-

---

1. Je devrais écrire les choses autrement en disant que les monastères chrétiens ont fonctionné et fonctionnent toujours comme les jardins épicuriens car, historiquement, c'est Épicure qui fournit cette éthique ascétique, cette diététique des désirs, cette austérité du plaisir sobre, cette sagesse pratique, cette exigence de vie communautaire, cet éloge de la vie frugale, cette obligation de vivre sa pensée et de penser sa vie dans le menu détail de la vie quotidienne, qui sont communs aux règlements intérieurs du Jardin et aux règles monastiques depuis la première règle, celle de saint Benoît de Nursie au VIe siècle.

sophique qui réussisse on enregistre une montée de la haine qui ne recule devant rien et n'exclut pas l'attaque *ad hominem* : si cet homme qui fait l'éloge de l'abstinence sexuelle, de la frugalité, de la pauvreté, du dépouillement, de la maîtrise de soi, de l'austérité est présenté comme un jouisseur, un coucheur, un goinfre, un colérique, un plagiaire, on imagine pouvoir disqualifier facilement la pensée en ayant disqualifié le penseur. Il est plus facile de salir un homme par des calomnies que d'invalider sa pensée par des lectures et des analyses. La chose est vieille comme le monde...

Mais entre la mythologie de l'épicurisme formidable parce que posant les bases du marxisme-léninisme à venir et, par un effet inverse de mouvement de balancier, la mythologie d'un chef de bande sectaire qui s'avère moins le premier des rationalistes modernes que le dernier des archaïques poussant la corne des cultes à Mystères dans le ventre de la période hellénistique, il y a place pour une autre hypothèse : l'épicurisme a montré qu'il pouvait être une religion philosophique, une spiritualité athée, une sagesse pratique.

Dès lors, on peut expliquer que Rome n'aime pas les épicuriens non pas à cause de leur hédonisme, la cité d'Apicius, de Pétrone et de Juvénal a vu pire, mais parce que la *religion civique* qu'elle enseigne comme garantie républicaine trouve dans cette *religion individuelle* un puissant poison qui sape les fondements de la cité. Toutes les attaques que Cicéron diligente contre l'épicurisme, et elles sont nombreuses, mais aussi celles de Sénèque, qui ne manque tout de même pas de citer abondamment Épicure avec révérence dans ses *Lettres à Lucilius*, trouvent leur sens dans cette hypothèse : celui qui propose à quiconque, homme ou femme, jeune ou vieux, riche ou pauvre, esclave ou césar, patricien ou plébéien, de se faire semblable aux dieux fait courir le risque d'une terrible sécession d'avec la cité ; il enseigne de faux dieux – comme il en fut fait le reproche à Socrate, qui le paya de sa vie...

Dans *Contre Colotès*, Plutarque rapporte une anecdote intéressante. Le philosophe épicurien Colotès écoute Épicure qui tient un discours sur la nature – c'est en fait l'épicentre de sa philosophie, le cœur nucléaire de sa pensée... Colotès est subjugué par la pertinence du propos. Il se jette alors aux genoux du philosophe – qui lui répond ceci : « Comme si tu vénérais ce que nous étions alors en train de dire, un désir a fondu sur toi, qui ne relève pas de la science de la nature, le désir de nous embrasser en nous saisissant les genoux et de déployer tout le rituel d'appropriation à travers les gestes d'adoration et les prières dont les autorités sont l'objet ; donc, dit-il, tu as obtenu qu'en retour nous aussi nous consacrions et vénérions ta personne » (1117 A-B). Parbleu, ils sont pardonnables, reprend Plutarque, ceux qui disent qu'ils donneraient tout pour pouvoir contempler un tableau représentant ce noble spectacle de l'un qui se jette aux genoux de l'autre pour les embrasser, et du second qui supplie et se prosterne en retour ! Néanmoins, pour bien combiné qu'ait été cet hommage religieux par Colotès, il ne récolta point les fruits qu'il méritait ; bien loin, en effet, que celui-ci ait été proclamé sage, Épicure dit seulement : « Incorruptible pour moi, va ton chemin ; et que nous soyons incorruptibles, aie cela à l'esprit » *(ibid.)*.

Que dit ce texte ? Plusieurs choses. La première est que nous sommes loin de la secte dans laquelle un gourou se ferait baiser les genoux avec jubilation... La scène étant rapportée par Plutarque, de sensibilité plutôt platonicienne, et dans un dialogue qui attaque Épicure et les épicuriens, elle n'apparaît pas vraiment à charge contre le maître du Jardin, bien au contraire.

Car, deuxième chose dite, elle montre bien plutôt un maître dans l'esprit de Socrate qui éveille et questionne, interroge et accompagne, au contraire d'un chef de secte qui assène et méprise, reçoit les courbettes de ses disciples et jouit de leur servitude.

Et puis, troisième chose dite, la plus importante : Épicure dit à Colotès que ce que le second croit voir chez le premier, le premier le voit aussi chez le second. Pour quelle raison ? Parce que *se faire semblable aux dieux* en faisant tout pour parvenir à leur impassibilité, c'est ce que se propose le philosophe du Jardin, mais c'est également ce qu'il propose aux philosophes du Jardin : ses égaux en quête de vérité.

Cette religion philosophique, cette sagesse qui relie les hommes à l'ordre du cosmos dispose d'une cérémonie qui est… le banquet! Une Cène païenne au cours de laquelle se pratique la communauté idéale d'amis autour d'un repas frugal. Rien à voir avec des orgies de nourritures fines, des séances où l'on se remplit la panse de victuailles avant de les vomir à peine ingurgitées afin de pouvoir recommencer à manger comme des porcs.

Qu'on songe à la villa de Pison, au pied du Vésuve, dans le golfe de Naples: dans une architecture qui convoque les arts, mosaïque et sculpture, dans un paysage sublime qui donne sur la vastitude de la Méditerranée, avec des produits issus de la nature proche, les poissons rapportés du village en contrebas, l'huile des oliviers dans lesquels chantent les cigales alentour, le vin des vignes poussées à flanc de coteau, nourries au soleil campanien, avec des amis dignes de ce nom dont la conversation ramène à l'essentiel et éloigne des futilités, dans l'esprit épicurien qui vise à réaliser en soi l'absence de trouble, la religion épicurienne latine trouve son sens.

C'est dans ce genre d'endroit qu'il faut imaginer Lucrèce lui-même, sinon un lecteur dont c'est le métier, lire des extraits de *La Naissance des choses* afin d'édifier les commensaux qui se nourrissent de poisson grillé et de vin blanc, qui jouissent de l'ombre portée par une treille capable de protéger d'un soleil généreux, qui entendent les mots du philosophe dits dans un concert de cigales porté par la brise légère venue de la côte. Voilà ce qu'est être pareil aux dieux, vivre comme eux. Horace avec sa rose à cueillir dès aujourd'hui ne dit pas le contraire.

À la question: «Qu'y aurait-il à croire?», on peut alors répondre ceci: la seule religion digne de ce nom est celle qui nous unit à l'ordre des choses qui est purement matériel. Particules dans un monde de particules, atomes dans un monde atomique, il nous faut jubiler ici et maintenant de cet agencement qui ne se répétera pas. L'éternité n'est pas à venir, elle est ici et maintenant – pourvu qu'on la veuille. Les dieux sont de calmes vouloirs qu'il nous faut vouloir. Jetons les poulets par-dessus bord… Pulcher est un saint homme.

Intermède 8

Le pourpre dans la toge de Marc Aurèle

Qu'est-ce que vivre en Romain ?

Marc Aurèle se proposait de « rester droit » ; rester droit, c'est « vivre en Romain » ; vivre en Romain, c'est maîtriser les affects dégradants : le chagrin, le désir, la colère, le deuil, la peur. Il s'agissait donc pour un homme de Rome de vivre selon l'ordre des raisons aristocratiques qui obligeaient à une tenue. Chacun est destiné à tenir un rôle social qui exige de lui la maîtrise. Rome est un surmoi.

L'idéal du moi, s'il faut filer la métaphore viennoise, c'est l'équanimité, autrement dit : l'art d'être toujours égal à soi-même. Le Romain idéal manifeste gravité, sérénité, humanité, suavité, simplicité, pudeur, clémence, grandeur d'âme, liberté, patience, loyauté, bienfaisance, longanimité, magnanimité, douceur, bon accueil réservé à l'inférieur.

Rome aime la vertu, elle aime donc le spectacle de la vertu. Voilà pourquoi elle estime tant les gladiateurs. Non par goût du sang et des viscères répandus sur le sable, mais pour le plaisir de voir de belles personnes capables de regarder la mort en face puis de mourir sans trembler.

Car la droiture n'est pas une idée en l'air – les Romains n'ont que faire des idées en l'air –, mais une preuve de vertu. Elle se voit, ou pas, dans les faits, dans les actes, dans la vie. Pierre Vesperini écrit : « Être droit, c'est être beau comme l'émeraude, la pourpre, une lyre, une épée, une fleur, c'est vivre la vie la plus belle, c'est-à-dire se distinguer des autres, resplendir au milieu d'eux, pour le dire comme Épictète, comme la bande de pourpre, au lieu d'être n'importe quel fil de la toge» (*Droiture et mélancolie : sur les écrits de Marc Aurèle*, p. 75). Il reprend cette idée qu'une éthique digne de ce nom, c'est une esthétique. Puis il ajoute : «On peut résumer cette nature esthétique des Anciens par cette formule du philosophe Taurus : *Vita ornanda*, "Il faut magnifier sa vie, faire de sa vie une œuvre d'art"» *(ibid.).*

Dans la perspective d'une éthique esthétique, ce qui est vertueux est beau, et laid ce qui ne l'est pas. Mal se conduire relève donc de la laideur. Se trouver emporté par la colère, être débordé par ses désirs, manifester de l'impatience, se rouler dans le plaisir, être effondré par la perte d'un être aimé, avoir peur de la mort, voilà autant de choses laides.

Être droit, c'est également suivre les dieux qui sont des modèles de perfection, c'est vivre avec. L'historiographie dominante pense le polythéisme en regard du monothéisme et regarde les dieux à partir de ce que l'on sait du Dieu unique. Erreur, écrit Pierre Vesperini…

Les dieux auxquels croit Marc Aurèle sont nombreux ; on peut les voir, car ils ne sont pas des concepts, des idées ou des abstractions ; ils sont accessibles par la prière, l'invocation, les oracles, les rêves, les songes ; ils exaucent des prières et l'empereur les remercie de lui avoir signalé des remèdes pour lutter contre ses crachements de sang ou ses vertiges ; il les invoque pour qu'ils interviennent en faveur de ses parents, de ses amis, de ses proches ; il connaît les formules rituelles par cœur ; il offre des sacrifices à des statues de ses maîtres ; il fait purifier Rome par des sacrifices expiatoires ; il obtient par ses prières que la pluie tombe, car il a besoin d'eau pour abreuver son armée ; il est acclamé empereur par ses soldats et il y voit une volonté des dieux, ce qu'il écrira aux sénateurs.

La sagesse selon Marc Aurèle est donc moins une conquête de soi-même par l'usage d'une saine raison bien conduite – cette vision des choses relève de l'anachronisme – qu'une imitation des dieux qui n'ont pas grand-chose à voir avec la raison et le rationnel. Son entreprise est plus proche de l'hermétisme et du culte à mystères que de la philosophie rationaliste. Aux antipodes de la *Critique de la raison pure*, Marc Aurèle qui a été initié aux mystères d'Éleusis évolue dans un univers religieux !

Si, comme je l'ai déjà dit, le Romain idéal manifeste gravité, sérénité, humanité, suavité, simplicité, pudeur, patience, loyauté, bienfaisance, longanimité, magnanimité, douceur, bon accueil réservé à l'inférieur, c'est parce que ces vertus sont celles des dieux...

Marc Aurèle pense donc la philosophie comme une initiation qui permet d'accéder à l'art de se faire semblable aux dieux. Dans cette logique, la vie c'est la mort, et la mort, si l'on a été initié, c'est la vie.

Voilà pourquoi il imagine qu'il existe un démon en lui, ce qui suppose qu'on n'oppose pas le corps à l'âme, mais qu'on pense de façon plus subtile l'existence d'un corps, d'une âme et d'un démon. Ce démon n'obéit pas à une définition précise chez l'empereur : une fois il s'agit de l'âme quand elle quitte le corps ; une autre, c'est ce qui reste en nous même après la mort ; ici, c'est lui qui donne des ordres à l'âme ; là, c'est la même chose que l'esprit ; ailleurs, c'est le génie romain qui veille sur chacun... On a le choix !

Marc Aurèle ne vit donc pas dans un monde de raison et de rationalité, d'usage de la philosophie comme d'un art de se détacher des dieux, il vit tel un initié cherchant à imiter la perfection des dieux qui existent réellement et non métaphoriquement. Il ne s'agit donc pas pour lui de vivre en philosophe stoïcien, mais en homme romain qui peut demander au stoïcisme, mais aussi aux autres écoles philosophiques, matière à mieux penser le monde. Il n'existe pas de conversion à la philosophie chez lui, mais un usage utilitaire de la philosophie à des fins d'édification religieuse.

Quels étaient ces affects que Marc Aurèle souhaitait écarter de son existence ? Quelles passions le troublaient ? Qu'il soit empereur ne change rien à l'affaire, il avait peur de ce que tout être humain craint : souffrir et mourir. Il a aussi peur de mourir avant l'heure, si tant est qu'il y ait une heure ! Du moins souhaite-t-il mener à bien la tâche qu'il sait être la sienne à la place qu'il occupe. Il a donc peur de ne pas avoir le temps.

Il se trouve également affecté par les effets de la vilenie de la nature humaine. Qu'on se souvienne de ces terribles lignes, mais tellement justes : « Se dire dès l'aurore : je vais rencontrer un indiscret, un ingrat, un violent, un perfide, un arrogant » (II.1), etc. Il ne reste donc pas impassible devant la méchanceté de ses semblables, l'ingratitude des hommes, la calomnie qui fait la loi.

Il faut bien que le corps exulte, Marc Aurèle le sait, et il demande aux dieux d'être épargné par le désir sexuel. La libido ne semble pas avoir été une passion impérieuse chez lui. Mais il l'estime plus grave que la colère.

S'il partage des affects avec les autres hommes comme la peur de la souffrance et de la mort, la fatigue à cause de la méchanceté des hommes, les tourments du désir sexuel et le goût du plaisir qui va avec, il connaît également des passions qui relèvent de son métier d'empereur.

Ainsi le désir de la gloire en général mais aussi, en particulier, celui de la gloire posthume – toute-puissance de l'orgueil. Il faut veiller à trouver la bonne distance entre l'art de se plaire, auquel invite l'éthique aristocratique romaine, et l'évitement d'un trop grand plaisir pris à soi-même. Par exemple : Rome estime l'éloquence. Dès lors, l'art rhétorique y est tenu en haute estime. Faut-il pour autant s'en vouloir de bien parler ? Ou de trop bien parler ?

Marc Aurèle confesse aussi de franches colères, des manifestations d'impatience et des crises de rage… De quoi laisser penser que l'empereur verse du côté de la tyrannie. Il existait des exercices, des techniques pour éviter les colères : quand on les sent venir, monter, il faut se réciter lentement les lettres de l'alphabet et se taire en attendant…

L'empereur, qui sait que son métier l'expose à la dague, au crime, à l'épée, au poignard, craint le complot. Il lui faut résister à cette fâcheuse tendance à suspecter tout le monde et à chercher à savoir ce qui se trame dans la tête de chacun de ses interlocuteurs.

Ajoutons à cela que Marc Aurèle souffre du fait que sa mort pourrait réjouir un certain nombre de personnes. Il se console en estimant que quitter une vie de laquelle tel ou tel souhaite vous voir privé, c'est quitter une chose bien peu désirable.

Constatons en passant que ne pas faire son deuil d'avoir à déplaire quand on occupe cette fonction, c'est avouer un cuir peu épais pour un chef de guerre, un chef d'État, un chef d'Empire qui aspire à la sagesse des dieux… Vouloir être aimé rend faible, parce que ce désir met à la merci d'autrui.

Souffrir, mourir, mourir avant l'heure, subir la méchanceté des hommes et le tourment du désir des femmes, désirer la gloire de son vivant, mais aussi *post mortem*, se montrer colérique, impatient, rageur, craindre la mort dans un complot et savoir qu'on pourrait réjouir une poignée d'hommes par sa mort, voilà donc de quoi brosser le portrait d'un homme mélancolique, angoissé, anxieux, troublé, inquiet. L'empereur de l'Empire n'est pas l'empereur de soi, il n'a pas l'empire sur lui-même. Mais il le veut.

Marc Aurèle a été nommé empereur par accident. C'est Hadrien qui demanda à Antonin de l'adopter après avoir remarqué ses talents et ses qualités. Sans cela, il se destinait à une vie de plaisirs savants et de chasse, de marche dans la campagne, de promenades à cheval, d'activités sportives, d'écriture, en l'occurrence historique et poétique, et de lecture.

Jeune, Marc Aurèle mène une existence austère : il lit au théâtre ou pendant le dîner, à table il mange du pain quand les autres dévorent des plats fins, il refuse d'assister à des banquets pour préférer travailler à son bureau, il perd peu de temps à dormir, il refuse un héritage, il mange peu, il est sobre. Il mène une vie philosophique.

Une fois parvenu au pouvoir, ce type d'existence lui manque. Il lui faut dès lors vivre une vie de devoir – celle d'un Romain, qui plus est : la vie d'un Romain empereur, d'un empereur romain. Il doit faire la guerre et il aime la paix. Il cherche à se construire une citadelle intérieure et il doit défendre la citadelle impériale. Il veut être philosophe et il doit être empereur. Cette tension ne manque pas de relever de l'affect.

Marc Aurèle est d'un tempérament mélancolique. Il connaît le chagrin et la colère, le désir de solitude et la tendance à l'asocialité, l'inflexibilité et la peur obsessionnelle de la mort, le manque d'appétit et la douleur des insomnies, les veilles prolongées et le zèle excessif pour les études.

Quand il écrit sur lui, il écrit parfois contre lui et se reproche sans ménagement son caractère, son tempérament, ses tropismes. Il s'assimile aux femmelettes, aux bêtes sauvages, au bétail, aux enfants, aux lâches, aux traîtres, aux bouffons, aux tyrans… Ce qui est beaucoup pour un seul homme.

Voilà pourquoi il demande aux écrits des philosophes un remède à cette mélancolie. Il lit et écrit pour sauver sa peau ; pour pouvoir être et philosophe et empereur ; pour que l'empereur n'étrangle pas le philosophe en lui ; pour que le philosophe n'assassine pas l'empereur en lui. Il veut gouverner sa barque et conduire celle de l'Empire dans un même mouvement.

Quelles sont ses techniques existentielles ? Face au chagrin, se dire que rien de ce qui advient n'est un malheur et qu'en revanche affronter correctement cette passion est un bonheur. Il faut donc transformer cette promesse de négativité qu'est la peine en réalité positive qu'est l'éviction de cette peine. On lit dans les *Pensées pour moi-même* que « rien de ce qui arrive n'est un malheur, mais que l'affronter noblement est un bonheur » (IV.49).

Devant un problème, il ne s'agit pas de se dire que celui-ci dispose d'une réalité propre, mais qu'il n'est que ce que notre représentation en fait. Dès lors, si nous semblons n'avoir pas de pouvoir sur ce qui est, c'est parce que nous ne savons pas que, ce qui est n'étant que représentation, nous n'avons du pouvoir que sur cette dernière. Voilà toute la tâche de la philosophie : travailler sur les représentations – de la douleur, de la souffrance, de la mort.

Ainsi, désirer festins et banquets c'est se tromper en imaginant qu'il y aurait là promesse de bonheur quand il n'y a, selon Marc Aurèle, que dévorations en commun de cadavres d'animaux. De même avec le désir sexuel, qu'il réduit à la tyrannie d'une mécanique des fluides dont on peut se défaire en assimilant l'acte d'amour au seul frottement de deux épidermes, le

sperme à de la morve, le plaisir à une secousse... Est-on intéressé par la pourpre du pouvoir ? C'est vouloir porter un habit
fait de poils de mouton teints avec le jus d'un coquillage...
Veut-on goûter un grand vin ? C'est tout bonnement du jus de
raisin... Souhaite-t-on la victoire sur un peuple ? Ce serait se
réjouir telle une araignée qui dévore une mouche... A-t-on le
fantasme d'agrandir l'Empire ? Vu du ciel il ne sera jamais qu'un
confetti sur la planète... A-t-on peur de mourir jeune ? Dans le
néant on a tous le même âge... Craint-on ce qui est ? Ou souf-
frons-nous de ce qui est ? Disons-nous que ce qui est ne dure
pas longtemps, car tout passe... etc.

Tel un Diogène avec sa lanterne, toute sa vie Marc Aurèle
a cherché des hommes qui soient ses semblables en matière de
vie philosophique. Ne les trouvant pas, il s'est lassé du monde
et a parfois dit que, fatigué de la vie, il avait envie de quitter
cette terre. Dans la grande tradition stoïcienne, il a fait savoir
que, si la pièce nous semblait trop enfumée, on avait toujours
la possibilité d'en sortir. La mort volontaire met fin à toutes nos
souffrances. Comme tous ceux qui ont célébré cette technique
existentielle finale et fatale, il n'y a pas eu recours.

Quel empereur fut cet homme ? A-t-il été, parce que philosophe, plus grand que les autres ? S'est-il manifesté par des vertus
que n'eurent pas ses semblables à la tête de l'Empire ? Peut-
on parler avec lui d'un philosophe-roi ou d'un roi-philosophe
incarné ? Son règne peut-il être dit remarquable ? Et si oui, en
quoi ? Quel homme fut cet empereur, ou bien : quel empereur
fut cet homme ?

Marc Aurèle a régné. Mieux que Néron ou Caligula, bien
sûr, ce qui n'est pas bien difficile, mais peut-être, ici ou là,
moins bien qu'Hadrien ou Antonin le Pieux...

C'est en effet Marc Aurèle qui a persécuté les chrétiens. En
Asie, mais aussi en Gaule romaine. C'est sous son règne, en
177, que la fameuse Blandine périt après avoir été fouettée, tor-
turée, brûlée, puis, parce que les bêtes l'épargnaient, enveloppée
dans un filet et exposée à un taureau qui la projeta en l'air. Elle
fut à la fin égorgée.

C'est Marc Aurèle qui ne s'est pas opposé à la condamnation à mort du philosophe chrétien Justin – probablement accusé par le philosophe Crescens le Cynique, que le futur martyr avait traité de goinfre et de débauché –, en chargeant son ami Rusticus de la besogne. Celui qui devint saint fut décapité à Rome avec six autres coreligionnaires.

C'est Marc Aurèle qui pense qu'un homme qui tue sa femme parce qu'elle le trompe doit être puni légèrement et qui estimait que, plus on montait dans la hiérarchie de la société romaine, plus la peine devait être faible.

C'est Marc Aurèle qui juge qu'un mari qui tombe sur sa femme en train de le tromper et qui, sous le coup de la douleur, la tue ne devait pas être puni.

C'est Marc Aurèle qui, dans cet ordre d'idée, souhaite qu'un père qui découvrirait sa fille dans une semblable situation la tue, pourvu qu'en même temps il réserve le même sort à son amant.

C'est Marc Aurèle qui précise que, si la jeune fille échappe à ses blessures lors de la vengeance paternelle, il ne faut pas poursuivre son géniteur.

C'est Marc Aurèle qui déclare que les affranchissements obtenus par acclamation du peuple ne sont pas légaux parce que le maître peut avoir agi sous la pression du peuple.

C'est Marc Aurèle qui condamne aux travaux forcés dans les mines les esclaves qui auraient perdu leur procès contre leurs maîtres en allant au prétoire pour revendiquer leur liberté.

C'est Marc Aurèle qui, pour faire face à une recrudescence d'évasions des esclaves, déclare que son administration, sa police, son armée doivent aider les propriétaires à retrouver leurs biens.

C'est Marc Aurèle qui donne l'autorisation à ces forces de l'ordre d'entrer dans n'importe quelle propriété privée de n'importe quel personnage de l'Empire pour mettre la main sur les fugitifs.

C'est Marc Aurèle qui interdit les affranchissements d'esclaves acteurs à la faveur de spectacles.

C'est Marc Aurèle qui ne trouve pas anormal qu'un aveu d'esclave ne saurait être valide dans un tribunal si ce dernier n'a pas été torturé.

C'est Marc Aurèle qui justifie l'usage de la torture, y compris en y revenant.

C'est Marc Aurèle qui tient pour nulle et non avenue la vie des gladiateurs et qui fait abolir un impôt prélevé sur les profits des marchands de gladiateurs afin que les riches notables qui payaient les jeux ne dépensent pas trop. Cette loi augmentait le nombre de victimes dans les arènes.

C'est Marc Aurèle qui, pour permettre aux riches d'acheter des gladiateurs à bas prix, alors qu'il en avait mobilisé un grand nombre pour la guerre, ce qui avait contribué à une augmentation de leur coût, a donné l'autorisation à son administration de vendre des condamnés à mort et ce après avoir fixé un prix minimum pour que l'Empire fasse tout de même une affaire.

C'est Marc Aurèle qui, lors de ses guerres, fait exterminer ses ennemis présentés comme barbares, non sans autoriser que, sur la colonne qui célèbre son triomphe, on l'y voie foulant des hommes aux pieds de son cheval, présidant la décollation de deux prisonniers de guerre ou bien recevant ses soldats qui lui présentent des têtes décapitées des combattants du camps d'en face.

Certes, il n'a pas donné son sexe à sucer à des enfants au berceau comme Tibère, il n'a pas nommé sénateur son cheval en lui donnant des perles à manger comme Caligula, il n'a pas ordonné qu'on égorge tout gladiateur qui trébuchait dans l'arène comme Claude, il n'a pas mis le feu à Rome en se prenant pour un poète comme Néron, ni, comme lui, tué sa mère et sa femme, il n'a pas organisé de festins avec deux mille poissons de choix et sept mille oiseaux de luxe, venus de tous les coins de l'Empire comme Vitellius (Suétone, *Vie de Vitellius*, XIII.3), il n'a pas taxé les latrines en estimant que l'argent n'avait pas d'odeur comme Vespasien, il n'a pas fait tuer quiconque lui paraissait suspect sur-le-champ comme Titus, il n'a pas passé plusieurs heures par jour à tuer des mouches avec des poinçons comme Domitien, non. Bien sûr…

Mais il n'a pas aboli, supprimé, annulé, abrogé tout ce qui, dans l'Empire, aurait pu lui paraître contradictoire avec la sagesse qu'il promeut dans ses *Pensées pour moi-même*. Cet homme qui a essayé d'être philosophe n'y est pas parvenu ; il a dû se contenter d'être empereur.

5

Contempler

La main calleuse de l'électeur de Scipion Nasica

Que nous apprend la nature?

Publius Cornelius Scipio Nasica Corculum, père du célèbre Scipion Nasica, fut une figure emblématique de la République romaine: gendre de Scipion l'Africain, le vainqueur de Carthage, époux d'une femme de haute volée dans l'aristocratie romaine, apparenté aux Gracques, haut gradé de l'armée romaine, triomphateur de Jugurtha, vainqueur honoré par le Sénat, consul, censeur, grand pontife, puis *princeps senatus*, il dispose de tous les attributs du grand homme selon Rome. Valère Maxime raconte qu'en campagne, alors qu'il briguait l'édilité curule, il a perdu parce qu'il lui manquait une chose pour atteindre l'excellence: le respect du travailleur manuel.

Voici les raisons de cet échec d'un homme habitué aux succès: «Nasica, très jeune encore, briguait l'édilité curule. Il prit et serra fortement, selon l'usage des candidats, la main d'un citoyen, une main endurcie par le travail de la campagne et, pour plaisanter, lui demanda s'il avait l'habitude de marcher sur les mains. Ce mot, entendu de ceux qui se trouvaient autour de lui, se répandit dans le peuple et causa l'échec de Scipion. Toutes les tribus rurales, estimant qu'il leur reprochait par là leur pauvreté, répondirent à son injurieuse plaisanterie par une explosion de colère» (*Actions et paroles mémorables*, VII.V.2).

La main dit l'âme, elle dit l'homme. Celle de qui manie la fourche et la pelle, la truelle et le niveau, la pierre et le sable, le foin et la terre, la matière et les éléments du monde en dit plus qu'une autre parce qu'elle porte en elle la trace du travail répété. Soit elle se brise, soit elle se bronze. Le cal raconte une histoire : celle d'un être transformé en outil. La main, qui est l'outil de cet outil, concentre en elle l'intelligence et le savoir, le génie et la tradition, le savoir-faire et la mémoire, le talent et l'histoire. Serrer cette main c'est toucher l'âme de ceux dont le corps lui-même est monde.

De sorte que, quand le citoyen romain qui vient chercher le suffrage des gens modestes moque la main de l'un d'entre eux, c'est tous qu'il méprise comme un seul homme. Marcher sur les mains, c'est faire le pitre, le singe, le guignol, le clown. C'est le contraire de labourer, semer, récolter pour nourrir les autres ; c'est le contraire de creuser des fondations, élever un mur et bâtir une maison pour loger les autres ; c'est le contraire de lancer les filets, les traîner, les tracter, les remonter, les vider de leurs poissons pour approvisionner les autres ; c'est le contraire de couper les arbres, les débiter, les tronçonner pour chauffer le foyer des autres ; c'est le contraire de pourvoir aux besoins élémentaires des plus démunis : manger, se loger, se chauffer afin de refaire ses forces avant de repartir au travail soi-même au lever du jour chaque matin. Que cet homme politique qui quête la voix de l'électeur pense, agisse et parle ainsi témoigne du long divorce qui existe toujours entre ceux qui prétendent représenter le peuple et ce même peuple qui n'a pas le choix de ne pas se faire représenter puisqu'il travaille et ne saurait passer le temps qu'il consacre à gagner sa vie à délibérer pour savoir comment gérer la vie d'autrui de la façon la plus rentable pour lui-même. C'est à l'homme aux mains calleuses de décider de son destin sans passer par le piège de la représentation qui s'avère toujours confiscation. Cette main calleuse des pauvres, je l'ai connue, je la connais, c'était celle de mon père hier – c'est celle de mon frère aujourd'hui, ça n'est pas la mienne. Mais ma main qui écrit leur est restée fidèle.

Rome est une ville de paysans et de soldats : des mains qui ouvrent la terre, y versent les grains, veillent à la germination, prennent soin de la terre, désherbent, nettoient, binent, sarclent, puis récoltent, moissonnent et labourent à nouveau ; ce sont aussi des mains qui tiennent le glaive et l'épée, le bouclier, des mains qui tuent et égorgent, qui versent le sang des ennemis, qui décapitent et éviscèrent, qui tranchent dans le muscle et font gicler l'hémoglobine. La pulsion de vie de l'être qui nourrit son semblable ; la pulsion de mort de celui qui tue son semblable. Éternel mouvement du balancier.

La Rome primitive est donc constituée de soldats laboureurs. La petite cité rurale étrusque devient capitale impériale avec l'aide de légions qui continuent à fasciner les amateurs de questions militaires par leur discipline, leur technicité, leur savoir-faire et leur rudesse.

À l'origine, c'est le même homme qui cultive son champ pour faire vivre sa famille et qui part au combat quand la terre n'a pas besoin de lui. Quand le sol demande des soins, la guerre s'arrête, le travail des champs reprend. Puis, quand la nature s'endort, on remise la pelle et la faux, l'araire et la fourche, et l'on empoigne le glaive et l'épée, la lance et le bouclier.

Quand Rome s'épuise, sous le règne du second Valentinien (375-392), Végèce écrit un ouvrage intitulé *Les principes de l'art militaire*. À la rubrique « Les meilleurs soldats viennent-ils de la campagne ou de la ville ? », on peut lire ceci : « On n'a jamais mis en doute, me semble-t-il, le fait que les campagnards, élevés en plein air et habitués au travail, sont plus aptes à faire la guerre. Ils savent supporter le soleil au lieu de rechercher l'ombre ; ils ne connaissent ni les bains ni aucun plaisir délicat ; ils aiment la simplicité et se contentent de peu ; leurs membres sont rompus à tous les travaux : l'homme des champs a l'habitude de porter des outils en fer, de creuser des fossés, de déplacer des fardeaux. Cependant on se trouve parfois contraint de mettre aussi sous les armes des citadins ; il convient alors de les exercer, dès qu'on les a enrôlés, à travailler, à faire des manœuvres, à porter une charge, à supporter le soleil et la poussière ; que leur nourriture soit frugale et simple, qu'ils demeurent tantôt en plein air tantôt sous la tente. Plus tard, il faudra les former au maniement des armes. Si l'on entreprend alors une expédition assez longue, que les citadins restent le plus souvent possible dans les postes de campagne, loin des séductions de la ville : c'est un bon moyen d'affermir leur vigueur physique et morale. Dans les premiers temps de Rome, tous les soldats venaient de la ville, c'est incontestable ; mais à cette époque aucune volupté, aucun délice ne les affaiblissait. Les jeunes gens lavaient en nageant dans le Tibre la sueur qui les couvrait après la course et l'exercice au champ de Mars. En changeant d'arme, le paysan devenait guerrier : tout le monde connaît l'exemple de Quinctius Cincinnatus à qui l'on offrit la dictature pendant qu'il était en train de labourer. En effet, je ne sais pourquoi, ceux qui ont le moins connu les plaisirs durant leur vie sont ceux qui craignent le moins la mort » (I.3). Ces lignes pourraient être signées par un philosophe stoïcien ! Elles enseignent en effet que la vie au contact de la nature forge des âmes aux antipodes de qui n'a connu que les embarras de la ville, les cris et la saleté, la crasse et la promiscuité.

Qu'on se souvienne des descriptions données de Rome par Juvénal dans l'une de ses célèbres *Satires* : « Est-ce que le pire désert ne vaut pas mieux que les menaces d'incendie, les écroulements de maisons, les mille périls de cette ville terrible où il faut subir en pleine canicule des récitations poétiques ? » (III.6-9). L'ami qu'il met en scène aspire à vivre loin de cette ville dans laquelle sont rassemblés les « entrepreneurs sans vergogne qui soumissionnent pour les temples, les fleuves, les ports, le nettoyage des cloaques, les cadavres à porter au bûcher, la vente des esclaves aux enchères. Jadis ces gens-là jouaient du cor dans les fanfares d'arènes municipales, quelle ville n'a connu leurs joues gonflées ? Les voilà maintenant qui donnent des jeux et lorsque le peuple l'ordonne en renversant le pouce, c'est eux qui tuent, faisant ainsi leur cour à la populace. Après cela, ils afferment les latrines publiques » (III.31-38). Il lui fait dire ceci, vérité intempestive : « Que veux-tu que je fasse à Rome ? Je ne sais mentir. Un livre s'il est mauvais, je ne puis le louer ni vouloir le lire ; les mouvements des astres me sont inconnus ; promettre à un fils la mort prochaine de son père, je ne le veux ni n'en suis capable ; le ventre des grenouilles n'a jamais subi mon examen. Porter à une femme mariée les billets de son amant, je laisse cette besogne à d'autres ; jamais je n'aiderai un voleur, et c'est pourquoi personne ne me demande un coup de main ; on me tient pour manchot, pour paralytique, bon à rien. Pour qui est-on aux petits soins ? Pour le complice dont le cœur bat et bout des secrets qu'il lui faut taire à perpétuité : on pense ne rien te devoir, tu n'as rien à attendre, si le secret est honnête ; pour être dans la manche de Verrès, aie le moyen de l'accuser à ton heure. Méprise donc tout l'or que le Tage ombragé roule dans ses sables vers la mer : il ne vaudrait pas qu'on perdît le sommeil. À quoi bon recevoir avec remords des récompenses qui t'échapperont un jour ? À quoi bon te faire craindre d'un protecteur puissant ? » (III.41-57). Et puis cette attaque majeure venue d'un Romain : « Il y a une engeance qui est la préférée de nos gens riches et que je fuis plus que toutes ; je vais te dire laquelle, tout de suite et sans réserves. Je ne puis supporter, ô Quirites, une ville devenue grecque. Grecque ? Quelle est en réalité la proportion d'Achéens dans cette lie ? Il y a longtemps que de Syrie l'Oronte est venu se jeter dans le Tibre ; c'est la langue et les mœurs de là-bas, c'est la harpe aux cordes obliques, ce sont les flûtes et les tambourins barbares que ce fleuve charrie dans ses eaux, sans oublier les filles condamnées à lever des hommes aux alentours du Cirque. Allez à elles, vous autres qui aimez la mitre bariolée dont s'affublent ces étrangères. [...] Dis-moi ce que c'est qu'un Grec ? Tout ce qu'on veut : grammairien, rhéteur, géomètre, peintre, masseur, augure, danseur de cordes, médecin, magicien, que ne fera point un Grec famélique ? Il montera au ciel si tu le lui demandes » (III.58-78). Et ceci encore : « Je ne fuirais pas la pourpre de ces gens-là ? Quelqu'un signera avant moi sur les contrats, se verra mieux placé que moi à table, et ce sera ce drôle qui a débarqué à Rome avec ses prunes et ses figues ? N'est-ce donc plus rien que d'avoir rempli du ciel de l'Aventin ses regards d'enfant, que d'avoir été nourri avec des olives de la Sabine ? Cette race-là possède à la perfection l'art de flatter, elle sait louer le style de l'illettré, la figure du disgracié. Un débile a le cou décharné, elle le compare à Hercule quand il étouffait Antée soulevé loin du sol ; elle admire une voix faible et plus aigre que celle du coq becquetant conjugalement sa poule. Nous saurions bien flatter comme eux, mais eux seuls se font croire» (III.81-93). Ceci également : «Nous ne sommes pas de force. Il l'emporte forcément, celui qui est capable nuit et jour de composer son visage sur le visage d'autrui, d'envoyer baisers et compliments au patron qui a bien roté, qui a pissé droit, qui a fait résonner l'or dans son vase de nuit. Et puis rien ne leur est sacré, personne n'est à l'abri de leur rut, ni la mère de famille, ni la fille encore vierge, ni le fiancé imberbe, ni le fils encore puceau. À défaut ils culbutent la grand-mère du protecteur. Ils veulent savoir les secrets de la famille, beau moyen de se faire craindre» (III.104-113). Juvénal poursuit sa description de cette Rome à l'articulation du Ier et du IIe siècle. Les belles femmes sont aux nouveaux barbares, à eux aussi l'argent qui coule à flots, les décisions de justice favorables, les filles à marier, les héritiers couchés sur testament, les places de choix dans les magistratures, les tenues coûteuses et extravagantes exhibées dans les lieux publics. «En un mot, à Rome, tout s'achète» (III.183-184). Les pauvres ne sont pas aidés, ils sont mal logés, ils ne peuvent que louer leurs galetas dans des quartiers insalubres, ils subissent les embarras des rues trop étroites, ils vivent avec les odeurs de déjections et de décomposition, de pourriture et d'ordures, les incendies ou les écroulements menacent leurs locations, un raffut permanent empêche de dormir. Dans les bouchons de la circulation, les riches peuvent déjà s'en tirer avec de coûteux moyens de se déplacer : «Quand une affaire appelle l'homme riche, la foule s'ouvre devant la grande litière liburnitienne qui court au-dessus des têtes ; il peut lire, écrire, dormir à son aise, puisqu'elle est fermée, et finalement il arrivera avant tout le monde. Nous, le flot des gens qui marchent par-devant nous bouche la route, celui des gens qui suivent nous presse aux reins. Un passant me donne un coup de coude, un autre me heurte d'un ais ; celui-ci me met sa poutre dans la figure, celui-là son grand vase. La boue poisse mes jambes, un large soulier m'écrase les miens, un clou de soldat se plante dans un de mes doigts de pied. Vois-tu la cohue autour de la sportule ? Que de fumée ! Il y a là cent convives et chacun s'est fait suivre de sa batterie de cuisine. [...] Des tuniques qui se déchirent ₄ venaient d'être reprisées. Une longue poutre est en équilibre sur ce chariot qui vient, un pin se balance sur cet autre; leur balancement menace la foule. Que l'essieu qui porte des marbres de Ligurie se brise et que cette montagne rocheuse verse: que restera-t-il des passants? Qui retrouvera leurs membres, même leurs os? Les cadavres des écrasés se volatilisent» (III.239-261). Et Juvénal de poursuivre sa description avec une sortie de nuit dans la ville: les tuiles glissent des toits, des vases ébréchés ou fêlés tombent des fenêtres, les vases de nuit sont jetés des étages, les ivrognes affalés dans la rue, sinon, encore debout, ils cherchent querelle au premier venu. On croise des coupeurs de bourses, des cambrioleurs, des surineurs, pendant ce temps la police est ailleurs. Dirait-on un texte antique?

Mais si Juvénal diagnostique le mal, il prescrit également la potion à même de s'en affranchir. Au même interlocuteur, il donne cette pharmacopée: «Aie donc le courage de t'arracher aux jeux du cirque: la plus agréable maison t'attend à Sora, à Fabrateria, à Frusino, et pas plus chère à l'année que ton obscur réduit. Là tu aurais un petit jardin avec un puits commode, d'où tu tirerais l'eau à la main pour arroser tes jeunes plants. Va vivre là, aimant ta bêche, cultivant ton jardin, qui te fournirait de quoi régaler cent pythagoriciens; il est bon, en quelque retraite qu'on vive, de posséder quelque chose, fût-ce une cabane à lapin» (III.223-231). L'invitation voltairienne à *cultiver son jardin* prend sa source dans cette *Satire* de Juvénal...

La formule philosophique de cette proposition faite par le poète se trouve chez Musonius Rufus. Dans la perspective de l'autonomie, principe de base de toute sagesse qui se respecte, le philosophe stoïcien réfléchit aux «moyens d'existence appropriés au philosophe» (*Diatribes*, XI). Il renvoie à un certain type de rapport au monde, donc de relation à la nature, et célèbre *le contact avec la terre* que toute ville rend impossible. Pour savoir et connaître le monde, pour le vivre, il faut l'avoir sous les pieds, il faut même, réellement, que le pied nu se pose sur le sol. Nul besoin de chaussures. Certes, il s'agit d'un accessoire culturel qui nous civilise, mais qui coupe le contact chtonien nécessaire à l'équilibre. L'énergie de la glèbe se trouve coupée par une semelle ; elle n'irrigue pas le corps, donc l'âme. Qu'on se souvienne une fois de plus des pieds nus de Cincinnatus dans le labour.

Musonius Rufus dit : « Ce qui me plaît assurément le plus dans les travaux des champs, c'est qu'ils offrent à l'âme plus de loisir pour l'étude et les recherches qui concernent la culture de l'esprit. Tous les travaux, en effet, qui assujettissent et courbent le corps contraignent également l'âme à se concentrer uniquement sur ces travaux ou du moins sur le corps, tandis que les travaux qui n'assujettissent pas trop le corps n'empêchent point l'âme de réfléchir à ce qui vaut le mieux et d'améliorer au moyen de ses réflexions sa propre sagesse, ce qui est le but poursuivi par tout philosophe. C'est pour cela que mes préférences vont au métier de berger ; assurément, si quelqu'un est à la fois philosophe et laboureur, aucune autre vie, selon moi, ne lui est comparable ni aucun autre moyen d'existence préférable ; une vie qui provient de la terre, notre mère nourricière, n'est-ce pas une vie plus conforme à la nature que celle qui provient d'une autre source ? Vivre à la campagne, n'est-ce pas plus viril que de demeurer assis à la ville, à la manière des sophistes ? Vivre en plein air, n'est-ce pas plus sain que de vivre renfermé entre quatre murs ? Eh quoi ! objectera-t-on, se procurer par soi-même les choses nécessaires à la vie serait une manière de vivre plus libérale que les recevoir d'autrui ? Mais il est clair que de ne point dépendre d'un autre pour ses propres besoins est beaucoup plus noble que d'en dépendre. La vie à la campagne est si belle, heureuse et chérie des dieux, quand du moins elle s'allie au souci de perfection morale, que la divinité proclama sage Myson de Chénée et heureux Aglaos de Psôphis, qui menaient l'un et l'autre une existence campagnarde, travaillaient de leurs mains et se tenaient à l'écart de l'existence de la ville. Ne vaut-il pas la peine de rivaliser avec eux, de les imiter et de s'employer avec empressement aux travaux des champs ? » (XI.88).

Le travail de la terre est en effet toujours récompensé, car cette terre est généreuse et permet aux familles de ne pas mourir de faim quand les travaux des champs sont correctement effectués. Un travail judicieux peut même permettre de passer de l'état de subsistance à celui d'abondance qui débouche sur la prospérité.

Il est également un exemple pour le disciple qui reçoit une leçon bien plus profitable de son maître quand il mène une vie philosophique en travaillant dans les champs, à la romaine, que si, à la grecque, il assiste assis à une leçon faite de mots et de phrases, de raisonnements et de dialectique. Lançant une nouvelle flèche contre la secte des sophistes, une plaie de tous les temps, Musonius Rufus ajoute : « Il vaut mieux que la plupart des jeunes gens qui prétendent étudier la philosophie ne fréquentent pas un philosophe, je veux parler de tous ceux-là qui sont corrompus et efféminés et dont la venue ne peut que déshonorer la philosophie, il n'y en a aucun qui n'eût désiré passer sa vie à la campagne avec un homme de bien, même si cette vie se révélait être très rude, parce qu'il retirerait grand profit de ce séjour en fréquentant le maître jour et nuit, en vivant à l'écart de la corruption des villes, qui sont un obstacle à l'étude de la philosophie, car il ne pourrait se faire illusion sur la valeur, bonne ou mauvaise, de sa conduite, ce qui constitue un très grand avantage pour les apprentis philosophes. Manger, boire, dormir sous les regards d'un homme de bien, c'est un grand avantage » (XI.91-93). Cette technique existentielle ne pardonne pas : elle propose un exercice spirituel qui éjecte sans pitié les imposteurs, les faiseurs, les poseurs, les bluffeurs, les hâbleurs, les menteurs. Ne reste que la personne qui montre un caractère authentique, un tempérament vrai, une puissance manifeste. Cet être qui, étymologiquement, aime la sagesse peut alors effectuer le trajet qui y conduit et parvenir à cet état. Dans le travail de la terre, le corps forge l'âme, l'âme forge le corps. Le sage en surgit en majesté.

Musonius Rufus donne le mode d'emploi de la demeure : elle suppose un enracinement. Mais les racines de cet arbre sont dans le ciel ; il faut donc regarder le cosmos. Car la Voie lactée est l'humus de l'arbre. La main calleuse du paysan, du laboureur, du berger, de l'apiculteur peut se reposer sur l'outil : le cal qu'elle a est prise de matière sur l'outil qui, lui, est devenu lisse comme une peau de nouveau-né. Je connais le lissage d'un manche de pelle, sa patine, parce que je savais la main calleuse qui avait poli ce bois par des milliers d'heures de travail. Pendant qu'il s'appuie sur le manche de sa pelle, de sa bêche, de son râteau, l'ouvrier de la terre peut lever la tête, regarder le ciel et lire ce qu'il raconte : la place du soleil qui apprend l'heure qu'il est, la qualité de l'astre qui renseigne sur ses effets induits dans la nature, puis, la nuit, la lune, montante ou descendante, croissante ou décroissante, elle aussi à des hauteurs qui renseignent sur ce qu'a duré la nuit et ce qu'elle va durer encore. Et puis il y a les étoiles...

Quiconque n'a pas été initié une fois dans sa vie, enfant, à la magie stellaire est condamné à ne savoir du ciel que ce que les livres en disent — c'est comme connaître le miel sans jamais y goûter, juste par le ouï-dire d'un traité d'apiculture. Un Grec aurait très bien fait ça d'ailleurs, le ouï-dire, et il aurait élaboré le concept de *miellitude* avant de faire carrière en monnayant sa trouvaille ; un Romain aurait goûté, aimé, ou non, il aurait tendu le rayon à son compagnon et se serait tu, avant de devenir miel tout entier sans en faire toute une affaire, mais en jubilant, sans mots, de cette pure présence au monde.

J'aurais aimé être dans ce bateau dont parle Aulu-Gelle dans ses *Nuits attiques* — lesquelles nuits devaient d'ailleurs être fabuleuses... « De compagnie avec un certain nombre de Grecs et de Romains disciples du même maître, je faisais voile, par une belle nuit d'été, de l'île d'Égine vers le Pirée : la mer était calme, le ciel pur et serein ; assis tous ensemble à la poupe, nous admirions la splendeur des astres qui brillaient au firmament. Alors un d'entre nous, très versé dans la langue des Grecs, nous dit quelle était la constellation que l'on appelle Chariot ; il nous fit voir l'Ourse, le Bouvier, et nous apprit pourquoi l'une de ces constellations est appelée la grande Ourse, et l'autre la petite Ourse ; de quel côté ces deux constellations se meuvent pendant la nuit ; pourquoi Homère dit que l'Ourse seule ne se couche pas, quoique d'autres étoiles ne se couchent pas non plus. Quand notre ami eut terminé sa dissertation aussi savante qu'instructive, me tournant alors vers mes compatriotes: "Et vous, ignorants, me direz-vous pourquoi nous appelons *Septentriones* la constellation que les Grecs appellent *Amalthée*? Il ne suffit pas de me répondre: 'C'est parce que nous voyons sept étoiles dans cette constellation'; je veux une explication satisfaisante de toutes les parties du mot." Alors un de ceux qui avaient le plus étudié les monuments anciens des lettres et des sciences se tourna vers moi: "Le vulgaire des grammairiens, dit-il, se contente de dire que *Septentriones* vient de la réunion des sept étoiles. *Triones*, disent-ils, n'a pas de sens, c'est une terminaison de mots; de même dans *Quinquatrus*, mot qui sert à désigner le cinquième jour après les ides, *atrus* ne signifie rien; pour moi, je partage l'opinion de Lucius Elius et de Marcus Varron, qui prétendent que dans les campagnes on appelait bœufs *triones*, corruption de *terriones*, mot qui désignait les animaux propres à cultiver la terre. C'est pourquoi cette constellation nommée par les Grecs le Chariot Amalthée, parce qu'elle a cette forme, reçut de nos ancêtres le nom de Septentriones, à cause des sept étoiles dont la disposition semble figurer les bœufs attelés au joug. Après cette explication, ajouta-t-il, Varron en donne une autre: il se demande si le mot *triones* ne vient pas de la position des sept étoiles, qui forment des triangles par chaque groupe de trois étoiles." De ces deux opinions, la dernière nous parut la plus ingénieuse et la plus vraisemblable; car, en jetant les yeux sur cette constellation, nous vîmes que les étoiles étaient disposées de manière à former des triangles» (II.21).

J'aurais aimé savoir de quel maître ces hommes réunis dans ce bateau étaient les disciples! Aulu-Gelle, quant à lui, ramène le ciel sur la terre des grammairiens... C'est un peu décevant. Il manque de réels poètes... Certes, l'astronomie de l'époque ne se distingue guère de l'astrologie et, en ce sens, elle est plus une poétique, une variation sur le thème mythologique qu'une discipline scientifique digne de ce nom. Il n'empêche que, sous ces discussions étymologiques qui sont une façon de faire de la philosophie, l'origine d'un signifiant voile toujours un signifié à dévoiler, on voit poindre un essai de saisie de l'ordre du ciel : que, dans le désordre apparent de la Voie lactée, on puisse découper des formes et des agencements de formes, qu'on les associe à des histoires qui convoquent Ourse et Chariot, Bœufs et Bouviers en action et en mouvement, tout cela témoigne en faveur d'un essai de sens.

Mais ce qu'il faut retenir de cette nuit d'été étoilée à la poupe d'un bateau avec des amis philosophes, c'est qu'en levant la tête vers le ciel, en racontant, en discutant, en expliquant, en dévoilant, en confrontant les savoirs, les avis, les connaissances, on produit un ordre, même s'il s'agit d'une ébauche d'ordre et que le grec dispose d'un mot pour nommer cet ordre : *Cosmos*...

Le sens de «demeurer», autrement dit la réponse à la question : «Que nous apprend la nature ?», est donc à chercher entre les racines de la terre et les étoiles du cosmos. Au point d'intersection des deux mondes, là où chacun de nous se trouve. Les morts s'y sont trouvés ; nous y sommes ; les vivants à venir s'y trouveront.

Les pieds dans la glèbe du paysan et la tête dans les étoiles du marin, voilà qui nous permet d'être, mais surtout de demeurer – autrement dit d'habiter une demeure existentielle. Mais comment établir le contact avec ces deux mondes-là ?

Dans l'Antiquité, l'absence de connaissance en matière de ciel (ce qu'Isidore de Séville nomme la «science du ciel» dans *De la différence entre l'astronomie et l'astrologie*) donne les pleins pouvoirs à une poétique de l'astronomie qui est l'astrologie. Dans le bateau d'Aulu-Gelle, on assiste à une conversation sur le lieu et la place des étoiles, leur agencement et les formes qui font songer à un bouvier, une ourse, un chariot, etc. Il ne s'agit que d'une topique du ciel, d'une *physique du ciel*. Mais quand l'imagination des hommes va jusqu'à faire de ces formes des forces agissantes sur le destin des hommes, alors on se trouve dans la prédiction astrologique qui suppose que tout est inscrit dans le grand livre du monde céleste et qu'il suffirait de savoir lire les horoscopes pour y découvrir l'avenir. Il s'agit alors d'une *métaphysique du ciel*. Dans *De l'astronomie*, le poète Hygin met en relation les astres et les comportements. Il s'ensuit une sagesse qui n'est pas bien éloignée de celle des stoïciens : se soumettre à l'ordre cosmique, voilà toute philosophie. Le problème est que l'astrologue devient le maître de vie de quiconque se trouve dépourvu de volonté et de liberté. Firmicus Maternus écrit par exemple dans la *Mathesis* : « Si Mars et Vénus ont été unis par un rayonnement en quadrat et si Mars, possédant la partie supérieure du quadrat droit, a jeté un rayonnement menaçant sur Vénus placée en quadrat gauche, cette conjonction attribue tous les maux. Alors elle annonce les querelles, les risques redoutables d'une mise en accusation, alors l'homme subit des dommages qui se produisent à cause d'une femme. Et si cette conjonction s'est produite dans des signes tropiques, alors toute la souillure de l'impudicité se développe dans le corps efféminé des hommes, alors les hommes éprouvent les ardeurs de la sensualité féminine, alors dans le naufrage de leur honneur et de leur renommée ils sont souillés par les taches d'une impureté déshonorante » (VI.11.5). Qu'on ne s'étonne donc pas du surgissement de quelques chatouillements libidinaux quand Mars croise Vénus...

Il est bien évident que les planètes ne sauraient avoir les qualités que les hommes leur prêtent en les nommant. Car appeler l'une Vénus, du nom de la déesse de l'Amour, et l'autre Mars, du nom du dieu de la Guerre, est pure convenance. La première aurait pu être baptisée du nom d'une troisième et la deuxième du nom d'une quatrième, ce qui procéderait d'un arbitraire performatif nullement à même de fonder une science. Une poétique oui, une science, non ; une métaphysique, tant qu'on voudra, mais nullement une physique.

Les épicuriens quant à eux fournissent une véritable physique du ciel. Leur physique congédie toute métaphysique, donc toute astrologie. Les astres ne sont que des composés d'atomes. Voici comment Lucrèce ouvre *La Naissance des choses* :

« La peur, cette nuit de l'âme, il faut, pour qu'on la dissipe,
Non les rais du soleil ni du jour les traits radieux,
Mais les lois de la Nature et leur tableau merveilleux :
Dès ici nous poserons pour commencer ce principe

Que rien jamais ne naît de rien, à l'arbitre des dieux.
Si l'effroi subjugue ainsi toute la mortelle engeance
C'est que sur terre et dans le ciel elle voit l'apparence
Des maints effets dont les causes échappant à sa raison
Ne peut, croit-elle, que des dieux dénoncer la façon.
Mais dès que nous aurons vu que rien ne peut de rien naître
Nous verrons aussitôt clairement apparaître
Ce qui fait que chaque être soit à la vie appelé,
Et comment tout se fait sans que le Ciel y soit mêlé »
(I.146-158).

Juste : « les lois de la nature et leur tableau merveilleux »,
donc, et rien d'autre qui montrerait « que le Ciel y soit mêlé ».
Dans le ciel, il y a des astres et ces astres sont, comme tout ce
qui existe, dieux compris, des composés de matière. Il existe
un ordre des choses, un cosmos donc, et connaître ses lois rend
sage : la physique qui exclut la métaphysique, du moins qui la
rend caduque, débouche sur une sagesse.

Il y a une harmonie des étoiles, une paix des astres, une
sérénité de la Voie lactée, une tranquillité des planètes, une
force sereine qui lie les choses, les anime, les fait fonctionner
de conserve : ces vérités qui se voient quand on lève la tête à la
campagne doivent fonctionner comme des modèles.

Il s'agit moins, à la manière des stoïciens, de croire que, tout
étant écrit, il suffit pour être sage d'obéir à la nature que de
contempler la terre et le ciel pour y découvrir la force calme de
la terre et des étoiles, la volonté de puissance qui anime la glèbe
et la Voie lactée, qui deviennent un modèle existentiel.

Les épicuriens ne sont pas par hasard les inventeurs du *clinamen* qui nomme la déclivité d'un atome qui, au moment
généalogique de tout ce qui est, dans cette pluie verticale
d'atomes tombant dans le vide, comme des astres chutant dans
l'univers, a rendu possible la première agrégation, elle-même
condition de possibilité des agrégations suivantes, jusqu'à la
production de notre monde matériel.

Cette liberté postulée qu'est le clinamen nous travaille : elle
invite à vouloir cette déclivité existentielle qui suppose qu'on
s'arrête, qu'on se pose, qu'on demeure, qu'on cesse toute acti-

vité urbaine, mondaine, grouillante et collective, afin de sentir son être *enraciné dans un sol* ouvert par la charrue de l'homme aux mains calleuses en même temps qu'*enraciné dans un ciel* offert par une nuit d'été sur la poupe d'un bateau ou n'importe où ailleurs dans le monde pourvu qu'on lève la tête. J'ai pour ma part souvenir d'avoir touché le ciel de la main sur une terrasse dans le désert mauritanien.

Mais, à front renversé, si je puis dire, on découvre que ceux qui ont véritablement regardé le ciel et y ont vu ce qui s'y trouve réellement, véritablement, concrètement, ce sont les épicuriens et eux seuls. La multiplicité des penseurs platoniciens, aristotéliciens, stoïciens, néoplatoniciens et chrétiens n'ont vu dans le ciel réel que les fictions qu'ils y mettaient : ils ont été les astrologues du ciel. Ils percevaient bien les astres, mais voyaient derrière eux la main invisible d'un démiurge, d'un premier moteur immobile, d'une cause incausée, d'un Logos igné, d'un Dieu monothéiste.

Seuls les atomistes ont vu ce qui s'y trouve : une puissance sereine, pour ne pas dire une force tranquille, un élan vital ou une volonté de puissance qui fait naître une immense quiétude. Une quiétude à laquelle on accède par la contemplation des magies vitalistes de la terre et des leçons dynamiques du ciel.

Le paysan qui retourne son champ et le marin qui navigue de nuit connaissent tous deux cette quiétude : le silence d'un champ sous le soleil ou d'un bateau arrêté dans le calme d'une pleine mer, mais aussi, pour ceux qui savent entendre, le petit sifflement qui sort de ce silence et qui raconte aux âmes bien nées le grouillement de vie dans le sillon ou dans le creux de la vague : ces blancs vortex lumineux doucement bruissant sont autant de preuves de l'existence de soi. De soi en paix.

6

RIRE

Le peigne du chauve selon Lucien

Quelle raison est la dérision ?

Rome sent l'ail et l'oignon mangés crus par les légionnaires, le cuir huilé des sandales et le fer chauffé à blanc par le soleil des armures de la soldatesque. Elle est virile et guerrière, conquérante et martiale. Il semble qu'on n'y rie jamais, qu'on n'y manifeste ni humour ni ironie, qu'on n'y plaisante pas et qu'on n'y persifle pas plus, qu'on ignore les jeux de mots ou les saillies drolatiques, les dérisions et le comique, la plaisanterie et la farce.

C'est une erreur, car cette Rome dans laquelle brillent les cuirasses, étincellent les fourreaux d'épée, bruissent les étendards, claquent les bannières et frémissent les oriflammes est aussi la Rome aux rires gras des cérémonies religieuses païennes, aux grincements des élégiaques et des poètes, Catulle ou Juvénal, Horace ou Martial, aux délires bouffons des comédies de Plaute ou de Térence, au sourire ironique de Virgile, aux vacheries de Caton l'Ancien qui désarçonnent pour toujours ses victimes, aux amusements d'Ovide, aux jeux de mots ou aux plaisanteries assassines qui émaillent les plaidoiries publiques de Cicéron. Sans parler de l'œuvre complète de Lucien de Samosate.

Rome n'a pas manqué de rire, concrètement, mais elle n'a pas manqué non plus de pratiquer une activité qui ne prête pas à rire et qui est l'analyse du rire. On doit en effet à Cicéron, dans nombre de chapitres de *L'Orateur* (II.54-71), et à Quintilien, dans de non moins nombreux chapitres de l'*Institution oratoire* (VI.3.1-112), beaucoup d'analyses des ressorts du rire. Elles témoignent que ce sujet a retenu l'attention des penseurs romains, y compris de certains qui l'ont traité mais, hélas, dans des ouvrages perdus dont on ne connaît plus que les auteurs : Domitius Marsus, Domitius Afer, Gabba, Junius Bassus, Cassius Severius par exemple.

Mais l'analyse du rire n'est pas drôle et il importe bien plus de rire réellement, vraiment, concrètement. Pour ce faire, loin des considérations théoriques de Quintilien et de Cicéron, allons voir du côté de Lucien de Samosate...

En apéritif, ouvrons un bref texte de Lucien qui s'intitule *Contre un bibliomane ignorant*. La charge concerne un amateur de beaux livres qui ne vit pas selon leurs contenus mais jouit seulement de les posséder, de les montrer, de se faire voir les portant sous le bras, d'attirer l'attention sur lui des puissants qui pourraient de la sorte s'en faire un ami. Sa fortune lui permet d'acheter des livres rares, précieux, donc coûteux. Il les lit en vitesse, et encore, quand il les lit.

Ce que Lucien nous dit de ce bibliophile tient en peu de mots : il est syrien (19) ; il est probablement un mauvais peintre (22) ; il est un nouveau riche ; il est pédophile, épilé, grimé, maquillé (23) ; il commerce avec de vieux éphèbes (25) ; il boit plus que de raison ; il est flatteur ; il est endetté auprès des marchands d'esclaves ; il a des « mœurs abjectes et méprisables » (30) – ça n'est vraiment pas un personnage recommandable...

Lucien charge le bonhomme qui a existé de son temps, était connu et s'est reconnu... Posséder des livres de philosophie ne fait pas le philosophe. Acheter une flûte ne fait pas plus le flûtiste qu'acquérir un cheval ne fait le cavalier ou se payer un bateau ne fait le marin ! Un ignare qui achète des livres qu'il ne lit pas, c'est comme un sot qui met des chaussures à sa jambe de bois. Acheter et porter l'armure d'Achille n'est pas disposer de son courage ; posséder la lampe d'argile d'Épictète après l'avoir payée à prix d'or ne transforme pas son propriétaire en philosophe stoïcien ; dépenser des fortunes pour se rendre le propriétaire du bâton que le philosophe cynique Pérégrinus avait avant qu'il se jette dans un brasier pour s'y suicider ne confère pas la qualité de sage cynique ; se procurer un arc ne suffit pas pour devenir archer.

À quoi servent les livres ? « Il y a deux avantages qu'on peut acquérir dans le commerce des anciens, l'un c'est d'apprendre à parler, l'autre, c'est de faire son devoir en imitant les honnêtes gens et en fuyant les méchants. Mais lorsqu'un homme laisse voir qu'il n'a tiré d'eux aucun profit ni pour la parole, ni pour l'action, que fait-il que d'acheter des passe-temps pour les rats, des logis pour les mites et des coups pour les esclaves qui se montrent négligents ? » (17). Imiter les honnêtes gens et fuir les méchants : c'est le programme de toute une vie de sagesse…

S'adressant à ce compatriote, probablement un homme connu dans Samosate, Lucien écrit : « J'ai beau chercher à part moi, je n'ai pas encore pu jusqu'à ce jour découvrir pour quelle raison tu as mis autant d'ardeur à acheter des livres. Que ce soit pour en tirer profit ou en faire usage, on ne saurait le penser, pour peu qu'on te connaisse. Tu n'en as pas plus besoin qu'un chauve d'acheter un peigne, un aveugle un miroir, un sourd un joueur de flûte, un eunuque une concubine, un habitant du continent une rame, un pilote une charrue. Mais peut-être vois-tu là l'occasion de faire parade de ta richesse et veux-tu faire savoir à tout le monde que ton immense fortune te permet de dépenser pour des objets qui ne te sont d'aucune utilité » (19).

Quelle est la leçon de cet apologue ? Que les livres ne sont pas des valeurs de bibliophilie ou des objets de parade, des marqueurs de classe qui permettent l'agrégation des imbéciles, des signes extérieurs de richesses sonnantes et trébuchantes ou intellectuelles, des occasions d'en imposer aux gens simples et modestes, mais de simples formes manufacturées qui valent d'abord et surtout pour leur contenu ! Lucien écrit : « Si la possession des livres suffisait pour rendre savant celui auquel ils appartiennent, cette possession serait vraiment d'un prix inestimable, et, s'il était possible d'acheter le savoir comme au marché, vous autres riches pourriez seuls l'acquérir, vous n'auriez qu'à enchérir sur nous autres pauvres gens » (4).

Mais la leçon la plus importante est que «ce n'est pas sur les libraires qu'il faut compter pour la réalisation de ses belles espérances, mais sur soi-même et sa conduite journalière» (24). Posséder des livres n'est donc pas une fin en soi, c'est disposer d'un matériau avec lequel on peut construire son orientation existentielle, mais en aucun cas l'orientation existentielle elle-même...

Le souci de Lucien est donc bien de lutter contre les faux philosophes, contre ceux qui font un usage exhibitionniste des livres, du savoir, de la culture, des références intellectuelles, contre les imposteurs de la sagesse qui ont au livre qu'ils lisent (voire qu'ils peuvent aussi écrire ou faire écrire par d'autres...) un rapport de parade, de bluff, de frime, de mystification.

Dans *Les Sectes à l'encan*, Lucien imagine une foire dans laquelle les philosophes emblématiques de la pensée antique sont mis en vente par Hermès sous l'autorité de Zeus. «Nous allons vendre à la criée, est-il dit, des vies philosophiques de toute espèce et de sectes variées» (1). Les philosophes y sont présentés avec leurs idées fortes et quelques-uns de leurs traits caricaturés par le portraitiste de Samosate. Il s'agit donc de mettre en scène des «vies philosophiques», comme il est dit, tout autant que des travers associés à ces pensées.

D'abord un *pythagoricien* – en fait, puisqu'il est précisé qu'il est originaire d'Ionie (2) et né à Samos (3), puis qu'il a une cuisse en or (6), il faut bien qu'il s'agisse de Pythagore lui-même puisque ces qualités lui appartiennent. Quel est son genre de vie? «La plus respectable», celle de qui «veut s'élever au-dessus de l'humanité [...], connaître l'harmonie de l'univers et revivre à nouveau» (2). Il n'apprend rien, sinon qu'il faut se souvenir à nouveau des existences vécues antérieurement afin de vivre à nouveau libéré de l'incarnation. Voilà pourquoi il ne mange rien qui ait été vivant. Pas plus il ne consomme de fèves parce qu'elles montrent comme des testicules quand on les ouvre et qu'exposées à la lune les fèves, pas les testicules, elles deviennent comme du sang. Il trouve acheteur.

Arrive ensuite Diogène, le *cynique* emblématique. Quelle vie philosophique se trouve ici vendue? «Une vie mâle, une vie excellente et généreuse, une vie libre» (7). On le reconnaît à quelques traits : il invite à manger du poulpe cru pour mourir en beauté ; il propose de vivre dans un tonneau ; il est crasseux, sale, insultant ; il est effronté ; il porte besace et bâton ; il arbore une tunique sans manches ; il copule en public et se comporte comme un chien ; il se masturbe au vu et au su de tout le monde ; il a placé sa vie sous le signe d'Hercule ; il se dit citoyen du monde ; il ne respecte rien ni personne, empereur compris ; il ne veut ni ami ni compagnon – tous moments bien connus de sa biographie. Il promet à qui l'achètera de lui faire mener la vie dure, de le dresser à l'ascèse et à la frugalité : il invite son maître à se faire son esclave... Qu'en pense Lucien ? Ce faux rebelle est un vrai comédien : «N'aie pas peur, dit le vendeur à l'acheteur potentiel, il est apprivoisé» *(ibid.)*. À quoi il ajoute qu'il ne suffit pas, pour être philosophe, d'enfiler les insultes comme des perles. Hermès le laisse pour rien à l'acheteur parce qu'il veut se débarrasser «de ce drôle qui nous fatigue, qui braille, en un mot qui insulte tout le monde et n'a que des injures à dire» (11). À ce non-prix, il trouve acheteur.

C'est au tour d'Aristippe de Cyrène, le *cyrénaïque*, d'être mis à l'encan. Quelle est la vie philosophique à vendre ? «Une vie agréable, trois fois heureuse» (12). Ce philosophe arrive vêtu de pourpre et parfumé. Il revendique la volupté et passe pour un parangon de délicatesse, mais il est ivre, titube et se révèle incapable de parler tant il a bu ; il est corrompu et débauché ; il est doué, mais pour le vin et la nourriture, les pâtisseries et les filles ; il a été élevé à Athènes, c'est dire son talent pour la mollesse ; il mange là où on le nourrit et ce peut être à la table d'un tyran comme avec Denys de Syracuse, qui l'appréciait tout particulièrement. À quoi se résume la philosophie cyrénaïque ? «C'est de mépriser toutes choses, d'user de toutes et de quêter partout le plaisir» *(ibid.)*. Trop frivole, personne ne l'achète ; il reste invendu.

Entre alors sur scène le couple Démocrite d'Abdère et Héraclite d'Éphèse, deux *présocratiques* associés depuis toujours dans un jeu de rôle dont ils sont les prisonniers : le premier passe pour un rieur et le second pour un pleurnicheur. Pour quelles vies ? «Les deux meilleures [...], les plus sages» (13).

Celle de Démocrite qui rit du ridicule des affaires humaines, qui affirme que rien n'est sérieux, pour qui il n'y a que des atomes qui tombent en pluie dans le vide ; celle d'Héraclite dit l'Obscur, qui n'aimait pas les hommes, qui, dit-on, parle par énigmes, se lamente de la comédie humaine et a pitié de tout ce qui est : « Le présent me paraît peu de choses, mais l'avenir très affligeant, car j'y vois les embrasements et la ruine de l'univers. Voilà qui me fait gémir. Je pleure aussi de voir que rien n'est stable, que tout est emporté pêle-mêle, que le plaisir se confond avec la douleur, la connaissance avec l'ignorance, le grand avec le petit, le haut avec le bas ; c'est une ronde dont les figurants se succèdent sans cesse dans le jeu du temps » (14). Ni le rieur ni le pleureur ne trouvent preneur.

Vient alors l'heure de *Socrate*. Son produit existentiel ? « Une vie bonne et intelligente, [...] la vie la plus saine » (15). Son domaine de prédilection ? Les jeunes hommes et l'amour. Il dit aimer prioritairement les âmes sans toucher les corps ; mais personne ne le croit – et l'on fait bien... Son « genre de vie » (17) ? « J'habite une cité que j'ai façonnée à mon usage ; j'ai établi une constitution originale et des lois qui me sont propres » *(ibid.)*. Il s'agit en fait de la *République* de Platon dans laquelle les femmes, les choses et les biens sont en commun. Son système ? Sa doctrine ? « Ce sont les idées et les modèles des êtres. Tout ce que tu vois, la terre, ses productions, le ciel, la mer, tous les êtres ont leurs images invisibles qui existent en dehors de l'univers » (18). À l'acheteur qui demande des précisions sur ces idées et où on les trouve, Socrate répond : « Nulle part. Si elles existaient quelque part, elles n'existeraient pas. » À quoi le profane répond : « Je ne les vois pas, ces modèles dont tu parles. » Et Socrate de remettre le couvert : « Ce n'est pas étonnant : tu es aveugle des yeux de l'âme. Mais moi je vois les images de tous les êtres, un autre toi invisible et un autre moi-même ; en un mot, je vois tout en double. » Suite de l'échange, côté acheteur : « Cela étant, il faut que je t'achète ; car tu es sage et tu as une bonne vue » *(ibid.)*... Il joint le geste à la parole, verse deux talents et emporte le philosophe. Hermès questionne l'homme sur son identité : Socrate se fait acheter par Dion de Syracuse, un disciple de Platon qui se réclamera de lui une fois arrivé au pouvoir pour instituer une tyrannie!

Au suivant. C'est un *épicurien* qui passe l'examen. Il est présenté comme un disciple de l'atomisme de ce rieur de Démocrite et de l'hédonisme de cet ivrogne d'Aristippe – ce qui est aller philosophiquement un peu vite en besogne... Il est dit plus impie que les deux réunis mais pas plus savant qu'eux! Il passe pour se nourrir de ce que nous nommerions aujourd'hui des sucreries mais aussi de figues de Carie. On ne sait s'il est acheté, par qui, pour quoi et combien. On ignore également quel type de vie philosophique se trouve à vendre ici. Pour ce qui s'en trouve dit de façon lapidaire, on dira: une vie de jouisseur matérialiste.

Ensuite arrive sur scène un *stoïcien*. À quoi ressemble sa vie? «La vertu même, la plus parfaite de toutes les vies. Qui veut être le seul à savoir toutes choses» (20). Il serait en effet «le seul sage, le seul beau, le seul qui soit juste, brave, roi, orateur, riche, législateur, le seul pour tout le reste» *(ibid.)*. On sait très rapidement que ce philosophe du Portique, c'est Chrysippe en personne. L'acheteur lui demande s'il n'est pas affecté par le fait d'être vendu comme esclave. Il joue alors son rôle de stoïcien en distinguant ce qui dépend de nous et ce qui n'en dépend pas; nous avons du pouvoir sur ce qui dépend de nous, mais pas sur ce qui n'en dépend pas; il dépend de lui d'être affecté par cet état, or il veut ne pas l'être, donc il ne l'est point. Suivent des considérations sur des points techniques de ce courant de pensée: les préférables, l'imagination compréhensive, la logique, les accidents simples et les accidents d'accidents, les solécismes, la rhétorique, les modalités du syllogisme – le Moissonneur, le Dominant, l'Électre, le Voilé (22)... Chrysippe enfume l'acheteur avec les subtilités dialectiques du Portique afin de justifier le prêt à usure, puis le paiement de ses leçons philosophiques, sans pour autant cesser de clamer qu'il est un vertueux emblématique! Avec cette performance intellectuelle, ils sont nombreux à vouloir acheter du stoïcien...

Pénultième, le *péripatéticien*; il n'a pas de nom. Sa carte de visite ontologique? Sa vie philosophique? «Le plus intelli-

gent, celui qui sait tout à fond» (26). Il est doux, modéré et
«double» parce que, dans cette école, il existe un enseignement
ésotérique, pour les initiés, et exotérique, pour le plus grand
nombre; il est riche; il sait tout sur tout: «combien de temps
vit le cousin, à quelle profondeur la mer est éclairée par le soleil
et de quelle nature est l'âme des huîtres» *(ibid.)*! À quoi il faut
ajouter des connaissances encyclopédiques sur tous les sujets
– la génération, la procréation, la formation du fœtus, le rire,
la vie des animaux, etc. Il trouve acquéreur pour un prix élevé.

Enfin, dernier de cordée, le *sceptique*: il s'agit de Pyrrhon,
mais Hermès se trompe en prononçant son nom et le baptise
avec celui d'un esclave... Sa vie philosophique est celle d'un
négateur: il ne sait rien, il affirme que rien n'existe, il ne sait pas
même si nous existons, il ignore ce qu'est le convenable, le préférable, le faisable. Quel est son objectif? «Ne rien savoir, [...]
ne point entendre et [...] ne point voir» (27)! Il ne sent rien, ne
juge rien et dit qu'il « ne diffère en rien d'un ver de terre» *(ibid.)*.
On l'achète, on verse de l'argent? Voilà qui ne le trouble pas
plus que ça, il affirme: «Je suspends mon jugement là-dessus
et j'examine» *(ibid.)*. Et le maître de promettre au sceptique de
le jeter à l'eau pour lui prouver qu'il est bel et bien son maître
– ce qui ne convainc pas Pyrrhon plus que ça d'exister...

La vente s'arrête là. Lucien fait apparaître dans le désordre,
sans souci de la chronologie, tous les représentants de toutes les
écoles de philosophie antique: Pythagore et les pythagoriciens,
Diogène et les cyniques, Aristippe et les cyrénaïques, Démocrite
et Héraclite les présocratiques, Socrate le platonicien, si l'on
peut qualifier un maître avec le nom pris par ses disciples, et,
sans nom, un épicurien, un stoïcien, un péripatéticien et le
sceptique Pyrrhon.

Aucun philosophe ne s'en sort: les extravagances pythagoriciennes sur la transmigration des âmes, les provocations gros-
sières des cyniques, l'hédonisme vulgaire des cyrénaïques, le rire
matérialiste de Démocrite, la misanthropie pessimiste d'Héraclite, le monde fictionné par les platoniciens en général et par
Socrate en particulier, la jouissance triviale des épicuriens, la
logique fumeuse des stoïciens, la manie encyclopédique aristo-

télicienne et le délire nihiliste pyrrhonien, voilà autant de folies que Lucien de Samosate moque dans les grandes largeurs !

Faut-il en conclure qu'il n'est qu'un satiriste sans autre projet que la dérision, un rieur sans épaisseur, un comique sans idée, un roi du burlesque tenant la place du bouffon dans la philosophie ? Je ne le crois pas. Car tous les philosophes auxquels il botte le derrière, à qui il met un soufflet, aux dépens desquels il fait rire ont un point commun : *ils sont grecs*...

Même si, originaire de Samosate, dans l'actuelle Syrie, Lucien écrit en grec, la langue des intellectuels et des gens de lettres, il est un penseur oriental mais romanisé et dirige ses flèches et ses traits sur les grands acteurs de la philosophie grecque mais sur aucun philosophe romain. Car, lui qui écrit dans la seconde moitié du IIe siècle de notre ère, il se trouve donc postérieur à Panétius, Cicéron, Lucrèce, Musonius Rufus, Sénèque, Plutarque, Épictète, autant de philosophes romains qui auraient pu faire les frais de son ironie ! Or, ils sont les grands absents de sa geste moqueuse.

Ce qu'il reproche aux philosophes grecs ? Le verbiage et l'idéalisme, l'encyclopédisme et le scepticisme, la sophistique et la rhétorique, la jouissance et le pessimisme, la logique et le nihilisme, la dépravation et la pédérastie – autant de marchandises introuvables sur les étalages de la philosophie romaine.

Lucien de Samosate reproche autre chose aux philosophes grecs, et c'est peut-être plus grave encore à ses yeux : leur défaut de congruence, la contradiction entre leur doctrine et leur vie, leurs pensées et leurs actions, la hauteur de leur théorie et la bassesse de leurs pratiques. Rien de tel pour s'en apercevoir que de lire *Le Banquet ou les Lapithes*, un dialogue burlesque et philosophique qui pointe le défaut de la cuirasse des philosophes hellénistiques : certes, elle est belle et brillante, clinquante et rutilante, étincelante et resplendissante, mais elle est en carton...

Ce banquet de Lucien est un anti-banquet de Platon ! Où l'on voit, une fois de plus, que le philosophe de Samosate s'inscrit dans une perspective romaine, donc anti-grecque. Chez Platon, le banquet sert de prétexte à des dissertations idéalistes sur l'Amour. On y boit, on y mange, certes, mais parce qu'il faut bien un décor à cette mise en scène philosophique, à cette pièce de théâtre des Idées. Ce qui importe, ce sont les mots, les concepts, les argumentations, la sophistique, la rhétorique. Au bout du compte, chez Platon, il y a toujours une Idée à vendre – le Vrai, le Beau, le Bien, le Juste, etc.

Lucien part d'un autre principe. Les Romains sont gens pragmatiques et concrets. La philosophie n'est pas pour eux un art savant de disserter sur des Idées pures, une dialectique à même de prouver n'importe quoi, fût-ce au détriment du bon sens, une sophistique capable de dire que ce qui est n'est pas et que ce qui n'est pas est, mais une sagesse pratique qui exige la vie philosophique qui l'accompagne.

Voilà pour quelles raisons Lucien de Samosate, romain dans sa démarche intellectuelle, examine les vies des philosophes pour conclure si leur vie est philosophique ou non. Car il ne suffit pas de se dire philosophe pour l'être, encore faut-il le montrer, le prouver – et ce durant toute sa vie… On comprend qu'à placer leur exigence de sagesse en altitude, tel ou tel ne sera jamais à la hauteur. Dès lors, il s'agit de déconsidérer la doctrine à cause de son caractère non viable. Soit c'est extravagant comme chez Pythagore, soit c'est fumeux comme chez Platon, soit c'est inutile et vain comme chez Aristote, soit c'est pure obéissance à sa pente jouisseuse comme chez Aristippe ou Épicure, soit c'est pure grossièreté comme chez Diogène, soit c'est vanité sophistique comme chez Chrysippe, soit c'est délire comme chez Pyrrhon ; dans ces cas-là, à quoi bon souscrire à ces divagations mentales ? Certes, Pythagore n'est pas que phobique des fèves, Socrate que pédéraste, Platon que citoyen d'une république des Idées, Aristote que fasciné par le pénis des moules, Aristippe que parfumé, Diogène que pétomane, Chrysippe que verbeux, Pyrrhon qu'autiste, mais ils le sont aussi – et tout de même… À quel travers apparenté peut-on associer les philosophes romains que sont Cicéron et Sénèque, Épictète et Marc Aurèle, Lucrèce et Musonius Rufus ? À jamais rien d'extravagant…

Moquer, rire, brocarder, sourire, plaisanter, pouffer, railler, distraire, comme fait Lucien, c'est philosopher. Et peut-être même parfois plus et mieux philosopher, parce que plus directement et pour tout le monde, que disserter sur la nature de l'Être, l'existence des essences, les relations qui unissent la substance et les attributs, le mécanisme des préférables, la cause incausée ou le premier moteur immobile, les hypostases qui conduisent à l'Un-Bien – un registre dans lequel les Grecs excellent...

Lucien est du côté des gens simples et vrais, droits et pas compliqués; il a pris le parti des modestes qui ne clament pas haut et fort des idées saugrenues et incompréhensibles, sottes et absconses, mais qui vivent à hauteur d'homme une vie d'homme avec des idéaux d'homme. Il brocarde les sectaires des écoles philosophiques, mais il épargne les compagnons anonymes de ces acteurs de leurs doctrines.

Les Sectes à l'encan se termine sur une information qui, sans en avoir l'air, nous apprend quelque chose d'important. Hermès dit en effet, et c'est ce qui clôt le dialogue: «Nous vous convoquons pour demain; nous mettrons en vente les vies d'ignorants, d'artisans, de gens du commun» (27). Il n'est pas dit qu'ils se comporteraient mieux, bien sûr, mais on comprend à mi-mot que Lucien oppose ceux qui se disent philosophes aux gens du commun et que sa sympathie, si elle ne va pas directement aux plus modestes, ne va pas aux plus savants... Dans *Le Banquet*, il en va de même: les philosophes de toutes les sectes grecques se comportent mal, ils boivent, s'insultent, se battent, ils montrent de l'envie et de la jalousie, de la perfidie et de la bassesse, de la méchanceté et de la petitesse, alors que les convives qui ne sont pas philosophes se comportent de manière convenable et décente. La leçon est qu'il faut rire des faux philosophes, ce qui est la vraie philosophie, et qu'il n'y a de philosophie que chez ceux qui l'incarnent, et non chez ceux qui s'en réclament avec éclat.

Lisons donc *Le Banquet ou les Lapithes*. La cérémonie a lieu chez Aristainetos, un philosophe stoïcien, à l'occasion du mariage de sa fille, Cléanthe, qui épouse un philosophe, fils de banquier et, ce qui ne gâche rien, même si ça n'explique pas tout, riche héritier.

Nombre de choses sont déjà exprimées dès les premières lignes du dialogue. Aristainetos apparaît dans les *Lettres des courtisanes* du même Lucien : il est un philosophe stoïcien, chevelu et barbu, qui enseigne la vertu et les dialogues sur l'amour consacrés par des disciples à leurs maîtres, mais qui pratique la pédérastie – une pratique sexuelle plus théorisée et justifiée par les Grecs que les Romains. Au contraire du *Banquet* de Platon, il n'existe aucun plaidoyer romain pour les amours grecques. Une campagne contre le philosophe stoïcien est fomentée par des courtisanes qui le dénoncent avec des graffitis au Céramique...

Ensuite, le prénom de la mariée : Cléanthe. Or Cléanthe d'Assos (330-232 avant notre ère) est le nom *masculin* du philosophe stoïcien qui succède au fondateur de l'école stoïcienne, Zénon de Citium, en tant que premier scolarque. De son œuvre abondante il ne nous reste que des fragments d'un *Hymne à Zeus*.

Le mariage se déroule en plein territoire stoïcien. Nous sommes donc en droit d'imaginer que la doctrine du Portique fera la loi lors de ce banquet de noces : rigueur morale, idéal ascétique, éloge de la vertu, pratique austère, héroïsme existentiel.

Las ! C'est tout le contraire qui arrive ! Avachissement moral, jouissances triviales, débauches d'ivrognes, collection de vices, comportements de dépravés, bassesses de noceurs, orgies de dévergondés, les philosophes se comportent en gougnafiers... Il y a loin de la coupe philosophique aux lèvres des convives.

Dès qu'il entre dans la salle, les stoïciens foudroient du regard Hermon l'*épicurien*. La chose se trouve ainsi clairement dite : les gens du Portique et ceux du Jardin passent pour se haïr. Cette opposition est une construction plus qu'une réalité. Les deux écoles proposent deux chemins différents pour parvenir à un même but : la sérénité, la sagesse, la paix de l'âme et de l'être. Mais les stoïciens croient au Souffle, les épicuriens à la seule vérité des Atomes unis dans le vide, cela suffit pour les exciter comme chiens et chats...

L'entrée du *platonicien* Ion suscite un frisson respectueux car c'est « un personnage vénérable à voir, majestueux comme un dieu, sur les traits duquel on lisait sa haute vertu. Le peuple l'a surnommé la Règle, eu égard à la droiture de son esprit. À son entrée, tout le monde se leva, on le salua comme un être supérieur; en un mot, l'apparition de cet admirable Ion fut comme l'effet d'un dieu» (7). Comment mieux dire l'empire du platonisme dans le milieu philosophique? Le magistère est tenu par les disciples de Platon qui passe pour le philosophe haut de gamme, celui qui, dans le monde des essences intelligibles, commerce directement, sans intermédiaire, avec les Idées.

Le plan de table obéit aux règles de la bienséance; d'aucuns s'en offusquent parce qu'ils estiment mériter plus et mieux que ce qu'on leur offre quand on leur désigne leur place... Fâcheries, vacheries échangées. Le stoïcien qui affecte selon la doctrine de se moquer des choses humaines, trop humaines, se comporte en humain, trop humain. Le riche maître de maison s'offre des philosophes qui s'offrent un riche maître de maison...

Le *stoïcien* Zénothémis devrait, selon les règles de sa secte, manifester frugalité et sobriété, tempérance et mesure, mais aussi empathie et sympathie, magnanimité et longanimité. Je t'en fiche! Il menace de quitter la salle si on le place à côté de l'épicurien qui est aussi prêtre des Dioscures et qui, lui, laisse volontiers la première place au stoïcien. De ce fait, Zénothémis s'assied puis se met à manger comme un goinfre en se tachant de sauce. Il passe quelques morceaux de viande à son esclave placé derrière lui. Le stoïcien frugal se remplit le ventre.

C'est alors qu'entre Alkidamas, un philosophe *cynique* qui n'a pas été invité. Comme il est «fort en gueule et qu'il est le plus criard de tous les cyniques» (12), tout le monde en a peur. On l'incite à prendre un siège et à s'asseoir; il disserte sur le trop de confort que présentent le fauteuil, le lit, la table, le tout dans un décor de tentures, et mange debout, en marchant et en déblatérant contre le luxe, l'argent, la possession, les coupes en or auxquelles il dit préférer la simple vaisselle en terre. Pour le faire taire parce qu'il ennuie son monde, le maître de maison demande qu'on lui serve une coupe de vin pur. L'effet est radical sur Alkidamas; il s'allonge à même le sol, se tait et boit: le vociférant cynique cesse d'aboyer.

Pendant ce temps, l'*aristotélicien* Cléodémos drague un jeune et bel échanson auquel il prend prétexte de passer la coupe pour lui offrir l'argent avec lequel il achète ses faveurs. Les pièces tombent par inadvertance. Tout le monde fait semblant de n'avoir pas compris. Le maître de maison éloigne l'esclave et place un vieil homme muletier ou palefrenier près du pédéraste : le plaisir du péripatéticien sera solitaire.

Retour en scène du *cynique* ivre mort – le vin non coupé a fait son effet. Il exige le silence, porte un toast à la mariée, fait rire, s'en offusque, entonne son propre éloge, dit de la mariée que, « si elle ne reçoit pas la coupe de [sa] main, elle n'aura jamais de fils qui [lui] ressemble, qui ait une force invincible, un esprit libre, un corps vigoureux » (16). On n'est jamais mieux servi que par soi-même. Sur ce, comme pour vanter la marchandise, il joint le geste à la parole et montre son sexe. Ce faisant, il fait rire, se fâche encore, menace de frapper avec son bâton qu'il lève au-dessus des têtes tout en promettant de ne pas s'en servir si on lui apporte un gros gâteau. On le lui présente ; il l'avale. Acheté une première fois avec une coupe de vin, Alkidamas l'est une seconde fois avec une pâtisserie : le chien cynique qui aboie se calme avec du sucre.

Dionysodoros le *rhéteur* prend alors la parole dans une salle où la plupart sont déjà ivres morts. Il récite un certain nombre de ses discours. On l'applaudit chaleureusement, mais le bravo vient des valets qui se trouvent derrière lui. À vaincre sans péril, le rhéteur triomphe sans gloire : le beau parleur n'a de succès qu'avec une claque. La brillante rhétorique est une science vaine.

Puis le *grammairien* Histiaios, assis à la dernière place, donc dernière roue du carrosse, déclame un pot-pourri de textes classiques afin d'obtenir une ode qui ne veut rien dire. Bien sûr, l'assistance se moque de lui. La grammaire se révèle un art inutile.

Pendant ce temps, le *stoïcien* Zénothémis, qui avait menacé de quitter la salle mais n'a pas mis sa menace à exécution parce qu'on l'a changé de place, est perdu dans la lecture d'un livre écrit avec de petits caractères – c'était alors le signe distinctif des philosophes de cette école. Mis en présence de la réalité la plus triviale, le stoïcien préfère les livres à la vie.

Entre les plats, le bouffon Satyrion est invité à amuser l'assemblée. Il est laid, la tête rasée, hormis une houppette au sommet de son crâne. Il danse avec d'infinies contorsions, en se tortillant, en se déhanchant, afin d'augmenter le ridicule. Il récite des vers en contrefaisant l'accent égyptien. Puis il lance des piques à tel ou tel dans l'assemblée. Ceux qui font l'objet de ces saillies rient. Mais pas le cynique Alkidamas, qui n'apprécie pas du tout de subir ce qu'il ne cesse d'infliger aux autres. Il menace le bouffon, plus et meilleur clown que lui, de le boxer. Le combat s'engage, mais en plus d'être bon en jeux de mots, en railleries, en plaisanteries, en amusements, le comique l'est aussi aux poings : il terrasse son adversaire. Arroseur arrosé, le cynique n'aime pas l'eau.

Arrive alors le médecin Dionicos. Il confesse un retard à cause d'un patient atteint de folie qu'il a dû calmer. Il raconte sa péripétie, obtient un succès égal à celui du bouffon et s'installe près du grammairien en mangeant les restes du repas. Sa présence ne manquera pas d'être justifiée peu de temps après car, l'alcool ayant enflammé toute cette assemblée, le feu va se propager.

Pour l'heure, un événement permet à Lucien de charger plus encore la barque des disciples du Portique : le *stoïcien* Hétoimoclès envoie un courrier au maître de maison Aristainetos. Cette lettre est un modèle du genre pour mettre à nu le mécanisme du ressentiment : le philosophe est invité tous les jours par des gens plus riches que l'hôte auquel il se plaint, sans se rendre à leurs invitations car il sait combien les banquets sont l'occasion de désordres et de violences ; il ajoute : « C'est à ta personne seule que j'en ai et je crois mon ressentiment fondé » (22). Formidable aveu : il confesse qu'il fait sa cour à celui qui, en plus, est son voisin, or cet oubli doublé de cette proximité augmente son chagrin ; il est moins peiné, bien sûr, par le fait de ne pas avoir été convié, que par l'ingratitude de qui ne l'a pas convié, « car, écrit-il, je ne suis pas homme à mettre mon bonheur dans un morceau de sanglier, ou de lièvre, ou de gâteau, tous mets dont je puis me régaler à satiété chez d'autres personnes qui connaissent les convenances » *(ibid.)* – c'est chose connue que le méchant reproche souvent à l'autre ce qu'il ne saurait se reprocher à lui-même : c'est donc celui qui ne l'invite pas qui ignore les convenances, alors que celui qui n'a pas été prié ne trouve pas inconvenant d'en faire le reproche au beau milieu du banquet à celui qui ne l'a pas convié.

Hétoimoclès ajoute de la paranoïa : s'il n'a pas été mandé, c'est à cause des deux autres stoïciens présents au banquet, membres pourtant de la même école que lui et dont il affirme qu'il leur clouerait le bec sans difficulté avec un syllogisme bien troussé ! Il accable le maître de maison auquel il reproche d'ignorer les principes de la doctrine fondée par Zénon. Il invite à une joute avec ces stoïciens tout en précisant à l'hôte de ces lieux : «Moi, qui tiens que l'honnête seul est un bien, je supporterai facilement l'outrage que tu me fais» (23) – bien sûr, bien sûr...

Puis il médit, il calomnie et annonce au père que le précepteur de son propre fils, Diphilos, surnommé le Labyrinthe tant il est compliqué ou sans issue, est un amateur de jeunes garçons et qu'il a des complaisances pour son élève. Or Diphilos a été invité au mariage... Hétoimoclès ne manque pas d'ajouter : «Mais il ne faut point troubler la noce ni médire d'autrui, surtout sur des sujets aussi honteux. Il est vrai que Diphilos le mériterait bien, lui qui m'a enlevé deux disciples ; mais par respect pour la philosophie, je garderai le silence» (26). Magnifique exemple de prétérition, belle leçon de rhétorique : dire ce qu'on ne dira pas et que, de ce fait, on dit tout de même...

À quoi l'homme du ressentiment ajoute en guise de péroraison : «J'ai donné ordre à mon valet, dans le cas où tu lui donnerais un morceau de sanglier ou de cerf ou de gâteau de sésame, pour me l'apporter et t'excuser de ne m'avoir point convié à ton dîner, de ne rien recevoir, pour qu'on ne s'imagine pas que je l'ai envoyé pour cela» (27). Mais qui donc aurait pu soupçonner une chose pareille ?

La lecture de cette pitoyable lettre est accompagnée de rires... Comment ce vieux sage barbu, ce stoïcien au visage sévère a-t-il pu montrer autant de passions tristes : jalousie, envie, convoitise, ressentiment, concupiscence, mauvaise foi, malveillance, calomnie, médisance, prétention, fourberie, tartuferie ? Si le père de la mariée ne l'a pas invité, c'est tout simplement «parce qu'il ne pouvait jamais espérer qu'il acceptât son invitation et ne se commît dans un tel milieu. Aussi n'avait-il pas même jugé à propos de tenter la démarche» (28).

Diphilos et Zénon qui l'accompagnait quittent l'assemblée en se faisant très discrets; ils confirment ainsi les accusations d'Hétoimoclès. Aristainetos annonce à l'esclave porteur de la missive du stoïcien qu'il peut rentrer et qu'il s'occupera de toute cette affaire plus tard.

C'est le moment que choisit l'*aristotélicien* Cléodémos pour attaquer les stoïciens – qui, décidément, sont à la fête sous la plume de Lucien de Samosate… Passe d'armes entre l'épicurien Hermon et le stoïcien Zénothémis qui en profite pour accuser Cléodémos d'avoir séduit la femme de son élève et, après avoir été surpris à coucher avec elle, d'avoir dû subir la peine réservée aux adultères: se faire rouer de coups avec une rave enfoncée dans le derrière! Cléodémos riposte à son accusateur stoïcien qu'il a prostitué sa femme, volé l'argent déposé par un disciple pour payer un voyage, juré devant la divinité qu'il n'avait pas détourné cette somme, pris à la gorge ses disciples avec des honoraires exorbitants, prêté de l'argent avec un fort taux d'intérêt, vendu du poison à un homme bien décidé à tuer son père.

Cléodémos balance alors sa coupe au visage des stoïciens, ce qui donne le coup d'envoi d'une bagarre homérique: coups et blessures, tentatives de meurtre, crachats, empoignades de barbes, interpositions des plus sages – les coups pleuvent. On se bat avec la nourriture. Le sang coule. Un œil est crevé. Un nez se trouve tranché après avoir été mordu. Des coups de pied sont envoyés dans des dents qui sautent. On crie, on pleure. Une lampe est renversée et, quand on rallume la lumière, on surprend une coucherie, puis un vol. Pendant ce temps, les malades sortent sur des litières. Un stoïcien hurle de douleur; un plus sage que lui, à moins qu'il ne s'agisse d'un plus ironique, lui fait remarquer qu'il lui suffit, selon la doctrine qu'il enseigne, de ne pas vouloir que la douleur advienne pour qu'elle ne soit pas. D'autres vomissent un peu partout… Cessons là.

Lykinos, qui raconte ce banquet, donne la morale de cette histoire à sa façon: «Je songeais en particulier à ce qu'on dit communément, qu'il ne sert à rien de connaître les sciences, si l'on ne règle pas sa conduite sur la vertu. En effet, je voyais ces hommes supérieurs en instruction prêter à rire par leurs actions. Puis je me demandais si le vulgaire n'a pas raison de dire que la science empêche de raisonner juste les hommes qui fixent exclusivement leur attention sur les livres et les réflexions qu'ils contiennent. De tous ces philosophes réunis dans cette salle, il n'y en avait justement pas un seul qui le fût: les uns commettaient des actions honteuses, les autres tenaient des propos plus honteux encore, et je ne pouvais même plus imputer au vin leurs excès, quand je songeais à ce qu'Hétoimoclès avait écrit sans avoir encore ni mangé ni bu» (34). Puis cette conclusion dans la conclusion: «C'était le monde renversé. Les ignorants se comportaient à table avec une décence irréprochable. Ils se gardaient de toutes les grossièretés que provoque l'ivresse; ils ne commettaient aucune inconvenance. Ils se contentaient de rire, et blâmaient sans doute ceux qu'ils avaient admirés et pris pour des êtres supérieurs d'après leur maintien. Les sages, au contraire, s'abandonnaient à tous les excès, ils injuriaient, ils s'empiffraient, ils criaient, ils en venaient aux mains, et l'admirable Alkidamas pissait même au milieu de la salle, sans respect pour les femmes» (35).

Lucien invite moins à rire de la philosophie qu'à se moquer des philosophes qui ne vivent pas la philosophie qu'ils enseignent, ce qui est proprement tenir la discipline véritable en haute estime. Derrière ce dont il rit se cache le sérieux du philosophe véritable qui sait que, selon la formule bien connue, en matière de sagesse, le bien ne fait pas de bruit et le bruit ne fait pas de bien.

La décence des gens ignorants et simples, la bienséance et les convenances, l'honnêteté et la correction, la probité et la modestie dont ils font preuve constituent de véritables leçons de sagesse. Il faut rire de ceux qui affectent d'être philosophes mais dont la vie témoigne qu'ils ne le sont pas. Voilà l'ultime leçon romaine offerte dans le rire et la dérision par Lucien de Samosate: ce qui fait la philosophie n'est pas le discours philosophique mais la vie philosophique. La raison de la dérision est dérision de la déraison.

Intermède 9

Celse, le dernier païen

Un paradoxe veut que Celse, le premier philosophe païen ayant attaqué les chrétiens au IIe siècle, ait été sauvé par eux ! Ruse de la raison monothéiste... Son *Contre les chrétiens. Discours véritable* a été écrit aux alentours des années 180, pendant le règne de Marc Aurèle.

Comment cela a-t-il pu être possible ? À Alexandrie, un riche mécène chrétien nommé Ambroise demande à son ami Origène qu'il réfute le *Discours véritable* de Celse, ce texte qui pilonne les chrétiens. Origène se met au travail et réfute tant et si bien qu'il cite mot à mot à peu près soixante-dix pour cent du texte de celui qu'il combat. Dès lors, nous disposons de ce texte qu'à la suite de saint Paul, qui inaugura le premier autodafé chrétien, les pourvoyeurs de bûchers n'ont pas eu l'idée d'aller débusquer dans le livre d'un autre, chrétien emblématique qui plus est.

Le *Discours véritable* est une charge lourde contre ce qui n'est alors qu'une secte et que l'auteur voit comme une menace pour l'Empire romain. Il n'a pas tort. Disons même qu'il s'avère visionnaire : plus de mille ans d'histoire lui donnent raison.

Deux siècles après ce texte brillant, la religion de Chrestos passe du statut de secte persécutée à celui de religion persécutrice. Avec la conversion opportuniste de l'empereur Constantin, cynique et criminel, cruel et scélérat, malhonnête et menteur, brutal et barbare, le christianisme précipite la chute de l'Empire romain non sans en avoir gardé la forme, donc la force.

À l'époque où Celse écrit, le christianisme se présente sous la forme d'une constellation de petites communautés dont chacune s'empare de la légende d'un homme crucifié pour sauver l'humanité. Un homme, un groupe, une communauté – voilà une hérésie...

Dans les premiers siècles de l'ère commune, en effet, on ne distingue pas très bien les folies gnostiques des extravagances judaïques ou des mythologies orientales. C'est un bouillon de culture dans lequel tout est possible : de l'orgie sexuelle gnostique comme occasion de purifier le monde marqué par le sceau du mal à l'ascèse totale des moines du désert reclus dans des tombes en passant par des communautés généalogiques du monachisme occidental, le christianisme se cherche.

*

Qu'a donc compris Celse dès les débuts du christianisme ? La véritable nature de cette religion qui détruit la Rome antique pour la remplacer par une Rome judéo-chrétienne sous le régime duquel l'Occident vit encore.

Les chrétiens sont pour Celse une étrange corporation faite de gens persécutés, mais qui se font une gloire de cette persécution sous prétexte qu'elle leur ouvrirait le royaume des cieux. Ils s'opposent aux lois de l'Empire et se cachent pour célébrer leur culte. Leur sagesse est un collage de références barbares qui ignorent la raison grecque. Le judaïsme fait partie de ces sources. Ils recyclent de vieilles choses : veulent-ils mourir pour leurs idées ? Socrate les a déjà précédés sur cette voie. Critiquent-ils les images des dieux que vénèrent les païens ? Héraclite avait déjà moqué ceux qui se trompent de dieux en vénérant des pierres ou des morceaux de bois plutôt que les dieux véritables. Les fameux miracles de ce dieu-là sont produits par la magie. Les chrétiens invoquent la foi et récusent la raison. Sociologiquement, ce sont de pauvres hères, simples et rustiques, sans moralité, grossiers. Quelques-uns, toutefois, échappent à cette définition et sont éclairés et honnêtes. Certes, eux non plus n'invoquent pas la raison car ils convoquent des allégories.

Celse croit à l'existence historique de Jésus. Il estime pourtant qu'il n'est pas le fils de Dieu né d'une vierge mais un enfant né d'un adultère avec un soldat romain qui se nommait Panthère. Du fait de cette naissance déshonorante, Marie a accouché en cachette. D'ailleurs, découvrant la honte, Joseph le charpentier, qui était son époux, l'a chassée de la maison. L'enfance, l'adolescence et la jeunesse de Jésus se sont déroulées en Égypte où il a été salarié.

De retour en Palestine, il a affirmé sa nature divine. Jésus prétend que le jour de son baptême dans le Jourdain, une colombe est descendue sur lui pour confirmer sa nature divine. Celse estime qu'il s'agit d'une affabulation, une affirmation dénuée de toute preuve. Certes, l'idée de la venue d'un prophète est répandue à Jérusalem. Mais rien ne témoigne en faveur du fait qu'il s'agirait de Jésus et pas d'un autre. Nombreux sont les fanatiques et les imposteurs en la matière. D'ailleurs, si chacun existe selon la volonté de Dieu, pourquoi cet homme serait-il plus dieu que les autres?

Les chrétiens prétendent que la famille de Jésus a pris la fuite en Égypte parce qu'on avait fait savoir à Hérode qu'un enfant venait de naître et qu'il devrait un jour régner à sa place. Le roi a massacré les enfants. Jésus a été épargné. Mais il n'a jamais régné en lieu et place d'Hérode pour autant. Pourquoi Dieu, qui serait le père de cet enfant, l'aurait-il exposé de cette manière aux crimes du roi? Pour quelles raisons s'est-il contenté d'envoyer deux anges alors qu'il lui aurait suffi de faire en sorte qu'Hérode ne se comportât point comme il s'est comporté?

On prétend que Jésus a accompli un grand nombre de prodiges, de miracles, de choses merveilleuses. Pour Celse, il ne fait aucun doute que ces prodiges ont été obtenus grâce à de vulgaires tours de magie. Car le sang qui a coulé sur la croix prouve que cet homme n'est pas Dieu. Quel dieu aurait du sang humain? De même, comment un dieu se serait-il laissé arrêter, juger, frapper, humilier, torturer et crucifier sans rien faire pour échapper à ce long et douloureux trajet vers la mort ? Tout témoigne en faveur d'un corps d'homme et d'une vie d'homme.

Pourquoi, si tout a été prédit, n'a-t-il pas échappé aux prédictions ? La conjuration, la trahison, la crucifixion, la Passion ? Sinon parce que rien n'a été prédit et qu'il ne s'agit là que de fariboles. Comment Dieu pourrait-il vouloir éprouver son fils à ce point ? En revanche, si Dieu l'a voulu, alors pourquoi ne pas s'y soumettre avec joie ? Dès lors, à quoi bon affirmer sur la croix : « Mon Dieu, pourquoi m'as-tu abandonné ? »

Dans cette aventure, Celse ne voit que des mythes. Il estime que le récit des premiers évangélistes a été régulièrement modifié en fonction des objections que les adversaires de cette religion leur faisaient.

Vivant, Jésus n'a pas pu convaincre plus de douze apôtres, « des méchants mariniers et publicains », écrit Celse (I.26), dont aucun d'entre eux n'a voulu mourir pour lui. Or, c'est deux siècles plus tard que ses disciples veulent désormais donner leur vie pour lui ! Quel étrange paradoxe...

A-t-il dit qu'il ressusciterait d'entre les morts ? Mais ils sont nombreux ceux qui, avant lui, affirmaient pouvoir également réaliser ce prodige... Et Celse de donner des noms. Pour valider une pareille chose, il faudrait disposer de la preuve que le corps mort et le corps ressuscité sont les mêmes. Or, ce ne fut pas le cas. Car qui a vu les stigmates ? Une « femme en transe », autrement dit une demi-folle à laquelle on ne saurait accorder quelque crédit que ce soit.

C'est à tout le monde, y compris à ses juges, que Jésus aurait dû apparaître pour convaincre en vérité et massivement. Revenir chez Pilate et l'interpeller devant sa cour, voilà qui aurait été plus crédible ! Il aurait même pu, plus fort, disparaître franchement de son « poteau » (I.28), en direct, le jour de la crucifixion ! Voilà qui aurait eu de l'allure... Au lieu de cela, son supplice a été vu par beaucoup, mais sa résurrection par « une femmelette et des comparses » *(ibid.)*...

Celse constate également dans les textes que sa façon de parler en interpellant violemment – « malheur à vous ! » par exemple – prouve qu'il ne sait pas convaincre et convertir autrement qu'en agitant la peur et les menaces. Les contradictions abondent même dans les Écritures que les chrétiens revendiquent – c'est dire!

Parlant de Jésus présenté par les chrétiens comme Fils de Dieu, puis Dieu lui-même, Celse affirme: «Ce ne fut qu'un homme. L'expérience nous l'a fait voir tel et la raison nous en convainc» (I.32). Il oppose donc l'expérience et la raison à la foi et à la croyance.

Le philosophe païen, en l'occurrence assez probablement néoplatonicien, attaque ensuite l'apologétique des juifs et des chrétiens. Il se montre tout autant combatif et déterminé à faire primer l'ordre de la raison sur les délires de la foi. Il s'agit pourtant du crépuscule du paganisme...

Celse trouve ridicules les controverses entre juifs et chrétiens. Dès qu'ils sont nombreux, les uns et les autres se séparent et créent des schismes. L'esprit de parti et le goût de la secte animent tous ces gens incapables de faire une communauté véritable sans s'entre-déchirer.

Le philosophe qu'est Celse ne peut comprendre que les chrétiens fassent l'éloge de l'inculture et de l'ignorance, sauf à croire qu'en agissant ainsi, ces croyants nouveaux «montrent bien qu'ils ne veulent et ne savent gagner que les niais, les âmes viles ou puériles des esclaves, des pauvres femmes et des enfants» (II.37). Pour ce fin lecteur de Platon, pareil recrutement dépasse l'entendement... Pourquoi faudrait-il fustiger les connaissances et la culture, la sagesse et les livres, le savoir et les lettres qui offrent autant d'occasions de parvenir à la vérité? Les chrétiens font comme les coureurs de foire et les bateleurs qui installent leurs tréteaux au beau milieu des gens les plus grossiers, les plus triviaux, les plus vulgaires.

Ils s'adressent aux enfants en estimant qu'ils contamineront les parents; ils parlent aux femmes dans l'espoir qu'elles convaincront leurs maris; ils entretiennent les esclaves dans l'attente que, le moment venu, ils convertiront leurs maîtres.

De même, ils attirent à eux les pécheurs. Mais que sont-ils, sinon «l'homme injuste, le brigand, le fractureur de portes, l'empoisonneur, le sacrilège, le violateur de tombeaux?» *(ibid.)*.

Est-ce là une clientèle respectable ? se demande Celse. Car, pour quelles raisons Dieu aurait-il été envoyé pour cette engeance plutôt que pour ceux qui ne pèchent pas ? « Quel mal y a-t-il à être exempt du péché ? » (II.38). Pourquoi cette prime aux incultes, aux pécheurs, aux méchants ?

Celse aborde ensuite les questions de l'incarnation, de l'anthropomorphisme et du peuple élu chez les juifs. Quelles bonnes raisons Dieu aurait-il de descendre sur terre ? Sa perfection ne saurait durer au contact de la matérialité du monde, de la méchanceté des hommes et de l'imperfection des choses.

Quel drôle de Dieu, celui des juifs et des chrétiens, qui crée l'homme à partir de la terre, puis la femme avec une côte d'Adam, et qui n'est pas même capable de se faire obéir d'eux ? Ils racontent l'histoire d'un déluge, avec arche et colombe : ce sont des histoires juste bonnes pour les enfants. Et Celse d'enchaîner sur celles qu'on trouve dans l'Ancien Testament et qu'il estime ridicules.

En quelques lignes, Celse découvre un peu sa pensée et l'on s'aperçoit qu'elle semble néoplatonicienne puisqu'elle renvoie à un Dieu créateur d'essences universelles à partir desquelles les hommes sont créés. Il ajoute que le mal ne vient pas de Dieu mais de la matière. Dans un esprit plutôt stoïcien, il précise enfin que tout ce qui est a déjà été et qu'il sera encore sans cesse, le tout de façon cyclique. Puis il referme la parenthèse et revient à la charge.

Ce bref temps nous permet de savoir que son paganisme n'est pas un polythéisme à l'ancienne, mais une philosophie élaborée qui peut s'inspirer de Philon d'Alexandrie, au Ier siècle de notre ère, et qui trouvera son plein épanouissement avec les *Ennéades* de Plotin au début du IIIe siècle. Quoi qu'il en soit, on en sait assez pour conclure que le Celse néoplatonicien du *Discours véritable* n'est pas du tout le Celse épicurien qui fut ami de Lucien de Samosate.

Comment dès lors le dieu des juifs et des chrétiens qui connaît les sentiments, les émotions et les passions des hommes pourrait-il être crédible ? Un dieu vengeur, colérique, jaloux, méchant ? Un dieu suffisamment sot pour envoyer son fils sur terre en sachant qu'il l'envoie à la souffrance et à la mort ? Qui peut croire à pareilles choses ?

Par ailleurs, qui peut être assez fou pour imaginer que les Juifs sont le peuple élu de Dieu alors qu'ils partagent avec de nombreux autres peuples des coutumes, des interdits alimentaires, des pratiques rituelles, par exemple la circoncision ?

Le christianisme procède du judaïsme, c'est évident. Mais une multiplicité de sectes constituent cette nouvelle religion. Et une multiplicité de sources, éclatées, explosées, diverses, sont repérables dans ce patchwork auquel il vaudrait mieux préférer un paganisme inspiré de Platon.

Le moment le plus politique de son travail se trouve à la fin. Celse examine en effet l'incompatibilité radicale du christianisme avec l'Empire. Car, à ne reconnaître que Dieu comme raison d'obéir, les chrétiens s'opposent au Prince. Dès lors, ils travaillent à fissurer la cité qui devient fragile et se trouve à la merci des « barbares les plus sauvages et les plus grossiers » (IV.116).

Il finit avec cette exhortation : « Soutenez l'Empereur de toutes vos forces, partagez avec lui la défense du droit ; combattez pour lui, si les circonstances l'exigent ; aidez-le dans le commandement de ses armées. Pour cela, cessez de vous dérober aux devoirs civils et au service militaire ; prenez votre part des fonctions publiques, s'il le fait, pour le salut des lois et la cause de la piété » (IV.117).

Ce qui veut dire qu'à la fin du IIe siècle les chrétiens, bien qu'éparpillés et vivant en archipel, font sécession avec le pouvoir impérial romain ; ils se refusent au droit de l'Empire ; ils ne combattent pas pour lui ; ils se désengagent de l'armée qui assure l'être et la durée de la forme impériale ; ils manifestent un incivisme patent ; ils se dérobent aux obligations militaires ; ils ne s'impliquent pas dans la fonction publique ; ils n'ont aucun souci des lois et, surtout, de la religion qui assure la cohésion politique de la cité.

Celse ne croit pas à la possibilité d'un christianisme universel à cause de la diversité des peuples et des coutumes ; il se trompe lourdement. Mais il a compris que l'Empire est menacé par cette religion nouvelle ; toutefois il n'imaginait pas qu'il pouvait échapper à cette menace en devenant lui-même chrétien. Pas plus qu'il ne pouvait imaginer qu'en devenant chrétien, et avec l'aide de l'épée de saint Paul, le christianisme deviendrait universel.

Il suffisait pour ce faire d'un homme qui, en se convertissant, a converti d'un seul coup l'Empire. De ce fait, l'empereur à l'origine de cette révolution radicale a conservé la forme impériale, mais au détriment du fond qui était celui de la Rome antique. En devenant religion d'État, le christianisme a ravagé l'Antiquité païenne. Et avec elle la morale romaine.

*

Si le christianisme se cherche au IIe siècle, quand Celse écrit son *Discours véritable*, c'est en fait Constantin qui le trouve en estimant qu'une religion qui, *via* saint Paul que Jésus n'aurait probablement pas aimé, enseigne que tout pouvoir vient de Dieu, qu'il ne faut donc pas s'y opposer sous prétexte que refuser le Prince c'est refuser Dieu, donc encourir les enfers ; c'est en effet une bonne partenaire pour diriger l'Empire d'une main de fer.

Au début du IVe siècle, en se faisant chrétien, Constantin christianise l'Empire à marche forcée : incitations fiscales en faveur des chrétiens, interdiction de certaines professions aux païens, lois édictées en faveur des nouveaux croyants, et ce au détriment des polythéistes transformés en magiciens, impossibilité de tester et d'hériter pour les non-chrétiens, bâtiments magnifiques offerts aux dévots du Christ, extraterritorialité fiscale de l'Église qui devient alors richissime, habilitation pour elle à recevoir les héritages, redistribution des impôts en sa faveur, dons impériaux pour construire d'imposants lieux de culte, dispense d'impôts fonciers pour tous ses bâtiments, exemption de charges pour les membres de la curie qui se trouvent ainsi dispensés de participer aux dépenses publiques et, enfin, restriction du terme de « religion » au seul christianisme.

Constantin permet donc aux riches de pouvoir conserver leurs fortunes pourvu qu'ils se convertissent. Il s'ensuit, bien sûr, une pléthore de conversions, au point qu'il est obligé de faire une loi pour empêcher l'afflux massif des très riches qui ont compris qu'adhérer à cette religion nouvelle offrait un ticket d'entrée dans un genre de paradis fiscal.

Malin, Constantin qui donne d'une main aux riches distribue également de l'autre aux pauvres : une loi facilite l'affranchissement des esclaves, pourvu qu'ils soient chrétiens... Devenue richissime, l'Église assure nombre de missions caritatives et attire ainsi les faveurs des plus démunis : un genre de sécurité sociale se trouve mis sur pied et pourvoit aux besoins des pauvres. Elle construit des hospices et des hôpitaux, des écoles aussi. La solidarité, la santé, l'éducation passent aux mains de l'Église qui travaille étroitement avec le pouvoir impérial.

Le christianisme devenu une affaire d'État, il faut muscler la légende sur laquelle il est construit. Jésus, qui n'a jamais existé historiquement mais qui n'est que ce qu'une secte juive déviante estime être le Messie annoncé par les juifs qui est venu sur terre, n'a d'existence que conceptuelle. Les juifs affirment que ce Messie est à venir ; ces juifs dissidents que sont les chrétiens affirment qu'il n'est plus à venir puisqu'il est déjà venu.

Le Pentateuque des juifs annonçait ce que serait ce Messie, ce qu'il dirait, ce qu'il ferait ; les Évangiles judéo-chrétiens se contentent de dire ce qu'il a été, ce qu'il a dit, ce qu'il a fait en effectuant un copier-coller judaïque sur une trame catholique.

Tout cela sentait trop le concept. Cela suintait l'idée. Pas assez de chair dans cette incarnation de papier, pas assez de viande dans ce banquet allégorique dans lequel on ne mange que des symboles – le pain pour son levain qui préfigure l'avenir expansif de la communauté, le vin pour annoncer le sang de la Passion, le poisson pour dire, grâce à un jeu de mots grec[1], qu'il est célébration du Christ.

Qu'à cela ne tienne. Constantin et sa mère Hélène, complice de ses meurtres, se chargent d'écrire la biographie de ce Verbe éthéré. Arrive alors la mythologie : l'étable de la naissance, le

---

1. *Ichthus*, le « poisson » : acrostiche du nom de Jésus. Les lettres du mot *ichthus* forment les initiales de *Iêsoûs Christos theoû (h)uios sôtêr* – « Jésus-Christ fils de Dieu sauveur ».

bœuf et l'âne, qui sont absents des Évangiles, le lieu de la crucifixion, le Golgotha, la couronne d'épines, les clous – la mère et
le fils accouchent de façon métaphoriquement incestueuse d'un
Jésus présentable au petit peuple. Il suffira d'icônes pour popu-
lariser cette histoire sainte : peintures, sculptures, architectures,
mosaïques, argenterie, joaillerie, tout est mobilisé pour rendre
visible ce qui, et pour cause, était invisible. Les philosophes et
les théologiens peuvent se contenter de l'invisible, mais pas le
tisserand et le foulon, le charpentier et le marchand de poissons, le portefaix et le teinturier qui, eux, ont besoin d'images.
C'est ici la généalogie de l'art occidental…

Chargé d'or, le convoi qui conduit Hélène de Rome à
Jérusalem permet de convertir dans les grandes largeurs. Une
pièce d'or obtient bien plus vite une conversion qu'un long
traité philosophique rédigé par l'un des Pères de l'Église. Le
solidus, la monnaie en or pur frappée par Constantin, fut une
hostie très efficace.

Sur place, comme par hasard, trois siècles après l'hypothétique événement de la crucifixion, Hélène découvre la grotte de
la naissance, celle de l'ascension, le lieu du martyre, les trois croix
dans lesquelles se trouve la bonne, les clous, le *titulus*, autrement
dit le morceau de bois fiché sur le haut de l'instrument de torture, la couronne d'épines, le tombeau du Christ. Qui dit mieux ?

Sur tous ces lieux, elle fait construire des églises somptueuses
avec du marbre, des pierres précieuses, de l'or, des sculptures
monumentales. Hélène est dans le performatif : elle dit, et *ce
qu'elle dit* est, du simple fait qu'elle l'a dit. Des millions de gens
ont vécu et vivent toujours selon l'ordre de ce performatif…

L'historien Socrate, à ne pas confondre avec celui de Platon,
celui-ci était avocat à Constantinople, écrit dans son *Histoire
ecclésiastique* : « Quant aux clous qui étaient fichés dans les
mains du Christ sur la croix, Constantin les prit (car sa mère,
qui les avait trouvés eux aussi dans le tombeau, les lui envoya),
il en fit faire des mors et un casque, dont il se servait dans les
guerres » (I.XVII.8-9).

D'autres textes expliquent que, pour calmer la mer en furie
et éviter le naufrage, Hélène balança des clous à la mer – qui,

bien sûr, s'est calmée *illico*. On constatera que les clous restants suffisaient pour fondre des mors, pas un, mais des, et un casque. Même si Constantin avait une petite tête, les clous avaient un formidable pouvoir métallurgique en même temps que démiurgique. Comment pouvait-il, ainsi protégé, ne pas vaincre sur tous les champs de bataille? Il a vaincu, depuis plus de mille cinq cents ans, nous l'avons vu.

Pour ceux qui ne s'en satisfont pas, ou plus, la Rome antique d'avant Constantin reste d'une étonnante actualité. À l'heure où l'Occident judéo-chrétien s'effondre, comme à cause de lui s'est effondré l'Empire romain, la bibliothèque romaine fait entendre la voix de ceux qui pensaient que, pour vivre sur terre, on n'avait pas besoin de chérir la mort et de la vouloir avant l'heure, mais de vivre droit et debout. Les païens affirmaient qu'il n'y avait pas besoin de dieu pour être moral et que la sagesse n'exigeait aucune transcendance, aucun arrière-monde, parce qu'elle n'était qu'une règle du jeu.

Celse, qui fut le dernier païen avant le triomphe des chrétiens, pourrait bien devenir le premier des païens après l'effondrement des chrétiens. Il suffirait de se souvenir qu'il fut l'homme d'une méthode simple: le bon usage d'une raison sainement conduite contre les fables et les fictions, les mythes et les histoires pour enfants. Ce programme est intempestif et inactuel parce que toujours d'actualité. Reviens, Celse...

Conclusion

LE GLAIVE D'AMAZONIA

Qu'est-ce que vivre en Romain?

Voilà, c'est fini, il me faut prendre congé de Rome et c'est à regret... Je sais que la Ville éternelle n'a pas que des vertus, que les récits fondateurs inventent, mystifient, enjolivent, que les historiens nostalgiques de la République chargent un peu lourdement la geste des empereurs, ainsi avec Néron qui ne fut pas l'épouvantable tyran que l'on dit, qu'on y fait travailler dur les esclaves dont la vie compte pour rien, que les femmes sont des valeurs d'usage et des valeurs d'échange, que les hommes n'existent qu'en fonction de leur rang dans la société, que l'individu n'a aucune latitude car le citoyen et le soldat prennent toute la place, que les guerres constituent son quotidien, qu'on y meurt beaucoup par le poignard et le poison, que la République a commis bien des massacres, que le pouvoir impérial y est spécialement brutal, que la politique de conquête ne fait pas de quartier – Plutarque parle d'un million de Gaulois morts dans la guerre que César leur fit... –, que les philosophes romains n'ont pas tous mené une vie philosophique, loin s'en faut. Certes, certes...

Mais le contraire de tout cela est bien plutôt l'exception dans tous les siècles, le nôtre compris : des historiens et des annalistes qui disent la vérité, des sans-grades et des prolétaires bien traités, des femmes à égalité avec les hommes, des diffé-

459

rences de classes comptant pour rien, de longues périodes de paix, des guerres que n'accompagne aucun massacre, des politiques qui ne dirigent pas celle des autres pays, des façons expéditives de réduire au silence les récalcitrants ou les résistants, les rebelles ou les révoltés, des philosophes qui pratiquent ce qu'ils enseignent ou des professeurs de vertu ayant écarté tout vice de leur vie : voilà des denrées bien plus rares encore ! Oui, Rome fut brutale et conquérante, sanglante et sans pitié, guerrière et impériale, mais c'est le lot de toutes les cités qui accouchent un jour d'un empire ou, plus vastement, d'une civilisation.

Je n'ignore pas non plus que Rome a fonctionné comme un idéal pour les régimes dictatoriaux. Mais on dit peu que la Révolution française, qui fut en Europe la matrice des régimes totalitaires du XXᵉ siècle, avait moins Rome pour modèle que... Sparte, la très grecque Sparte ! Car l'opposition entre Rome et Athènes est un passage obligé pour tout étudiant en lettres classiques, mais le chemin est faussement balisé : la Grèce serait démocratique alors que Rome serait autocratique ! D'abord parce que la démocratie grecque est une fiction, puisqu'elle exclut la moitié féminine de la population et une autre très grande partie constituée d'esclaves, de métèques, d'étrangers domiciliés, de travailleurs manuels, ou de qui n'a pas l'heur d'être né de parents citoyens ; ensuite parce que la Grèce, c'est aussi Sparte qui, pour le coup, agit comme le grand modèle aussi bien de Rousseau que du national-socialisme qui aime son eugénisme, son militarisme, son communautarisme, son étatisme, son apollinisme, son élitisme et son racisme... On construit moins d'empires sanglants en regard du grand poème de Lucrèce, le Romain, qu'avec l'*Iliade* d'Homère, le Grec emblématique...

Le problème est que Rome nous apparaît soit de façon pointue, sous l'angle des études destinées à fabriquer des latinistes férus de datif, d'ablatif et d'accusatif, soit, de façon populaire et faussée, comme le décor d'un immense péplum avec courses de char et combats de gladiateurs, amours contrariés entre une belle patricienne et un pauvre plébéien, chromos pathétiques avec des gens en toge qui prennent leurs jambes à leur cou afin

d'échapper aux cendres du Vésuve, scènes de films hollywoo-
diens avec des Romains bodybuildés et huileux, panoramiques
avec gladiateurs révoltés contre la puissance de Rome présentée comme fascistoïde, gros plans sur un banquet qui réunit
Spartacus et Néron, Hadrien et Salammbô.

Le péplum est aussi l'occasion de nombreux films de propagande chrétienne : Jésus et les premiers chrétiens y jouent un rôle
important. Dans ce genre, le film est souvent construit à destination d'un public de patronage : les Romains sont méchants, ils
ont mis à mort le Christ ; les Juifs ne sont pas gentils, car ils ont
fait cause commune avec les méchants ; les premiers chrétiens se
cachent dans les catacombes où ils se réunissent, mais on ne sait
pas de quoi ils se protègent puisqu'on nous les présente comme
désireux du martyre : à quoi bon, dès lors, se priver de ce qu'on
chérit le plus ? Pourquoi craindre ce qu'on prétend vouloir ?
Ces chrétiens de la première heure sont doux, ils mangent du
pain et du poisson, ils parlent, mastiquent et déglutissent lentement, comme pénétrés par l'importance de chacun de leurs
gestes ; ils posent sur le monde un regard un peu niais ; ils font
le bien alors que les Romains, même à l'écran, sentent l'ail
et la sueur, le cuir puant et le vin non coupé. Le légionnaire
éructe et rote, peu s'en faut qu'il ne pète, il a une mine pati-
bulaire, il n'est pas rasé, il pourrait même arborer un tatouage
d'avant l'époque où la chose ne signifiait pas encore la rébel-
lion panurgique. Au bout de plus de cent vingt minutes, le bon
persécuté voit son visage enfin illuminé, car le légionnaire qui
puait, rotait et pétait s'est converti et se met, lui aussi, à boire, à
manger, à marcher, à parler avec une infinie componction... Le
péplum fini nous dit que le bien triomphe toujours du mal et
que la Rome païenne était du côté obscur de la force tandis que
la Rome chrétienne apportait la lumière à ces temps enténébrés.

Par exemple : les combats de gladiateurs. Ils sont aujourd'hui
vus, donc pensés, avec le prisme du judéo-christianisme hol-
lywoodien. Il s'agit de montrer combien ce peuple païen est
barbare avant que la religion chrétienne ne vienne mettre de
l'ordre dans tout ça. Rendez-vous compte : des hommes tuent

d'autres hommes qui ne leur ont rien fait et les Romains transforment cette monstruosité en spectacle, signe qu'ils sont bel et bien des sous-hommes et qu'il était temps qu'une bonne et belle religion vienne mettre fin à toutes ces atrocités !

Or on peut ne pas lire la gladiature, qui passe pour emblématique de Rome, comme la preuve que cette Cité aurait été bestiale et sauvage. Il se joue là bien autre chose que ce que les philosophes chrétiens prétendent et avec eux les consciences formatées par les péplums. Sous le soleil écrasant, des hommes théâtralisent *la* vertu sans laquelle Rome ne serait pas ce qu'elle est : le courage. Ici, le courage se donne en spectacle. Il ne s'agit donc pas de bestialité, de sauvagerie, de barbarie, de brutalité, de férocité, mais d'édification morale. Sur le sable, les gladiateurs racontent comment un homme doit se comporter devant la mort : avec courage.

Dans *La constance du sage*, Sénèque parle de la réaction de deux gladiateurs devant la souffrance : « L'un comprime sa blessure et ne bouge pas d'une ligne [...], l'autre, se tournant vers le public en rumeur, fait signe qu'il ne s'est rien passé et refuse qu'on suspende le combat » (XVI.2). Ce sont deux façons de se comporter face à l'adversité : la première est celle des épicuriens pour lesquels le sage supporte la douleur, donc ne la nie pas ; la seconde celle des stoïciens pour lesquels il n'y a pas de douleur, car il n'existe que des représentations de celle-ci sur lesquelles le sage a tout pouvoir. Dans les deux cas, quels que soient les chemins, il faut parvenir à ce mépris de la douleur. Disciple du Jardin ou adepte du Portique, le sage méprise la douleur. Il montre du courage.

Le même Sénèque écrit dans *Les bienfaits* : « Le courage, c'est le mépris d'une âme pour des périls affrontés au service de la justice, ou l'art, réduit en principes, de repousser, d'attendre, de braver les dangers » (II.XXXIV.3). Souffrir, pâtir, endurer, supporter, subir, tenir sans broncher, voilà ce qui fait l'idéal d'un Romain. Soit en niant purement et simplement qu'il y ait souffrance, soit en agissant sur ce que l'on croit qu'elle est – l'effet d'une cause extérieure – afin de la réduire à ce qu'elle est vraiment – un pur effet de conscience.

Dans une lettre envoyée à Lucilius, Sénèque recourt à la métaphore du gladiateur pour inviter son disciple à vivre avec courage : « La plus puissante des chaînes te rive à la sagesse : tu as promis en ta personne un homme de bien ; tu es enrôlé, tu as prêté serment. Ce sera se moquer de toi que de te dire : le service est doux, facile. Ne t'y laisse pas prendre. Le plus noble et le plus infâme des engagements comportent la même formule : "Endurer le feu, les fers, la mort par le glaive". À l'endroit de ceux qui louent à l'arène leurs bras, qui mangent et boivent ce qu'ils doivent rendre en donnant leur sang, on ne se précautionne en sorte que, même contre leur gré, ils souffrent ces épreuves ; de toi, on attend que tu souffres librement et de bon cœur. À eux il est loisible de mettre bas les armes, de tenter la pitié du peuple. Toi, tu ne jetteras pas tes armes, tu ne demanderas pas la vie, ton devoir est de mourir debout, invaincu. Que sert, au surplus, de gagner quelques jours, quelques années ? Nous venons au monde sans espoir de grâce » (IV.XXXVII.1-2). Que sont « le plus noble et le plus infâme des engagements » ? Le plus noble, celui du soldat ; le plus infamant, celui du gladiateur ; le premier parce qu'il conquiert, le second parce qu'il divertit. Mais que ce soit pour constituer l'Empire ou amuser le peuple de ce même Empire, des hommes ne craignent pas de sacrifier leur vie et ils le font avec courage. Au regard de cette vertu cardinale des Romains, le soldat noble et le vil gladiateur constituent l'avers et le revers du même sesterce d'or.

Sénèque recourt aux gladiateurs une autre fois. Toujours dans une lettre au même : « Aux prises avec la mort, l'homme est, selon moi, plus résolu qu'aux approches de la mort. Présente, elle a inspiré aux êtres les plus simples le courage de ne pas chercher à éviter l'inévitable. Le gladiateur qui dans toute la durée du combat s'est montré le plus timide tend à l'adversaire sa gorge et y ajuste le glaive qui s'égare. Mais si la mort, sa venue étant de toute façon assurée, n'en est qu'aux approches, il faut de la ténacité dans le courage, disposition plus rare et dont le sage seul peut offrir la réalité » (IV.XXX.8). Précisons qu'« ajuster le glaive », pour un gladiateur, c'est consentir avec détermination à la mort qu'on lui inflige : alors que les spectateurs ont décidé de son trépas à cause d'un défaut de vaillance dans l'arène, il peut encore sauver son âme en montrant à cette minute la témérité qui lui a manqué dans le combat.

Il a beau dire ce qu'il veut, que la gladiature est vile, que le gladiateur n'est pas noble, que le combat est infâme, Sénèque ne manque pas dans son œuvre, quand il parle de *courage face à la mort*, de donner des exemples qui mettent en scène mirmillons ou rétiaires, thraces ou hoplomaques, provocators ou secutors, ou bien encore légionnaires et consuls sur des champs de bataille, plutôt que des philosophes ou des rhéteurs, des grammairiens ou des tragédiens! S'il estime que le sage est supérieur au gladiateur dans sa façon d'aborder la mort, il s'est trouvé bien plus de combattants qui en ont apporté la preuve dans l'arène que de débatteurs du Forum, frottés de Pythagore ou de Platon.

La gladiature n'est pas ce qu'en ont dit les chrétiens. C'est un spectacle dans lequel le sang coule et la mort s'y trouve donnée. C'est certain. Mais selon des règles qui toutes ont en vue l'ordonnancement de ce spectacle vers sa finalité : il s'agit, à la mode romaine, autrement dit à rebours de la façon grecque qui est toute de verbe et de paroles, de mots et de rhétorique, de donner l'exemple avec des pratiques. À Rome, on philosophe avec des faits et des gestes, des actions et des exemples.

À Athènes, on disserterait sur le courage dans un dialogue qui n'en finirait pas et dans lequel un vieux malin bedonnant aurait vite fait d'avoir raison d'un joli petit jeune succombant, bien sûr, à la seule beauté de la dialectique du barbon ; à Rome, on se tait, on montre et on regarde : « Voici le courage! » Quand il est là, on le voit ; quand il fait défaut, ça se voit aussi – dans les deux cas, on comprend...

La codification de la gladiature est donc très précise : la mort n'est donnée qu'après consultation du peuple qui se décide à l'issue de l'affrontement en fonction de ce qu'auront montré les combattants en matière de courage, de vaillance, d'ardeur, de bravoure. Les gladiateurs sont accompagnés dans l'arène par un arbitre et son aide. L'un et l'autre peuvent être d'anciens gladiateurs, car on ne meurt pas à coup sûr à l'issue d'un premier combat, et certains font de longues carrières. Mais aucun cavalier ni aucun sénateur ne peut le devenir. L'arbitrage s'effectue avec une badine flexible d'un mètre qui sert à lancer les engagements ou à les suspendre. Il peut également pénaliser un gladiateur qui ne mettrait pas assez d'ardeur au combat : on peut alors le priver de l'un de ses accessoires – un bouclier ou un casque, par exemple.

Le gladiateur ne peut tuer que s'il en reçoit l'autorisation expresse de l'arbitre qui, lui-même, la donne après avoir pris l'avis du public. Ce dernier ne se manifeste pas en levant ou en baissant le pouce, c'est un cliché qui apparaît dans une peinture de Gérôme en 1872, *Pollice verso*, et que le cinéma popularisera et qui s'appuie sur la mauvaise traduction d'un mot de Juvénal (*Satires*, III.36). Pour ce faire, le public agite des morceaux de tissu – c'est Martial qui nous l'apprend. Le peuple dit alors ce qu'il a pensé du combat et invite à fouetter et brûler qui a manqué de vaillance, à épargner qui a bien combattu, à mettre à mort celui qui aura été pitoyable. Le propriétaire de gladiateurs, l'impresario, l'arbitre et son assistant veulent donc ce que le peuple a décidé.

La mortalité varie selon les époques et selon les situations. Il y eut un temps où les prisonniers de guerre s'y trouvaient systématiquement égorgés et n'avaient qu'une seule possibilité : montrer de la fermeté dans un rendez-vous avec une mort inévitable. Quand la gladiature est devenue professionnelle, la mort a cessé d'être inéluctable.

Suétone rapporte qu'Auguste interdit les combats mortels. Si l'on défunctait, c'était alors à cause d'un accident. Tibère rétablit les mises à mort. Mais le peuple n'aime pas qu'on verse à flots le sang des gladiateurs. Claude qui jouit de ces spectacles passe pour un sadique ; la foule n'aime pas. Marc Aurèle souhaite revenir à la législation d'Auguste, mais seulement quand il se trouve lui-même dans les gradins – où l'on dit qu'il s'ennuie et y rédige son courrier.

Les gladiateurs étaient des stars adulées ; leur fascination érotique est attestée auprès de toutes les femmes, y compris de haute condition. Dans son *Panégyrique de Trajan*, Pline parlait d'«un spectacle qui n'amollissait pas, incapable de relâcher ou de dégrader les âmes viriles, mais propre à les enflammer pour les belles blessures *[sic]*, et le mépris de la mort *[sic]*, en faisant paraître jusque dans ces corps d'esclaves et de criminels l'amour de la gloire *[sic]* et le désir de la victoire *[sic]*» (XXXIII) – où l'on comprend que la gladiature n'est pas ce qu'un millénaire et demi de christianisme en dit...

Sait-on, par exemple, qu'il y eut des femmes gladiatrices ? Je crois que non, tant le cliché imposé par le cinéma a négligé cette partie-là de l'histoire qui se trouve pourtant attestée par quelques grands auteurs. Dion Cassius par exemple qui, dans son *Histoire romaine* (LXIII.3), entretient de combats de femmes éthiopiennes sous Néron, mais aussi Juvénal dans ses *Satires* (VI.246-267) qui charge les femmes :

> « Qui ne connaît les survêtements de pourpre et les onguents
> pour sportives riches, qui n'a vu les blessures du poteau,
> méthodiquement découpé à coups de sabre, descellé à coups
> de bouclier par une matrone à l'exercice […] ? »

Elles sont donc luisantes des huiles avec lesquelles on enduit les corps des combattants, elles s'exercent avec une arme tranchante sur le poteau qui trône au milieu de la cour d'entraînement, elles se protègent des coups avec un bouclier, elles obéissent à la codification de l'art des gladiateurs : la chose ne saurait être contestée.

Dans le *Satiricon*, Pétrone fait annoncer un spectacle de gladiateurs donné par Titus dans lequel figure «une femme en char» (45). Chez Suétone, dans la *Vie de Domitien*, on peut lire ceci : «Il donna maintes fois des spectacles magnifiques et somptueux, non seulement dans l'amphithéâtre, mais aussi dans le cirque, où, outre les traditionnelles courses de biges et de quadriges, il organisa également un double combat – l'un de cavalerie, l'autre d'infanterie – et, dans l'amphithéâtre, également une bataille navale. Il donna encore des chasses, des combats de gladiateurs, qui se déroulaient même la nuit, à la lumière des flambeaux; les affrontements mettaient aux prises non seulement des hommes, mais aussi des femmes» (IV.1-2).

Ces professionnelles de la gladiature apparaissent sous Auguste (53 av.-14 apr.); elles proviennent de tous les milieux. Tacite écrit en effet dans ses *Annales* que César fut à l'origine de «combats de gladiateurs avec une magnificence égale à celle des précédents; mais un plus grand nombre de dames de l'aristocratie et de sénateurs se déshonorèrent sur l'arène» (XV.XXXII.1). Il faudra des lois pour interdire aux femmes libres de se retrouver dans l'arène... avant l'âge de vingt ans! D'autres prohiberont les recrutements de filles, petites-filles et arrière-petites-filles de chevaliers ou de sénateurs avant cet âge. C'est dire l'étendue du phénomène.

Ce que les textes enseignent, l'archéologie le confirme. En 1996, lors de fouilles effectuées à Londres, une tombe a été retrouvée dans une nécropole du Ier siècle. Des restes calcinés d'une femme d'une vingtaine d'années ont été mis au jour avec du mobilier funéraire: cinq céramiques à piédouche, huit lampes à huile, dont une avec une décoration représentant des gladiateurs – ce qui a suffi à l'attribution de l'une de ces tombes...

Il existe un autre témoignage archéologique à Londres, au British Museum: il s'agit d'un bas-relief en provenance d'Halicarnasse sur lequel deux femmes combattent en habits de gladiateurs. Leur nom est conservé: Amazonia et Achilia. Il ne fait donc aucun doute qu'au moins pendant deux siècles il a existé des femmes gladiatrices. Rome n'en finit pas de nous surprendre...

*

Rome meurt quand naît le christianisme officiel, à savoir avec la conversion de l'empereur Constantin qui, en tournant le dos *personnellement* au paganisme pour embrasser la religion du Christ, engage *historiquement* l'Empire dans cette aventure dont j'ai raconté l'histoire dans *Décadence*. Peu importe qu'il ait cru ou non, qu'il ait été cynique ou pas, qu'il se soit servi du christianisme plutôt qu'il ne l'ait servi: Constantin est à l'origine de la chute de la Rome païenne. La chose paraît difficile à contester. Il abolit donc cette *sagesse païenne* dont je viens de brosser le portrait au profit de ce qui va devenir une *sagesse chrétienne*. Finis Cicéron et Sénèque, Épictète et Lucrèce, Marc Aurèle et Musonius Rufus, Plutarque et Lucien.

Terminées, donc, la morale de l'honneur et les vertus du *mos majorum* – *fides*: la confiance, la fidélité, la fiabilité, la crédibilité; *pietas*: le respect du sacré, de la famille, de la tradition, des parents; *religio* et *cultus*: l'observance des rites et rituels; *disciplina*: l'obéissance aux lois de la cité, la discipline et la maîtrise de soi; *gravitas* et *constantia*: la dignité et la respectabilité en toutes circonstances; *virtus*: la vie droite, l'existence debout, la verticalité, l'élégance existentielle; *dignitas* et *auctoritas*: la congruence dans sa vie, la réputation valeureuse, le prestige et le respect, puis l'aura qui en découle. C'est à ce prix qu'on pouvait être romain – vivre une vie de Romain, autrement dit: vivre une vie dans laquelle la transcendance se déplie et se déploie dans la pure immanence.

On voit bien quelles valeurs *viriles* l'humanité perd avec Constantin et les chrétiens. Quelles nouvelles vertus nous apporte cet empereur chrétien? Entre un Jésus de papier et un saint Paul qui tâche de lui donner une dimension terrestre, entre le Jésus de paix, de tolérance et d'amour et le Christ qui invite à l'imitation de son corps de cadavre, entre la bonté offerte à la femme adultère et le fouet claquant sur les têtes des marchands du Temple, il y a matière à de nombreuses errances... Tertullien dit que l'âme est matérielle et Origène qu'elle est immatérielle, Méthode d'Olympe veut le célibat et la virginité, Clément d'Alexandrie le mariage et la chasteté, Antoine vante la solitude et l'ascèse du désert, saint Benoît le monastère et sa clôture et saint Jean Chrysostome le ministère planétaire – pendant quelques siècles, le christianisme est une véritable foire à tout des valeurs et des vertus.

Alors Augustin vint...

Cet homme crée à lui seul un corpus chrétien unifié. Il met tout le monde d'accord à la façon du robin bien connu de l'huître et des plaideurs. Avant lui, c'est la foire d'empoigne idéologique; après lui, l'ordre règne. Avec les *Confessions*, puis la *Cité de Dieu*, la messe est dite : il dit tout sur tout, pense tout, légifère sur tout – la vie, l'amour, la mort, la guerre, le mensonge, la musique, le ciel, la terre, le paradis, l'enfer, la mémoire, le passé, le présent, le futur, l'ici-bas, l'au-delà, la chasteté, l'adultère, le suicide, le mariage, le célibat, la chair, l'âme, le corps, l'esprit, le péché originel, la Bible, Platon, les platoniciens, les comédiens, les bons, les méchants, le bien, le mal, Rome, le paganisme, l'astrologie, la liberté, le destin, la providence, les anges, les saints, les démons, le temps, l'éternité, la création, la métempsycose, la métensomatose, Dieu, la vérité, l'obéissance, la désobéissance, l'incarnation, la résurrection, le corps glorieux, les passions, la nudité, la concupiscence, la honte, les langues, les antipodes, les archanges, la hiérarchie céleste, Sodome, le Déluge, la circoncision, la peine de mort, l'ensevelissement, la mythologie, la parousie, l'amitié, le bonheur, l'espérance, le Jugement dernier, l'éternité, le diable, les prophéties, la magie, la damnation, la mort des nouveau-nés, les hérétiques, la rédemption, la grâce, les miracles, les martyrs – mais aussi, bien sûr, les gladiateurs ! La *Cité de Dieu* ne laisse rien à l'écart ; il existe toujours une réponse à quelque question que se poserait un chrétien désireux de vivre sa foi dans les clous de l'orthodoxie.

Les *Confessions* sont un autre livre. Geignard, plaintif, larmoyant, sirupeux, Augustin s'y montre tel qu'il voudrait que chacun soit : il s'aime quand il se hait ; il culmine au paroxysme de la jubilation quand il dit pis que pendre de la jouissance ; il met tout son orgueil dans la dépréciation de lui-même ; il méprise ses désirs, ses passions, ses pulsions, sa chair, ce qui le met en joie ; il célèbre la vie éternelle dans la mort mais vit ici-bas en nabab de l'Église ; il fait un portrait de lui sans Dieu qui s'avère une variation sur la haine de soi : il se dit orgueilleux, vaniteux, colérique, voleur, débauché, pécheur, il avoue avoir aimé la dégradation de lui-même, il a voulu l'infamie pour elle, il a joui de la transgression pure, il a eu plaisir à voir autrui souffrir ; il écrit : « À cette période, dans ma misère, j'aimais à souffrir et je demandais qu'il y eût à souffrir» (III.II.4); ou bien, s'adressant à Dieu, il affirme: «Toi, tu me plaçais bien en face de moi, pour bien me faire voir combien j'étais vilain, difforme, sale, plein de taches et d'ulcères. Je me voyais, et j'étais horrifié» (VIII.VII.16). Etc.

Puis il découvre la philosophie avec un texte perdu de Cicéron, *Hortensius*; il s'éloigne des manichéens; il se rapproche des chrétiens; il quitte sa mère, hystérique – elle pleure, sanglote, gémit, crie, geint tout le temps nous dit son fils, elle s'accroche à ses basques, il doit partir en catimini à Rome pour éviter qu'elle ne lui fasse des scènes sur le quai d'embarquement... Pour la retrouver dans l'éternité des corps glorieux, enfin réunis dans une même vibration, il finit par se convertir à la religion de sa mère. L'Occident judéo-chrétien peut alors commencer. Une nouvelle morale arrive. C'en est fini de l'homme romain.

Qu'est-ce que cet homme chrétien que nous propose Augustin? Un chialeur si je puis résumer avec ce mot familier l'abondance de larmes dont nous gratifie l'Augustin dans ses *Confessions*! On n'a jamais autant arrosé un livre... Lisons le récit de cette fameuse conversion: «Quand enfin, de l'abîme mystérieux de mon âme, une méditation profonde eut ramené toute ma misère pour l'entasser sous le regard de mon cœur, il se leva une folle tempête porteuse d'une averse *[sic]* de larmes; pour la laisser se déverser *[sic]* avec tout son fracas *[sic]*, je me levais d'auprès d'Alypius: pleurer était une affaire à laquelle la solitude me paraissait mieux s'accorder. Je m'éloignais assez loin pour ne pas être gêné, fût-ce par sa présence.» Il se lève, il a «un ton de voix déjà gonflé *[sic]* de pleurs». Il va s'étendre au pied d'un figuier et le péplum chrétien se poursuit: «Je lâchai les rênes *[sic]* à mes larmes, les flots *[sic]* de mes yeux débordèrent *[sic]*, sacrifice agréable devant Toi» (VIII.XI.28). Une «tempête», une «averse», un «fracas», des «flots», des débordements: ça n'est plus un texte théologico-philosophique, c'est un bulletin météo! Ce flux lacrymal ne suffisant pas, Augustin en rajoute: «Je proférais des cris pitoyables» *(ibid.)*; dans la foulée, il remet ça : « Je pleurais dans les plus amers brisements de mon cœur » *(ibid.)*. J'imagine Cincinnatus et Regulus, Caton l'Ancien ou Mucius Scaevola, Caius Gracchus ou Volumnius assistant à la scène – et partir d'un grand éclat de rire romain !

C'est dans ces larmes que Dieu vient le cueillir : Augustin entend une voix d'enfant qui chantonne et l'invite à lire un livre. Ça tombe bien, une bible se trouve là, il l'ouvre au bon endroit, elle l'invite à en finir avec sa vie de débauche et à se convertir. À cet instant, grand moment pour l'Occident chrétien, nous sommes à Milan en août 385 : Augustin dit « Oui » au Dieu du christianisme, il sèche ses larmes, et, surtout, il va voir maman (VIII.XII.29). Il ne dit pas qu'elle pleura ; on s'en étonne : elle a dû verser les pleurs du siècle, sinon du millénaire...

On sait que Jésus n'a jamais ri mais qu'en revanche il a beaucoup pleuré : en présence du corps de Lazare (Jean, 11.35), à la vue de la ville de Jérusalem (Luc, 19.41), dans le jardin de Gethsémani avant sa mort (Matthieu, 26.38), quand il voit Marie pleurer elle-même (Jean, 11.33). Dans les Béatitudes, Matthieu prophétise : « Bienheureux ceux qui pleurent car ils seront consolés » (5.4). Depuis, et jusqu'à aujourd'hui, l'Occident judéo-chrétien est devenu un immense pleuroir.

Augustin propose une *esthétique du pathos* – les cris, les larmes, les gémissements, les déplorations ; conséquemment, il pratique une *littérature du pathos* – on a bien vu comment Augustin peut écrire : « Je lâchai les rênes à mes larmes » – comme si l'on pouvait passer les lanières souples de ce harnachement destinées aux chevaux à du liquide... Il peut aussi écrire : « Si seulement de mon cœur gémissant je frappais à la porte de ton oreille » (VI. XI.20) – et il faut bien de l'imagination pour imaginer un cœur qui frappe à la porte d'une oreille ! Les cardiologues et les otorhinolaryngologistes, sinon les menuisiers, apprécieront la performance anatomique à défaut de goûter la prouesse littéraire ou d'en comprendre la portée métaphorique... Il défend également une éthique masochiste. Il illustre la *pensée magique* qui prend à rebours le discours rationaliste des philosophes : la vision dans le jardin de Milan suppose des voix célestes, des paroles sans locuteurs, des discours tenus par des envoyés de Dieu.

Tout se trouve réuni pour que triomphe un dispositif intellectuel assez sidérant : des cris et des larmes, des pleurs et des gémissements, de la haine de soi et du mépris de la vie, de la rancune envers les corps et de la passion pour la mort, des voix célestes et des injonctions angéliques. À nouveau Cincinnatus et Regulus, Caton l'Ancien ou Mucius Scaevola, Caius Gracchus ou Volumnius n'en croiraient pas leurs oreilles – aux portes desquelles frapperait ce cœur chrétien en gémissant…

Comment penser la gladiature avec cette nouvelle vision du monde ? La pensée péplum enseigne que les méchants Romains qui pratiquaient cette activité sanguinaire et barbare ont été sauvés par le christianisme qui a aboli les combats dans les arènes. Avant lui, des sauvages, après lui, des civilisés.

On peut imaginer que la gladiature s'avérant inséparable de la pédagogie publique et collective du courage, le tout doublé d'une spectacularisation par l'exemple, elle ne saurait être défendue par le christianisme. Pour quelles raisons ? Non pas en vertu d'une hypothétique pitié à l'endroit des combattants, mais par volonté d'en finir avec le courage de vivre afin d'avoir pour nouvel objectif de rendre la mort désirable. Nul besoin de courage quand on défend une conception du monde qui aime la mort et n'a donc pas à la craindre lors d'un affrontement – puisque les chrétiens la désirent comme une libération. Si l'on croit que le décès ouvre sur une vie éternelle, le courage n'est plus de mise… C'est la fin du courage qu'enseigne ce christianisme qui invite à mourir de son vivant et à jouir de cet état – c'est tout son programme existentiel.

Cette fin du courage païen doublée de l'avènement de la pleurnicherie chrétienne s'appuie sur toute la littérature patristique. Attendu que Jésus a pleuré, puisque les évangélistes ont invité eux aussi à sangloter, il faut bien désormais que la vie soit une vallée de larmes. *Lacryma Christi* : voilà le programme pour mille ans.

Quels ont été les arguments des chrétiens pour fustiger la gladiature ? Certes, ici ou là, on trouve des argumentations qui renvoient au cinquième commandement. Lactance écrit par exemple dans ses *Institutions divines* : « Le précepte "tu ne tueras point" ne comporte aucune dérogation » (VI.20) – autrement dit, il concerne également les gladiateurs. D'autres renvoient à la cruauté, une indéfendable passion triste : saint Augustin par exemple qui, dans ses *Confessions*, critique « le seul bonheur du malheur d'autrui » (III.VIII.16). Ailleurs, il fustige « la volupté sanglante » afférente à ces spectacles (VI.VIII.13). Lactance critique lui aussi « la volupté des sens » indissociable de ces spectacles (*Institutions divines*, VI.20). D'autres convoquent l'interdit du sang versé dans lequel sont compris les sacrifices animaux des religions païennes – ainsi le poète chrétien Prudence dans son *Contre Symmaque* (II.11.6). L'empereur Constantin interdit sur le papier, mais laisse faire dans la réalité, ce qui est bien dans son genre... Finalement le *Code théodosien* promulgue : « Nous interdisons absolument qu'il y ait des gladiateurs » (XV.12.1). Au cours du IVe siècle, la gladiature disparaît – normal, c'est le siècle du devenir religion de la petite secte chrétienne.

Le courage humain face à la mort avait cessé d'être nécessaire puisque la mort était devenue désirable. À quoi bon faire un spectacle du courage quand celui-ci a perdu toute raison d'être ? La fin de la gladiature est à penser plus largement en regard de l'abolition de tout ce qui passe désormais pour un divertissement qui détourne de Dieu.

Les chrétiens n'abolissent pas le combat de gladiateurs par empathie ou sympathie pour les rétiaires ou les mirmillons, mais parce qu'ils réprouvent dans un même mouvement les acteurs et les comédiens, les poètes et les artistes, les cuisiniers et les danseurs – et tout ce qui donne de la saveur à la vie. Dans son *Traité contre les spectacles*, Tertullien dit tout ce que pense le christianisme sur ce sujet pendant des siècles : la scène tout comme l'arène est le lieu où se dit le monde avec ses valeurs.

L'amphithéâtre qui accueille les combats de gladiateurs était le lieu dans lequel la Rome païenne montrait ce qui lui était le plus cher : *le courage face à la mort*. *Via* la messe en général et, plus particulièrement, avec l'aide de l'eucharistie, l'église devient pour la Rome chrétienne le nouveau lieu dans lequel se manifeste ce qu'elle met le plus haut en termes de valeur : *le désir de la mort*, *via* l'invitation à imiter le corps du Christ mort, puis à manger symboliquement le corps de ce cadavre adoré comme tel.

Sagesse n'est rien d'autre qu'un livre qui se propose de retrouver le courage face à la mort pour tous ceux qui ne croient pas en Dieu et qui, de ce fait, pensent que toute dilection pour la mort, la crucifixion, le cadavre constitue un aveu nihiliste.

Contre les instruments de la Passion que sont la croix et les clous, l'échelle et la lance du centurion, la couronne d'épines et l'éponge imbibée de vinaigre, le marteau et la tenaille, la tunique et les dés, le calice et le fouet, j'ai préféré, on l'a vu : le charbon de Mucius Scaevola, les paupières de Regulus, le serpent de Gracchus, le poignard de Lucrèce, l'écuelle de Dentatus, le miroir de Sextius, les poulets de Pulcher, le peigne de Lucien, le glaive d'Amazonia et d'Achilia, et autres occasions de célébrer la vie droite et romaine, le tout dans la perspective d'une morale de l'honneur dirigée contre la morale du péché. Seule une morale préchrétienne permet de sortir d'une situation postchrétienne.

Au pied du volcan qui gronde et menace d'exploser, savoir vivre ici et maintenant, droit, debout, vertical, voilà la seule tâche qui nous incombe. À tous ceux qui se sentent les contemporains de Pline l'Ancien, je souhaite le courage des gladiateurs, hommes ou femmes, car il ne nous reste plus rien d'autre à faire dans l'attente de ce qui ne manquera pas d'advenir : du feu, de la lave et des cendres.

Appendice

DÉAMBULER DANS LES RUINES

Du bon usage de l'Antiquité

L'Antiquité ne nous parvient qu'avec des passeurs : des archéologues, des épigraphistes, des traducteurs, des historiens, des linguistes, des lexicographes, des sémioticiens, des grammairiens, des historiens, des paléographes et autres savants qui effectuent le truchement.

Il faut compter également avec les écrivains, les littérateurs, les poètes, les artistes, les philosophes : Rome sans les voyages de Montaigne et de Goethe, sans les récits de Stendhal ou de Chateaubriand, sans les considérations de Freud aussi, ne serait pas tout à fait la même, car, avec ces sensibilités à vif, la Ville éternelle se trouve enveloppée de mots et d'images, d'idées et de parfums, de sensations et d'émotions qui lui restituent une vie, un souffle, une âme.

Mais, quoi qu'on fasse, l'empereur philosophe Marc Aurèle restera désespérément muet, condamné à être le ventriloque de tous ceux qui le font parler. Sur la place du Capitole, il chevauche une monture du haut de laquelle il regarde la Ville éternelle. Mais cette statue de bronze ne doit d'être vivante aujourd'hui qu'au long malentendu qui l'a fait passer pour l'empereur Constantin qui a christianisé l'Empire. Pour beaucoup, pendant un millénaire et demi, ce visage d'un empereur stoïcien fut regardé comme celui d'un empereur chrétien. La ventriloquie prend parfois d'étranges chemins...

Qu'y avait-il dans la tête de Marc Aurèle? Souvent ce que lui enfonce tel ou tel qui ouvre son livre en croyant lire directement dans son cerveau… Certes, il y a un texte, ses *Pensées*, puis un contexte, l'Empire au IIe siècle de l'ère commune. Mais ce texte et ce contexte subissent eux aussi la ventriloquie des magiciens qui font parler les morts.

Par exemple, pour ce seul texte, faut-il traduire par *Pensées*, *Pensées pour moi-même, À moi-même, Pour soi-même*? Ou bien encore ne pas mettre de titre du tout car… il n'y en avait pas sur le manuscrit! Était-il un empereur romain stoïcien comme le pense Pierre Grimal ou, à l'opposé, un homme qui s'est servi de la philosophie de son temps, dont le stoïcisme, pour éviter que les passions et la mélancolie ne tiennent trop de place en lui, tel que l'affirme Pierre Vesperini? Philosophe stoïcien pour le premier, ni philosophe ni stoïcien pour le second…

La philosophie antique n'est jamais que ce qu'un moderne dit qu'elle est, donc ce qu'il en fait. Il n'y a pas d'objectivité absolue qui nous permettrait de savoir ce qu'il en est définitivement d'un homme, d'un penseur, d'une pensée, d'un philosophe. Il n'existe que des constructions qui sont autant de reconstructions. On ne trouvera donc que le Marc Aurèle de Pierre Grimal, le Marc Aurèle de Pierre Hadot ou le Marc Aurèle de Pierre Vesperini. On pourrait ajouter également le Marc Aurèle de Renan qui marque la fin du monde païen et la naissance d'un christianisme viable; le Marc Aurèle de Gustave Loisel, l'un de ses traducteurs, qui apparaît tel un rédempteur dont la doctrine pourrait sauver une époque dans laquelle «la civilisation bourgeoise qui gouverne depuis deux siècles a perdu partout, aujourd'hui, de son ancien prestige» (*Marcaurelia. Doctrine néo-stoïcienne de vie religieuse, morale et sociale*, 1928); le Marc Aurèle de l'académicien Jules Romains sculpté dans le marbre d'un empereur de bonne volonté qui paraît en 1968; ou bien encore, plus près de nous, le Marc Aurèle «paradoxal» d'Yves Roman qui analyse les modalités de la liaison entre l'empereur et le philosophe en accouchant finalement d'un réformiste humaniste prisonnier des préjugés de son temps…

Effectuons un détour par *La Formation de l'esprit scientifique* de Gaston Bachelard, une *Contribution à une psychanalyse de la connaissance objective* comme l'annonce le sous-titre. Bachelard examine ce qui s'interpose entre le sujet et l'objet qu'il cherche à connaître. Il met en évidence un certain nombre d'obstacles à la connaissance et invite celui qui veut savoir à travailler sur lui-même (d'où l'usage du mot «psychanalyse») afin de se connaître avant d'appréhender un sujet qui ne manque jamais d'être transformé par le regard porté sur lui. Il invite à faire table rase de ce qui aura été dit sur une question avant de l'aborder avec une véritable raison critique. En 1938, cet ouvrage est un antidote puissant aux lectures idéologiques marxistes et freudiennes qui vont bientôt contaminer toute la pensée française.

Prenons l'exemple de Pierre Grimal pour comprendre comment fonctionne la contamination de l'objet par le sujet qui l'analyse. Grimal est un apparatchik de la question romaine. Normalien, agrégé de lettres classiques, membre de l'École française de Rome, membre puis président de l'Académie des inscriptions et belles-lettres, professeur émérite à la Sorbonne, membre d'académies prestigieuses en Belgique, en Italie, en Suède, membre de sociétés savantes, distingué par de nombreux prix, dont l'un décerné par l'Académie française, directeur de publication de la *Revue des études latines*, il a publié de nombreux ouvrages sur Rome: les jardins – c'est sa thèse –, les villes, la littérature, la grammaire, la civilisation, les mythes, l'histoire, le théâtre, les guerres civiles, l'Empire... Il a également consacré des ouvrages à des figures particulières: Horace, Virgile, Néron, Tacite. Mais aussi, et c'est en quoi il nous intéresse, à de grandes figures de la philosophie romaine: Cicéron, Sénèque et Marc Aurèle.

Dans un entretien avec Émile Noël publié sous le titre *Savoir se penser* (1994), Pierre Grimal ne craint pas de donner sa méthode. Je dis ne craint pas, car celle-ci semble aux antipodes du caractère scientifique que devraient valider, sinon sa formation à l'École normale supérieure, du moins toutes les institutions auxquelles il a contribué. Lui qui affirme: «Je suis devenu camarade avec Cicéron, Sénèque...» (p. 48-49) explique ce qu'est une biographie, en l'occurrence celle d'un personnage comme Tacite, pour lequel «il n'y a pas grand-chose. Alors il faut vous attaquer à l'odyssée intérieure du personnage. C'est une biographie, mais c'est en même temps une alchimie, une synthèse un peu rêvée. C'est un peu comme quand vous restaurez une statue ou un monument : de temps en temps, vous êtes obligés d'arranger quelque chose, de trouver ce qui comble le mieux la lacune. Pour une biographie de Sénèque, en réalité j'établis surtout l'histoire de sa pensée, je suis obligé d'aller chercher des béquilles à droite et à gauche. Je sors de la biographie au sens strict. La même chose pour Tacite» (p. 53). On croit rêver !

Reprenons : «une synthèse un peu rêvée», des choses qu'il faut «arranger», des «béquilles» qu'il faut aller chercher ici ou là, une franche et claire légitimation de la sortie de la biographie comme il y a parfois des sorties de route...

Émile Noël réagit ainsi au propos de Pierre Grimal : «En vous écoutant, je me dis : la méthode Grimal n'est pas facile à saisir. Je crois comprendre qu'elle consiste à tremper dans le climat d'une époque, à essayer de s'en imprégner le plus possible, éventuellement à inventer un peu quand cela manque...» On voit que l'interviewer avance sur des œufs ; il feint de ne pas comprendre alors qu'il a bien compris, il résume clairement, puis il avance cette audace : «éventuellement à inventer un peu quand cela manque...» à laquelle le vieux monsieur répond sans barguigner : «Oui, il y a de ça.» Émile Noël reprend la parole : «Et de cette espèce d'immersion sortirait l'œuvre, en couleur, "comme un diorama" pour reprendre votre formule. Cela vous paraît juste ?» Réponse du professeur à la Sorbonne : «Oui. Cela paraît dangereux surtout !» Émile Noël : «Pourquoi dangereux ?» Pierre Grimal : «Le danger de l'imagination, de faire de l'histoire-roman. Le péril est certain. Mais, d'un autre côté, c'est cela ou la stérilité.» Noël : «Vous avez conscience du danger puisque vous l'exposez clairement.» Grimal : «Bien entendu, j'en ai conscience.» Noël : «Alors, comment évitez-vous ce risque ?» Grimal : «Eh bien, j'essaye de tester le vraisemblable de mes hypothèses. [...] Et vous avancez de vraisemblance en vrai-

semblance. L'ensemble va s'édifier et sa vérité sera d'ordre esthétique. Vous la sentirez exactement comme on sent la vérité d'un
tableau. Et je pense que plus on avance dans la carrière, plus
on développe cette capacité d'empathie par-dessus les siècles»
(p. 55-56).

On ne peut mieux dire comment on transforme une vraisemblance en vérité avec l'aide des institutions dans lesquelles
on convertit un geste en beau geste qui devient vrai du simple
fait d'avoir été beau! Posture d'esthète... Que ces libertés prises
avec la vérité au nom de vraisemblances élégantes soient de plus
en plus grandes au fur et à mesure que le temps passe et que
la carrière s'affirme, c'est ce qu'assure Grimal, voilà qui achève
le tableau...

Noël, une dernière fois: «Cela peut être une illusion qui
se renforce avec la pratique.» Grimal, pour finir: «Oui.
Intellectuellement je peux accepter cette interprétation. Mais,
profondément, je sais que j'ai raison» (p. 56). Ah bon! Fermez
le ban.

Toute cette méthode, nommons-la tout de même ainsi,
a présidé à la confection de la biographie que Pierre Grimal
consacre à Sénèque. Averti par de pareils aveux, que peut-on
croire? Que doit-on croire? L'homme qui écrit: «Un historien
sans imagination, d'abord est un homme triste et, ensuite, il ne
sert à rien. Il ne saisit pas vraiment son objet» (p. 64) peut-il
être un historien crédible? Grimal oppose la sensibilité à la raison en expliquant leur relation avec une métaphore viriloïde:
«C'est comme dans un couple: l'homme doit féconder la
femme. Peut-être la vérité rationnelle féconde-t-elle la sensibilité. Mais si la sensibilité ne prolonge pas la raison de ses intui-
tions, la vérité est morte dans l'œuf. Voilà pourquoi l'histoire ne
s'épanouit que dans le roman» (p. 66), affirme-t-il dans un aveu
qui a au moins le mérite de la clarté...

Sénèque ou la conscience de l'Empire (1978) est donc une biographie que l'on pourrait estimer savante et qui s'avère souvent
l'autobiographie de son auteur – Nietzsche nous a déjà donné
les clés pour comprendre ces choses-là depuis son avant-propos
au *Gai savoir* qui assurait que toute philosophie est la confes-

sion autobiographique de son auteur. Là où Sénèque se montre vil et cupide, intéressé et opportuniste, immoral et cynique, Grimal le rêve en stoïcien impérial, montrant un grand sens de l'honneur et de la parole donnée, obéissant à l'intérêt général, réalisant le bien public, couvrant le crime, certes, le fomentant même parfois, mais pour le bien de l'État, le salut de la paix romaine et le maintien de l'ordre public. Grimal le fictionne et le présente comme tel. Il construit donc un mythe : celui du philosophe romain stoïcien, là où il n'y eut qu'un individu très en dessous des exigences philosophiques des doctrinaires du Portique... Ce qui ne l'empêche pas, dans ses *Lettres à Lucilius*, de fustiger les philosophes qui ne le sont que pour la frime et qui ne mènent pas la vie philosophique à laquelle ils invitent pourtant (XVII-XVIII.CVIII.6).

Que les sujets traités par les historiens de l'Antiquité soient contaminés par les individus qui s'en emparent est également manifeste chez Jérôme Carcopino, auteur d'un terrible ouvrage intitulé *Les Secrets de la correspondance de Cicéron* (1947) dans lequel, en abordant la seule correspondance, et plus particulièrement les lettres à Atticus, il met par terre le buste en marbre d'un Cicéron orateur et philosophe, avocat et penseur, auteur des textes du meilleur latin avec lesquels a été formée l'élite française. Du sénateur lecteur des philosophes il ne reste plus que poussière à balayer.

Jugez-en : Cicéron, qu'on présente souvent comme un stoïcien détaché des biens de ce monde, aimait le luxe, l'argent, les plaisirs, il collectionnait les villas, les hôtels particuliers, les résidences secondaires, les fermes, les immeubles de rapport ; il se faisait servir des mets fins et des grands crus de vin dont il abusait parfois jusqu'à l'ivresse lors de banquets interminables et dispendieux ; il participait à ce que Carcopino nomme des « parties fines » (I, p. 145) et fréquentait « le cercle des viveurs » ; il collectionnait les œuvres d'art grecques qu'il achetait pour orner toutes ses propriétés, mais qui arrivaient chez lui grâce aux rabatteurs qui acquéraient pour lui sans qu'il ait vu les objets ; il achetait compulsivement des livres rares et précieux, de l'argenterie, des sculptures, et il en attendait une réputation de prestige et de notoriété utile pour sa carrière ; il avait fait construire une somptueuse table ronde en bois de thuya, qu'on dit aussi de citronnier, qui avait coûté une fortune et qui était célèbre dans tout l'Empire ; il a possédé des biens plus que de raison, acheté, spéculé, fait des affaires, pas toujours très honnêtes – on parlerait aujourd'hui de délits d'initié et de prises illégales d'intérêt ; il avait vingt-six domestiques à son service, dont des lecteurs, des médecins, des secrétaires, mais aussi une centaine d'esclaves dans ses différentes propriétés ; lui qui affichait théoriquement la nécessité de la sobriété était bien coiffé, parfumé, habillé avec affectation ; il était riche à milliards et avait avec l'argent un rapport avaricieux : prêts à intérêts, férocité à recouvrer les créances, avidité à faire prospérer des fortunes qu'il amassait grâce à des mariages intéressés, à des répudiations suivies d'un remariage avec une héritière fortunée ayant l'âge d'être sa fille et qui connut elle aussi les joies de la répudiation, à des héritages d'amis ou de clients obtenus par le truchement de sa profession d'avocat avec force flagorneries et intrigues ; il se faisait payer très cher ses plaidoiries alors que la loi Censia l'interdisait et il s'arrangeait pour transformer ces grosses sommes en cadeaux ; il détourna des indemnités du Trésor destinées à son frère ; il émettait l'équivalent de chèques sans provision ; il devint ami avec César et bénéficia souvent de ses largesses, notamment sous forme de prêts jamais remboursés ; il toucha sur les expropriations des terres sur lesquelles le nouveau forum fut construit ; il détourna des fonds ; il envisagea un pacte avec Catilina, qu'il conspua par ailleurs, afin d'accéder au consulat ; devenu consul, il défendit comme avocat des hommes qu'il envoya sciemment à la mort ; il s'est très souvent trompé comme homme politique et ses discours au Sénat témoignent qu'il se fourvoyait assez régulièrement sur des sujets importants ; il choisit Pompée avant de rejoindre César par opportunisme ; il applaudit ensuite au meurtre de César ; il se montra généreux avec des dons qui lui servirent à acheter les voix de ses électeurs ; il toléra les irrégularités de son questeur ; il se fit prévaricateur par personne interposée ; il rançonna les provinciaux ;

il ne plaida que les causes utiles à sa carrière ; il perdit sa fille et en fit le prétexte à écriture sans se trouver plus ému que cela ; il avait prévu un monument commémoratif pour honorer sa mémoire, mais il recula devant le coût. Cessons là, ces deux volumes accablent Cicéron...

La démonstration de Jérôme Carcopino est impeccable : elle s'appuie sur ce que disent ces lettres dont l'historien pense qu'elles ont été conservées et publiées pour nuire à la réputation de Cicéron à des fins politiques. Ce qui est dit par Carcopino se trouve solidement argumenté et illustré. Le portrait de Cicéron n'est pas à charge ; il est vrai. Mais sa vérité est une charge. Sauf...

Sauf que la vie de Carcopino empêche qu'on lise ces deux volumes avec sérénité, car cet homme honorable sur le terrain scientifique a choisi le camp déshonorant de Vichy en devenant secrétaire d'État à l'Éducation nationale du maréchal Pétain. Carcopino est normalien, agrégé d'histoire, membre de l'École française de Rome, professeur de lycée, puis d'université ; il fait la guerre 14-18 et reçoit la Légion d'honneur à titre militaire ; il sort pacifiste de cette guerre. Il est nommé professeur à la Sorbonne, directeur de l'École française de Rome. Jusqu'ici, tout va bien.

Mais il est directeur de l'École normale supérieure sous Vichy de 1940 à 1942. Il assume les fonctions de recteur à l'académie de Paris. En février 1941, il est secrétaire d'État à l'Éducation nationale et à la Jeunesse. D'une part, il suspend la religion dans les programmes de l'école primaire ; d'autre part, il propose à Pétain un *numerus clausus* pour les étudiants juifs à l'université, mais pas au lycée. Il applique les lois de Vichy et fait exclure les Juifs et les francs-maçons de la fonction publique. À la Libération, il est révoqué, puis emprisonné à Fresnes. Pour quelques services rendus à la Résistance, dit la Haute Cour de justice, il obtient un non-lieu. En 1951, il est réintégré dans ses fonctions. Quatre ans plus tard, il entre à l'Académie française... Comme Grimal, il est membre d'un grand nombre d'institutions qui travaillent en faveur des études de la Rome antique.

Il a beaucoup publié : sur Virgile et les origines d'Ostie, la loi de Hiéron, la Louve du Capitole, la basilique pythagoricienne de la porte Majeure, les Gracques, Sylla, l'impérialisme, César, Alésia, les empereurs romains.

Son gros ouvrage sur Cicéron date de 1947. La France sort à peine de l'Épuration. Il a siégé dans le gouvernement de Pétain, il a été emprisonné, puis libéré. On comprend que, dans l'ambiance de cette France qui se reconstruit à Saint-Germain-des-Prés en se trouvant tous les jours des résistants de la vingt-cinquième heure, l'intérêt pour un portrait de Cicéron ne se résume pas à celui d'un simple historien de la Rome antique. C'est aussi celui d'un penseur engagé dans son temps.

Son Cicéron, c'est l'intellectuel jouisseur qui enseigne une chose et pratique son contraire ; c'est l'imposteur qui vit comme un héros du *Satiricon* de Pétrone mais fait en même temps des effets de manche sur la sobriété et l'austérité romaines ; c'est un personnage semblable à ceux dont Pétain disait qu'ils avaient été à l'origine de la défaite, tout à leur hédonisme et à leur égoïsme, insoucieux des intérêts supérieurs de l'État et de la Nation.

La chose n'est pas clairement dite, bien sûr, Carcopino n'est pas si sot, et puis nous sommes en 1947, une date à laquelle tout le monde ou presque a été résistant, mais l'ouvrage le fait savoir à chaque ligne : Cicéron incarne la société de jouissance et le culte du Veau d'or ; il aime l'argent, il possède des biens, il fait des affaires, il est prévaricateur, il spécule ; il est proche du pouvoir, il intrigue, il trahit. Il s'en faudrait peu pour qu'il fonctionne comme un Juif emblématique aux yeux des antisémites…

Dans *Jérôme Carcopino, un historien au service de l'humanisme*, en 1981, avec la collaboration de son épouse et de Paul Ourliac, Pierre Grimal défend Jérôme Carcopino qui avait été son maître en le présentant comme un tenant de la ligne humaniste – celle de Cicéron selon lui… Certes il fut ministre de Vichy, mais le jugement de la Haute Cour qui décida d'un non-lieu a retenu qu'il s'était opposé à la propagande raciste de l'université. Et pourtant…

Cinq ans plus tard, en 1986, Grimal publie son *Cicéron*. Il écrit cette dédicace : « *In utramque partem*… À mon maître Jérôme Carcopino, cet autre Cicéron qu'il eût peut-être fini

483

par aimer. » Ce qui veut dire que, le temps passant, Carcopino aurait peut-être pu voir Cicéron autrement qu'avec l'œil qu'il avait en pleine Épuration.

Pierre Hadot supplante cette génération d'historiens des idées antiques, mais selon l'ordre de son idiosyncrasie, lui aussi. On doit en effet mettre en relation la biographie de Pierre Hadot avec sa production universitaire. On constate alors que l'homme qui fut prêtre de 1942 à 1952, et qui raconte son trajet de catholique dans *La Philosophie comme manière de vivre* (2001), est le même qui use et abuse de la boîte à outils chrétienne dans *Qu'est-ce que la philosophie antique?* (1995) mais aussi dans ses fameux *Exercices spirituels et philosophie antique* (1981).

De quelle manière? En recourant à la grille de lecture catholique qui laisse une place majeure aux notions de *conversion* qui séparerait une vie sans et une vie avec la philosophie, de *communauté philosophique* comme une quasi-matrice du monastère dans laquelle on apprend à mener et où l'on mène une *vie philosophique*, de *directeur de conscience* pour qualifier la relation entre un maître et un disciple, d'*examen de conscience* pour qualifier le temps passé, avant l'endormissement, à examiner sa journée pour en faire le bilan d'un point de vue philosophique, d'articulation du *souci de soi* avec le *souci des autres* afin de nommer l'intersubjectivité, d'*exercice spirituel,* une expression clairement empruntée à Ignace de Loyola, pour caractériser une discipline avec laquelle la théorie devient pratique.

Dans des entretiens avec Jeannie Carlier et Arnold I. Davidson parus sous le titre *La Philosophie comme manière de vivre*, Pierre Hadot raconte son trajet existentiel et spirituel. Enfant, il eut une expérience du sublime qui mêlait l'effroi et le ravissement à l'occasion d'un éblouissement qui lui a fait saisir le sentiment de sa présence au monde, la modalité de sa propre relation océanique au Tout. Entre l'infiniment petit et l'infiniment grand, du brin d'herbe aux étoiles, Pierre Hadot expérimente la jubilation qu'il y a à être au monde. Sa mère est très pieuse, catholique et pratiquante. Elle souhaite que ses trois enfants deviennent prêtres, deux le seront, dont Pierre Hadot.

Sa famille l'envoie à l'école des Frères des écoles chrétiennes, puis elle le place au Petit Séminaire de Reims dès l'âge de dix ans. Ce sont les prêtres qui, dans cet endroit, lui donnent «l'amour de l'Antiquité». Il choisit alors pour confesseur un prêtre que tous reconnaissent comme «franchement sadique» et que tout le monde déteste. Cet homme laisse parfois l'enfant à genoux pendant des heures à la limite de l'évanouissement en lui mettant un dictionnaire dans chaque main alors qu'il est à genoux et les bras ouverts. Dans ce séminaire, on pratique les fessées publiques. Les punitions sont transformées en spectacles.

Pierre Hadot tient l'orgue pendant les offices. Il lit les auteurs mystiques. Il effectue ses études rapidement et avec brio, tant et si bien qu'il peut être prêtre dès l'âge de vingt et un ans. Pour éviter d'endosser cette responsabilité si tôt, il devient surveillant et commence une licence de philosophie. Il remplace un curé professeur de philosophie parti avec une élève. Il vit au presbytère et écrit dans le journal paroissial.

En 1949, il tombe amoureux et quitte l'Église en 1952. Il se marie en août 1953 et divorce onze ans plus tard. De dix ans à trente ans, il a donc vécu dans le giron de l'Église. Vers Mai 68, après avoir soutenu sa thèse sur Marius Victorinus, il lit Paul Rabbow qui a publié *Direction des âmes. Méthode des exercices spirituels*, un livre qui reste à traduire. Commence alors le Pierre Hadot historien de la philosophie antique que l'on connaît.

Il dira n'avoir pas lu André-Jean Voelke qui travaillait dans le même sens que lui. Il écrit que leurs «itinéraires spirituels s'étaient miraculeusement *[sic]* rencontrés, sans aucune influence de l'un d'entre nous sur l'autre». Plus tard, il préfacera et publiera, de Voelke, *La Philosophie comme thérapie de l'âme* qui rassemble des articles. Il éditera également, de Juliusz Domański, *La Philosophie, théorie ou manière de vivre?* Cette constellation pense la philosophie antique de la même manière. Pierre Hadot présentera cette façon de voir dans *Qu'est-ce que la philosophie antique?* La philosophie antique est pour lui, pour eux l'activité qui permet le choix et la pratique d'un mode de vie philosophique.

On comprend pourquoi et comment, pour Pierre Hadot, la philosophie antique est vue avec un regard chrétien. Ce nouveau chantier intellectuel permet à l'homme qui fut prêtre de rester le même en devenant la figure emblématique du renouveau de la philosophie antique en France dans les années 1980, ce que confirme et conforte sa nomination au Collège de France en 1982.

Cette aura n'aurait probablement pas été possible sans le travail du dernier Foucault. On le sait, l'auteur de l'*Histoire de la folie* a épousé les modes de son temps avant d'annoncer la fameuse *mort de l'homme* dans *Les Mots et les Choses* en 1966. La radicalité du structuralisme accouchait en effet d'un monstre paradoxal : il n'y aurait pas eu d'homme jusqu'au XIXe siècle, puis celui-ci aurait eu le mauvais goût de mourir au siècle suivant... Cette belle provocation en forme de théorie, ou cette belle théorie en forme de provocation, ne dura qu'un temps.

Tous ceux qui ont annoncé la mort de l'auteur firent un retour en force sous forme de sujets triomphants : Barthes annonce la chose en 1968 mais, ressuscité d'entre les morts, il fait paraître un *Roland Barthes* par Roland Barthes en 1975. On y voit le petit Barthes dans les bras de sa maman chérie, car le livre comporte des photos, les villes, les maisons, les jardins dans lesquels le petit Barthes a vécu, la bonne, les deux grands-pères et les deux grands-mères du petit Barthes, la sœur du père du petit Barthes, le père du petit Barthes, jusqu'à la photo du vieux Barthes prenant un café avec sa très vieille maman, sans oublier le passage du grand Barthes lors d'un cours au Collège de France.

Foucault emboîte le pas à Barthes et, lui aussi, donne une conférence intitulée *Qu'est-ce qu'un auteur ?* (1969) dans laquelle il embouche cette trompette à la mode : la mort de l'homme s'accompagne de la mort de l'auteur, ce qui permet aux auteurs de toucher de substantiels droits... d'auteur pour des livres à succès.

Dégrisé, sortant d'une longue période de silence qui fait suite à *La Volonté de savoir* (1976) présenté comme le premier tome d'une *Histoire de la sexualité*, Michel Foucault revient avec *Le Souci de soi* et *L'Usage des plaisirs* qui enterrent la mort de l'homme et la mort de l'auteur et qui, dans un même mouvement, adoubent l'idée qu'il n'y a désormais plus qu'un seul projet philosophique valable : fonder le sujet postchrétien. Nous sommes en 1984. Ce seront, hélas, ses derniers livres. Le sida l'emporte le 25 juin de cette année-là. Il a juste le temps de tenir en main ses deux derniers opus. Il avait cinquante-sept ans.

Foucault, les biographies nous l'ont appris, entretient avec son corps un rapport sadomasochiste : lacérations, mutilations, tentatives de suicide, hospitalisations psychiatriques dès les années d'École normale ; il est violent, brutal, agressif, toxique et dangereux dans sa sexualité, sa relation avec le compositeur Jean Barraqué en témoigne ; il prend des risques, en pleine période d'épidémie de sida, en fréquentant les *backrooms* de boîtes homosexuelles sans (se) protéger – il en meurt.

Le monde antique est l'occasion pour lui de penser la question du corps, donc de son corps, en dehors de l'épistémè judéo-chrétienne. Foucault, qui est alors malade, aborde des questions qui, évidemment, s'avèrent autobiographiques : le régime alimentaire et la diététique, la morale du plaisir et la question des garçons, le problème d'une économique et la politique de la tempérance, le monde des plaisirs et la possibilité d'un corps, la relation à autrui et l'architectonique des rêves, l'existence de la femme et le dispositif conjugal, et ce qui entre dans la notion de « culture de soi ». Le tout est présenté comme une histoire de la « sexualité », mais Foucault tient aux guillemets. En fait, le dernier Foucault se contente de répondre à la question jadis posée par Spinoza : que peut le corps ? Et même : que peut le corps dans une civilisation judéo-chrétienne malade ?

L'Antiquité devient donc le nouveau terrain de jeu, si je puis me permettre, de Michel Foucault. C'est elle qu'il interroge, mais ses références sont plus grecques que romaines. Dans *Le Souci de soi* et *L'Usage des plaisirs* on trouve d'abondantes réflexions sur les œuvres morales de Plutarque et de Sénèque, Platon et Aristote y occupent une bonne place, mais aussi les médecins Hippocrate et Galien ou Xénophon, l'auteur d'une

Économique entendue au sens large du terme : l'art de la gestion du foyer. Épicure apparaît deux fois seulement ; Lucrèce, jamais.

Il s'agit pour Foucault de s'interroger sur « une herméneutique de soi » (*L'Usage des plaisirs*, p. 12) qui, au-delà du pur travail sur les textes anciens, rende possibles une morale postchrétienne et l'éthique d'un corps païen. Le regard vers l'Antiquité se propose de parvenir à une vue de ce que pourrait être demain. La question : *que pouvait le corps des Anciens ?* peut s'entendre comme : *que pourrait le corps postmoderne ?*

Pierre Hadot a joué un rôle important dans la conversion, pour le dire dans son propre vocabulaire, de Michel Foucault à l'Antiquité. C'est Foucault en effet, alors professeur au Collège de France, qui contacte Hadot par téléphone à l'automne 1980 pour lui proposer d'entrer dans la prestigieuse institution. Il y est élu en février 1983.

Plus tard, une fois son bienfaiteur disparu, Hadot reprochera à Foucault de ne pas être philologue, donc d'errer en matière de traduction et de déchiffrement de manuscrits, de choix de variantes et d'établissement du texte : « Il n'attachait pas beaucoup d'importance à l'exactitude des traductions, utilisant souvent de vieilles traductions peu sûres » (*La Philosophie comme manière de vivre*, p. 215).

À quoi Hadot ajoute qu'ils divergeaient sur la question du plaisir : pour Foucault, le « monde gréco-romain est une éthique du plaisir que l'on prend en lui-même » (*ibid.*) ; pour Hadot, on ne peut généraliser, car l'exemple de Sénèque montre que le plaisir peut résider dans un extérieur à soi, en l'occurrence dans un au-delà du moi qui conduit vers la Raison universelle à laquelle on s'unit. Où l'on retrouve le Pierre Hadot chrétien qui ne peut consentir au Michel Foucault que je dirais païen. L'un pense sur le terrain de l'immanence ; l'autre a besoin de la transcendance.

Pierre Hadot lui reproche également, dans sa conception de « ce qu'il appelle les pratiques de soi », de ne pas assez prendre en considération « l'appartenance au Tout cosmique », mais également « l'appartenance à la communauté humaine » (*ibid.*). Là encore, c'est le partisan de la transcendance qui reproche au tenant de l'immanence de passer à côté de l'essentiel.

Enfin, Pierre Hadot tire une quatrième balle dans le cadavre de son bienfaiteur en affirmant : «Je ne pense pas que le modèle éthique adapté à l'homme moderne puisse être une esthétique de l'existence. Je crains que cela ne soit finalement qu'une nouvelle forme du dandysme» *(ibid.)*. Et l'on comprend que, pour Pierre Hadot, le dandysme est une faute morale. En revanche, il nomme assez bien ce qu'à mes yeux Foucault se proposait : fonder un dandysme postmoderne comme seule solution à la disparition des grands récits et à l'effondrement de ce qu'on pourrait appeler l'épistémè judéo-chrétienne – même si Foucault n'a jamais parlé dans ces termes qui sont les miens.

En cheminant dans ces ruines antiques, on découvre donc une faune singulière : un Grimal néogaulliste qui aime Sénèque comme s'il avait été un grand serviteur de l'État et un Carcopino pétainiste qui fustige Cicéron tel un homme cupide et vil, prévaricateur et corrompu, jouisseur et corrupteur ; un Pierre Hadot curé défroqué cherchant un compagnon antique à son Dieu judéo-chrétien contre un Michel Foucault insoucieux de transcendance et désireux de fonder une éthique immanente en s'appuyant sur les Anciens.

Et puis, déboulant sur le Forum romain avec sa jeunesse et son intelligence, Pierre Vesperini, qui ruine les amateurs de ruines en faisant passer une tempête sur ce qui, de ce fait, devient un vieux monde.

Qui est Pierre Vesperini ? Ancien membre de l'École française de Rome, docteur en histoire et sémiologie du texte et de l'image avec une thèse publiée sous le titre *La* Philosophia *et ses pratiques d'Ennius à Cicéron*, normalien, major de sa promotion, agrégé de lettres classiques, ce jeune homme né en 1978 a également signé un *Droiture et mélancolie* (2016) sur Marc Aurèle qui, lui aussi, révolutionne avec la même méthode.

Quelle est cette méthode ? Elle est celle d'une hyper-contextualisation de l'homme et de l'œuvre. Elle n'est possible qu'après le marxisme et le structuralisme qui évinçaient le sujet pour en faire un épiphénomène perdu dans l'économie ou les structures, et elle n'est pensable qu'en notre époque de retour du sujet, un double mouvement qui a travaillé l'œuvre dernière de Michel Foucault.

Le marxisme dilue le sujet dans les rapports de production, il ne serait qu'un reflet du mode de production des richesses, le structuralisme l'efface en estimant qu'il n'existe que des structures et des relations structurelles dans lesquelles il n'y aurait que des forces, des poussées, des flux réductibles à des diagrammes. Ces deux moments idéologiques ont décrété la mort de l'homme et la mort de l'auteur. Le livre n'était qu'une production du lecteur et ne disposait d'aucune existence intrinsèque ; il n'y avait donc que des points de vue – ce que le structuralisme aurait pu voir comme une preuve de la permanence du sujet...

Cette mode a passé. Elle a même passé pour ceux qui s'en étaient entichés. Michel Foucault, par exemple, qui en fut l'un des parangons, en devint le plus âpre critique, mais sans jamais l'avouer, avec ses derniers travaux qui faisaient rentrer le sujet par la fenêtre alors que Barthes, Lacan, Lévi-Strauss, Althusser et lui-même l'avaient sorti par la porte.

Pierre Vesperini lie le texte et le contexte, voilà comment il opère cette révolution méthodologique. Il sait que le texte ne flotte pas dans un empyrée sans liaison avec ses conditions de possibilité historiques. Pas question chez lui d'effacer dans un texte de Lucrèce le fait qu'il soit de Lucrèce pour n'en garder que le signifiant pur, comme un diamant neutre.

Il mobilise l'épigraphie, la paléographie, l'archéologie, la numismatique, la traductologie, l'histoire, et aborde le texte en nous disant qu'il est une énigme dont la résolution est possible. Et il résout l'énigme...

Son *Lucrèce. Archéologie d'un classique européen* déclasse et surclasse tout ce qui s'est fait avant lui en matière de déchiffrement de ruines textuelles antiques. Il avance comme une tornade et derrière lui on découvre des vérités inconnues, mais qui paraissent évidentes après qu'il les a révélées : Épicure était un chef de secte, un gourou intolérant ne supportant pas la contradiction, fomentant des curées contre ceux qui quittaient son école ; il n'était pas le premier des rationalistes inaugurant un lignage libérateur qui serait allé jusqu'aux Lumières et aux politiques d'émancipation marxistes, mais un penseur qui s'appuyait sur les cultes religieux; il était identifié aux dieux et vénéré comme tel; il se voulait sans prédécesseurs et sans opposants; il avait instauré un système de délation de l'opposant, de critique et d'autocritique du disciple déviant, afin de faire régner un ordre qui n'avait rien à voir avec ce que Foucault voyait comme «le courage de la vérité». Voilà pour Épicure...

Lucrèce maintenant: il n'était pas philosophe, mais un poète payé par des mécènes pour amuser et distraire ceux qui le subventionnaient; il écrivait donc sur commande et son métier s'apparentait à celui des amuseurs – cuisiniers, danseurs, chanteurs –, autrement dit, il pratiquait un métier déshonorant; il n'était pas épicurien, mais s'est contenté d'exposer des théories d'Épicure, comme d'autres théories d'ailleurs, celles des présocratiques par exemple, dans un texte qui était épique, parce que rédigé avec l'hexamètre, le vers de l'épopée, et qui rassemblait, sur un mode encyclopédique qui fait songer à Aristote, tous les savoirs connus sur le monde; le sénateur Memmius, à qui le livre est dédié, n'était pas un homme à convaincre du bienfondé de l'épicurisme, mais un commanditaire dont il fallait satisfaire le plaisir en répondant à sa demande; Memmius ne fut pas un bienfaiteur des arts et des lettres, encore moins de la philosophie, mais un homme politique ayant cherché un temps à capter le vote d'un électorat romain intéressé par la signature de distinction associée aux choses grecques; la philosophie ne relève pas d'écoles strictes avec des enseignements austères, mais d'une activité serve qui fournit des idées utiles pour résoudre un problème existentiel pratique; pour finir, Pierre Vesperini avance une hypothèse révolutionnaire: Lucrèce, qui n'était ni philosophe ni épicurien, était un poète professionnel et un «paracynique» (p. 142-143) qui partait en guerre contre les rites, la croyance aux dieux, les fêtes, les oracles, les mythes.

Pierre Vesperini ruine également les mythes qui entourent le destin et le trajet de Lucrèce: il ne fut pas méprisé par les chrétiens, négligé par la patristique, descendu en flammes par saint Jérôme, écarté à dessein par les moines copistes, retrouvé par hasard au Quattrocento, avant qu'il ne rende possibles la Renaissance, les Lumières et notre modernité… La démonstration de Vesperini est impeccable ; c'est imparable ; il fait tomber des siècles de mythologie sur Épicure, Lucrèce et l'épicurisme.

Dans *Droiture et mélancolie*, il utilise la même méthode avec Marc Aurèle afin de montrer que cet empereur-philosophe stoïcien n'était ni philosophe ni stoïcien, mais qu'il s'est servi du stoïcisme pour tracer dans sa vie le trajet droit qu'exigeait alors la définition du Romain.

Le fascinant travail de Pierre Vesperini fait lever un nouveau soleil sur le monde antique. Avec lui, tous ceux qui, en leur temps, avaient contribué à mettre au jour les ruines antiques sont devenus des antiquaires aussi vieux que leur Antiquité. Il ouvre la porte à de nouvelles perspectives formidables.

Je suis heureux d'être le contemporain de Pierre Vesperini comme d'aucuns ont pu l'être de grandes figures en sachant qu'elles ouvraient d'immenses possibles. J'avais lu Grimal et Carcopino au moment de mes études à l'université ; j'ai bien sûr lu Hadot et Foucault en y souscrivant en leur temps – comment ne pas souscrire à la bougie quand l'électricité n'est pas encore inventée ? – et j'ai été heureusement sonné par les travaux de Pierre Vesperini qui est depuis entré dans ma vie intellectuelle.

Mais je ne saurais terminer cette déambulation dans les ruines sans parler une fois encore de mon vieux maître Lucien Jerphagnon. Certes, il n'y eut pas chez lui de découvertes ou de trouvailles majeures attachées à son nom. Mais y en avait-il chez Grimal et Carcopino ? Bien sûr, il y en eut chez Hadot et Foucault, « les exercices spirituels » ou « la culture de soi » par exemple, mais Lucien Jerphagnon n'eut jamais la prétention d'être un philosophe créateur de concepts. Il était à sa façon un genre de Lucien de Samosate, vif et drôle, cinglant et ironique, lucide et lyrique. Un homme en toge qui riait pour n'avoir pas à pleurer.

C'est à lui, on le sait, que je dois d'avoir quitté un monde sombre pour un univers de lumière – dans le monde sombre, il y avait une enfance à la Dickens, un orphelinat à la Vallès, et d'autres choses que le temps n'est pas encore venu de dire ; dans le monde de la lumière, il y avait justement Lucrèce.

Lucrèce fut pour moi un passage de comète lumineux dans un ciel noir, une longue traînée de feu qui n'en finit pas de m'éblouir. Qu'on puisse être moral sans dieu, qu'on puisse penser le monde en faisant l'économie de tout arrière-monde, qu'on puisse estimer riche et vaste la seule poésie de ce qui est, qu'on puisse ne pas craindre les dieux ou la mort, qu'on puisse ramener la puissance de la multiplicité à l'énergie de l'atome, qu'on puisse faire du désir et de l'amour des affaires de particules, qu'on puisse mélanger la pensée et la poésie, qu'on puisse être un Romain comme un antidote au chrétien, voilà qui sidérait le jeune garçon que j'étais. Je n'avais pas vingt ans, je découvrais que ma vie pouvait avoir un sens et que ce sens, c'était l'épicurisme.

Mais Lucrèce ce fut aussi pour moi le passeur de Lucrèce. Donc Lucien Jerphagnon. Pour ce que j'en sus dans le cadre des cours (l'homme privé en était un autre, et je l'ai connu aussi), Lucien Jerphagnon était, comme Pierre Hadot, un curé défroqué ayant trouvé un refuge spirituel dans l'Antiquité.

La récente publication d'un roman de jeunesse intitulé *L'Astre mort* (2007), grâce à l'incroyable piété de sa fille Ariane, a montré un Jerphagnon torturé, tourmenté, grave, inquiet, anxieux, troublé. Ce roman caché dans une boîte à double fond, épargné par le feu dans lequel il précipita tant de papiers, découvert par le hasard d'une chute de l'objet par sa fille, raconte une âme sombre. L'Antiquité lui fut refuge et salut, douceur et paix – du moins, autant que la paix est possible en général et pour cet homme en particulier.

Je savais, bien sûr, quand il était mon maître, qu'il avait eu un passé très catholique ; j'avais acheté pieusement, si je puis dire, ses livres publiés aux éditions Le Vitrail ; il m'avait confié avoir été prêtre, et il n'a fallu que la méchanceté de quelques-uns pour laisser croire que «l'auteur du *Traité d'athéologie* n'avait pas supporté que son vieux maître s'occupe de l'édition de saint Augustin en Pléiade et qu'il s'éloigne de lui !».

L'éloignement eut lieu du fait de son épouse qui, toute sa vie, fut son mauvais génie, et qui, entre autres autodafés des papiers de son époux, brûla ma correspondance avec lui. C'est elle qui créa ce bruit que je n'aurais pas supporté qu'il édite et traduise Augustin ; elle qui interdit que je préface un texte de lui et qui, sur son lit de mort, envisageait de porter plainte contre moi parce que je l'avais fait tout de même ; elle qui fit mettre à la poubelle le formidable bouquet de roses rouges que je lui avais envoyé à l'hôpital quand j'avais su qu'il était en train de mourir – en Romain. Quand elle est morte, sa fille a rempli un plein panier de babioles religieuses, médailles, statuettes et crucifix. Que Lucien Jerphagnon ait vécu dans cet univers témoigne combien il a dû demander à l'Antiquité de le consoler…

Augustin en Pléiade était un effet de chaises musicales éditoriales, je raconterai ça aussi le temps venu ; Lucrèce n'était pas vraiment sa tasse de thé intellectuelle, d'autant qu'il préférait le whisky tourbé ; il enseignait aussi Thomas d'Aquin, parce que l'intitulé de sa chaire était de philosophie antique et médiévale.

Plus qu'Augustin, Plotin était son homme. Lucien Jerphagnon donnait un cours sur les *Ennéades* qui, en creux, racontait sa propre vérité spirituelle : les trois hypostases, la procession ascendante, l'Un-Bien père de l'Être, la matière qui divise, l'éternité identifiable à Dieu, nombre de thèmes plotiniens réjouissaient ce catholique sans Église. Platonopolis, la cité idéale selon Plotin, était plus son aspiration secrète que la cité de Dieu.

Il m'a aimé ; je l'ai aimé ; je l'aime encore ; lui dirait peut-être, je ne sais, que, bien que mort, il m'aime encore… Et nous ririons alors du fait que tout ce qui nous éloigne nous rapproche. Il se réjouissait en effet qu'athée je sois si chrétien en sachant que lui, si chrétien, soit aussi athée à sa manière. Car s'il aimait Plotin, c'est Rome qu'il préférait (même si Plotin y enseigna), et Rome c'est le contraire d'Athènes.

Athènes aime les idées et les concepts, la métaphysique et l'idéalisme. Athènes, et la Grèce avec elle, c'est la Sphère de Parménide et le Nombre de Pythagore, le *Parménide* de Platon et la *Métaphysique* d'Aristote, l'Idée pure du premier et le premier moteur immobile ou la cause incausée du second, c'est la métempsycose et la métensomatose pythagoriciennes recyclées par Platon, puis par le christianisme. À Athènes, on regarde le ciel et, comme Thalès le regard perdu dans la Voie lactée, on tombe dans le puits – en s'attirant le rire de la servante thrace, autrement dit de la personne simple et pleine de bon sens...

Rome aime les choses et la réalité, le monde et l'histoire, la géographie et l'architecture, l'agriculture et la politique, les sciences naturelles et la rhétorique, la poésie et le théâtre, le droit aussi. Qu'on songe à Tacite et à Vitruve, Columelle et Cicéron, Quintilien et Pline, Virgile et Horace, puis Perse, Juvénal ou Plaute et Térence, ou bien encore Ulpien ou Papinien... À Rome, on ne fait pas carrière avec des Idées pures ou des concepts, mais avec du concret.

Voilà pourquoi l'institution affirme souvent que la philosophie est grecque, qu'il n'y eut pas de philosophie romaine et que le peu ou le mieux que l'on puisse faire en la matière consiste à longuement disserter sur les traductions qui permettent de savoir comment l'on passe d'un concept grec à une notion latine – le passage de l'*ousia* grecque à la *substantia* latine a donné matière à l'un des cours que j'ai suivis à l'université de Caen. Ce ne fut pas un sujet traité par Lucien Jerphagnon, mais par un marxiste pur et dur du PCF...

Récemment, Paul Veyne a ressorti d'un vieux chapeau le concept de «gréco-romain». Comme cette expression apparaît dans un très gros livre qui rassemble des articles épars dans le temps et dans l'espace intitulé *L'Empire gréco-romain* (2005), je crains d'y voir un artifice éditorial bien pratique pour ranger sous une même rubrique un divers très disparate.

Si tel n'est pas le cas, il est alors un autre artifice pour noyer la spécificité de Rome dans cette chimère conceptuelle, car le «gréco-romain» vise à nier ce qui constitue la substance de la pensée romaine pour en faire, comme tout un chacun avant Paul Veyne, un produit dérivé des Grecs. Ce n'est pas parce que Plutarque écrit en grec qu'il est gréco-romain : la conquête romaine de la Grèce date de 146 ans avant l'ère commune, date à laquelle Corinthe est rasée par les Romains, mais les Romains sont en Grèce depuis le IIIe siècle avant notre ère. Qui dira que ce fut sans effet ?

Dès lors, vouloir absolument que les vainqueurs soient les vaincus et les vaincus les vainqueurs, c'est imaginer que la romanisation de la Grèce n'a pas eu lieu et qu'il faut bien plutôt parler d'une grécisation de Rome. Que l'élite romaine poudrée et parfumée ait été affectée de grécomanie, nul ne le conteste. Cicéron a raconté tout ça. Mais Rome est autre chose qu'une province d'Athènes : Rome est une force, Athènes est une Idée.

La philosophie romaine n'est pas un mauvais décalque de la philosophie grecque sous prétexte que les Romains n'auraient pas été capables d'honorer la discipline, parce qu'ils auraient été tout juste bons à fabriquer des sénateurs et des légionnaires, des bâtisseurs et des architectes, des juristes et des haruspices.

Pierre Grimal répond à la question : y a-t-il une philosophie romaine ? Il récuse l'idée qu'il n'y en aurait pas et que seuls les Grecs en disposeraient. En Grèce, la philosophie fut affaire d'école, elle est vite devenue scolastique, puis spectaculaire, démonstrative, théâtrale ; à Rome, la philosophie est « plutôt plus humaniste, plus soucieuse d'appliquer les notions dégagées par l'analyse grecque, dans le domaine de la vie aussi bien politique que quotidienne. Il y a une ascèse de la vie quotidienne à Rome tout à fait étrangère à la vision grecque. Un philosophe grec (prenons le IIᵉ siècle de notre ère comme référence) est un homme qui a adopté un certain costume, vivant un peu à la cynique, entouré d'élèves qui écoutent ses paroles : c'est plus une apparence, une devanture, qu'un mode de vie.

« Mais à Rome… Le petit Marc Aurèle, par exemple, a commencé par vouloir vivre à la cynique ; il ne se lavait plus, bon… Un de ses amis, plus âgé, lui fit remarquer qu'il n'était pas besoin de faire une telle comédie pour être bienveillant avec ses amis, que pour être maître de soi ce n'était pas la peine de ne pas se laver les pieds.

« C'est en quelque sorte cette façade de la philosophie grecque qui a été éliminée de la vie philosophique romaine. C'est tout de même important » (*Savoir se penser*, p. 101-102).

Cette *ascèse de la vie quotidienne* fonctionne pour moi comme le noyau dur de la philosophie romaine. Et ce noyau dur est susceptible de traverser les siècles pour servir encore aujourd'hui. Contre la religion du concept et la posture philo-sophique exhibée, contre le culte des Idées pures et la passion scolastique, les Romains préféraient une sagesse pratique et incarnée, une pragmatique de l'action, une *praxis* existentielle.

La philosophie romaine m'a sauvé avec cette dimension qui se moque de toute théorie qui ne viserait pas une action, ou qui ne proposerait pas un prolongement dans la vie quotidienne. Le jeu verbal, la jonglerie sophistique, l'habileté rhétorique, la frime philosophique pour le dire trivialement n'ont pas droit de cité dans le corpus philosophique romain.

Dès lors, à Rome, le philosophe n'est pas une catégorie honorable, comme le consul ou le sénateur, mais un artisan de sagesse pratique qui travaille pour qui le désire : du portefaix d'Ostie à l'empereur Marc Aurèle, elle est là pour bien vivre, mieux vivre.

Sagesse n'a pas d'autre ambition que de renouer avec l'esprit de la philosophie romaine. Non pas pour obtenir des disciples, mais pour servir et aider des lecteurs inconnus. Il n'y a pas pour moi de plus belle idée qu'une idée utile. À leur manière, ces pages rendent à autrui ce qu'un jour Lucien Jerphagnon m'a donné. Au contact des philosophes romains j'ai appris qu'en donnant on devient riche et pauvre en gardant ce qu'on a.

Bibliographie

La bibliothèque romaine des textes de philosophie antique est finalement très mince... Ses auteurs sont peu nombreux : Panétius de Rhodes, Cicéron, Lucrèce, Sénèque, Épictète, Plutarque, Marc Aurèle, Lucien, Celse. Plus de la moitié de ces auteurs écrit... en grec !

On les lira donc dans la traduction que l'on choisira. Je n'ai pas la religion des traductions car je n'en ai pas la science. Je fais confiance à ceux qui effectuent ce travail avec un talent dont je n'ai pas les moyens de savoir s'il est meilleur que celui de leurs confrères.

La Pléiade a donné une édition des *Stoïciens* et une autre des *Épicuriens*. C'est hélas un choix de textes et, malheureusement parfois, une collection hétéroclite de morceaux choisis – les *Tusculanes* de Cicéron ou les *Lettres à Lucilius* de Sénèque, par exemple, méritent une édition en œuvre complète. Pour disposer d'une œuvre intégrale, on privilégiera les éditions des Belles Lettres dans la « Collection des Universités de France » (Budé). Voir également Musonius Rufus, *Entretiens et fragments*, éd. et trad. A. Jagu (Hildesheim, Georg Olms) et *Panétius. Sa vie, ses écrits et sa doctrine avec une édition critique des fragments*, éd. M. Van Straaten (Amsterdam, Uitgeverij).

On peut également aller voir, dans la Pléiade, par curiosité et en débord de notre sujet romain, du côté des Grecs avec *Les Présocratiques*, mais également les deux volumes très anciens de Platon et un récent volume d'Aristote.

On me permettra dans ce corpus des auteurs épicuriens de préférer la traduction de Lucrèce donnée par feu mon ami Bernard Combeaud pour les éditions Mollat : elle est la première et la seule édition à ce jour qui respecte la métrique du poète pour en restituer l'immense génie poétique. Elle a pour titre *La Naissance des choses*.

Il existe un livre de Jean-Marie André intitulé *La Philosophie à Rome* (PUF). Il est le prototype du travail universitaire qui répète un poncif créé par Hegel dans le premier volume de ses *Leçons sur l'histoire de la philosophie* (Vrin). Ses thèses sont reprises par Heidegger, dans *Les Séminaires du Thor* in *Questions IV* (Gallimard). Elles fonctionnent jusqu'à ce jour. Voir par exemple Paul Veyne, pour lequel il n'y aurait pas de philosophie romaine, mais seulement une philosophie grecque que des Romains auraient essayé de traduire en vain ! Paul Veyne ramasse ce lieu commun dans cette stupide phrase qui ne l'honore pas : « Les Romains sont les singes des Grecs. » C'est le genre d'affirmation qui vaut un siège au Collège de France puis le respect du monde médiatique et du monde universitaire réconciliés.

Ma thèse est que les Romains ne sont pas plus sots que les Grecs et qu'il ne sert à rien de lire les seconds en regard des premiers pour percevoir la véritable nature de leur sagesse. Platon évolue-t-il à un degré supérieur de conceptualisation que Cicéron ? La réponse est oui. Et alors ? Faudrait-il que l'art de créer des concepts soit la mesure de la profondeur philosophique ? Voire de la possibilité de dire d'une personne qu'elle est philosophe ? Le professeur Gilles Deleuze a répondu positivement dans *Qu'est-ce que la philosophie ?*, et nombre de ses élèves qui se croient aujourd'hui subversifs opinent et ânonnent.

Or il n'y a aucun concept nouveau, autrement dit aucun néologisme chez Montaigne qui parle de vie et de mort, d'amour et d'amitié, de temps et de souffrance, de mémoire et de douleur, de doute et de vertu, sinon d'accident de cheval et de dilection pour les huîtres, de la mort de l'un de ses enfants ou de celle de l'un des paysans qui travaillent pour lui. N'est-il pas un philosophe ? Lui qui a rendu possible toute la philosophie après lui, on le lit toujours un demi-millénaire plus tard alors que nous ne lisons déjà plus Deleuze, bien qu'un simple demi-siècle nous en sépare. La mesure de l'ancien était au moins le millénaire, celle du moderne semble ne pas même survivre au siècle.

Les Grecs sont doués pour parler haut et fort, pour créer des concepts et enfumer l'assistance européenne. N'ont-ils pas produit les sophistes dont il faudrait écrire l'histoire de leur origine, cinq siècles avant le Christ, jusqu'à nos jours ? À Athènes, on verbigère beaucoup, mais on se moque bien de l'action. À Rome, c'est l'inverse : on parle peu, mais bien, et l'on croit ce qui est dit dans la mesure où la parole se trouve suivie d'effets. Non pas d'effets de verbe ou d'effets de paroles, comme en Grèce, mais d'effets dans la vie concrète. Pythagore et les pythagoriciens, Gorgias et les sophistes, Platon et les platoniciens, Plotin et les néoplatoniciens, Aristote et les aristotéliciens, Pyrrhon et les sceptiques, très peu pour Rome…

Dans cette cité de paysans et de militaires, d'architectes et de soldats, de juristes et d'artisans, on n'est pas bluffé par les beaux parleurs, mais par les actions nobles. Voilà pourquoi, à Rome, la philosophie ne se trouve pas exclusivement dans les mots des philosophes, mais aussi et surtout dans les belles actions de figures nobles qui incarnent la sagesse de façon pratique dans leur vie quotidienne. Ces beaux actes, ces beaux gestes servent de modèles. Rome n'aime les idées que si elles produisent des effets dans le réel ; Athènes les chérit pour elles-mêmes et pratique l'art pour l'art. Athènes apprécie les mots, Rome les exemples.

Le christianisme a été spirituellement grec – le dualisme de Pythagore, la sophistique de Protagoras, l'âme immatérielle de Platon, la métaphysique de la substance d'Aristote, les hypostases de Plotin, toute cette épicerie idéaliste le nourrit intellectuellement ; la philosophie universitaire allemande l'a été également par les mêmes avec ses produits dérivés – le

Noumène de Kant, l'Esprit Absolu de Hegel, l'Essence de Husserl, l'Être de Heidegger, l'En-Soi de Sartre, jusqu'aux sphères contemporaines de Sloterdijk... Très amateur de tout ce qui est allemand depuis les années 30 jusqu'à la libération de Paris, Sartre a acclimaté en France cette manie idéaliste qui a produit ses effets jusqu'à ce jour dans les amphithéâtres de la philosophie officielle – du Collège de France au Collège international de philosophie, en passant par la Sorbonne ou l'Académie française, l'École normale supérieure ou le Centre national de la recherche scientifique. En France, l'existentialisme, le lacanisme, le marxisme, le structuralisme, la phénoménologie constituent la queue de comète de cet idéalisme grec.

Voilà pourquoi il faut lire les philosophes romains, mais aussi les historiens et les annalistes romains. Car ce sont ces derniers qui rapportent les actes philosophiques avec lesquels se manifeste leur philosophie incarnée. Qui sont-ils ? La Pléiade a édité sous le titre *Historiens romains* un volume avec César, un autre avec Tite-Live et Salluste. Elle a également publié Tacite, Pline l'Ancien, Polybe, mais aussi les auteurs de comédie, Plaute et Térence. Pour assister à la fin du monde païen en direct, on peut également lire, toujours en Pléiade, les trois volumes de saint Augustin – sous la direction de mon vieux maître Lucien Jerphagnon. Du même : *Saint Augustin. Le pédagogue de Dieu* (Gallimard). Lire en regard les *Romans grecs et latins*, toujours en Pléiade, dans lequel on retrouve Apulée et Pétrone, Philostrate et Longus parmi d'autres. Virgile est également disponible dans la même collection. Une récente traduction très efficace et très élégante des *Métamorphoses* d'Ovide a été donnée par Marie Cosnay aux éditions de l'Ogre.

Revenons aux historiens et annalistes : une mine d'informations chez Aulu-Gelle, *Les Nuits attiques* (Garnier), chez Valère Maxime, *Actions et paroles mémorables* (Garnier), chez Suétone, *Vie des douze Césars* (Les Belles Lettres). Également l'*Histoire romaine* de Velleius Paterculus et Florus (Garnier). Puis Aurelius Victor, *Œuvres complètes* (Paléo). Bien sûr, on lira la mine d'or que sont les *Vies parallèles* de Plutarque (Gallimard, « Quarto » ;

ou, pour la traduction d'Amyot, savoureuse en son temps, l'édition en deux volumes de la Pléiade).

Je possède en fonds de bibliothèque la collection des auteurs latins de Désiré Nisard. Certes, c'est ancien, mais on y trouve Cicéron, Tite-Live, Lucain, Silius Italicus, Claudien, Horace, Juvénal, Térence, Plaute, Sénèque le Philosophe et Sénèque le Tragédien, Stace, Martial, Manilius, Lucilius Junior, Rutilius, Némésianus, Gratius Faliscus, Calpurnius, Pétrone, Apulée, Aulu-Gelle, Ovide, Caton, Columelle, Palladius, et voilà qui permet une malle pour les lectures d'une île déserte!

En dehors des textes directs, j'ai lu trop de choses concernant l'Antiquité depuis quarante ans... Cette bibliographie n'y suffirait pas. Je voudrais retenir les ouvrages qui m'ont servi directement ici ou là: tout le Jerphagnon antique, bien sûr, mais plus particulièrement *Vivre et philosopher sous les Césars* (Privat), *Vivre et philosopher sous l'Empire chrétien* (Privat), et son *Histoire de la Rome antique* (Tallandier). Ce sont les lectures passionnées de ma jeunesse qui ont été pour moi des révélations existentielles: la philosophie antique romaine m'a sauvé... Lucien Jerphagnon fut le professeur de ce salut. Les éditions Robert Laffont ont publié trois volumes de son œuvre quasi complète dans la collection « Bouquins ».

Sur des questions concrètes et pratiques: le cynisme, c'est, depuis 1991 et mon livre sur ce sujet, *Cynismes* (Grasset), mon école philosophique de prédilection: Marie-Odile Goulet-Cazé, *L'Ascèse cynique* (Vrin), *Le Cynisme, une philosophie antique* (Vrin), *Cynisme et christianisme dans l'Antiquité* (Vrin), et un collectif, *Le Cynisme ancien et ses prolongements* (PUF). Les textes sont chez Léonce Paquet, *Les Cyniques grecs* (Université d'Ottawa et Livre de Poche).

Sur les Gracques: Jérôme Carcopino, *Autour des Gracques* (Les Belles Lettres); Claude Nicolet, *Les Gracques. Crise agraire et révolution à Rome* (Gallimard); Christopher Bouix, *La Véritable Histoire des Gracques* (Les Belles Lettres).

Sur le suicide chez les Romains: Yolande Grisé, *Le Suicide dans la Rome antique* (Montréal, Bellarmin, et Les Belles Lettres).

Sur l'otium : Jean-Noël Robert, *L'Empire des loisirs* (Les Belles Lettres). Sur le rôle tenu par l'eau : Alain Malissard, *Les Romains et l'eau. Fontaines, salles de bains, thermes, égouts, aqueducs...* (Les Belles Lettres).

Sur les grandes figures, on lira les biographies suivantes : Jean-Noël Robert, *Caton ou le citoyen* (Les Belles Lettres) ; Pierre Grimal, *Sénèque ou la conscience de l'Empire*, *Cicéron* et *Marc-Aurèle* (tous les trois chez Fayard) ; mais aussi le *Marc Aurèle. L'empereur paradoxal* d'Yves Roman (Payot), et le *Plutarque* de Jean Sirinelli (Fayard).

Sur la religion : Renée Koch, *Comment peut-on être dieu ? La secte d'Épicure* (Belin), une thèse reprise par Pierre Vesperini dans son *Lucrèce* (Fayard) ; voir également Raymond de Block, *Évhémère, son livre et sa doctrine* (Hector Manceaux Éditeur).

Sur les pleurs et les rires : Sarah Rey, *Les Larmes de Rome. Le pouvoir de pleurer dans l'Antiquité* (Anamosa) ; Eugène de Saint-Denis, *Essais sur le rire et le sourire des Latins* (Les Belles Lettres) ; Lucien de Samosate est en *Œuvres complètes* aux Éditions Robert Laffont, collection « Bouquins ».

Sur les gladiateurs : Éric Teyssier, *La Mort en face* (Actes Sud). Une somme...

Index des sources

C
Caton
Traité d'agriculture, p. 91, 98
Origines, p. 91

Catulle, *Poésies* (5), p. 149; (96), p. 295

Celse, *Contre les chrétiens. Discours véritable*, p. 313, 370, 447, 450-454
(III.93), p. 313; (I.26), p. 450; (I.28), p. 450; (I.32), p. 451; (II.37), p. 451; (II.38), p. 452; (IV.116), p. 453; (IV.117), p. 453

César, *Anti-Caton*, p. 122

Cicéron
Les Académiques, p. 122
Brutus, p. 114-116
(313-314), p. 114; (306), p. 115
Caton l'Ancien ou De la vieillesse, p. 99-101, 104-110, 377
(I.2), p. 101; (II.4. Préambule), p. 101; (II.4. Principes), p. 101; (III.9), p. 104; (V.13), p. 105; (VI.17), p. 105; (VI.20), p. 105; (IX.26), p. 106; (IX.28), p. 106; (IX.32), p. 106; (IX.33), p. 107; (XII.39), p. 108; (XIV.49), p. 109; (XV.51), p. 109; (XX.72), p. 110; (XI.38), p. 377
Catilinaires, p. 118, 285
Première Catilinaire, p. 118
De la consolation, p. 122
Correspondance, p. 100, 123, 295, 309
Lettres à Atticus (XIV.13.3), p. 100; (XIV.21.3), p. 100; (XII.21.5), p. 309

Lettres aux familiers (VI.15, lettre 688), p. 123; (XII.4, lettre 806), p. 123; (V.16, lettre 437), p. 295
Des devoirs, p. 122, 209-212, 215
(I.VII.23), p. 210; (III.XXVIII.102), p. 211; (III.XXXI.111), p. 212; (I.VII), p. 215
De la divination, p. 120, 122, 235, 356
(II.LXXII), p. 120; (I.XVIII), p. 235; (II.XXIX), p. 235; (I.XXVI.56), p. 356
Des fins, p. 122
Hortensius, p. 122, 470
De l'invention (I.39), p. 213
Lélius ou De l'amitié, p. 255-257, 259-261, 263-267
(II.10), p. 256; (V.18), p. 256-257; (V.19), p. 257; (VI.22), p. 257; (X.33), p. 259; (XI.36), p. 260; (XII.40), p. 260; (XIII.44), p. 260; (XVII.61), p. 261; (XI.39), p. 261; (XIX.70), p. 263; (XIX.69), p. 263; (XX.71), p. 264; (XX.73), p. 264; (XX.75), p. 264; (XXI.76), p. 264-265; (XXI.77), p. 265; (XXI.78), p. 265; (XXII.85), p. 265; (XVI.59), p. 266; (XVIII.64), p. 266; (XXII.82), p. 267; (XXIV.88-89), p. 267
Sur les lois, p. 119-120
(II.VIII), p. 120; (II.XII), p. 120
De la nature des dieux, p. 122
L'orateur (II.54-71), p. 429
Panégyrique de Caton (perdu), p. 122
Paradoxes des stoïciens, p. 121
Philippiques, p. 122-124, 220, 355

Table

Première partie

SOI
Une éthique de la dignité

Deuxième partie

LES AUTRES
UNE MORALE DE L'HUMANITÉ

517

Chambois et Fel, histoires mêlées, Charles Corlet, 1989.

Le Ventre des philosophes. Critique de la raison diététique, Grasset, 1989.

Cynismes. Portrait du philosophe en chien, Grasset, 1990.

L'Art de jouir. Pour un matérialisme hédoniste, Grasset, 1991.

L'Œil nomade. La peinture de Jacques Pasquier, Folle Avoine, 1993.

La Sculpture de soi. La morale esthétique, Grasset, 1993.

La Raison gourmande. Philosophie du goût, Grasset, 1995.

Métaphysique des ruines. La peinture de Monsù Desiderio, Mollat, 1995.

Le Désir d'être un volcan. Journal hédoniste I, Grasset, 1996.

Les Formes du temps. Théorie du sauternes, Mollat, 1996.

Politique du rebelle. Traité de résistance et d'insoumission, Grasset, 1997.

Ars Moriendi. Cent petits tableaux sur les avantages et les inconvénients de la mort, Folle Avoine, 1998.

Les Vertus de la foudre. Journal hédoniste II, Grasset, 1998.

À côté du désir d'éternité. Fragments d'Égypte, Mollat, 1998.

Hommage à Bachelard, Éditions du Regard, 1998.

Théorie du corps amoureux. Pour une érotique solaire, Grasset, 2000.

Antimanuel de philosophie. Leçons socratiques et alternatives, Bréal, 2001.

L'Archipel des comètes. Journal hédoniste III, Grasset, 2001.

Célébration du génie colérique. Tombeau de Pierre Bourdieu, Galilée, 2002.

Splendeur de la catastrophe. La peinture de Vladimir Veličković, Galilée, 2002.

Physiologie de Georges Palante. Pour un nietzschéisme de gauche, Grasset, 2002.

Esthétique du pôle Nord. Stèles hyperboréennes, Grasset, 2002.

L'Invention du plaisir. Fragments cyrénaïques, Le Livre de poche, 2002.

Les Icônes païennes. Variations sur Ernest Pignon-Ernest, Galilée, 2003.

Archéologie du présent. Manifeste pour une esthétique cynique, Adam Biro/Grasset, 2003.

Féeries anatomiques. Généalogie du corps faustien, Grasset, 2003.

La Communauté philosophique. Manifeste pour l'Université populaire, Galilée, 2004.

Épiphanies de la séparation. La peinture de Gilles Aillaud, Galilée, 2004.

La Philosophie féroce I: Exercices anarchistes, Galilée, 2004.

Traité d'athéologie. Physique de la métaphysique, Grasset, 2005.

Oxymoriques. Les photographies de Bettina Rheims, Jannink, 2005.

Suite à «La Communauté philosophique»: le génie du lieu. Suivi de Une machine à porter la voix, Galilée, 2006.

Traces de feux furieux. La Philosophie féroce II, Galilée, 2006.

La Puissance d'exister. Manifeste hédoniste, Grasset, 2006.

Les Sagesses antiques. Contre-histoire de la philosophie I, Grasset, 2006.

Le Christianisme hédoniste. Contre-histoire de la philosophie II, Grasset, 2006.

La Pensée de midi. Archéologie d'une gauche libertaire, Galilée, 2007.

Fixer des vertiges. Les photographies de Willy Ronis, Galilée, 2007.

La Lueur des orages désirés. Journal hédoniste IV, Grasset, 2007.

Les Libertins baroques. Contre-histoire de la philosophie III, Grasset, 2007.

Les Ultras des Lumières. Contre-histoire de la philosophie IV, Grasset, 2007.

La Sagesse tragique. Du bon usage de Nietzsche, Le Livre de Poche, 2006.

Théorie du voyage. Poétique de la géographie, Le Livre de Poche, 2007.

Le Souci des plaisirs. Construction d'une érotique solaire, Flammarion, 2008.

L'Innocence du devenir. La vie de Frédéric Nietzsche, Galilée, 2008.

Le Songe d'Eichmann. Précédé de: *Un kantien chez les nazis*, Galilée, 2008.

Les Bûchers de Bénarès. Cosmos, Éros et Thanatos, Galilée, 2008.

Le Chiffre de la peinture. L'œuvre de Valerio Adami, Galilée, 2008.

La Vitesse des simulacres. Les sculptures de Pollès, Galilée, 2008.

L'Eudémonisme social. Contre-histoire de la philosophie V, Grasset, 2008.

La Religion du poignard. Éloge de Charlotte Corday, Galilée, 2009.

L'Apiculteur et les Indiens. La peinture de Gérard Garouste, Galilée, 2009.

Le Recours aux forêts. La tentation de Démocrite, Galilée, 2009.

Le Corps de mon père, Hatier, 2009 (scolaire).

Les Radicalités existentielles. Contre-histoire de la philosophie VI, Grasset, 2009.

Philosopher comme un chien. La Philosophie féroce III, Galilée, 2010.

Le Crépuscule d'une idole. L'affabulation freudienne, Grasset, 2010.

Apostille au «Crépuscule». Pour une psychanalyse non freudienne, Grasset, 2010.

Nietzsche: se créer liberté, illustrations: Le Roy, Le Lombard, 2010 (bande dessinée).

Manifeste hédoniste, Autrement, 2011.

La Construction du surhomme. Contre-histoire de la philosophie VII, Grasset, 2011.

Rendre la raison populaire. Université populaire, mode d'emploi, Autrement, 2012.

L'Ordre libertaire. La vie philosophique d'Albert Camus, Flammarion, 2012.

Vies et mort d'un dandy. Construction d'un mythe, Galilée, 2012.

Le Postanarchisme expliqué à ma grand-mère. Le principe de Gulliver, Galilée, 2012.

La Sagesse des abeilles. Première leçon de Démocrite, Galilée, 2012.

Le Canari du nazi. Essais sur la monstruosité, Autrement, 2013.

La Raison des sortilèges. Entretiens sur la musique, Autrement, 2013.

Le Magnétisme des solstices, Flammarion, 2013.

Un requiem athée, Galilée, 2013.

La Constellation de la baleine. Le songe de Démocrite, Galilée, 2013.

Les Freudiens hérétiques. Contre-histoire de la philosophie VIII, Grasset, 2013

Les Consciences réfractaires. Contre-histoire de la philosophie IX, Grasset, 2013.

Rendre la raison populaire, Librio, 2013.

Le réel n'a pas eu lieu. Le principe de Don Quichotte, Autrement, 2014.

La Passion de la méchanceté. Sur un prétendu divin Marquis, Autrement, 2014.

Transe est connaissance. Un chamane nommé Combas, Flammarion, 2014.

Haïkus d'une année. Avant le silence I, Galilée, 2014.

Bestiaire nietzschéen. Les animaux philosophiques, Galilée, 2014.

Haute école. Brève histoire du cheval philosophique, Flammarion, 2015.

Cosmos. Une ontologie matérialiste, Flammarion, 2015.

Les Petits Serpents. Avant le silence II, Galilée, 2015.

L'Étoile polaire, avec Mylène Farmer, Grasset, 2015 (jeunesse).

La Raison des sortilèges. Entretiens sur la musique, Pluriel, 2015.

La Force du sexe faible. Contre-histoire de la Révolution française, Autrement, 2016.

Rendre la raison populaire. Université populaire, mode d'emploi, Autrement, 2016.

Penser l'Islam, Grasset, 2016.

L'Éclipse de l'éclipse. Avant le silence III, Galilée, 2016.

La Parole au peuple, L'Aube, 2016.

Le Miroir aux alouettes. Principes d'athéisme social, Plon, 2016.

Tocqueville et les Apaches. Indiens, nègres, ouvriers, Arabes et autres hors-la-loi, Autrement, 2017.

Décadence. Vie et mort du judéo-christianisme, Flammarion, 2017.

Miroir du nihilisme. Houellebecq éducateur, Galilée, 2017.

Le Désir ultramarin. Les Marquises après les Marquises, Gallimard, 2017.

Nager avec les piranhas. Carnet guyanais, Gallimard, 2017.

Décoloniser les provinces. Contribution aux présidentielles, L'Observatoire, 2017.

La Cour des Miracles. Carnets de campagne, L'Observatoire, 2017.

Vivre une vie philosophique. Thoreau le sauvage, Le Passeur Éditeur, 2017.

Zéro de conduite. Carnet d'après campagne, L'Observatoire, 2018.

La Cavalière de Pégase. Dernière leçon de Démocrite, Galilée, 2018.

La Stricte Observance. Avec Rancé à la Trappe, Gallimard, 2018.

La pensée qui prend feu. Artaud le Tarahumara, Gallimard, 2018.

La Pensée postnazie, Grasset, 2018.

L'Autre Pensée 68, Grasset, 2018.

Solstice d'hiver. Alain, les Juifs, Hitler et l'Occupation, L'Observatoire, 2018.

Le Deuil de la mélancolie, Robert Laffont, 2018.

Impression : CPI Bussière en décembre 2018
Éditions Albin Michel
22, rue Huyghens, 75014 Paris
www.albin-michel.fr

ISBN : 978-2-226-44062-4
N° d'édition : 23372/01 – N° d'impression : 2039179
Dépôt légal : janvier 2019
Imprimé en France